《宁夏回族自治区经济史》

著 者：李 澜 等
参 编 者：李 剑 兰文娟 武心怡
邹轶男 张伟强 史 祎
陆泓序 云艳卿 马 挺

2015年主题出版重点出版物

总顾问／林文勋　总主编／肖金成

中国少数民族省区经济史

宁夏回族自治区经济史

李　澜　等著

山西出版传媒集团
山西经济出版社

图书在版编目(CIP)数据

宁夏回族自治区经济史 / 李澜等著.—太原：山西经济出版社，2016.12

（中国少数民族省区经济史 / 肖金成主编）

ISBN 978-7-5577-0133-8

Ⅰ.①宁… Ⅱ.①李… Ⅲ.①经济史—宁夏 Ⅳ.①F129

中国版本图书馆 CIP 数据核字(2016)第 313684 号

中国少数民族省区经济史 宁夏回族自治区经济史
ZHONGGUO SHAOSHU MINZU SHENGQU JINGJISHI
NINGXIA HUIZU ZIZHIQU JINGJISHI

著 者：李 澜 等
出 版 人：孙志勇
出版策划：张宝东
编辑统筹：张 蕾
责任编辑：宁姝峰
装帧设计：非 了

出 版 者：山西出版传媒集团·山西经济出版社
地 址：太原市建设南路 21 号
邮 编：030012
电 话：0351-4922133（市场部）
0351-4922085（总编室）
E-mail：scb@sxjjcb.com（市场部）
zbs@sxjjcb.com（总编室）
网 址：www.sxjjcb.com

经 销 者：山西出版传媒集团·山西经济出版社
承 印 者：山西出版传媒集团·山西人民印刷有限责任公司

开 本：787mm×1092mm 1/16
印 张：29.5
字 数：480 千字
印 数：1—3000 册
版 次：2016 年 12 月 第 1 版
印 次：2016 年 12 月 第 1 次印刷
书 号：ISBN 978-7-5577-0133-8
定 价：89.80 元

总 序

中国是一个拥有56个民族的统一的多民族国家,各民族分布呈现出“大杂居,小聚居”的基本格局。依据《中华人民共和国民族区域自治法》第一章第二条,各少数民族聚居的地方实行区域自治,民族自治地方分为自治区、自治州、自治县。中华人民共和国国家民族事务委员会网站提供的最新数据显示,全国民族自治地方行政区划包括:内蒙古、广西、宁夏、新疆、西藏5个民族自治区以及遍及全国各省区的30个民族自治州和120个民族自治县(旗)。除五大民族自治区外,地处西南地区的云南、贵州两省及地处西北地区的青海省因多民族聚居分布亦具有鲜明的少数民族地区发展特点。其中,云南有25个世居少数民族,8个民族自治州,29个民族自治县;贵州有17个世居少数民族,3个民族自治州,11个民族自治县;青海有5个世居少数民族,6个民族自治州,7个民族自治县。以此为据,《中国少数民族省区经济史》所论及的省区范围涵盖上述8个少数民族省区,即5个民族自治区和3个多民族聚居省。

概括而言,中国少数民族省区的主要特点为:第一,任何一个省区都是多民族共同生活、共同开发建设的地区,经济发展过程具有鲜明的民族经济特点。第二,地域辽阔,区位条件独特。一方面位于我国地势的第一阶梯、第二阶梯之上,各省区自然资源丰富、自然环境差异极大;另一方面,扼守我国的边远和边疆地区,远离经济发达地区,各省区现代经济发展起步晚、基础薄弱。第三,地区性贫困与少数民族人口贫困问题并存。第四,经济发展问题的多样性与复杂性并存。第五,为国家实施"向西开放"以及"内陆发展"战略的重点区域,拥有双向开放开发的地缘优势。

回顾我国少数民族省区经济发展历程，尽管其人口总数只占全国总人口的13.72%,但改革开放以来,特别是在21世纪西部大开发的大力推进下,经济建设突飞猛进,发展成就令人瞩目。2015年统计数据显示,8个少数民族省区的经济总量占全国经济总量的11.05%,平均经济增速高于全国平均增速1.8个百分点,在全国处于普遍增速减缓的"新常态"下实现了"逆势"增长,充分体现了少数民族省区经济发展蕴藏着的巨大潜力。因此,研究如何更好地促进少数民族省区的经济发展，发挥少数民族省区在社会主义经济现代化建设中的重要作用,具有极其重要的现实意义及学术价值,此亦即编撰《中国少数民族省区经济史》的出发点。同时,还必须清楚地认识到,面向未来的发展与曾经走过的漫长历程有着一脉相承的内在关系,以史为鉴,可知兴替。我们的研究工作不仅应关注少数民族省区经济发展的现实与前景,而且应同样重视少数民族省区的经济发展历史,这也是编撰《中国少数民族省区经济史》的总则及要求。具体而言,就是通过总结和研究少数民族省区经济发展的历史过程，概括发展经验和发展规律，在实践上为未来少数民族省区经济发展的路径选择及政策制定提供参考依据,在学术上为促进我国少数民族省区经济史学的研究做出应有的贡献。

关于中国少数民族省区经济的研究，自中国少数民族经济学科兴起之始,即从地区角度出发探究民族经济问题,以少数民族地区经济研究为重要内容。在以往的研究中,最为全面的少数民族经济研究资料的汇总,集中体现于陈虹、哈经雄主编的《当代中国经济大辞库》(少数民族经济卷),其中依据少数民族地区经济建设中的主要特点设立了少数民族自治地方社会经济概括、少数民族解放前的社会经济制度、社会主义初级阶段少数民族地区的社会经济等16篇;系统的研究理论以施正一主编的《民族经济学教程》为代表,其中第二篇“中国民族经济”重点论述了中国民族经济发展的历史变迁及其基本规律。此外,以李竹青、那日主编的《中国少数民族经济概论》为代表,其中中篇“少数民族经济与民族地区经济”侧重围绕中国少数民族社会经济制度的变迁以及民族自治地方改革开放前后的经济发展过程及对21世纪前十年经济发展规划做了简明概括。这些文献,无疑为《中国少数民族省区经济史》奠定了重要的编撰基础,其突出的研究价值及意义,首先是为“全面论述少数民族省区经济发展”提供了理论框架;其次则体现于大量的研究性资料,为“后人的前行铺垫了宽厚的台阶”。尽管如此,我们还是不得不正视一个问题,即在近30余年的研究中,不少专家、学者虽然从不同的角度均涉及包括少数民族8省区在内的少数民族地区的经济研究,但对于少数民族8省区经济发展的系统性独立研究并不完整。正是基于这一思考,《中国少数民族省区经济史》的编撰内容,理应在涵盖既有研究成果的基础上吐故纳新,力求系统、完整地勾勒出少数民族8省区经济发展的历史图景与演变脉络。这是编撰《中国少数民族省区经济史》的总的指导思想。

《中国少数民族省区经济史》包括《云南省经济史》《贵州省经济史》《青海省经济史》《广西壮族自治区经济史》《西藏自治区经济史》《新疆维吾尔自治区经济史》《宁夏回族自治区经济史》《内蒙古自治区经济史》和《中国少数民族省区经济通论》共9卷。

在具体编撰上，我们本着“立足于断代研究，并突出专题性”的原则，要求各卷的编撰既区别于经济通史性研究，在内容上不求全备和系统性；又区别于经济专题史研究，在研究范围上不限定在某一方面；又区别于断代经济史研究，在研究时段内不做全方位搜索。由此，各卷立足于断代研究，并突出专题性，要求在确定的历史阶段内，选择和侧重一些需要深入探索而尚显薄弱的环节，重点深入研究，力求避免重复以往的研究成果，强调有新的考察、新的开拓和新的见解。这使《中国少数民族省区经济史》呈现出不同于以往经济史学研究著作独具特色的研究风格。

2015年3月，中宣部办公厅和新闻出版广电总局办公厅联合下发了《关于做好2015年主题出版工作的通知》(中宣办发〔2015〕16号)。《通知》下发后，山西经济出版社着眼“四个全面”的战略布局，主动参与、精心组织，策划了《中国少数民族省区经济史》。全国共申报了符合参评条件的选题1 401种，包括图书选题1 156种、音像电子出版物选题245种。经过专家论证，中宣部和国家新闻出版广电总局领导审核同意，最终确定了2015年主题出版重点出版物选题125种，并以新广出办发〔2015〕98号文件的形式予以公布，《中国少数民族省区经济史》入选。愿此9卷本的《中国少数民族省区经济史》能对中国少数民族省区经济史学的研究起到抛砖引玉的作用！

前　言

宁夏回族自治区成立于1958年，区域面积6.64万平方千米,2014年总人口约660万人,其中回族人口占35.56%,是全国最大的回族聚居区。下辖5个地级市(包括银川市、石嘴山市、吴忠市、固原市和中卫市),22个县、市(区)。作为我国5个省级建制的少数民族自治区之一,宁夏自古享有“塞上江南”的美誉,宛如璀璨的明珠镶嵌在祖国广袤的西北大地之上。凭依在中华文明历史长河之畔,纵观宁夏社会经济发展的跌宕起伏,好一个“东尽黄河,西界玉门,南接萧关,北控大漠”的西夏王朝,好一个“天下黄河富宁夏”,好一个“人进沙退”的沙坡头,好一个“诗情画意”的新回乡,好一个“内陆开放型经济”的新宁夏……从先秦走进21世纪,这一切不仅引发后人慨叹唏嘘,还引发后人情怀激荡、思想徜徉。作为我国少数民族各省区经济史研究的重要组成内容之一,本书寓意较为全面,系统地总结归纳了宁夏回族自治区经济学和史学的研究成果,探寻从漫漫历史长河中走来的宁夏经济发展之路，把握宁夏经济发展的历史脉络及特点,展望未来的发展方向,为推进宁夏“创新、协调、绿色、开放、共享”发展、实现新的社会经济发展目标提供借鉴。

本书作为9卷本《中国少数民族省区经济史》之一,秉持“立足于断代研究,并突出其专题性”的总体编撰思想,一方面,具体研究既区别于经济通史和经济专题史,又有别于断代经济史;另一方面,强调研究的新考察、新开拓和新见解,在确定的历史阶段内,有所选择地侧重于一些需要深入探索而尚需回答的重要问题,深入分析研究,力求在前人的研究基础上有所提升。本书编撰的主要原则为:

第一,以揭示不同历史时期的发展规律为要,不求面面俱到只求突出特点。

概括而言，少数民族地区经济史研究的主要内容既涉及人类物质文明的发展，也涵盖精神文明的进步；需要着重关注的基本问题包括自然环境及农业、手工业、商业等产业的兴起与发展，赋税制度的演化、社会阶级阶层的分化、社会制度的变迁、经济思想的演变，等等。具体编撰过程中，每一章节并无固定内容范式，主要从阐释各历史时期的社会经济发展特点出发，明确主要考据内容。例如：在古代部分，突出宁夏作为回族聚居区的民族区域特点及其经济发展的民族性特征，侧重编撰回族经济在宁夏地区的形成与发展这一内容（此为书中第四章第四节）。

第二，以尊重前人研究成果为主，以新的资料整理和新的研究思考为辅。之所以如此，在于我国的经济史学具有久远的传统，早在2 000年前就出现了关于经济实践的系统记述，研究内容上以国家管理经济的典章制度和经济主张、政策为主，研究方法则以史料收集和考据为主。进入近现代以来，受西方近代社会科学传入的影响，特别是受马克思主义唯物史观的重大影响，经济史学无论在研究内容还是研究方法上都发生了很大的变化。一方面在研究内容上既保持了中国传统史学的学术思路，又借鉴了西方实证史学的研究取向，对社会经济发展的历史过程给予了特别重视。另一方面，在研究方法上既继承了传统的史料考据方法，关注历史上具体经济事实和经济现象的研究与阐释，又确立了马克思主义理论的指导地位，重视唯物史观在经济问题研究中的具体运用，关注社会经济形态、生产力、生产关系、经济制度以及经济现代化的相关问题。因而，不论从方法上还是内容上都充分吸收了前人的研究成果，尤其是古代、近代历史上经济现象的发现、经济制度的变迁及研究定论，更是必须特别重视与尊重前人的研究成果。与此同时，对于新中国成立后，特别是经济现代化进程中的发展现象、发展成就以及发展问题，则尽量收集与分析新的数据资料，力求形成新的观点供后世借鉴。

第三，注意突出“少数民族省区”的特点，填补我国在少数民族省区经济史学领域学术研究及出版的空白。由于各个少数民族所处的地理位置及所拥有的自然条件迥异，加之历史文化背景各具特色，经济发展的基础条件以及发展方式区别很大，因此，尽管同处中华民族的大家庭中，但不同的少数民族省区还是具有其民族经济发展的特殊性的，此实为中华民族多元一体格局[①]的具体表现。在本书的编撰中，无论是“天下黄河富宁夏”的优越自然条件，还是拥有“东方金字塔”美誉的西夏王陵遗址表现的悠久文化；无论是传统回族商贸的形成与发展，还是中阿博览会面向国内和国际的现代开放，无不体现出宁夏作为中国5个民族自治区之一的民族经济发展特点。这恰恰也体现了山西经济出版社立项编撰9卷本《中国少数民族省区经济史》的“题中之义”。

在编撰内容上，总体撰写结构按社会经济发展历史时序，总计20章。按照从古代至现代的历史分期，将宁夏经济发展的历史过程予以如下概括：

第一，纵观从先秦时期到1840年之前漫长的古代史阶段，宁夏地区的经济发展经历了一个跌宕起伏的发展过程。经济制度上经历了由原始氏族社会、奴隶制社会向封建制社会的变迁，但受游牧民族统治政权的深刻影响，封建农奴制经济长期存在，至明清时期，封建地主经济才得以确立及发展。整个经济发展过程伴随着政治权力的争斗、王朝更迭而起起伏伏，既有开创西夏王朝的辉煌时代也有分裂战乱、各业废弛的动荡时期；既有开创引黄灌溉农业、屯田垦荒的发展成就也有无数次陷落于各种战乱的凋敝。总体而言，古代时期多数朝代对于宁夏地区的经济开发还是非常重视的，其中既有政治原因也有军事考量。而且，此时期由于各种原因所致的大量人口迁居以及“丝绸之路”的兴盛，促使宁夏地区农业生产力水平与中原地区相当，各种经济活动非常活跃，经济发展精彩纷呈。

第二，1840年鸦片战争爆发之后到新中国成立前，中国开启了从封建社会步入半殖民地半封建社会的近代史发展篇章。近代宁夏经济同全国其他地区一样，具有半殖民地半封建性质。尽管此时期已经出现近代资本主义经济成分，尤其在1929年宁夏行省建立之后，宁夏陆续发展了以面粉、制革、纺织、造纸、印刷、制药等企业为代表的近代轻工业，以“八大商号”为代表的近代商业以及近代银行业和交通业。但封建经济成分仍然占主导地位，特别是在农村地区表现得更为突出。加之，宁夏地理位置偏远，社会经济发展的区域封闭性较强，以致其经济性质在新中国成立之前几乎没有变化。宁夏与全国，特别是与东部沿海地区的经济发展水平亦就此拉开距离，并演变成为中国西北部经济发展滞缓的

①费孝通主编《中华民族多元一体格局》，中央民族大学出版社，1999。

贫穷地区之一。

第三,1949 年中华人民共和国成立,标志着中国进入了建设现代经济的历史阶段。与我国的现代发展历史同步,宁夏现代经济发展历程分为两大时期,一是从新中国成立至 1978 年中共十一届三中全会召开, 此时期为社会主义革命和建设时期,我国开展了大规模的社会主义建设,实现了从新民主主义到社会主义的转变,建立了社会主义制度,在计划经济体制之下展开了社会主义经济建设。此时期,宁夏经济发展的突出成就集中体现于,历经 20 世纪 50 年代至 80 年代的几十年努力,依托丰富的自然资源,宁夏成了以煤炭、冶金、化工为主体的重工业基地,并建立了较为完整的地方工业体系,彻底改变了近代以来几乎没有工业的落后面貌。二是从 1978 年中共十一届三中全会至今,为改革开放和社会主义现代化建设时期。此期分为几个重要阶段:第一阶段是改革起步期。此阶段以农村家庭联产承包制的出现为标志,宁夏开启了改革进程,商品化农业以及农业生产专业户等纷纷涌现,农村经济发展发生了巨大变化。第二阶段是改革战略布局期。此时期改革由农村转向城市全面展开,经济体制改革目标日趋清晰,宁夏市场经济进入活跃期。第三阶段是经济改革突破期。此时期以建立社会主义市场经济体制为标志, 宁夏经济发展形成了以公有制经济为主体、多种所有制经济共同发展的新局面,市场体系建设逐步完善。第四阶段是进入 21 世纪以后发展的新时期。此时期,宁夏经济经过改革开放以来的持续增长,经济发展取得了历史性突破,集中体现为市场体系全面发展,面向国内外两大市场日趋开放;特色优势产业发展壮大,战略性新兴产业驱动经济发展全面转型;现代城市经济突飞猛进;引黄灌区农村经济从传统向现代转型,回乡经济发展实现新突破。整体经济发展水平突飞猛进,与发达地区的发展差距逐步缩小,在国家对外开放的宏观战略制定与实施中发挥着日益重要的作用。

回顾自 1958 年宁夏回族自治区成立以来的近 60 年发展, 弹指一挥间,宁夏摆脱了贫困落后的困境,在建设中国特色社会主义的道路上取得了不凡的经济发展成就。统计数据[①]显示,2015 年宁夏实现地区生产总值 2 911.77亿元,同比增长 8%, 高于全国平均水平 1.1 个百分点。分产业来看, 第一产业增加值

①数据来源:《宁夏回族自治区 2015 年国民经济和社会发展统计公报》,http://www.tjcn.org/plus/view.php aid=32939。

238.47 亿元,增长 4.6%;第二产业增加值 1 379.04 亿元,增长 8.5%;第三产业增加值 1 294.26 亿元,增长 7.9%。三次产业在地区生产总值中占比分别为:第一产业 8.2%、第二产业 47.4%、第三产业 44.4%。农村常住居民人均可支配收入 9 119元,增长 8.4%;城镇常住居民人均可支配收入 25 186 元,增长 8.2%。城乡居民收入倍差为 2.76,农村居民收入增速略高于城镇。毫无疑问,今日的宁夏已迈上持续快速健康发展的轨道,不仅经济增速稳定,经济结构优化调整有成效,而且城乡差距缩小,城乡居民生活水平均有较大提高。展望未来,在西部大开发战略深入推进及“一带一路”战略实施的有力促进下,宁夏将迎来新的发展机遇,有望在构建面向世界的内陆开放型经济,打造中国向西开放的战略枢纽,构建现代产业体系的现代化进程中获得广阔的发展前景。我们期待,自古美名传扬天下的“塞上江南”将以其经济发展的创新性、开放性走向全国,走向世界,并将开创更为辉煌的发展时代!

最后,做几点必要的说明:其一,最为重要的是,此书的编撰内容集中反映了国内众多学者对于宁夏社会经济发展问题的长期关注及研究成就,尤其是《宁夏通史》(陈育宁主编)、《宁夏经济发展史》(徐安伦、杨旭东著)、《宁夏四十年 1949—1989》(宁夏回族自治区统计局编)、《宁夏百科全书》(宁夏百科全书编纂委员会编)等重要文献的研究成果极大地帮助和成就了此书。离开了诸位学者在宁夏经济发展历史研究中的披沙拣金之功,我们将难以顺利完成这一编写重任,在此表示深深的感谢!敬请对书中取舍及引用不当之处予以谅解,并对错漏及不足之处予以批评指正。其二,作为集体之作,此书的顺利完稿在一定程度上反映了中央民族大学经济学院(少数民族经济研究所)中国少数民族经济专业在中国少数民族地区经济发展研究方面的努力成果,以宁夏为例,近几年该专业研究生在导师的指导下先后完成了《回族经济思想研究》(2011,张博)、《宁夏特色农业产业化研究》(2011, 杨博)、《宁夏回族自治区经济开放研究》(2013,宋洋)、《宁夏人口城镇化问题研究》(2015,李欣)、《宁夏碳金融发展研究》(2016,王丰)等研究生学位论文研究,其中的主要研究成果及探索性思考在书中均有体现。其三,本书的具体撰写分工如下:第一、二、三章,李澜、李剑;第四章,李剑;第五、六章,兰文娟;第七章,李澜、兰文娟;第八章,武心怡;第九、十二章,邹轶男;第十、十六章,张伟强;第十一章,史祎;第十三章,李剑、陆泓序；第十四章，兰文娟、陆泓序；第十七、十八章，云艳卿；第十九章，兰文娟、马挺；第二十章，马挺。书中的图片资料及历史要事的收集、整理为集体劳动成果，统一校订及编排由李澜负责完成。作为主编，李澜负责全书撰写提纲的策划设计并统稿，撰写《前言》《后记》及部分章节并指导各章具体撰写；作为副主编，兰文娟、李剑除负责撰写部分章节外，参与全书组织协调与校订工作。

李澜记于中央民族大学静净斋

2016年10月18日

目 录

第一章　先秦至秦汉时期的宁夏经济

宁夏地区是我国原始人类活动的重要区域,是中华民族远古文明的重要发祥地之一。据宁夏灵武县水洞沟的旧石器时代遗址和出土文物考证,早在3万年前的旧石器时代晚期,远古人类就已经在宁夏这块土地上繁衍生息。据史料记载,早在公元前11世纪至公元前8世纪的西周时期,宁夏地区尚无行政建制。当时,今宁夏全境及内蒙古河套地区、陕西及山西北部统称为朔方,为戎狄部落游牧之地,历史上所形成的"西戎诸国"即指此时期在宁夏地区形成的众多以畜牧业和军事立国的小国。至公元前221年秦王朝建立,全国设36郡,今宁夏全区属北地郡,郡内属县有乌代县(今固原市南)、朝那县(今固原市东南)、朐衍县(今盐池县境)、富平县(今吴忠市西南),此即为宁夏早期行政建制。宁夏平原的开发自秦王朝建立而揭开了历史序幕,传统畜牧业、农业和手工业渐次发展起来,区域内整体经济发展格局逐渐演化。

第一节　先秦时代的宁夏经济

先秦时代是中华民族历史文明的早期孕育和形成阶段,大致经历了远古人类活动阶段、氏族社会阶段(先后经历母系氏族时期和父系氏族时期)、奴隶社会阶段以及封建社会的早期形成阶段。作为中华文明整体构成中非常重要的组成部分,宁夏地区在这个历史时期产生了丰富多彩的经济生产形式和经济活动,主要表现为原始经济形态的孕育发展以及宁夏区域经济的初步形成。

一、远古时期宁夏地区原始经济形态的孕育与发展

考古资料显示,宁夏地区远古人类经济活动的发祥与银川平原边缘地区特殊的地理条件息息相关。以水洞沟文化为代表,其形成于背靠鄂尔多斯台地的西南地区,这片广阔的台地拥有丰富的动植物等自然资源,为宁夏地区远古人类的生产生活提供了基本保证。

水洞沟文化遗址考察出土了大量简单实用或较为复杂的石片和石器。这些远古人类所使用的劳动工具,采用“锤击法”“压制法”并通过多种较为复杂的工序而制成,集中反映了当时的生产力水平及社会经济状况。除了石器之外,还发现很多古人类在生产生活中遗留的灰烬和磨制石器。据此推证,宁夏地区的远古人类已开始了最为原始的经济行为——采集和狩猎的生产方式,并在与大自然的抗争中,逐渐结合成以血缘关系为纽带的人类群体——进入原始氏族萌芽阶段。至中石器时代,细小化的石器大大提高了原始人类的狩猎水平,并在满足其基本生活需要之后,原始畜牧业出现,从而将原始人类社会经济发展水平向前推进了一大步。

以生产工具的改进为标志,生产力发展水平的提高结束了宁夏远古人类原始群居的生活状态,于1万年前左右进入了母系氏族社会的形成时期。此时,宁夏地区因南北方地理条件的差异,社会经济发展为两种不同的形态:北部以细石器工艺为特征的畜牧业文化和南部以定居为特征的原始农业。

宁夏北部地区因自然环境或沼泽林立或布满草滩荒漠,不适宜原始农业发展,却为畜牧业发展提供了优良的自然条件。考古发现显示,宁夏北部地区原始居民以细石器为主要工具的生产经济活动多出现在既能放牧狩猎、又能保证人和牲畜饮水需要的地方。但是,此时期采集经济仍占有重要地位。社会分工表现为:女性从事比较稳定的采集和畜牧经济生产,而男性从事不稳定的狩猎经济活动。同时,此时期细石器工艺开始出现,原始居民发明了早期的陶器烧制技术,陶器的制作不仅以满足生活实用为目的,也具有一定的审美装饰作用。陶器的使用不但提高了居民生活的质量,同时也扩大了居民生活的地域和空间,促进了不同经济生活的部落和部落集团之间的接触和交流。

此时期,宁夏南部地区因多为黄土丘陵地貌,土质优越,原始农业发展条件

较好。在长期的采集经济活动中，原始居民逐渐了解并掌握了作物的生长规律，在此基础之上逐步开始了原始农业的生产实践，于公元前 5 000 年起进入了以定居农业为主要经济生活的社会发展阶段。原始社会文化比较具有代表性的是宁夏南部的"仰韶文化""仰韶文化北石岭类型""马家窑文化石岭下类型""马家窑文化店河—菜园类型"和"齐家文化"。"这时居民已经过着以原始农业为主要经济生活来源的定居村落生活，种植业以粟为主，还饲养家畜。作为对农业的补充，狩猎这种生产方式也还存在。石器、骨器和制陶工艺有了进一步发展。陶器制造在此时是主要的手工业形式。随着生产力的提高和经济的发展，氏族成员开始出现分化，已经孕育着原始社会即将解体的迹象"。[①]当我国中原地区已经进入阶级社会的夏朝时，宁夏地区仍然处于原始社会最后阶段的"齐家文化"历史时期，农业为这一时期的主要经济部门。此时期，随着冶铜业的出现，生产力发展水平又提升到了一个新高度，从而加速了农业与手工业的分工，进而导致氏族内部贫富分化。

二、夏商周时期宁夏地区的民族关系和社会经济

公元前 2 000 年前后夏朝建立时期，宁夏地区的民族组织也经历着巨大的变化，以地域关系相联系的部落组织逐渐取代以血缘关系为纽带的氏族部落，出现了一些分散的小国。

此时期，以宁夏南部泾水流域一带聚居的一姬姓部落为例，其与一姜姓部落世代通婚，结成部落联盟，社会经济生活以蓄养牛马为主，至夏朝末年因地利之宜逐步完成了由牛羊蓄养为主向土地耕种的转变，游牧部落亦转变为农业部落。当时，由于部落地处华夏西北，与华夏交往甚少，习俗与狄戎大致相同。后因受狄戎攻伐，东迁至周原，"营筑城郭室屋"，"作五官有司"，"贬狄戎之俗"，[②]建立了以周为名的方国。历史学家和考古学家称周人这个时期的文化为"先周文化"。这一时期的生产工具非常多样，既有石器，也出现了少量的青铜器。周人经常受到同时期在汧、泾之间发展起来的狄戎部落的侵伐，这个以游牧为主的狄戎部落就是姜姓部落的一支——西羌。他们受地域限制，经济文化发展比周

①陈育宁主编《宁夏通史：古代卷》，宁夏人民出版社，1998，第 15 页。

②《史记》卷四《周本纪》，中华书局，1963，第 114 页。

人缓慢和落后，因此被周人视为狄戎或鬼方。定居周原后的周人不断强大起来，向东与商朝建立联系，并在商朝支持下向西逐渐攻略不断强大的狄戎，领土不断扩张。被征伐的鬼方内部分化兼并，商朝末年在宁夏南部和甘肃庆阳一带建立了名为义渠的方国，后臣服于周。周人名义上是商朝的属国，但是却在臣属的掩饰下不断兼并周边弱小方国。在周人准备伐商时，西边的游牧民族在部落联盟的基础上，形成了许多小方国。除义渠戎之，还有犬戎、乌氏戎、大荔戎等方国，他们为周人灭商做出了巨大贡献。周武王伐商成功之后，西周对时服时叛的西戎诸国采取了长期的战争手段。但是西戎诸国不断强大，至周宣王三十三年(公元前785年)攻打太原之戎失败，周朝征服西戎诸国的企图彻底瓦解。其西戎诸国中的申侯和犬戎、西夷等各少数民族联合灭掉了西周，进而居于泾、渭之间，成为秦在西方的劲敌。秦与西戎诸国有密切的联系，但多表现在相互征战。西周末年至春秋初形成的以陇山为中心的西戎方国见之于史籍的就多达8个之多。

关于历史上西戎诸国的社会经济发展情况，在宁夏以及周边地区发现的春秋战国时期的历史遗迹提供了不少的实物材料。其中，在众多墓葬中发现的大量铜器、铁器、骨器、陶器等用品，集中反映出了当时的社会经济状况。在社会习俗方面，西戎和古代的匈奴同为游牧民族，主要以游牧为生，日常射猎禽兽，战时以侵伐为主。此时期西戎诸国兵器的制造工艺已经达到了较高的水平，主要表现在青铜器的大量使用提升了作战水平。同时，制造工艺水平的提高亦积极推进了社会生产力的进步，促使西戎各国游牧业较为兴盛。这不仅为游牧民族的基本生存需要提供了足够的食物来源，而且为长期部族征战提供了大量战马。

以畜牧业和军事立国的西戎诸国，在社会文化的发展上具有独特之处。在文物考古中发现，随墓葬出土的器具中多带有家畜和禽兽的图案，充满了游牧民族的生活气息，实用和艺术融于一体；在贺兰山麓大量发现的岩刻画，不仅数量众多，题材广泛，而且气势恢宏，内容丰富，除了各种动物题材之外，还有狩猎、骑射、游牧、车辆等题材，这些都反映了当时以游牧为特征的社会经济生活状况。此外，画面中大量的舞蹈、人面怪象、各种祭祀动作等内容，则反映了与古人精神活动有关的原始宗教活动和图腾崇拜场景。

三、春秋战国时期宁夏地区完整的经济区域初步形成

春秋战国时期，秦国对西戎诸国的兼并战争导致在历史上存在近两千年的西戎各国逐渐退出中国历史舞台，戎人融入秦人或其他民族之中，客观上促进了宁夏地区的民族文化融合及社会经济进步。

（一）秦国兼并西戎诸国促成宁夏经济区域形成

秦生于西戎之间，早期与西戎诸国联系密切。后秦人于汧、渭之间为周人牧养马匹，与西戎经常发生冲突。西周灭亡之后，秦与西戎的矛盾日益尖锐。公元前750年，秦文公以兵伐戎，西戎战败，退回泾、陇一带。公元前623年，秦穆公一举攻破西戎十二国，《史记》载“开地千里，遂霸西戎”。此后，除了义渠和乌氏之外，其他西戎小国并入秦国版图。以义渠为代表的西戎与秦国相互征伐，保持了数百年相持局面。

公元前362年秦孝公继位，安定边境，休养生息，推行商鞅变法，实施富国强兵之策，不仅大大提高了国力，而且增强了秦攻伐义渠、乌氏的军事力量。公元前331年，即秦惠文王七年，趁义渠内乱，秦乘机大举进攻并取得胜利，义渠遂灭亡。后乌氏戎也被秦打败而灭。秦惠文王在义渠和乌氏推行郡县行政制度，以义渠王和乌氏王为行政首领，分别设立义渠县和乌氏县，纳入秦国行政管辖范围。之后居于宁夏北部的朐衍戎国也臣服于秦。后虽然又历经反复，但是秦终究还是占领了西戎诸国之地。

秦对西戎诸国的征伐和兼并，逐渐实现了宁夏地区的统一，还在西戎等地推行郡县行政制度，极大地推动了社会进步，促使宁夏地区逐渐成为一个完整的经济区域。

（二）春秋战国时期宁夏地区经济状况

春秋战国时期的西戎诸国，经济生活仍然以畜牧业为主，但是比起之前的完全游牧，已经相对地定居，能够修建城郭，其中义渠戎和大荔戎筑城数十座。再加上在征伐中也占领了许多城池，西戎诸国的居民已经慢慢学会了定居和初期的贸易交换。由于社会生产力的提高，西戎诸国居民的社会贫富差距逐渐拉大，早已进入了阶级社会发展阶段。定居生活方式的发展是民族生存的需要，也是影响各民族之间经济和社会关系的重要因素。

第一,此时期西戎诸国的经济状况集中反映在劳动生产工具的水平上。善于征战的西戎诸国,不论是兵器、马具、陶器等都达到了相当高的水平。其中金属器具的大量使用,尤其是铁器这种更为先进的器具出现并在军事和生产活动中应用,不但提高了西戎诸国的战斗力,更极大地提高了农业的耕作水平。为满足居民生产生活以及军事需要,西戎各国在骨器制造和其他青铜器手工工具的制造上亦取得了长足的发展。

第二,此时期西戎诸国的经济状况集中反映在较为发达的畜牧业上。历史记载中,西戎各国之畜多为马牛羊,而且在墓葬中有非常多的牲畜的头蹄殉葬品。兴旺发达的畜牧业,不仅满足了西戎诸国居民的生活需求,更为长期的征战提供了众多的战马。由于长期征战,西戎诸国社会经济发展具有强烈的军事目的。大量的青铜器、铁器、骨器以及马具的制造,以满足军事行动的物质需求为目的;而作战武器与战马装备的完善,畜牧业的发达,西戎人在游牧生产中练就的娴熟骑射技能,则是西戎各国强大作战能力的重要保障。

第三,此时期西戎诸国经济发展还表现出另一特点,就是各民族之间的经济联系越来越密切和相互渗透。一是表现在西戎诸国对定居生活的不断适应以及华夏各国对畜牧业优势的逐渐重视。在与秦不断的相互征伐之后,西戎诸国逐渐意识到城郭和固定居所的重要性。固定的农耕生产,不但可以提供充足的粮食,受自然气候条件的制约也相对较小。而秦则意识到畜牧业可以为义渠等西戎带来战力上的提升,也逐渐重视对马牛羊等牲畜的畜养。二是表现在西戎与华夏各国之间的经济贸易行为越来越频繁。生产上的分工促进了西戎与华夏各国之间的经济交换,即用本地之盛产换取本地之所需、异地之盛产。这突出表现在西戎用兽皮、牲畜去换取自身所需要的粮食、纺织品、珠宝、青铜器和铁器等。

第二节　秦汉时期以开发为特征的宁夏经济

秦汉时期是宁夏地区经济发展的重要历史阶段。秦对全国的统一以及其在全国推行的各项举措为宁夏地区经济的发展奠定了良好的基础,而汉代初期在全国推行的休养生息政策，为宁夏地区经济的进一步发展提供了稳定的政策环境。基于军事防御的需要和政治统治的需要，秦汉两代都非常重视对宁夏地区经济的开发，在宁夏地区推行了以屯田、水利开发和移民等为主要内容的经济开发举措，宁夏地区的农业、牧业、手工业等都获得了较大进步。但是宁夏地区的经济状况又直接受到全国政治形势的直接影响，随着政治形势的起伏而变化。

一、秦朝对宁夏地区经济的初步开发

秦在统一六国之后，建立了我国历史上第一个统一的多民族封建国家，历史上称为秦朝。宁夏地区在秦朝时隶属于北地郡，是秦朝抵抗匈奴侵犯的北部战略要地。匈奴是我国历史上北方一个强大的古老的游牧民族，长期在蒙古高原地区逐水草而居，以游牧为其主要生产方式。战国后期匈奴进入奴隶制阶级社会，随着部族不断强大而不断向外扩张和掠夺。秦统一全国之后与匈奴进行了激烈的战争，并修筑万里长城以防御匈奴的侵犯。秦始皇时期在河套地区所筑的长城、亭障、道路及徙民之地，就包括宁夏地区。这些基础设施的修建，不但对防御匈奴的侵犯起到了积极的作用，而且加强了宁夏地区与周边地区的交通联系，加强了区域之间的商贸关系。宁夏地区对秦国具有非常重要的军事、政治和经济价值。

秦朝统一全国和修建了长城之后，对宁夏地区进行了初步的经济开发，宁夏地区的农业、畜牧业、手工业和商业等经济部门均得到了发展，地区经济整体上得到了极大的发展。秦朝对宁夏地区农业经济的开发主要表现在移民屯田、改进农具和兴修水利等方面。

秦朝对宁夏地区农业的开发主要采取移民屯田的方式进行。自蒙恬收复河套地后，于公元前 214 年沿河设置了几十个县级行政单位，而后又不断地迁徙大量的居民去谪戍北河、榆中等边疆地区。这些被谪戍的居民一般都是中原地区有着农业种植经验和技术的贫苦农民，从内地被谪戍边疆地区之后，一边守卫边疆地区的安全，一边对边疆地区的土地进行屯垦，极大地促进了宁夏地区农业生产的发展。宁夏地区的土地不断地被垦殖，满足了戍卫边疆的兵民的生活需要，剩余的粮食则被运输到内地以满足水利漕运开发之用。这些徙民在农业生产中所使用的耕牛、农具和种子，都由官府统一提供，因此他们屯垦使用的农具与内地一样，是当时最为先进的工具。用牛耕作土地，这对内地先进生产方式在宁夏地区的传播和落地起到了非常大的促进作用。屯垦提高了宁夏地区农产品的产量，增加了农产品的品种，基本上实现了宁夏地区与内地在农业生产上的趋同。

以稳定的农业生产作为基础，宁夏地区的畜牧业在秦朝也有了一定的发展。秦人本来就是一个为周人畜养马匹而存在的部落，长期的征战使得战国时各民族都对战马和牲畜具有强烈的需求。在西周和春秋战国时期，由于地理环境和自然条件优越，宁夏的牧马业就已经兴盛起来，宁夏的固原是非常重要的牧马之地。春秋战国时期养马技术的进步和牧马业的发展推动了秦代马政建设的出现。秦始皇对畜牧业十分重视，大力鼓励畜牧业的生产，在马政建设方面起了承前启后的作用。早在战国时期秦国就是“骑万乘”的大国，商鞅变法中，秦国的市场贸易出现了专门的牛马市，实行牛马专卖。秦统一之后设置了专门管理马政的太仆寺，太仆寺下属的苑监就是负责马政的地方管理机构。秦朝时期宁夏境内生态环境良好，雨量充沛，草场众多。根据史书记载，宁夏固原的乌氏倮是秦始皇时期全国闻名的牧马能手。

宁夏的手工业在秦朝时也有所提高。青铜器制造、铁器制造和制盐等工艺都达到了相当高的水平。

农业、畜牧业以及手工业的发展，使得社会分工不断细化，交换和商业活动也发展起来，商品种类之繁多，从事交换活动的人口之众，都达到了历史较高水平。农产品、手工业制品、畜产品和纺织品是当时流通最多的商品。商业交换的繁荣，促进了社会财富的极大增加。秦时的北地和陇西等郡，因为向西与羌族之间的交通比较便利，向北与戎狄进行贸易或进行畜牧也非常便利，因而变得非常富庶，是当时畜牧业最繁荣的地方。频繁的商品交换促进了货币的使用，秦朝统一后将“半两”钱作为全国通行的货币。商业的发展也促进了城市的建设和繁荣。秦朝时宁夏地区的城市既是军事要塞和政治中心，也是经济中心。秦朝在宁夏境内设置了许多县，如乌氏县、朝那县、富平县等。

秦朝时宁夏地区经济的发展，离不开秦朝统一后对宁夏地区交通的改善。为加强边防，秦始皇在宁夏修建了大量道路，其中的回中道就顺畅地连接了山西和宁夏南部地区。这些道路的修建，改善了宁夏地区的交通条件，促进了商品的运输和交换，为商业发展提供了便利条件。

另外，秦汉时期对宁夏地区进行了大量移民屯田，虽然发展了地区经济，但是也对土地植被造成了巨大影响。大量草原和森林被栽培植被所代替，垦田使得天然的森林和草原大面积消失，宁夏的生态环境由轻微的地质侵蚀变为强烈的土壤侵蚀。宁夏北部地区由于大规模的土地开垦，导致天然植被被破坏，出现了水土流失等现象。秦时期的固原境内，发展了较适宜的畜牧业，对保护固原地区的生态环境起到了积极的作用。

二、西汉对宁夏地区的经济开发高潮

西汉时期，汉高祖改郡县制为郡国制，将北地郡划分为北地郡和安定郡两个郡，宁夏南北部分属于安定郡和北地郡，两郡隶属于凉州刺史部。秦汉之际，北方的匈奴发展成一个强大的政权，并大败建立之初的汉朝。西汉在建立之初经济凋敝、政局动荡，汉高祖对匈奴实行和亲政策，缓和与匈奴的关系。为了恢复经济、稳定政治局势，汉高祖实行“休养生息”的治国方略。经济的恢复和政局的稳定，西汉国力得以提升。至汉武帝时，对匈奴的和亲政策才转变为积极的进攻战略。尽管匈奴不断侵犯宁夏地区，但是西汉时期政府对宁夏地区的经济开发达到了高潮，宁夏经济进一步发展，农业、牧业、手工业和商业等产业水平都比以前有较大的提高。西汉对宁夏地区农业经济的开发高潮体现在屯田移民、改进农具、兴修水利和谷物增值等方面。

西汉时期，宁夏地区境内生活着多个民族，其间朝廷多次迁移内地居民到宁夏，人口数量达到10万之多。内地迁移来的居民跟秦朝移民时一样是掌握着较高农业技术的贫苦农民，他们继续耕种土地从事农业生产，推动了宁夏地区农业的发展进步。西汉设农官，对屯民进行管理，设典农都尉管理农垦和农民。屯民农耕时使用官府提供的耕牛和农具，所使用的主要农具与内地一样为铁制农具。据文物考古资料，银川平吉堡的一座汉墓发掘出土了数件耕牛式木牛模型。木牛殉葬，正说明死者生前对耕牛的重视。[①]

西汉宁夏农业的发展离不开水利工程的兴修。宁夏地区的水渠大多在西汉

---

①钟侃：《宁夏文物述略》，宁夏人民出版社，1980，第31页。

时期修建。尤其汉武帝时期，极为重视兴修水利。著名的水渠有汉延渠、汉伯渠、唐徕渠，其中唐徕渠是宁夏引黄灌溉规模最大的一条干渠。这些水利工程有利于农业的开发，极大地提高了宁夏地区农产品的产量。

此时期畜牧业在农业发展的基础上也获得了较大发展。根据史料记载，为了加强边防，汉初官府在西北郡就养马30万匹。汉武帝鼓励边郡居民发展畜牧业，由官府提供母马以繁殖马匹，3年后以“利息什一”的方式归还。汉宣帝以后，宁夏地区经历了数世的和平期，畜牧业得到长足发展。牲畜种类之多，数量之大，都呈现出历史之罕见的景象。“人民炽盛，牛马布野。”[①]汉代同样沿袭秦代马政建设的基本制度，太仆寺下设置牧师苑令，牧师下面有马苑。汉代各统治者对马政十分重视。此时的宁夏马政，伴随着政治背景和军事环境的改善而呈兴旺之势，处于发展较好的一个历史时期。[②]

西汉时期的手工业也有显著发展。宁夏盛产食盐，汉武帝时实行国家专卖，在产地设置盐官，其中在安定郡就设有盐官。冶铁业在宁夏地区也逐渐发展起来，在宁夏的众多汉代遗址中都发现了大量铁块、铁制器具工具和铁矿渣。这说明此时期宁夏地区居民在生产生活中已经大量使用铁制用具，而且也已经掌握了铁器制造技术。汉代宁夏地区制陶业发达，近年来在宁夏地区已出土了大量陶器。陶器种类繁多，除陶砖瓦外，有罐、瓶、壶、灶、炉、釜、鼎、豆、灯、盘、杯等，其中还有釉陶。[③]另外，铜器、编织品、漆器等手工艺品的制作工水平都达到了较高的历史水平。

手工业、畜牧业和农业的分工与交换为西汉时期宁夏地区商业的进一步繁荣提供了条件。手工业、畜牧业、农业的繁荣发展首先为商业提供了众多可以交换的商品，没有农牧产品和手工艺制品的大量生产及剩余就没有可供交换的商品。而商业的发展进一步推进了货币的发展。汉代的货币为统一的“五铢”钱。商业的繁荣又促进了城邦建设的发展。西汉时期宁夏地区的城邦是地域中的经济集散地和政治中心，同时也是防御匈奴的重要军事要塞。汉武帝时期对秦代的郡县制度进行了完善。宁夏经济的发展和城市的繁荣也离不开交通状况的改

---

①《汉书》卷九四《匈奴传》，中华书局，1964，第3833页。

②薛正昌：《宁夏历史文化地理》，宁夏人民出版社，2007，第242页。

③陈育宁主编《宁夏通史：古代卷》，宁夏人民出版社，1998，第45页。

善。西汉继续沿用了秦时修筑的回中道，让其继续发挥交通主干道的作用。

西汉对宁夏地区经济的开发还有一个非常重要的表现就是丝绸之路的开辟。公元前138年即汉武帝建元三年，为了联系西域各国共同抵御匈奴的侵犯，汉武帝派使者张骞出使西域。历经13年，张骞终于成功返回长安。此次出使西域，张骞虽然没有完成联合大月氏共同夹击匈奴的使命，但是却为汉武帝勾勒出西域的基本轮廓，获得了大量关于西域的地理、经济、文化和民俗等方面的情况。宁夏地区为关中的屏障，是河陇的咽喉之地，在中西交通和文化交流史上具有非常重要的地位。宁夏南部的固原地区，是古代丝绸之路中由长安到河西走廊的必经之地，是丝绸之路中的重要枢纽要地。固原之地是宁夏开发最早的地区之一，就是因为丝绸之路促进了商品的流通和贸易，使得此地的繁荣经久不衰。丝绸之路的开辟，使得宁夏地区成为中西交流的重要通道和枢纽地区，中西之间的商品流通和文化交流通过此地顺畅地进行，这是华夏与西域、中亚等国友好往来的历史证明，促进了不同地域人类文明的相互交融。

三、东汉时期宁夏社会经济的起伏发展

东汉时期宁夏地区的社会经济经历了巨大的起伏变化，这是当时社会状况的真实写照。东汉时期，在宁夏地区发生的重大事件是东汉初年的封建割据战争和东汉末年的羌族人民大起义。由于社会动荡，经济文化的发展受到了很大影响。[①]西汉末年，腐朽的统治使得平民百姓的生活非常困苦，农民纷纷起义，推翻了王莽政权。在农民进行起义反抗腐朽统治的过程中，各地的地主豪强也趁机而起，纷纷割据一方，成为封建割据势力，相互之间不断征战。其中对宁夏地区影响较大的是隗嚣与卢芳之间的割据战争。另外，东汉时期，宁夏境内聚居着许多少数民族，如小月氏、鲜卑、匈奴、羌族以及乌桓等。在这些少数民族中，羌族对宁夏历史的影响是最大的。东汉后期，内徙的羌人受到统治阶级沉重的剥削和压迫，引起了羌族人民的反抗与起义，延续了近60年，虽然起义最终以失败告终，但是却沉痛地打击了统治阶级，对加速东汉的衰亡起了巨大的作用。

动荡中的宁夏地区，社会经济在长久的封建割据战争以及东汉末年的羌族

①陈育宁主编《宁夏通史：古代卷》，宁夏人民出版社，1998，第47页。

起义战争中受到严重的摧残，经历了一个曲折起伏的发展期。这个曲折的过程，首先表现在宁夏地区经济和民生的不断凋敝。最直接的表现就是人口数量的变化。据史书记载，西汉时期由于推行休养生息的基本国策及对宁夏经济开发的重视，生活在宁夏地区的各民族人口多达十万之众。而由于东汉时期的各种战乱，这个数字减少到1/4。人口的大量流失导致劳动力人口的锐减，对宁夏地区的社会经济造成了极大的负面影响。

相对于经济的萧条，经济进步和发展取得的成就是微不足道的。为了发展农业，提高粮食供应量，东汉在宁夏依然实行屯田和兴修水利的举措。农具也有所改进，如在宁夏出现了以犁壁、铁铺为代表的农耕工具。此时的手工业也有一定发展，主要表现在制陶水平和器具制造工艺的提升上。商业的发展主要表现在城市设施的日臻完善以及建筑材料的丰富上。东汉时期的马政，管理模式基本沿袭西汉。马苑主要分布在陇西、安定、北地、上郡、天水、西河六郡。宁夏仍然是主要的牧马之地，但是东汉社会的动荡使得统治者没有对马政给予充分的重视。整体上看，汉代苑马格局和牧马业的发展，基本奠定了宁夏历代传统官马畜牧地的历史地位。

东汉中后期，北方游牧民族大量迁徙至黄河流域，黄河流域的牧民达到百万之众。此时期，游牧代替农耕成为该区域主要的生产方式，许多农田恢复为牧地，退耕成为普遍现象。宁夏是黄河流域非常适宜迁居的地域，大量游牧民族的居民迁入宁夏，发展游牧，土地被退耕还牧，使得宁夏此时的生态环境得到改善，农牧界线向南推移。这种农牧相兼的发展格局，在宁夏基本持续到北魏以前。①

四、秦汉对宁夏经济开发的意义及社会关系特征

秦汉时期对宁夏地区的经济开发在历史上具有重要的意义。这突出表现在以下几个方面。

第一，极大促进了宁夏地区社会生产力水平的提高。秦朝至两汉时期统治者对宁夏地区的经济开发，改变了西戎诸国各少数民族原始的生产方式，变落后的游牧生产方式为先进的农耕生产方式，提高了社会生产力水平。由内地迁

①薛正昌：《宁夏历史文化地理》，宁夏人民出版社2007，第170页。

移而来的掌握农业生产技术的农民，将中原地区先进精耕细作的农耕技术以及先进农业生产工具的使用和制作方法一起带到了宁夏地区。得到生产力提升的不仅是农业，畜牧业、手工业、商业等都得到了极大的提升。由此可见，秦汉时期对宁夏地区的经济开发也极大地提高了本地区的社会生产力水平。

第二，有效维护了宁夏地区的社会安全稳定，抵御了匈奴侵犯。秦汉时期对宁夏地区进行经济开发的直接目的就是抵御北方游牧民族——匈奴的侵犯，而最终确实有效地实现了这个目的。宁夏地区经济的开发，通过徙民戍边，从内地为宁夏地区输送了众多作战人员，屯田农垦为作战提供了源源不断的粮食，畜牧业的发展为征战提供了大量战马，而手工业和器具制作技术尤其是铁制器具制作工艺的进步为征战提供了大量锋利的兵器。这些都对维护宁夏地区的社会稳定、抵御匈奴的侵犯起到了重要作用。

第三，开创了许多发展经济和管理经济的举措。在经济开发中，秦汉时期的统治阶级在宁夏开创了许多对后世影响深远的重要举措。最突出的表现就是屯田移民戍边。从内地迁徙居民到宁夏地区，边进行农业生产边戍卫边疆，起到了发展经济和保卫领土的双重效果。后来三国时期的曹操就对这种屯田方法极为推崇。另外对生产工具的改进，对兴修水利的重视，对交通道路的修筑，对屯民的有效管理等，都是这个时期在宁夏经济开发中所获得的宝贵经验。

第四，促进了各少数民族之间以及与汉族之间的交流和融合。长期的相互征战促进了各民族之间的相互了解，客观上对于民族融合起到了一定的作用。由内地迁移而来的屯民在宁夏地区传播了先进的文明，而生活在宁夏地区的各少数民族不断学习先进的生产方式和定居的生活方式，不但促进了各少数民族的进步，也加强了它们之间的融合。交通条件的改善促进了商业贸易的发展，各民族在商品交换过程中不断互通有无，相互学习和交流，为中华民族的形成奠定了有利的基础。

第五，促进了宁夏地区文化的繁荣发展。对宁夏地区经济开发带来的经济发展促进了文化上的繁荣。大量出土的遗物和文物都证明秦汉时期生活在宁夏这片土地上的居民曾创造了璀璨的文化艺术。在与大自然抗争的过程中，宁夏地区的居民形成了特有的文化，突出表现为游牧文化、草原文化与农耕文化的融合。

第二章　魏晋南北朝至隋唐五代的宁夏经济

魏晋南北朝至隋唐时期，是我国历史上由大分裂走向大统一的重要时期。这一时期，与国家发展经历了较长时期的动荡相同步，宁夏地区的经济发展亦经历了多次起伏变化，可谓在曲折波动中往复发展。由于连年征战，宁夏地区经济从东汉时期即已出现衰退，而之后的曹魏统治和西晋时期宁夏地区动荡的社会形势依然没有发生改变。直到北魏政权统一北方之后，社会形势才稳定下来，宁夏地区经济终于在久经萧条之后获得了恢复和发展。其后，在隋朝早期恢复发展依然有所延续，但隋末爆发的农民起义又使刚恢复的宁夏经济进入衰退状态。直至唐朝，宁夏经济才可谓取得全面发展，农业、畜牧业、手工业和商业均获得了突飞猛进的发展；但唐朝中后期，因政局动荡经济再度陷入长期衰退。纵观而言，在魏晋南北朝至隋唐时期，宁夏地区经济发展的总体特征是随着整个社会的政治军事形势变化而大起大落。

第一节　魏晋南北朝时期宁夏地区经济发展特点

约 220 年至 589 年间的魏晋南北朝时期是中国历史上一个较长的动荡时期，同时也是民族之间相互融合的重要时期。此时期，随着政权频繁更迭，大小王朝交替兴灭，宁夏地区各民族文化、经济交流加强，民族融合趋势明显，经济发展在曲折的进程中前行。

一、在动荡的政局影响下经济发展过程曲折起伏

东汉末年，各地方官吏和地主豪强在镇压农民起义的过程中相互征战兼并，最终形成了曹魏、蜀汉、东吴三足鼎立的政治格局，即为上承东汉下启西晋的“三国时期”。此时期，宁夏地区属于曹魏的管辖范围，但是曹魏却没有对其进行有效治理，起义和反叛时有发生。随着曹魏统治走到尽头，宁夏这种动荡的社会形势在西晋时期依然没有得到改变。西晋灭亡之后，中国北方地区进入混战割据的“十六国”时期。此时先后有前赵、后赵、前秦、后秦和大夏等政权在宁夏地区角逐。长期的战争使得宁夏社会千疮百孔，经济凋敝，民不聊生。“生民道尽，或死于干戈，或毙于饥馑，其幸而自存者盖十五。”[①]宁夏地区本来在秦汉时期就是发达的灌溉农业区，但是，战乱不断使得大批土地荒芜，水利设施荒废，农业生产急剧衰退。直到以鲜卑拓跋部领导的北魏政权统一北方之后，才结束了北方长达200年的割据征战局面，宁夏的经济才得到了恢复和发展。

入主中原以后，北魏政权推行“以五方之民各有其性，故修其教不改其俗，齐其政不易其宜”[②]的政策，使各个民族都可以保持自己的生活习惯和生产方式，并可以从事各自适宜而擅长的行业。客观而言，这对于历经战乱的宁夏地区的经济恢复和发展是积极有利的。而且，作为游牧部落集团，尽管鲜卑拓跋部的经济生活原本以畜牧业为主，但是其在南迁的历史过程中，深受中原地区农耕文明的影响，统治集团的经济思想逐渐由以畜牧业为主向以农业为主转变，并实行了“招抚流亡，奖励农桑”的政策，促进了北方地区包括宁夏境内农业、牧业和手工业生产的恢复。同时，北魏在宁夏设立军镇，安置少数民族归降的民众，并从内地继续迁移居民至宁夏地区，一定程度上解决了恢复与发展本地区经济所需要的劳动力不足问题。

北魏时期宁夏地区经济的恢复发展除了得益于上述朝政治理的变革及其相关举措，更直接受益于统治集团对本地区发展农业与畜牧业的重视。此时期，首先是水利工程得到了有效的修建恢复，在很短的时间里宁夏平原灌溉农业即明显恢复。据《宁夏经济史》所述，444年即北魏太平真君五年，刁雍担任薄骨律

①［北齐］魏收撰《魏书》卷一一〇《食货志》，中华书局，1974，第2849页。

②同上书，第2850页。

镇将之后，曾经给北魏皇帝上奏书提到，虽然广大农民又回到了自己居住的地方，但是官方的水渠受到战乱损害，农民缺乏农业灌溉用水，因此土地就得不到广泛种植和耕作。他见富平西南30多里的古渠已经高出河水两丈之多，水渠也基本接近崩废，已经失去了灌溉的作用，于是就上书请奏，主张在旧的水渠以北再开一条新的水渠，与旧渠连接在一起。同时，他又建议以拦河坝截断西河，引河水进入水渠中。这项水利工程，有利于富平土地灌溉的实现，农业生产得到极大恢复。之后刁雍总结出了一项灌溉制度："一旬之间，则水一遍，水凡四溉，谷得成熟"。[①]水利工程的恢复，使得宁夏平原的农业获得快速复苏发展。薄骨律镇、高平等地的粮食，不但实现了自给自足，而且还有剩余，剩余的粮食被调为军粮使用。其间，随着灌溉农业的发展，宁夏平原呈现出沟渠纵横、稻花飘香、杨柳摇曳、瓜果遍野的"塞上江南"图景。

其次是在宁夏宜牧地区鼓励发展畜牧经济，促使宁夏地区的畜牧业在灌溉农业恢复发展的同时亦取得规模的扩大，正如《魏书·食货志》中所记载："世祖之平统万，定秦陇，以河西水草善，乃以为牧地。畜产滋息，马至二百余万匹，骆驼将半之，牛羊则无数。"此时期宁夏地区畜牧业的恢复和发展，不仅仅散见于史书的记载，在宁夏南部地区的北魏时期墓葬里，出土了大量陶制牛车等文物，也一定程度上反映了当时宁夏地区的畜牧业发展情况。

然而，好景不长，北魏后期新一轮征战割据兴起，社会又进入动荡状态，宁夏地区农牧业再度进入衰退状态，整体经济发展再次陷于萧条。由此可见，在这一历史时期，尽管出现过类似北魏统治的稳定时期，但动荡不安的社会形势从未得到根本改变，受之影响，宁夏经济的发展始终处于起起伏伏的不稳定状态，未有繁荣景象。

二、农牧业发展深受人口频繁迁徙的直接影响

宁夏地区自古以来即为多民族聚居区域，战国时期主要居住着戎族，秦朝之后未迁移的戎族留居者汇入匈奴之中；西汉时期，大量的匈奴人留居宁夏地区，后又有部分羌人留居此地。此外，在宁夏固原还居住着部分小月氏人。至东

①〔北齐〕魏收撰《魏书》卷三八《刁雍传》，中华书局，1974，第868页。

汉时期，在宁夏地区聚居的少数民族包括匈奴、羌族、小月氏、乌桓等民族，此时期对宁夏地区发展最具历史影响力的是羌族。东汉时期羌族人民三次大起义沉重打击了东汉王朝统治，并加速了其衰亡。至魏晋时期，作为各游牧民族的主要迁居区域之一，宁夏地区迁居的少数民族主要有匈奴、鲜卑等民族，尤其是鲜卑族，其所属的拓跋部、乞伏部、鹿结部、秃发部等均先后迁徙至此并留居从事各种活动。与此同时，受政权更迭所带来的战乱影响，各游牧民族逐渐迁徙居留在此，并由黄河流域逐渐向内地推进，原来由中原地区迁入宁夏地区从事灌溉农业的汉族居民纷纷外迁，重返内地。

这一时期，各民族人口的频繁迁徙直接影响着当地农牧业的发展。一方面，由于从事灌溉农业人口的流失，导致宁夏平原的农田水利设施失修，农业生产发展倒退。另一方面，在统治权力更迭的过程中，游牧文化与农耕文化对峙并产生激烈的冲突与碰撞，民族之间既存在文化的抗争也存在文化的交流与融合。此时期，受中原农耕文化的影响，加上军事需求和人口生存的基本需要，宁夏地区迁入的游牧民族学习并接受农耕生产生活方式，具有良好农业生产条件的宜农地区逐渐向农耕过渡；在宜牧地区（主要是天然牧场）则发展畜牧业生产，从而形成了宁夏地区半农半牧的经济结构特征。

三、丝绸之路再度繁荣带动南部地区经济发展

魏晋南北朝时期，中国处于动荡不安之中，世界其他地区也在经历着重大变化，欧洲罗马帝国的解体和亚洲其他地区各王朝的兴替成为这一历史时期的重大事件。此时期，草原各少数民族的大迁徙加剧了欧亚大陆上政治格局的动荡，东西方文明的历史性交汇、融通进一步加强。作为中国历史上中外经济文化交往的重要通道——始于西汉时期的“丝绸之路”，经历了战乱导致的短暂停滞后也再度繁荣起来，充分发挥着沟通中原与西域、东方与西方之间经济交流、文化互通与政治交往的作用。此时期，“丝绸之路”频繁的经贸往来，对于宁夏南部地区商业经济的繁荣以及商路重镇的形成与发展具有重要促进作用。

作为“丝绸之路”的重要门户，当时宁夏南部地区的高平镇（今固原市）处于丝绸之路的东段北道上，位于北魏平城沿鄂尔多斯南边与西域往来的中心位置，是东西方交通的咽喉，为东进关中、西去河西，北至河套的枢纽，大批的外国

使节、僧人、商贾在这里停留。中原文化、西域文化、草原游牧文化在此交相辉映，东西方频繁往来的商贸使得中国销往西方的丝绸、铁器、漆器、茶、瓷器等，西方输入中国的各种农作物（诸如苜蓿、芝麻、葡萄、胡桃等）、金银器、珍宝、香料、玉器、玻璃器等，在这里集聚、流通并向更大范围扩散。1981 年固原文物站考古发现，固原城南北魏墓葬中的随葬品中既有来自波斯的银币以及各种来自西域的精美手工艺制品，也有表现于木棺上的中原漆器工艺和贴金工艺等。[①]此后，还有一批北魏的墓葬经过发掘，亦先后出土了大量的历史文物。这些考古成果均充分证明了当时中外经济贸易的往来频繁及多元文化的相融交汇，反映出这一时期社会生活的丰富多彩，折射出此时期宁夏南部地区的经济与市镇发展之繁荣。

四、封建生产关系的确立推动了游牧部落生产关系的解体

魏晋南北朝时期，宁夏地区被北方少数民族统治了几个世纪，以匈奴、鲜卑等游牧民族为代表的游牧部落牧主式生产关系长期占据主导地位。至北魏王朝建立，北方各民族开始大融合，相互交流、学习、吸收，生产关系亦发生改变。在权力重心南迁的过程中，北魏逐渐统治了一部分以农业生产为主的地区，农业取代畜牧业成为重要的财赋来源。也因如此，为了巩固政治权力，自北魏开国皇帝拓跋珪开始的各代皇帝均重视农业发展，采取措施劝课农桑，开垦土地，促使鲜卑人从游牧生活转向定居生活，其中一些鲜卑贵族也放弃牧业转而经营田园，由牧主转变成为地主。在经济发展史上具有特别重要意义的是，在北魏统治集团经过几代君主治理经营之后，魏孝文帝拓跋宏鼎力推进的“太和”改革，包括了土地制度、农业管理、赋税等一系列改革，不仅推动了社会主体少数民族逐步接受了汉族文化，而且还通过颁布“均田令”，加速了少数民族的封建化过程，使其转向定居的农耕生活方式，为农业生产发展创造了条件。随着北魏时期封建生产关系的逐步确立，游牧经济生产关系迅速解体，宁夏地区开始出现封建地主制生产关系。

---

①《宁夏通史》（陈育宁主编，宁夏人民出版社，2008，第 73 页）与《宁夏经济史》（徐安伦、杨旭东著，宁夏人民出版社，1998，第 51 页）对此均有具体描述。

第二节 隋唐五代时期宁夏经济的起伏变化

隋唐时期是我国久经分裂之后的一个统一时期，也是社会各领域的极大发展时期。隋朝结束了长期征战局面，在隋文帝的有效治理之下，全国地区包括宁夏地区的经济获得恢复和发展，但是，隋朝末年隋炀帝的暴政以及农民起义引发的暴乱，使得由隋朝初期繁荣起来的宁夏经济转为衰退。直到唐朝时期，随着全国大治局面的出现，宁夏地区整体经济全面恢复发展，农业、畜牧业、手工业和商业均获得了突飞猛进的发展。安史之乱以后的唐朝中后期以及五代时期，由于社会动乱，宁夏地区的经济又经历了一个长期的衰退时期。

一、隋朝时宁夏经济发展初兴后衰

581 年隋朝统一全国之后，政局稳定，经济和文化都得到较大发展。但是与此同时，西北地区突厥族的兴起对隋朝的西北边境造成巨大的威胁，平息突厥侵犯是隋朝政府着力解决的一个大难题。当时，隋地方行政建制实行郡县制，全国分 190 个郡，其中宁夏有两郡，分别为平凉郡（郡治平高县）和灵武郡（郡治回乐县），隋文帝为防突厥南进，将两郡所在的地区作为边防重地，布兵驻防。客观上，此举为宁夏地区经济发展提供了“天下无事”的稳定社会环境。

隋朝初年，在隋文帝的励精图治之下，整个国家经济都得到了较好的复苏和发展。此时期宁夏经济的发展首先得益于人口的入迁增加。隋王朝建立之后，其在政治、军事上的逐渐强大促使周边少数民族纷纷内附，形成人口向宁夏地区的入迁。这一入迁移民过程在增加劳动力的同时，亦使得各民族关系步入了一个新的历史时期。此时期内迁至宁夏地区的少数民族包括突厥、铁勒、吐谷浑、党项、粟特、吐蕃等民族，大都在宁夏地区建立暂时或长期的居住点，与汉族居民一起开发宁夏地区。其次，作为隋朝时期的主要屯垦地区之一，宁夏的土地开垦面积随着人口入迁增加也逐步扩大。正如《隋书》卷二十四中所载，隋文帝令“于长城以北，大兴屯田，兴实塞下。又于河西，勒百姓立堡，营田积谷”，宁夏长城沿线地区遂成为西北重要的农业生产区域。此时期，宁夏南部地区，尤其是交通沿线亦将大部分土地开垦为良田。在大规模移民和屯垦田地的促进下，农业生产超过了前朝，粮食产量大大提升，农作物除了粮食作物外，蔬菜、药材以及桑、麻等作物也有了规模种植，农业经济逐渐繁荣。

隋初，宁夏在发展农业生产的同时还大力发展畜牧业。隋代在西北设置了陇右牧监，形成以原州为中心的军马官牧，并设置总监、副监、丞以统领诸牧。[①]因此，牧马业在隋初获得了恢复发展，大量的马匹源源不断地供应军事和政治需要，并为此后唐朝对西北牧马区的管理奠定了制度基础。此外，宁夏南部山区及其周边地区，在充分利用天然草场资源的基础上，大力发展传统畜牧业生产，形成以牧为主的农牧业生产特点。

隋初宁夏地区经济的较为繁荣还反映为对外商贸交流的频繁以及"丝绸之路"的繁荣。1987 年 9 月固原县南郊隋骠骑将军史射勿墓发掘，不仅有内容丰富的墓室壁画，而且还出土了来自中原地区的白瓷钵、青瓷四系罐等瓷器以及来自西域国家的鎏金桃形花饰、波斯银币等文物[②]；而 2010 年 7 月固原彭阳海子塬 5 座隋墓则发掘出陶器、铁质工具、铜带饰及铜钱等反映当时平民较高生产生活水平的文物[③]。这些考古发掘均反映了当时宁夏境内社会经济的发展状况及地处中外经济通道上的宁夏南部地区的繁荣，显示出固原作为古丝绸之路上商业重镇的地位非常突出。

至隋朝末年，隋炀帝统治残暴，对外不断用兵，军事征战频繁；连年大兴土木，大筑宫室，生活荒淫；繁重的徭役、兵役，使得田地荒芜，民不聊生。各地人民纷纷举兵反抗，全国性的农民起义声势浩大，农民起义军多达数百支，人数百万众。与此同时，各地豪强也纷纷起来不断割据征战，沉重打击了隋王朝统治。此时期，受农民起义及其他各类地方反隋势力的影响，隋初较为兴盛的宁夏经济急剧衰退，一方面是隋末统治者的横征暴敛使得隋初实行薄徭役轻赋税的经济政策难以为继，农民的生产积极性受到严重挫败，加之因战乱农耕生产无法适时而作，导致农业经济严重衰退；另一方面，战乱中各类反隋力量为增强军事实

①陈育宁主编《宁夏通史：古代卷》，宁夏人民出版社，1998，第 112 页。

②罗丰、郑克祥、耿志强：《宁夏固原隋史射勿墓发掘简报》，《文物》1992 年第 10 期，第 15—22 页。

③参见《彭阳海子塬墓地发掘报告》（宁夏文物考古研究所等，上海古籍出版社 2013 年）中所述整理。

力，大肆劫掠牧马。比如，以原州为中心的陇右牧监军马，即成为隋末各种武装势力的掠夺对象。[①]由此导致宁夏地区牧马业受到重创，整个畜牧业经济发展深受打击。

二、盛唐时期宁夏经济的全面发展

从唐太宗李世民主政的“贞观之治”（627—649 年）到唐玄宗李隆基执掌的“开元盛世”（713—741 年）是唐代经济最为繁荣的时期，即所谓初唐、盛唐时期。此时期，几代明君励精图治，天下大治，经济迅速发展，中国传统农业社会进入了鼎盛阶段。在此时期间，宁夏地区亦进入了经济开发高潮，社会经济全面发展。

据我国著名气候学家竺可桢对物候现象的分析，唐朝时期中国的气候进入一个温暖期。宁夏地区此时期的气候要比现在温热，植被条件良好，生态环境优越，为农业和畜牧业的发展提供了先决条件。如前所述，隋朝承北朝之后，宁夏地区的游牧业已经不占主导地位，而且因南部地区和北部地区生态环境的差异，南部地区的经济结构以半农半牧为特征，而北部地区则直接得益于灌溉条件的保障而发展起了规模化的灌溉农业，经济结构特征为以农业为主。唐朝时期，宁夏地区经济开发在隋朝的基础上进一步加强与扩大，主要表现为军屯的开置以及官牧的兴盛。

唐朝屯垦的形式非常多，除了驻军屯田之外，还有迁徙贫民屯垦，流放犯罪者的屯垦等。对宁夏地区农业发展而言，影响较大的屯垦形式为驻军屯田。唐天授年间，宰相娄师德在其任河源、积石、怀远等军及河、兰、鄯、廓等州检校营田大使时，在灵州等地督导营田事宜，亲自率士卒开垦荒田，粮食产量得到大大提高，使得边军军粮充足。当时在宁夏北方的驻军屯田，主要基地为朔方军辖境，唐开元十四年（726 年）之后，朔方军节度使又率领关内的支度营田使，掌管关内道屯田，从体制上加强了朔方军节度使辖境内军屯的开展。唐代在边境的屯田，无论是面积还是范围，都远远超过了以前的任何朝代。史料显示，宁夏所属的关内道有 258 屯，具体到灵州、原州所辖区域，分别是：盐州监牧4 屯，东受降城 45 屯，中受降城 41 屯，西受降城 25 屯，定远 40 屯，夏州 2 屯，丰安 27 屯，原州 4

①陈育宁主编《宁夏通史：古代卷》宁夏人民出版社，2008，第 81 页。

屯,会州5屯。[①]文中依据史料推算,唐开元年间宁夏地区屯田面积达465 000亩[②③]。尽管唐朝政府采取了一系列鼓励屯田的措施,但是在宁夏的灵州地区仍有大面积的荒地,这与当时灵州经常受到吐蕃的侵扰有直接关系。

除了屯田,盛唐时期宁夏地区在汉代、北魏以及隋初的水利建设基础上大兴水利工程,主要是修复和整理引黄灌溉古渠,对灌溉农业的发展作用很大。唐代仅宁夏北部地区可灌溉的良田就有5万余顷[④],而且果树栽培在宁夏地区取得成功并有很好的发展,贺兰山下已现果树林立的"江南景象",正如晚唐诗人韦蟾在给友人送行时,赋诗《送卢潘尚书之灵武》中所述:"贺兰山下果园成,塞北江南旧有名。水木万家朱户暗,弓刀千骑铁衣鸣。"以此诗为据,当时灵州的富饶美景也一览无余。此时期,灵州不仅因地处平原、水源充足、土壤肥沃而成为重要的粮食生产地,而且作为西北的交通枢纽,兼有黄河水运之便,还是粮食的转运集散地。

宁夏农业经济的繁荣发展除了屯田制度和水利修复之外,也得益于移民而带来的农业人口的大量增加。从《旧唐书·地理志》《新唐书·地理志》《通典》等史书提供的人口数据来看,唐代宁夏人口增长迅速。从唐贞观年间开始,宁夏地区的人口经历了较大幅度的增长,到唐开元年间,仅原州和灵州的人口就增长了3倍。到唐天宝年间,灵州和原州人口统计约计9万人、近2万户,宁夏人口达到唐朝时的高峰。

宁夏地区畜牧业在唐朝时期与农业一样发展较好。这一定程度上与宁夏地区多尚武和善畜牧的人文经济特征有关,但从根本上讲,畜牧业的繁荣与唐朝的马政息息相关。唐朝时期,马政为国家要务,尤其是唐太宗李世民,倾心经营,政府对官用马匹的牧养、训练、使用和采购等一系列管理制度逐步完善,使得军马官牧在唐朝达到兴盛。

在与突厥长期的战争中,唐太宗李世民深懂骑兵的重要性,深知游牧民族军队的作战风格和作战特点。因此与秦皇汉武不同,他不是靠坚固的长城来防

---

①薛正昌:《宁夏历史文化地理》,宁夏人民出版社,2007,第126页。

②徐安伦、杨旭东:《宁夏经济史》,宁夏人民出版社,1998,第64页。

③亩为古代地积单位,1公顷=15亩。本书由于引用资料较多,为保持数据的准确,市制单位不做换算。——编者注

④顷为古代地积单位,1顷=100亩,约合6.67公顷。——编者注

御,而是靠大兴马政,靠大量装备马匹的强大骑兵来抵御并征服游牧民族。唐太宗李世民的这一军事思想将国家牧马业发展到了最高峰,成为我国历史上马政的一个里程碑,对后代产生了重大的影响。在唐朝的马政格局中,宁夏是最为重要的牧马基地,也是我国西北地区马政管理的中枢地区。唐代马政发展为两大系统:"监牧"和"尚乘"。监牧是国家养马系统,主要目的是为了养殖和训练军队使用的优质马匹。尚乘是皇家养马系统,驯养皇宫和禁军使用的马匹。宁夏地区主要是监牧。唐贞观年间,李世民就将赤岸泽的3 000匹优质马匹迁徙到陇右,并首次设边地监牧,之后又在宁夏南部固原地区设置陇右群牧监,由原州刺史兼任群牧监使,监牧制度从此便开始。唐太宗出台了一整套马政管理和考核制度。中央设置监牧官领太仆,太仆下面设监牧和副监牧。监牧下设有主簿、直司、团官、牧尉、排马等。监牧还依照驯养马匹的多寡而分为上监、中监和下监。养马5 000匹为上监,3 000匹为中监,1 000匹为下监。牧监官员在唐朝政治体系中的地位非常高。宁夏的固原是当时唐朝设在西北的四大监牧地之一,而且在四大监牧地中处于中枢地位,其马政得到唐太宗李世民的极大重视。由此可见固原在当时牧马业中的规模和意义。到唐玄宗时期,固原仍然是重要的监牧地。而且此时除官马之外,私立马场出现,民间百姓养马之风兴盛起来。宁夏则成为政府和民间最为青睐的牧马地之一。后来吐蕃不断侵扰灵州地区,在占领区也以畜牧业经济为主。畜牧业为吐蕃提供了丰富的畜产品,但是吐蕃只看到了这些畜产品的运输功用,对牛马等任意宰杀。后李泌向唐德宗谏言,以匹缯换取吐蕃的畜产品。在吐蕃占领区的百姓,基本都沦为从事畜牧业的奴隶,对占领区的畜牧业发展带来巨大的负面影响。

此时期,唐朝政府尤其是唐太宗李世民秉持"兼容并包、兼收并蓄"的治国和外交理念,以一种开放的姿态屹立于世界文明之林,"丝绸之路"在此时达到空前的繁荣。伴随着唐代对外交往的加强,宁夏南部地区的作用愈加重要。唐朝设立安西都护府,以加强对西域的经营和统辖。唐代在交通要道上每30里设立一个驿站,负责公文、信函的传递和各级官员、中外使节的接送,所以把有驿站的道路也称为驿道。[①]每日往返于丝绸之路上的使节、商人、僧侣络绎

①仇王军:《丝绸之路在宁夏》,宁夏人民出版社,2008,第71页。

不绝。据史书记载,在会宁的渡船,每日可渡行人千人以上。外国商人以留居宁夏的粟特人为主,他们从国外带来了各种货币、金属饰品、黄金覆面等,受到本地人的欢迎。

宁夏地区在境内经济繁荣和国家对外经济交往的共同促进下,盛唐时期不仅形成了以灵州、原州为中心沟通地区内外的交通网络,而且沿交通线路上的商业经济非常活跃,不但有中外贸易,还有国内各地区之间的商品交换。境内市场空前繁荣,既有官商的"绢马贸易",也有民间畜产品与境外商品交换,还有盐、药材等商品的对外交流。相应地,重要商路上的大小驿站纷纷出现,主要商业市镇兴盛起来,诸如原州、灵州、盐州等。

三、"安史之乱"之后宁夏地区经济的衰退与恢复

唐玄宗天宝末期,由于各种社会矛盾交织激化而爆发的"安史之乱",标志着唐朝盛世的终结,唐政权亦自此进入衰乱相继的局面,国势由盛转衰,地方割据局面开始形成。"安史之乱"对整个国家造成了巨大的损害,整个黄河中下游地区千里萧条、一片荒凉,广大百姓无家可归,正如唐代著名诗人杜甫《无家别》中悲怆的描述:"寂寞天宝后,园庐但蒿藜,我里百余家,世乱各东西。"这场战乱是整个国家的一场空前浩劫,其破坏性直接影响全国的社会经济发展,对当时宁夏地区经济发展亦具有巨大的负面影响。加之"安史之乱"爆发之后吐蕃乘机南下内侵,控制了原州、安乐州、秦州、渭州等地,宁夏大部分地区为吐蕃人侵占。战乱中,吐蕃人除了攻城略地之外,还大肆掠夺粮草、马匹、器械等军需物资,对当地经济破坏极大。同时,吐蕃奴隶主贵族通过战乱大量掳掠人口并当作奴隶役使,导致宁夏地区劳动力大量流失。此时期,战事侵扰之地,大片的庄稼被践踏,水利设施被破坏,水渠壅塞,正常的生产难以为继,富饶肥沃的土地沦为荒凉之地。从"安史之乱"后至晚唐前期,宁夏经济发展基本处于战乱动荡的影响之下,毫无起色。

随着晚唐时期社会政局渐趋稳定,营田制得以恢复,政府对宁夏地区大片撂荒、久绝耕种之地采取迁徙犯人垦荒的办法进行恢复性耕种,并修复了战乱时被破坏的水利设施。为鼓励百姓耕垦,唐王朝在849年从吐蕃收复宁夏南部地区后,还推行"五年内不加赋税",五年耕垦后"任为永业",并对从事耕垦营田

的守镇将士“即度支给赐牛粮子种”，一系列鼓励支持发展农业的政令措施很快见效，宁夏北部地区的灌溉农业得以恢复发展，而南部地区在种植业发展起来的同时，又恢复到此前的半农半牧结构。而且，随着经济的全面恢复及进一步发展，传统采盐业初具规模，中草药的种植、采集、炮制以及手工业亦有所发展。此时期，宁夏地区出产了许多极具地方和民族风情的特色产品，许多特色产品都成为进贡朝廷的贡品，其中包括各种药材、动植物、矿物以及手工业品。例如，盐州盛产盐、木瓜、狩牛等，灵州盛产甘草、鹿皮、野马、雕翎、鹿角胶、红花、麝香、红兰、白胶、青虫子、杂筋等，原州有白毡、龙须毡、布和麻等。从这些种类繁多的贡品可以看出，这一时期宁夏地区生态环境条件优越，拥有种类众多的动植物资源，物产非常丰富，同时各种门类的手工业加工水平较高。①

907 年，唐王朝统治结束，中国进入了一个短暂的分裂时期——五代十国时期。虽然此时期中原地区战乱不断，宁夏北部地区先后臣属于不同的政权，但是社会政局却相对安定，经济发展未受到直接破坏，尤其引黄灌区农业经济在恢复的基础上又有所发展。五代时期各政权为了保障军粮的供应，都十分重视宁夏北部平原地区的农业生产，不断发展农田水利，发展屯田，命士兵学会农田耕种，促进了农业生产的恢复。此外，对灵州附近各少数民族进行招抚，尤其对党项人的妥善安置，使战乱后的人口得以增加，五代时灵州人口由原来的近 50 万增加到至少 90 万人，②劳动力的增加保证了农业水利的建设发展，更进而对宁夏“塞上江南”的农业经济恢复发展起到了促进作用。

在农业生产恢复发展的同时，此时期宁夏地区南北交通线路的疏通促进了灵州商业贸易的繁荣。五代时期生活在宁夏南部地区的党项诸部经济仍然以畜牧业为主，盛产牛羊马和骆驼，并比唐代时期有了较大的发展。后晋时期，党项的各个部族都争相到灵州以牛马进行交易，粮食和马匹为当时的大宗商品，粮马贸易为灵州“大治”提供了经济基础。此时期，党项诸部与中原地区的商贸往来主要通过“朝贡贸易”，朝贡物品主要是马、羊等畜产品。尔后，由于朝贡贸易之弊害一定程度上影响着王朝经济利益，朝贡规模逐步受到限制，并将集中于王都的朝贡贸易大部分改为在边境市场上进行，即所谓“于边上置互市，只许首

①徐安伦、杨旭东：《宁夏经济史》，宁夏人民出版社，1998，第 68 页。

②陈育宁主编《宁夏通史》，宁夏人民出版社，2008，第 116 页。

领入贡”。[①]自此，实际上一方面从维护封建王朝利益出发，将“朝贡”与“贸易”区分开来，另一方面客观上促进了边塞地区对外贸易和民族贸易的发展，这不仅极大地促进了党项诸部社会经济发展，而且促进了灵州与内地的沟通以及河西走廊的商贸发展，对宁夏地区经济发展具有极大的促进作用。

①赵靖：《中国经济思想通史》修订本第3卷，北京大学出版社，2002年9月版，第1187页。

第三章　北宋时期西夏王朝建立之后宁夏经济的全面发展

960 年北宋王朝建立，结束了五代十国长期分裂、战乱的局面，但初期仍承五代分裂割据之残局，国家积弱积贫，与唐王朝的国势强盛形成鲜明对比。此时期，尽管宋为统一天下而致力于削平群雄，与北方游牧部落的征战不绝，但始终未彻底完胜，并最终形成北宋、辽、西夏三足鼎立的政权格局。其中，对宁夏地区经济发展具有关键性影响的是党项人建立的封建王朝——西夏王朝。从 1038 年王朝建立至 1227 年王国覆灭，西夏王朝在近两个世纪的时间里多次为脱宋自立、谋取巩固政权的经济利益而与宋交战。此时期，宁夏地区经济发展主要取决于西夏对宁夏地区的开发治理以及西夏王朝与中原王朝之间反反复复的政治经济关系。

第一节　西夏王朝建立之后宁夏地区经济发展特点

881 年即唐中和元年，党项人首领拓跋思恭因打击黄巢起义有功被任命为夏州节度使，后又诏赠“定难节度使”。唐中和四年（884 年），黄巢起义被镇压后，拓跋思恭因勤王有功，被封为夏国公，赐姓李，统辖夏、绥、银、宥四州，封地成为唐末藩镇之一，世代割据相袭。从此，夏州政权开始出现在中国西北地理空间之中，党项人进入宁夏平原，西夏王朝建国基础初步奠定。随着五代十国政权更迭，至北宋建立，党项人以夏州为中心的政权不断发展壮大，北宋宝元元年（1038 年），拓跋氏之后元昊正式称帝，国号“大夏”，建都兴庆府，即今银川市。因其位处中原地区的西北部，宋人称之为“西夏”。此时期，西夏王国统治了东临黄河、西至玉门关、南迄萧关、北抵大漠的广大地域，包括今宁夏、陕西、甘肃、青海、内蒙古、新疆等地区。

一、宁夏地区经济发展深受夏宋关系变化影响

西夏与北宋的关系集中体现于党项人拥兵割据与中央集权之间的矛盾运动。在西夏王朝自建立到覆灭的近两个世纪里，夏宋关系反反复复始终围绕着西夏王权的独立巩固及势力强大、宋王朝的削藩固边及政治统一而展开。当矛盾激化时则爆发战争，双方为敌，社会政局动荡，经济发展受战争拖累而衰；当战至疲困时则达成和议，双方恢复正常的政治往来，双边经贸活动频繁，经济发展实力增强，开发空间扩大。

在西夏王朝建立之前，从党项人李继迁任节度使开始，西夏与北宋之间就不断发生边境战争。其子李德明即位后，与宋主动修好以集中力量攻取吐蕃和回纥控制之下的河西诸州。夏宋双方订立了和约，北宋承认了党项在西北诸州的统治权，每年给予西夏一定的物资。和约对夏州政权的经济发展起到了巨大的促进作用。和约不但使党项族获得了大量的生活物资和金银财宝，而且极大繁荣了西夏与北宋之间的商贸往来。例如，和约规定在保安军设立互市榷场，西夏以骆驼、马牛羊、毡毯、甘草、玉、麝香、柴胡、蜜、蜡等特产，交换宋朝的缯、帛、罗等丝织品以及瓷器、漆器、姜、桂等商品，双方之间的这种贡赐贸易活动非常繁荣。北宋还答应取消西夏青白盐输入宋境的禁令，这对于盛产池盐的宁夏来说是一件非常有意义的事情。宋仁宗即位后又在宋夏边境设立了多个榷场，同时榷场之外的民间贸易也逐渐兴盛起来，商贩如织。当时，北宋政府出台规定："非官市听与民交易，入贡至京者纵其为市。"[①]从此之后商队来往络绎不绝。1010年，银川等地发生大旱灾害，西夏境内谷粒不收，发生了严重的饥荒，社会不稳。李德明向宋朝上表求得北宋下拨粮食百万斛[②]。宁夏地区经济在此时的繁荣发展是宋夏之间和平友好关系的结果。这种和平关系维持了近30年时间，为西夏的立国奠定了坚实的经济基础和稳定的政治环境。

---

①［元］脱脱等撰《宋史》卷一八六《食货下八·互市舶法》，中华书局，1977，第4563页。

②斛为古代代容量单位，本为十斗，后改为五斗。——编者注

1031年，李德明之子李元昊嗣立，他不满父辈臣属宋朝，立誓为王，主张建立党项人的独立政权。元昊称帝并建立西夏之后，要求宋朝正式承认夏国，许予土地，册封帝号。北宋政府断然拒绝并削夺元昊官爵，停止贸易往来。1040年，西夏与北宋的第一次战争全面爆发。交战期间，榷场被关闭，互市被禁止。当时宋朝政府采纳了范仲淹的主张，对西夏实行了清野固守的政策，即全面封锁政策。主要措施就是在西夏的周围不断调集军队驻防，修筑城寨，通过帮助居民解决田地、耕牛和生产农具上的困难争取他们的支持，让他们安心生产，依靠军队共同抵抗西夏的进攻和抢掠，守卫边境安全。夏宋战争爆发使得西夏失去了过去北宋提供的金银财富，导致财力减弱，而且适逢境内遇到严重的旱灾、虫灾等自然灾害，物资匮乏。加之榷场和互市的取消使得西夏人日常生活所需要的茶叶和纺织品来源断绝，且百姓赋税加重，经济困顿。至1043年，长达三年的夏宋战争结束，双方就领土、税币、贸易、青盐等问题达成协议，签订和约。自此，北宋依然每年给予西夏金银和物资，榷场得以重开，西夏的池盐和中原地区的茶、布、谷物等货品再次在榷场流通，两地互市贸易再度兴盛。

此后，夏宋关系还是在冲突与矛盾中起起伏伏。对于作为西夏政治经济中心的宁夏地区而言，这种内外极其不稳定的政治经济关系对其整体经济的发展影响很大。首先西夏王朝要真正建立独立的王国就必须摆脱对中原地区的长期经济依赖，发展独立的经济体系；其次要建立强大的军事力量，必须有雄厚的物质基础，不仅要提高农业、畜牧业、手工业的发展水平，而且还要扩大对外商业贸易。西夏王朝建立以来，上述策略直接反映在宁夏地区的经济开发策略中，并具体体现于宁夏地区综合、独立的经济体系形成之中。

二、宁夏地区渐形成相对独立的综合经济体系

宁夏地区在被西夏王朝统治之前，曾经被北宋王朝统治短短数十年，这一时期宁夏的引黄灌区农业经济在五代时期恢复发展的基础上，通过复兴屯垦扩大灌溉农田规模，取得了明显的进步，农业生产获得持续发展。西夏政权取代北宋之后，党项人在原聚居区夏、绥、银、宥诸州（即今陕、甘、宁交界地区）之外又占据了大片草原，作为传统生产部门的畜牧业拥有了更有利的发展条件。特别是在占据凉州、甘州等河西走廊地区之后，西夏的畜牧业基础更为雄厚，其所盛

产的羊、马、牛、驼等牧畜是对外贸易尤其与中原地区进行贸易往来的大宗商品。此时期，宁夏地区作为西夏王朝的统治中心所在地，经济地位极其重要，沿山地区的盐州、韦州、定州仍以畜牧业为主，在兴庆府周边地区畜牧业与灌溉农业一样发达。

西夏王朝建立后，十分重视农业生产的发展，努力改变其原来游牧时期单一畜牧业经济的局面。当时，在河套地区的宁夏平原上，各民族混杂居住。党项人通过主动向汉人学习农业生产技能，逐渐由从事畜牧业转向农业。此时期，西夏统治者非常重视水利设施的兴修，不仅对许多导引黄河之水灌溉数万顷农田的旧水渠进行修整和疏浚，而且还为拓垦农田兴修新的水利系统。比如，1031—1048 年即元昊统治时期，西夏沿贺兰山麓开凿了“昊王渠”，全长 200 余里，开发了兴庆府以西的大片荒原，使原来的农田面积得以扩大。随着农业生产的发展，西夏境内已有小麦、大麦、水稻、豆类等作物和各种蔬菜，农作物品种空前繁多，犁、铧、镰、锄等农具普遍使用，农业生产力水平之高，与中原地区相当，大农区如兴、灵、甘、凉诸州普遍“建造行衙，置仓积谷”……农业成为西夏社会经济的重要部门。

在手工业方面，宁夏地区的手工毛纺业、手工采盐业均有重要发展。其中以畜牧业为基础的手工毛纺业，不仅为党项人日常生活以及军事作战需要提供了诸如毛毯、毛毡、氆氇等种类繁多的产品，而且还以精细精美的工艺为对外贸易提供了质地优良的各种毛织物，行销范围甚广。手工采盐业主要集中在宁夏北部地区盛产池盐的盐州和灵州。盐州自古就是有名的产盐之地，以乌池和白池所产的青白盐最负盛名。盐州的青白盐制作精良，色味俱佳，产量极大，价格低廉，行销内地，当时党项人用盐与汉人交换粮食以及茶叶、漆器、匹帛等商品，青白盐的收入是西夏政权的主要财政收入来源。此外，在农业发展和作战的需求刺激下，西夏王国兴起之后发展了自成一体的手工采矿、冶炼和金属制造业，诸如各种枪、箭、刀、斧等兵器制造均工艺精巧，质地上好。西夏直接继承中原技术的熔铸、锻造业，在实践中达到了高超水准。1977 年西夏王陵考古发掘出土了一座重达 360 斤(1 斤 =0.5 千克)的鎏金铜牛，形体硕大，造型逼真，可见当时西夏的金属冶铸技术和手工艺制作水平已与中原的发展同步。

享有“东方金字塔”美誉的西夏王陵

从整体发展情况来看，作为独立于中原地区中央集权统治之外的西夏王朝，其经济发展并非为偏居一隅的地方经济，实为“独立王国”的国家经济，因而其各业发展均被纳入独立的综合经济体系之中，既满足了巩固王权的军事战争需要，又保证了王国居民的生产生活之需，这就是西夏王朝建立之后宁夏地区经济发展的重要特征。

三、宁夏地区经济发展奠定了西夏王朝的坚实基础

宁夏地区经济伴随着夏宋政治经济关系的反复变化亦呈现出反复的发展过程，这一过程不仅充分说明了稳定的社会政局与和谐的民族关系是经济发展繁荣的重要保障，而且还同时印证了宁夏地区作为西夏王国的政治经济中心和商贸重地，对于西夏王朝的建立与政权巩固具有关键作用。此时期，宁夏地区经济发展之于西夏王朝的重要性集中体现在以下几个方面。

第一，宁夏地区经济发展为西夏政权的形成发展提供了经济支撑。党项人入迁宁夏地区之前，处于氏族社会末期，主要从事畜牧业生产，不事农业；日常生活以畜牧产品为主，生产力水平较为低下。迁居宁夏地区之后，为了壮大夏州政权，党项人不断学习中原的农耕生产方式和汉族文化，对宁夏地区进行了有效开发。虽然宁夏南部的党项族人仍然以畜牧业为主，但是定居于河套地区的党项人在与汉族人民的交往中，却慢慢学会了定居式的农业生产。如前所述，

农业、畜牧业和以制盐业为主的手工业均得到充分发展。另外,西夏与北宋之间的商贸往来日益繁荣。仅仅依靠青白盐的开采与销售,西夏政权就在其与北宋的商业贸易中获得了大量回报。宁夏地区经济的繁荣,为西夏政权的壮大提供了坚实的经济基础,成为西夏与北宋在长期对抗中的重要保障。可以说,没有宁夏地区经济的繁荣,就没有西夏政权的形成和建立。因此,宁夏地区是西夏政权的关键经济支撑,是党项族及其政权生存和延续的经济基础。

第二,宁夏平原地区的经济发展决定了西夏王朝的都城选择和建立。西夏王权的前身即为夏州政权,在选择都城的过程中,先后在夏州、灵州定都,但是最终却迁移到了兴庆府即今银川市,这是一个都城西迁的过程。其原因,既有远离外部强敌势力的军事战略考虑,也有交通地理位置便利的需要。然而,至关重要的是经济发展环境的影响。兴庆府所处的宁夏平原地区,沃土良田,水草丰美,畜牧发达。这个地区在很早以前就开发了很多水利工程,水渠灌溉非常便利。西夏王朝建立之后,兴庆府成为西夏境内的粮食基地和重要牧场之一,农牧业以及手工业的综合发展保证了都城的军需民用。因此,正是宁夏平原地区优越的农牧业发展环境以及良好的经济发展基础决定了西夏都城的迁移。

第三,宁夏地区是西夏王国经济发展最快、生产力水平最高的区域。党项人是以游牧为主要经济手段的民族,生产方式是传统的游牧生产方式。而迁居到宁夏地区以后,虽然仍保持其游牧文化风格,但是在与汉族的交往过程中逐渐接受了汉文化,部分党项人包括党项贵族开始从事农耕生产。从游牧向定居农业的生产生活方式转变,极大地促进了党项人生产力水平的提高,定居宁夏北部河套地区的党项人在前人基础上继续开垦、耕种土地,农业生产取得了很大的发展,农业生产力水平与中原地区相当。此时期,与西夏王国统治的其他地区相比,尤其是与兴州、灵州、甘州、凉州之外的广大干旱、半干旱地区相比,宁夏地区的经济发展速度、发展规模以及生产力水平远远超出。

第四,宁夏地区是西夏王国商贸活动最为活跃、对外交流最为频繁的地方。盐州出产的青白盐是西夏与北宋商业贸易中最具有贸易优势的商品,西夏因此而获得了大量的财政收入。在夏宋和约中设立的榷场,是西夏同北宋以及国外进行商品贸易的重要场所,其中宁夏南部地区“丝绸之路”的必经之地——高平镇就是当时非常重要的榷场设置地。西夏在积极发展同宋、辽、金之间的商业贸易中，宁夏南部地区商业重镇的地位更为突出。北宋时期，茶马贸易在唐代和五代时期发展的基础上逐渐兴盛，并在西北地区形成了相当的规模，逐渐代替了传统的绢马贸易。据史书记载，北宋在镇戎军(治所在今固原)每年买马4 000匹以上。除了官市之外，在夏宋边界上民间贸易市场也非常活跃，“商贩如织”，各族百姓在此交换各种生产、生活必需品。

西夏占领了灵州和河西地区之后，基本控制了宋、辽、金和西域各国通商的重要通道。作为“丝绸之路”的必经区域，宁夏地区在东西方经济往来中起着重要纽带作用。西夏政权，尤其在元昊称帝之后，非常重视“丝绸之路”上的商贸往来，积极促进西夏与西域之间的经济交流。在频繁的东西方经贸往来中，大量的阿拉伯人、波斯人以及皈信伊斯兰教的西域诸国的回回商人沿“丝绸之路”，取道宁夏进行更大范围的贸易活动和伊斯兰文化传播活动，宁夏地区在西夏和中原的对外经济及文化交流中发挥着重要的枢纽作用。

第二节　西夏时期宁夏地区各业发展特点

西夏时期宁夏地区经济发展基本上是元昊时奠定的基础，是元昊逐步推行封建化进程的综合结果。西夏王朝建立之后，仿照宋朝制度逐步建立了中央集权的封建专制王朝，中央设立中书省、枢密院、三司使司和御史台，分管行政、军事、财政和监察，在地方设立州郡和蕃落两套不同的行政机构。为了发展西夏的教育，培养人才，此时期创制了西夏文字，并设立蕃学院和汉学院。除了设官制、定兵制、制礼仪、造文字、建蕃学、育人才之外，元昊非常重视经济发展，他亲自主持水利设施的修建，大力发展农业和畜牧业，鼓励通商以及对外经济文化交流，促使宁夏地区的经济发展达较高的历史水平。此时期，入迁定居于宁夏地区的党项人也一改原有传统单一的游牧经济生活方式，不仅从事畜牧业，而且在农业、商业和手工业等方面都有不同程度的发展，在宁夏地区经济的全面发展中取得了历史性进步。

一、农业经济发展取得突出成就

在农业经济方面，西夏统治者多措并举，达到了与中原相当的生产水平。西夏大部分地区土地较为贫瘠，人口也比较稀少，发展经济的条件与内地相比存在很大差距。这样使得西夏经济对中原地区存在很大依赖性。司马光曾经形象地将西夏比喻为婴儿，将中原王朝的支撑视为对其的“哺乳”。为了改变这种状况，从李元昊建立西夏开始，就将发展独立的民族经济作为西夏的基本国策之一。首要表现就是在西夏中心地区尤其是宁夏平原地区大力发展农业生产。西夏政府在中央机构中设立“农田司”，其职责就是专门对农田水利事务进行管理。而宁夏的灵州地区是西夏农业最为发达的地区之一，其自然条件非常适宜水稻和小麦的种植。总体说来，宁夏地区的农业发展在此时取得成就表现在以下几个方面。

第一是向汉人学习并采用了先进的生产技术和生产工具。根据历史记载，当时采用的生产工具有犁、镰刀、耙、锄、锹、耧等。而且，这些丰富的农具都基本用铁制作而成。此外，党项人在宁夏河套地区与汉族居民长期杂居的过程中，不断学习其精耕细作的农业生产技术，掌握了庄稼种植规律和时令变化规律，逐渐达到了宋朝境内农民的水平。

第二是牛耕方式的普遍使用。党项人传统的畜牧业为农业生产提供了充足的耕牛资源。对耕牛的广泛使用是宁夏地区当时农业经济中的普遍现象，已经学习并掌握了当时内地最为先进的牛耕方法——二牛抬杠法。西夏王陵中的大量鎏金铜牛陪葬品以及榆林窟上西夏壁画上的二牛抬杠牛耕图都是非常好的证明。二牛抬杠、一人扶犁的耕作方法大大提高了耕地的效率和效果，为农业作物的良好成长和粮食产量的增加提供了基础条件。

第三是对水利灌溉的重视和发展。西夏在发展水利工程方面所做的主要工作是对过去保存下来的旧渠进行疏浚和修复。西夏时期的旧渠主要分布在兴州和灵州一带，也就是现在的银川市和灵武市。其中最有名的旧渠是兴州的汉源渠和唐徕渠。唐徕渠长约 250 里，汉源渠长达 320 里，还有几十条支渠与之相连，“支渠大小共六十八，计溉田九万余顷”。与兴州的汉源渠和唐徕渠相连的还有灵州的秦家渠、艾山渠、特进渠、汉伯渠等旧渠，数量也有数十条，共同构成了灵州和兴州的水利灌溉网。宁夏地区的水利工程不但健全，而且西夏中央政府出台了《天盛改旧定新律令》，对宁夏地区水利设施的保护和水的使用办法给予高度重视，并制定了相应的规范。

第四是对荒地的大量开垦。西夏所属地区的土壤相对比较贫瘠，可耕种的土地面积也有限，如何扩大耕种面积是西夏统治者非常重视的问题。西夏统治者规定，凡是开垦的荒地受到法律的保护，荒地归开垦者所有并可以自由出卖，以此来鼓励百姓开垦荒地，增加耕地面积。为了扩大耕地，侵占耕地的事件不断发生。元昊建国后，其非常贪恋屈野河西边的肥沃耕地，先是插木建寨，而后发动西夏民众耕垦寨旁约 18 里范围内的良田。到西夏毅宗时，在军队保护下，发动几万民众继续对该地区的土地进行侵耕，行为更加严重。宋朝为了制裁这种侵耕行为，对西夏采取了经济制裁措施，通过关闭互市、限制榷场等方法来反对侵耕。西夏崇宗时，还侵耕了大理河东一带的土地，侵耕方法更加隐蔽，乘着夜间越界耕种。这些侵耕行为，虽然激化了宋朝与西夏之间的矛盾，但是却真实生动地反映了西夏统治者对于开垦荒地、增加耕地面积以增加粮食生产的极度渴望和重视。

第五是对大量粮食的储存。在兴修水利之后，宁夏地区的庄稼得到了及时的灌溉，旱涝等自然灾害也减少，再加上二牛抬杠的牛耕方法和汉人先进生产技术的使用，荒地得到了开垦，西夏的粮食产量大增，官仓和私窖都存储了大量粮食。根据《宋史》《西夏书事》《宋会要辑稿》等的记载，西夏时期的粮仓和粮窖众多，包括夏州的七里平和桃堆平、灵州西南的鸣沙州、贺兰山西北的摊粮城、兰州境内的胜如川和质狐堡等。这些粮仓和粮窖储存了大量的粮食，例如仅夏州的七里平就有谷窖 100 多个，储存的粮食多达 8 万石①。储存的粮食之多是西夏时期宁夏地区农业发展的真实写照。

西夏时期的农业发展以宁夏北部平原为主要区域，农业生产水平虽然获得很大发展，但是由于党项人所处地区的气候比较干燥、寒冷，土地较为贫瘠，农作物每年最多成熟一季，而且产量不高，因此从事农业生产的农民终年劳作，所获依旧有限。再加上一些水旱灾害、病虫灾害的影响，有时候收获甚少。这使得从事农业生产的农民除了农耕之外，还经常依赖采集部分野生植物维持生计。除了采集可食用的植物之外，还采集柴胡、红花、甘草等重要药材，拿到榷场与

①石为古代容量单位，一石等于十斗。——编者注

内地各族人民进行交换,换取生存所需要的其他物品。

二、异常活跃的商业与多种形式的贸易

在商业和贸易方面,宁夏地区是西夏商业活动非常繁荣的地方。西夏所统治的地区中,只有兴州和灵州的中心地区是比较优越的能够引黄灌溉的农耕区,甘州和凉州的一些可以使用高山融雪灌溉农田的地区也具有发展农业的条件。[①]但是西夏的其他广大地区都属于干旱和半干旱地区,不利于农业经济的发展,农作物的种植区域非常有限,很难为军民提供充足的粮食保障。西夏农牧业经济发展中表现出的不平衡性和外部依赖性,迫使西夏必须用自己的畜产品与外界进行商品贸易,换取自身生存发展所需要的农副产品和手工业品,以满足西夏军民的需要。西夏能够发展如此繁荣的商贸业还在于宁夏独特的自然环境和多样的特色物品。带有浓郁宁夏地域特征和民族特色的商品如青白盐、草药等,在与宋朝和其他地方政权的商贸中具有较高的交换价值,西夏政权和民众由此获得丰厚的回报。茶叶、丝帛等是西北和北方少数民族地区最为畅销的物品,价格非常高,为了获取差额利润,西夏从宋朝购入茶叶,然后转销到其他地区以获取牲畜等产品。这种地区间悬殊的价格差异,虽然是西夏对丝绸之路控制而产生的结果,但是却促进了西夏与周边政权的商贸往来。西夏商业贸易的主要对象是宋朝,其次是金、辽以及回鹘等其他少数民族建立的政权。

西夏与宋朝之间的相互贸易有多种形式,主要包括三种:一是贡赐贸易,二是榷场贸易,三是私市贸易。贡赐贸易是一种通过贡使进行的贸易活动形式。早期西夏在与宋朝进行了多年战争之后,双方订立和约,西夏向北宋称臣,按照和约的规定每年必须派使臣向北宋朝贡,北宋则给予西夏各种物资,这就是贡赐贸易。1005 年即北宋景德二年,宋朝在一次西夏使臣的朝贡中,赐给李德明金、帛、钱等各 4 万,茶叶 2 万斤,转年又赐给他袭衣、金带、金鞍勒马以及绢万匹、银万两、茶叶 2 万斤。元昊臣服于宋朝后,1044 年即北宋庆历四年,宋仁宗赐给他银 2 万两、绢 2 万匹、茶叶 3 万斤。在西夏出现自然灾害时,宋朝也曾开放粮禁,允许西夏在榷场购买粮食,并向西夏贷粮百万斛。宋朝在双方关系友

①陈育宁主编《宁夏通史:古代卷》,宁夏人民出版社,1998,第 177 页。

好时还曾经设置了馆舍专门招待西夏使臣，由官方主持贸易。

榷场贸易是宋夏之间重要的贸易形式，也是官方贸易的主要形式。榷场就是双方在和约中设立的贸易机构，一般有固定的地址。宋夏设立的榷场主要包括保安军和安平寨两处。每个榷场都有管理者负责日常管理，主要职责是稽查货物、征收商税和进行大宗贸易。宋夏榷场贸易的物品种类非常多，根据《宋史·食货志》记载，双方贸易物品多达20余种。西夏主要以畜产品为主，宋朝主要是茶帛。此外，宁夏地区的青白盐、大黄、枸杞等物品也是输出到宋朝的重要商品。1002年，李继迁在灵、夏州的骆驼口、赤沙州等地设榷场与宋进行贸易。1045年，宋夏再次议和，应西夏要求，宋朝重新开放保安军和安平寨的榷场，双方再次恢复了正常贸易。1060年即北宋嘉祐五年，宋又在秦州的古渭、原州、德顺军等地设立榷马场，由京师每年支银购买大批良马。榷场的开放与关闭，常常同宋与西夏的政治斗争紧密相关。[①]宋夏之间的官方贸易还有另外一种形式——"和市"，是仅次于榷场一级的商场形式。"和市"一般有两种形式：一种是合法市场，是经过双方协商同意的，如宋的陕西路和河东路沿边的吴堡、金汤、白豹、久良津等地就曾经设有这种市场；另一种是不经过协商而单方面设立的叫作"会"的非法定期市场。宋真宗时期，李继迁就在赤沙和骆驼巷设置了"会"，从事商品买卖。

宋夏之间边境的居民有时还通过所谓的"私市"进行商贸往来。当宋朝对双边贸易禁令严格时，双方的边民就会进行私下的贸易活动。例如，西夏的商人用畜产品和青白盐在边境私下交换谷物，宋朝边境的汉人也有带着轻细货物到私市从事贸易活动。私市的兴起对于正常的榷场贸易存在一定程度的影响，主要表现为私市的货物价格对榷场正常价格的冲击，从而导致榷场贸易不能正常进行。这与今天的"黑市"对合法市场的影响是同一个道理。

西夏与辽、金之间的商贸活动在规模上仅次于宋朝，但是几方之间的经济联系却比与宋朝密切。主要表现之一就是辽在上京的临潢泽、中京的来宾馆等地都设有接待西夏使者的馆驿。同时辽在云中西北的天德、上石楞坡、云内、银瓮口等地均设有榷场，保持与西夏的贸易往来。除了上述榷场外，金朝在关陇地区新开设了环州、兰州、绥德等榷场，与西夏进行贸易往来。西夏在对外贸易中

---

①陈育宁主编《宁夏通史：古代卷》，宁夏人民出版社，1998，第179页。

主要输出的商品有骆驼、毡毯、青白盐、柴胡、大黄、红花、麝香、甘草、枸杞、羚角、蜜蜡、玉、毛褐等。而其中很多都是宁夏地区的特产，西夏从宋朝输入的商品主要是茶叶，还有帛、绢、缯、瓷器、漆器、姜、桂等。西夏所控制的区域是中原通往西域的重要交通要道，回鹘和中亚的珠宝、药材、饰品、香料等物品主要是通过西夏贩卖到宋、辽、金境内的。西夏在其中或转销或抽取税金，税率一般是1/10，税金一般以实物代替。

西夏商贸业的繁荣还有一个非常重要的表现就是货币经济的繁荣和城市商业的发展。元昊在位时货币称为"天授通宝"，后来毅宗时期改为"天佑宝钱"，惠宗时又有"大安宝钱"，仁宗时有"天盛元宝"，襄宗时有"皇建元宝"。西夏的货币主要分为铜币和铁币两种，钱面的印文也分西夏文和汉文两种。在西夏境内流通的货币除了西夏自己发行的货币，同时还有大量的宋朝货币。西夏钱和宋钱是西夏社会商业流通和贮藏的主要手段，说明货币使用在西夏社会中占有非常重要的地位。货币的广泛使用，也促进了城市经济的繁荣。宁夏兴庆府，各种商铺林立，行人络绎不绝。

三、以采盐业为代表且部门齐全的手工业

党项人的手工业，在发展初期都是依附于畜牧业的家庭手工业，如皮毛制作和毛毡纺织等。但是随着畜牧业发展和农业生产水平的提高，中原地区汉族先进文化与技术的传入，尤其是铁器工具的使用，西夏的手工业逐渐从畜牧业中分离出来，发展为比较独立的经济部门。西夏在元昊建国之前，手工业在党项各部落中已经有不同程度的发展，但是直到元昊建国之后，才形成初具规模的手工业部门。根据西夏《天盛年改定新法》等史料记载，当时党项人的手工业有冶炼、制盐、纺织、砖瓦、陶瓷、酿造等业。[①]西夏为加强对手工业的管理，在中央政府机构中设立了专门的冶金司、造纸院、木工院、刻字司、织绢院、砖瓦院、铁工院等部门，分别对相应行业进行监督管理。西夏时期设立文思院，搜罗各地的能工巧匠，进行各种手工业生产。文思院为官营手工业作坊，以为统治者制造各种奢侈品为主要职责，但是它对民间的手工业技术的进步也起了重要作用。

---

①陈佳华等著《中国历代民族史：宋金辽时期民族史》，社会科学文献出版社，2007，第210页。

在手工业方面，宁夏地区经济以采盐业最为发达。根据史书记载，当时盐州青白盐的产量非常高，每年可达数十万石，而且价格便宜，味道独特。其产量能够满足宁夏地区甚至是整个西夏族民的需要，还可以供应内地和沿边民族居民。青白盐是西夏对外贸易的大宗，深受西北地区和中原内地居民的喜爱。西夏统治者对青白盐的贸易十分重视，想尽各种办法开辟和维护贸易通道，保证青白盐的顺畅流通，以维护自身的经济利益。

在冶炼和兵器制造业方面，宁夏地区的夏州占有重要地位。夏州的东部是丰富的铁矿产区，西夏建国之初就在此地建立了冶铁业。当时的冶炼技术取得很大的进步，已经采用了先进的竖式风箱。整个西夏的产铁数量虽然不多，但是铁器制作却非常精良。西夏王陵出土的铜铸牛，表面鎏金，形象生动逼真，充分显示出当时高超的技术水平。元昊在夏州设立了“铁冶务”，专门负责冶炼铁器。随着冶铁技术的进步，西夏的兵器制造业取得了飞快发展。据史料记载，西夏当时所制作的甲胄，“皆冷锻而成，坚滑光莹，非劲弩可入”①。尤其是西夏都城兴庆府所产的良弓，质地精良，时称“利器”，每张弓的价格非常之昂贵。除此之外，兴庆府还产当时被称为“旋风炮”的兵器以及“夏国剑”，尤其是“夏国剑”，极为名贵，有“天下第一”美誉。当时著名文学家苏轼给予高度评价，宋钦宗就经常佩戴夏国剑。冶铁之外，还有冶铜和炼银。西夏文字典《文海》就有黄铜记载，是当时铜钱、铜牌、铜印以及铜牛等物品的主要制作材料。《文海》中也有“银”的释义，称“矿物中出也”。

在纺织业方面，主要的纺织物有毛织品和麻织品两大类。《文海》中这样对“麻”进行释义：“麻草，可作布也。”当时的毛织品主要是以畜毛为原料，织成褐布和毡毯等物品，除了自用也用于商贸交易活动。尤其是白毡，因为制作精良，被贩卖到中原和世界各地。

近年在宁夏出土的窑址和窖藏瓷器，说明当时陶瓷业也是宁夏地区重要的手工业部门。陶瓷产品在当时种类繁多，有瓷罐、瓷瓶、瓷壶、瓷碗等，其中一部分制品瓷胎粗厚，形制单纯，是西夏人早期的制品。玉壶春瓶、剔花瓷瓶、双耳瓷扁壶等具有较高的艺术价值和历史价值。除了这些，还有瓷制砚台、人头像等工

①引自《续资治通鉴长编》卷一三二。

艺品。总体来看，当时的瓷器制作水平整体较低，与中原地区存在较大的差距。

西夏的造纸业取得了历史性进步。西夏早期一般是从宋朝引入纸，后来从宋朝引进造纸术开始自己造纸，造纸水平获得巨大进步。西夏所造的纸，品种颇多，既有细密光滑的厚纸也有透明的薄纸，颜色有白、黄、褐等。根据《文海》记载，西夏人的造纸业主要使用麻和树皮。另外，西夏的木活字印刷术业相当发达，西夏推行佛教，很多佛经就是使用木活字印刷术完成的。

砖瓦业也取得突破。党项人早期的房屋多为木质结构，李继迁建都西兴庆府后，大兴土木，修建宗庙、官衙、皇宫、馆驿和都城。元昊称帝之后更加重视宫殿和皇城的扩建。在扩建中摒弃了传统的木架结构，改为砖瓦结构。近年来在西夏王陵陵园地表发现了大量的砖瓦遗物。砖分条状和方状，都是青灰色，瓦分板瓦和筒瓦。板瓦背有布纹，筒瓦有青灰和琉璃两种。此外还有白瓷、青瓷和花瓷瓦片。质地、外形、纹饰，都可说明当时砖瓦制造业发展水平之高。

除了上述行业之外，宁夏地区的手工业还有木器业和酿造业。

四、以家户为基本单位的畜牧业

西夏时期，宁夏的畜牧业比隋唐和五代时期都有了明显的进步和发展。隋唐之际，党项人的畜牧业生产只是放牧牛、马、羊、驴等牲畜，既没有法令，也没有傜役。各部落之间彼此不相往来，也不相互统摄，过着自给自足的生活。在畜牧业生产中，既没有对牧草进行储存，也不挖井和建棚圈，牧养过程完全取决于自然条件，基本处于原始生产阶段。但是随着党项族人在封建化进程中不断学习中原先进文化，到了西夏时期其畜牧业生产水平取得了较大的进步。畜牧水平不断进步，畜牧产品的数量和种类不断丰富。985 年，宋军对银州杏子坪的保寺和保香两个党项部落进行征战时，就掳获了牛、马、羊、驴等牲畜 4 000 余头，之后又在对杏子坪的没邵浪等部族的征战中掳获牲畜 1 260 头。可见当时这两个部落的牲畜数量之多。《文海》载其所养的家畜也是马、牛、羊、骆驼、驴、骡、猪等。[1]在以上的牲畜中，党项人最重视的是对马的牧养。在党项各部族中，牧马业最为发达是卑宁族、野鸡族以及居住在横山地区的党项部落。《宋史·党项传》中记载，1001 年即北宋咸平四

①陈佳华等著《中国历代民族史：宋金辽时期民族史》，社会科学文献出版社，2007，第 205 页。

年，卑宁族首领喝邻半祝在贡奉宋朝时称其族部有精骑3万，愿意供宋朝差遣。

西夏的养驼业也很发达。养驼主要在党项人移居银州和夏州地区之后开始。受银州和夏州一带多沙碛等的影响，养马业在此地发展受到很大的限制，而骆驼比较耐饥渴，善于在沙漠中穿行，既可用于驮载，也可用作长途贩运和乘骑，故适合在此地发展。这一点在西夏对宋朝的贡奉中可以得到启示。1006年即北宋景德三年，李德明向北宋称臣，向北宋朝廷贡奉了御马15匹、散马700匹、骆驼300头。次年即1007年，李德明又向宋廷进贡马500匹，骆驼300头。[①]前后仅仅两年时间，李德明就向宋廷进贡骆驼达600头，可见当时西夏的养驼业是多么发达。元昊即位之后，加强了对西夏的统治，进行了一系列改革。其中一项非常重要的改革措施就是废除了以部落为基础的军事编制，建立了正规军。在改革中规定，马匹和骆驼的数量与正规军的数量必须保持一致，甚至骆驼的总量要比马匹还要多。养驼业发达可见一斑。

西夏时期的畜牧业生产通常是以家户为基本单位进行，当时称为“帐”。各帐户分别隶属于一定的部落。小的部落有数百帐，而大的部族则可达上千帐。帐就成了党项人的基层社会组织和基层生产组织。元昊建立西夏政权以后，鉴于畜牧业在党项人社会生活中的特殊地位，在中央政府机构中设置了“群牧司”，主要职责就是管理各地的畜牧业生产。西夏牧民在畜牧业生产中，除了依赖自己的劳动之外，富裕的牧民有时还雇佣内地的逃亡士兵和居民从事劳作。这些逃亡或被贩卖的内地军民，大都成为当地富裕牧民的牧奴。因此也可以看出，雇佣劳动也逐渐成为西夏畜牧业生产活动中的常见现象。西夏时期宁夏地区畜牧业的总体生产情况，可以在很多历史记载中窥其大概。《宋史·王德用传》记载，996年即宋太宗至道二年，德用父王超奉命统兵六万出绥州、夏州攻击李继迁。德用将兵万人为先锋，与夏军交战于铁门关。宋军因战胜，掳其畜产达数万。[②]《宋史·章楶传》：1098年即宋元符元年十二月，“以乾顺奉其母将数十万兵围平夏，不能克，逃遁，章楶遣其将折可适等夜袭夏统军嵬名阿埋、西寿监军妹勒都逋，俘斩敌人三千名，掳获牛羊十万”。[③]这种情况在很多次战役中均有发生。一

①参阅《续资治通鉴长编》卷六四、六五；《西夏书事》卷八、九。

②〔元〕脱脱等撰《宋史》卷二七八《王德用传》，中华书局，1977，第9464—9469页。

③同上书，第10589—10592页。

次战役就可以掳获西夏的牛、马、羊等牲畜数万，甚至是十万之量，可见西夏时期畜牧业生产之发达。

五、作为兼营却依然延续的狩猎

兼营狩猎是以畜牧业为主的游牧民族惯常做法，党项族也不例外。狩猎不但可以获得一定的肉食品，以补充生活所需，还可以得到大量的珍稀皮毛自用或市场交易，同时，在狩猎中游牧民族可以保持其传统的骑射战斗技能。西夏王朝建立之后，元昊就经常组织打猎以保持并提高军队的作战能力。西夏时期，党项人的居住地域横跨蒙古高原、青藏高原和黄土高原三大高原，地貌非常复杂，不仅有广阔无垠、一眼望不到边的茫茫戈壁和终年积雪、高耸入云的雄峰峻岭，也有纵横交错的河流、湖泊和草原，各种野生动物如虎、豹、豺狼、黄羊、鹿、羚羊、狐狸、刺猬、野兔等在此出没并成为党项人的狩猎对象。党项人从事狩猎的方法很多，如围猎、网捕、烟熏，设置陷阱圈套等。狩猎所获的野兽皮毛，被党项人制作成珍贵的毡毯和纺织品，在榷场贸易中拥有很高的人气，是西夏时宁夏地区商贸交易中的重要商品。

从上述各业的发展状况来看，此时期宁夏地区经济是以农牧业为主的综合经济，其发展水平高低与西夏王朝是否强盛息息相关。西夏王朝后期，在连年不断的战争中，西夏的社会经济基础越来越薄弱。而且，随着封建化程度不断加强，西夏王朝的政治机构日益扩大，从中央到地方的官吏数量众多，机构臃肿，军费开支巨大，官僚生活腐朽奢侈且统治黑暗，广大民众赋税沉重。加之，1140年之后西夏内战的爆发严重破坏了经济发展环境，农牧土地损坏严重；1143年西夏首府兴庆府发生严重的地震灾害，人口和牲畜大量死亡，接着又发生涝灾，大量树木房屋被淹没。同年，西夏出现严重饥荒，饥民生活困苦、各地纷纷发生起义；1205—1227年漠北草原崛起的蒙古帝国对西夏发动了七次军事进攻，其中三次在宁夏境内进行，蒙古大军所到之处均城倾人亡，地毁业损。经历这一系列的内乱、战争和自然灾害的影响，西夏社会经济遭到全面破坏，人畜锐减，土地荒废，民生凋敝，曾经富庶天下的宁夏地区遭受重创，独立的综合经济体系解体。

第四章　元、明、清时期的宁夏经济

1271 年元朝建立，元世祖忽必烈在中原地区的支持下，开始经略西北地区，使西北地区长期动荡的社会局势得到了快速平复，经济得到进一步发展。此时期，宁夏地区经济发展主要表现在屯田、兴修水利、改善交通运输业等方面。进入明朝，宁夏地区在国家整体战略形势中的地位发生变化，作为西北地区的军事重镇，宁夏地区位处明朝对抗北方鞑靼势力的第一线。此时期，宁夏地区的封建经济体系整体上带有强烈的军事色彩。至清王朝建立，政府为了改变宁夏地区日益萧条的社会经济，改革了明朝后期军屯制度的各种弊端，在宁夏地区实行了若干新经济政策和改革措施。自此，宁夏地区经济体制发生重大变化，主要表现为封建国有屯垦经济向封建地主、自耕农经济转化。

第一节　元代宁夏经济的恢复与衰退

1227 年，西夏王朝为蒙古帝国所灭。面对宁夏地区历经战乱及自然灾害所致的严酷经济形势，元世祖忽必烈开始调整各种经济开发政策，促使宁夏地区经济逐渐获得恢复与发展，各业呈现繁荣景象。

一、元初政策调整促使宁夏经济复兴

西夏灭亡之前，中兴等路遭受兵乱、地震、屠城等损害，大部分城镇变成了废墟。居民逃散，大量的土地荒废，变成了田野。灵州等地原来的水利设施也在长期的战争中淤塞废坏。在西夏灭亡后的 30 余年里，由于蒙古军队的严重破

坏，宁夏地区经济一直没有恢复元气。元世祖忽必烈即位之初，宁夏地区又爆发了历时三个月的浑都海、阿兰答儿叛乱，这对宁夏地区经济来说更是雪上加霜，社会政局极不安定。

叛乱平定之后，元世祖忽必烈基本控制了宁夏地区，他对宁夏南部属于军事要冲的六盘山非常重视，任命他的第三子忙哥剌为安西王，于开城建府。开城建府，大大促进了这一地区生产的开发和人口的增加。1278 年即元世祖至元十五年，开城设置屯田总管府，安置金民的广安县升为广安州，隶属开城路。官府不断招募民众来此地定居，发展屯田，人口增加速度非常快。进而，元朝为了实现对全国的有效统治，吸收隋唐时期的行政制度，在地方设立行省，并使之成为地方最高权力机构。1291 年即元世祖至元二十八年，元朝的行省制度基本确立，宁夏地区的行政建制基本保持稳定，这为经济发展提供了稳定的社会条件。

面对千疮百孔的宁夏地区以及其他被战争影响的众多区域，为了维护统治阶级的统治，忽必烈采取了一系列措施。在经济政策调整中，重视恢复和发展农业生产是至关重要的一项。他深知农业生产对于封建统治的重要性，只有将农民束缚在土地上，封建统治的赋税和社会才能稳定安定。在即位之初，元世祖忽必烈就向全国颁布了“国以民为本，民以衣食为本，衣食以农桑为本”的诏令，将恢复和发展农业生产作为巩固政权的最为紧迫任务，并采取了一系列行之有效的重农举措。这些措施主要包括以下内容：其一，在中央和地方设立劝农官和劝农机构，并以农业生产的情况作为劝农官的首要考核标准。1260 年即元世祖中统元年，元廷设十路宣抚使，置劝农官，次年又设立劝农司，以姚枢为大司农，派劝农使到各地视察农业情况。1270 年即元世祖至元七年，又成立大司农司，专门掌管农桑水利。其二，保护农业生产，禁止占农田为牧地，限制抑良为奴。元世祖忽必烈不但清理了被各级官员侵占为牧地的民田，还颁布《户籍条划》，对户籍进行大规模整顿，将被贵族和官员非法占为奴隶的人按照户籍追出，编籍为民。其三，大力推行军民屯田，同时安置逃亡的人口，鼓励他们积极开垦荒地。凡是逃亡的户民返回复业的，给予赋税一年全免、次年减半的优惠政策，并积极鼓励无业农民开垦荒地。其四，建立仓储制度，设置良常平仓和义仓，平抑谷物价格，抵御自然灾害，赈济灾民。其五，不断减免租税，减轻农民负担。1276 年即至元十三年，南宋投降时，忽必烈就下令废除南宋苛税 100 多项。元政府多次下令减免全国或地方的租税，以防止人心离散。其六，大力促进水利工程的修建。中央设立都水监，地方置河渠司，以修理河堤和兴举水利为这些机构的第一要务。此外，元朝还采取了一些其他措施，如迁徙民户充实西北地区，任由这些户民自买荒田旷土，延期课税，对贫困迁民和屯田户给予牛、农具和籽种等。元世祖忽必烈执政期间的这一系列经济政策的提出和实行，对宁夏地区经济复兴，尤其是农业经济的恢复和发展起到了关键作用。

二、农业经济的恢复和发展

元朝在结束了长期分裂战乱并统一全国以后，在全国范围内大力推行军民屯田，主要目的是为了供应军需，主要屯田的方式有军屯、民屯和军民混屯等多种形式。当时，“天下无不可屯之兵，无不可耕之地矣”[①]。宁夏地区是元代前期最为重要的移民屯田区域之一，尤其是宁夏北部地区，黄河流经此地，有较好的自然条件，自古即为引水灌溉的农耕区。这个地区在西夏时期就是党项人主要的活动中心，西夏灭亡之前，其都城兴庆府就拥有居民十万多人，灵州拥有农户3.4 万多户。但是，在宁夏地区遭受内战外患的过程中，人口急剧下降，战争中的党项人和汉人四处逃亡，有的逃奔至中原归到金国，有的返回四川地区。宁夏南部地区也长期处于宋夏和宋金之间的对峙战争状态，这一地区的人口本来就比较少，战争更加锐减了该地人口数量。元代的统一为宁夏地区人口数量的恢复提供了保障。

元世祖忽必烈在位 33 年间，于宁夏地区大力推行移民屯田，主要是军屯和民屯。1266 年即元世祖至元三年七月，元世祖忽必烈下诏使西夏之前逃避战乱的居民返回本籍以改变西夏地区人口锐减的形势。之后他又将内地投降蒙古的居民迁移至中兴地区屯田。1271 年即元世祖至元八年正月，将随州和鄂州的投降人口 1 100 多户迁往中兴地区。仅这一年里，迁往西夏地区的鄂州居民就达到了万余人。对这批移民，元朝给予了很多鼓励和优惠措施。根据人口的多少给予土地，让他们耕种土地自给自足，在农业生产中，官府还给予其农具、耕牛。1274 年即元世祖至元十一年，元世祖忽必烈同意安抚司的请求，在宁夏路安置

①〔明〕宋濂撰《元史》卷一〇〇《兵志·屯田》，中华书局，1976，第 2558 页。

这些良人 900 多户，编籍屯田，屯田面积就达 440 多顷。在宁夏移民屯田的同时，元世祖还通过调兵推行军屯，尤其是在宁夏南部的军事要冲六盘山地区实行军屯。从 1276 年即元世祖至元十三年到 1292 年即元世祖至元二十九年，元世祖忽必烈派往宁夏地区进行屯田的军人多达数万人次。从这些历史记载中可以看出，元代统治者对宁夏地区屯田的重视程度非常之高。在元代前期短短的 30 多年时间里，元朝统治者通过多种形式向宁夏地区移民屯田、调兵军屯，宁夏北部地区以民屯为主，宁夏南部地区以军屯为主，民户数和屯田面积都有很大的增加。根据 1288 年即元世祖至元二十五年的统计，仅宁夏路总管府所管辖的三州内，枣园、纳怜站等处屯田就有 1 800 顷，鸣沙州屯田 440 余顷。[①]

元朝建立之后对农业发展的重视，不仅体现在上述移民屯田之举措，还体现在对水利工程的兴修上。元朝在中央机构中设立都水监，地方置河渠司。元初在全国各地大力兴修水利，奖励开渠灌溉农田，任命当时全国的水利专家郭守敬为都水监，规划全国水利建设，了解全国农田灌溉情况。这一系列举措为宁夏地区农业生产的恢复和发展创造了条件。元世祖即位后，西夏党项人朵儿赤任中兴路新民总管，他在宁夏率众屯田，引黄河之水进行灌溉，取得明显成效。1264 年即元世祖至元元年，郭守敬与时任中书左丞的张文谦共议修复宁夏水利设施要务，重点是修复疏通旧有的水渠，并在此基础上开辟新渠。1266 年即元世祖至元三年，郭守敬在应理州（今中卫市）疏浚美利渠，灌溉农田 3 000 多亩，实现了农业的丰收。此时期，宁夏地区兴修水利普遍采用、推广了新的工程技术，修筑渠、堰、陂、塘，大都使用了调节水量的“牌堰”，即水坝和水闸（斗门）。[②]水坝和水闸的使用，起到了控制水流的作用，涝时关闭闸门以避免泛滥之灾，旱时开放闸门以引水灌溉农田。水坝和水闸的设计非常细致，质量坚固而且使用年限非常久远，至明代中期时这些水坝和水闸还在继续使用。从兴修水渠到建筑水坝水闸，是中华民族灌溉历史中的一大进步。

元代前期的移民屯田和水利兴修对宁夏地区的农业生产恢复发展以及人口的增加起到了巨大的推动作用。招抚流民、奖励垦荒等安业力农的措施，使民之归者户达四五万，为这些归民提供粮种和农具，实现了人蒙其利、夏境遂安的

①〔明〕宋濂撰《元史》卷六十《地理志三》，中华书局，1976，第 1451 页。
②陈育宁主编《宁夏通史：古代卷》，宁夏人民出版社，1998，第 221 页。

局面。西夏故地的屯田既为国家增加了赋税,也进一步促进了宁夏地区的开发。然而,元代中期以后,随着政治机构的日益腐朽,曾经促进全国农业生产发展的一系列经济政策基本形同虚设,包括宁夏地区在内的全国农业生产基本都发展停滞,生产衰敝。大量的水利工程再次废弛,苛捐杂税和繁重的徭役再次使得宁夏地区农业经济走向萧条。

三、交通运输业的发展变化

为了维护统治,对地方加强控制,元朝政府采取了发展交通事业的多项措施。位处“丝绸之路”交通要道上的宁夏地区,更是朝廷极为重视的地区。宁夏地区交通运输业在久经战乱之后发生了很大变化,主要表现在以下几个方面。

第一,开辟了丝绸之路宁夏地区的新路段。元代的陆上丝绸之路,经过嘉峪关、肃州、甘州、凉州、宁夏、河套地区、大同、居庸关到元朝首都大都。元代比唐朝时的丝绸之路增加了一条主线,除了唐朝沿渭水西行的南线这条主线之外,还出现了从原来的北线行至宁夏固原然后经隆德县、会宁县、定西县(今定西市安定区)至兰州市的新主线。这条线路使得之前的北线不再使用,也使南线的作用下降很多。

第二,开辟了区域性交通线路。为了便于帝王出行、调兵遣将以及加强宁夏与周边地区的经济交流,元代在宁夏地区新开辟了两条重要的交通线路:一条是六盘山道。作为元代军事格局中的战略要冲,六盘山为调兵军屯和驻扎的要地。同时,因当时植被覆盖好、环境清凉,六盘山又是历代帝王避暑之处,成吉思汗攻打西夏时曾在此避暑。1272 年即至元九年,作为安西王驻兵和避暑之地,六盘山地区的交通往来更为频繁。在历代帝王出行避暑及驻兵的过程中,六盘山实际上形成了一条长安—六盘山—会宁—定西—兰州的道路。另一条是宁夏—亦集乃路。元代每年都要从宁夏、兰州购进大量粮食,然后经甘州运到亦集乃路。1322 年,甘肃行省下令将粮食从宁夏直接运往亦集乃路,缩短了 1 000 多千米的路程,节约了大量运输成本。

第三,扩大了驿站规模。元代幅员辽阔,为了加强中央和地方、内地与边疆的联系,元代统治者完善了驿站制度,扩大了驿站规模。以大都为中心,元代修筑了四通八达的驿道和遍布全国的驿站。驿站数量众多,设施完善,有马匹和馆舍，还设置有专职官员。当时元代在全国共设有驿站1 500处。除了陆站还有水站。与驿站相辅相成的还有急递铺，每10里、15里或20里设一个急递铺，并设铺兵和邮长，主要任务就是转送朝廷和地方州郡的紧急文书。驿站和急递铺的大量设置，星罗棋布，网络相通，朝令夕至，有效改善了全国的信息交通状况，加强了各地的经济交流。元代宁夏境内有三条驿道：第一条是由长安通兰州的驿道。此驿道穿过宁夏南部山区，在宁夏境内长约150里，设有两个驿站。第二条是经古灵州至西域道。这条驿道横贯宁夏中部地区，在宁夏境内长达300里。第三条是由应理通往东胜州的黄河水驿。这条水驿长1 780里，在宁夏境内约长800里，设有灵州、中兴、鸣沙州、应理州等众多水站。

四、手工业与商业的繁荣发展

宁夏地区的传统手工业主要有毛毡制造业和制盐业。从西夏到元代，用羊毛、驼毛制作毡毯等毛织物一直是宁夏地区传统手艺，不论官府还是普通民众房屋建造使用的毡片以及游牧行军使用的帐篷均为毛毡所制。《马可·波罗游记》中将宁夏所产的白毡视为全世界最好的毛毡，并记载当时兴庆府的毛毡产量甚多，很多商人把它转销到世界各地。宁夏的青盐，自西夏时期就是远销内地的佳品。元朝时由于全国一半以上的财政收入依赖盐税，所以朝廷严格控制盐的生产和销售，推行“食盐法”，食盐由政府直接掌管销售，按人口数分派。此法在宁夏地区也同样被严格实行。除了毛毡制品和青盐之外，宁夏地区还盛产药材，比较著名的就是大黄和红花。《马可·波罗游记》中记载，宁夏地区的山区中大黄和红花产量巨大，种植红花和大黄的居民非常富裕，这些药材受到经商者的青睐，被贩售到世界各地。

此时期，随着国家统一后全国交通条件的改善，南北物资畅通无阻，舍农经商的风气兴盛，宁夏地区商贾如云，行人如织。加之，地处丝绸之路交通要道，商贸交流便利频繁，宁夏地区的商业更加繁荣。

第二节　明代具有军事色彩的宁夏封建经济

宁夏是明朝西北地区的军事重地，处于对抗北方鞑靼势力的第一线。明朝建立之初即存在来自北方蒙古诸部的威胁，明朝军队与蒙古贵族在宁夏地区进行了多次战争。当时蒙古鞑靼势力强大，明朝军队无力据守宁夏，于1370年即明太祖洪武三年至1372年即明太祖洪武五年期间，灵州、鸣沙州以及宁夏路等地百姓被迫迁往西安一带，宁夏北部地区遂成为无人区域以作为防御地带。之后，随着明朝实力的强大，才逐渐迁回人口。也正因宁夏地区战略地位的重要，明代宁夏没有地方府州县建置，除固原镇外全是卫所[①]性质的军事建制，以至于整个封建经济的发展都打上了鲜明的军事烙印。

一、宁夏北部农业经济以屯田为特征

1376年即明太祖洪武九年，明朝设宁夏卫，从中原和江南调发居民移居宁夏，其中以吴越人居多。这些内地的移民带来了先进的生产技术和文化。1402年即明惠宗建文四年，蒙古鞑靼和瓦剌等部族日益强大，成为明朝北方边境的大患。明朝政府为了抵御侵犯，在东起鸭绿江、西到嘉峪关的万里边防线上，建立了包括辽东、宣府、大同、宁夏、甘肃、固原等九个军事重镇，总称“九边”。在这九个军事重镇中，宁夏地区就占有两个重镇。这样一来，这个自古丝绸之路上的交通要冲在明朝就演变成了以防御侵犯为目的的重要军事区域。宁夏镇在防御区域内常驻军队，总镇下面设卫所，依据分地防御的原则，负责境内边墙、城堡和墩台的修筑，形成一套完整的防御体系。固原为关中门户，地理位置处于延绥、甘肃和宁夏三镇中间，战略地位非常重要。随着蒙古鞑靼贵族势力的不断强大，宁夏南北部地区成为鞑靼抢掠的主要目标。在数次抵御边患时，

---

①卫所制是明太祖朱元璋所创立的军事制度，设置地域为“度要害地，系一郡者设所，连郡者设卫”，普设于全国。卫所制的特点是：一是独有的军队统辖模式，卫所为基本军事编制单位；二是军士别立户籍，名为军户，法定世袭，子孙世代承袭；三是军户与军屯相依附，军事与生产相结合。

宁夏都是关中地区在前线的坚强堡垒。而随着明朝与蒙古关系的改善，宁夏地区也成了双方进行官市贸易的地方，对于缓和民族之间的矛盾起到了一定的积极作用。

鉴于宁夏在九边之中极为重要的军事战略地位，明朝初年中央就在此大兴屯政。屯田成为此时宁夏地区农业经济的主要特征。明朝在我国古代屯田历史上是最发达的时期，自洪武开始，在对九边的屯田中，尤以西北地区为最多。明代在宁夏地区屯田始于1370年即明太祖洪武三年。当时宁夏卫事宁正率领军民“修筑汉唐旧渠，引河水灌溉，开屯田数万顷，兵食饶足”[①]。1376年即明太祖洪武九年，朝廷迁徙各地的居民充实宁夏的人口，大规模屯田就此展开。民屯和军屯依然是主要的屯田方式，民屯以大量流亡居民为主。屯田的开展，使得宁夏地区良田扩展、人口大量增长，仅灵州就有瓦渠、枣园、苜蓿、板桥等众多自种民良田。屯是屯田的基础组织，每屯有100户屯民，并设屯田百户所管理。1403年即明成祖永乐初年又设立屯堡，若干小屯合建为一座屯堡。

1392年即明太祖洪武二十五年，明太祖朱元璋采纳户部尚书赵勉的建议，让所有卫所的驻军从事屯田事宜，开垦荒地。宁夏就成为军屯的主要区域之一，驻扎的军队人员从事屯田称为屯军，每人耕种50亩，所产粮食全部上交。据史书统计，至1403年即明成祖永乐初年，宁夏4个卫所的军屯面积达到8 300多顷。

屯田的开展离不开水利工程的辅助。明英宗时在宁夏设立了水利提举司，专门负责管理水利事宜，兼收屯粮。司内设正副提举五人，朝廷还派水利御史为巡视官，督查宁夏屯田事宜。宁夏提督当时还制定了屯田和赋税征收标准。宁夏特殊的地理特征，使得屯田对水利工程的依赖性非常大。在明朝洪武和永乐年间，宁夏的水利设施就已有修缮，元末战乱中遭到严重破坏的宁夏水利系统，在很短的时间内就得到了恢复，只有到了弘治之后，才有大规模的整修兴建。著名的古渠唐徕、汉伯、汉延等干渠全部得以疏浚，支流上的斗口也都重新得到修理加固。在对旧渠的改造中，宁夏各干渠渠口均采用了石闸代替木闸，水渠更加稳固耐用。除了对旧有水渠的整修，明朝也在宁夏地区开凿了新渠。

---

①〔清〕张廷玉等撰《明史》卷一三四《宁正传》，中华书局，1974，第3905页。

1500年即明孝宗弘治十三年，巡抚王珣调集大量军民开凿了金积渠，造福邻近屯民。明代出台了较为明确的规章制度以加强对水利工程维修和灌溉的管理。对修渠的开始时间、维修所使用工料的提供、放水封水的时间表、用水的节候等内容，在总结前朝制度的基础上，不断根据农业生产的情况适时调整，不断完善制度体系。随着水利工程的跟进，宁夏的屯田事宜发展迅速，屯田面积获得了极大拓展。经过明洪武年间二三十年的努力开发，到永乐初年，宁夏地区的屯田取得了巨大的成绩，"天下屯田积谷，宁夏最多"①。明英宗正统年间，宁夏屯田连年获得大丰收，仓储丰盈，余粮之多足够十年之用。屯田也成为宁夏地区赋税的主要来源。到明朝弘治年间，明朝在其他地方的屯田事业受到严重破坏，只有宁夏的屯田继续发展，荒地不断被开垦，屯田数量和屯田面积不断增加，粮食产量巨大。经过明代两百余年的屯田，宁夏地区已经成为名副其实的"塞上江南"，呈现出沃野千里的富饶景象。

二、宁夏南部农牧经济以藩王养马业为主

位于宁夏南部的固原镇，地广人稀，水草丰富，是发展畜牧业的优良区域。基于军事防御的需要，结合固原地区牧马传统和多水草的地理特点，明朝在固原设立群牧监，主管马政，开辟的广大牧场则成为朝廷的主要军马牧养基地。明代固原草场大都被划分为藩王的牧地和陕西苑马寺所管辖的军屯牧地。当时归庆王所属的牧地包括下马关、同心城以及韦州等地，并在韦州设立宁夏群牧千户所。楚王分属的牧地主要包括西安州和海剌等地。此外，固原境内还有肃王、韩王和黔宁王的牧地。肃王的牧地在大湾川堡一带，黔宁王的牧地在沐家营一带，韩王的牧地在开城以北地区，这些地区均设有群牧所。固原镇的军马畜牧业因边防需要，地位十分重要。②1406年即明成祖永乐四年，朝廷设陕西苑马寺，专理马政，主要职责是向边防的明朝军队提供充足的战马。苑马寺下面设有两监四苑：长乐监下领开城、安定两苑，灵武监下领清平、万安两苑。后来又增加为六监二十四苑。根据所辖范围，苑有上、中、下三等之分。牧马万匹称上苑，牧马7 000匹称中苑，牧马4 000匹称下苑。位于固原城内的苑马寺长乐监，在固

①〔清〕张廷玉等撰《明史》卷七七《食货志》，中华书局，1974，第1884页。

②陈育宁主编《宁夏通史：古代卷》，宁夏人民出版社，1998，第269页。

原境内管辖着三苑:广宁苑、开城苑、黑水苑。后来固原的马政曾一度衰落,影响了朝廷的军马供应。1501年即明孝宗弘治十四年,朝廷任命杨一清为马政御史到固原整顿马政,他到职后对固原的马政进行了较为彻底的整顿,固原地区的军牧又恢复了往日的繁荣。牲畜种类众多,产量极为壮观。明成祖永乐年间,固原地区的牲畜产量达到32 000多匹,明神宗万历初,牲畜产量达到了33 800多匹。除了发达的畜牧业,固原地区也有小面积的土地,农业也得到了一定程度的发展。明神宗万历年间,固原地区的民田和屯田面积加起来达万顷以上。明朝中期以后,固原的草场大部分被豪强所侵占,马政荒废,草场衰落,固原的军牧产量大大降低。明后期固原马政机构形同虚设。此外,固原地区的畜牧业经常受到蒙古鞑靼部落的侵扰,其每次入境,都会对人口和牲畜进行肆意杀戮和抢掠。

三、发展有限的手工业、商业和交通运输业

明代宁夏地区商品经济发展非常有限,家庭手工业所占的比重甚小,手工作坊大多为官府所有,主要职责是生产军队装备和地方贵族生活用品。当时宁夏总镇设有“杂造局”,其实质就是一个兵工厂,从业人员基本是来自各卫所的戍边人员,每年为宁夏总镇制造驻兵所需要的盔甲、兵器、盾牌等军需品。制造过程中所需要的原料如铁、铜、钢、布、麻、丝、桐油、胶、漆、黄蜡、牛筋、甲面、官粉等全部由陕西布政使司下发。除了宁夏总镇外,宁夏中卫也设有一个同样的杂造局,其规模和产量要小得多,只有总镇的1/4。此外,总镇还设有兵车厂,专门负责制造和存放战车;并设神机库,主要用以储藏朝廷下拨的新式洋枪和自己使用铜铁铸造的枪支——“紧药伏郎机”,制造工艺具有一定的水平。为贵族生产日常生活用品的作坊,如庆王府设有“工正所”,有官印配之,设正副两名管理者,管辖工匠300多人,工匠的分工很细,有画工、刻字工、金箔匠、银匠、金钱匠、表背匠、笺纸匠、纺织匠、绣工等60多个工种。此即当时宁夏手工业的发展状况。

此时期,在屯田农业发展的基础上,宁夏地区的商业活动也有一定的发展,但繁荣程度不及西夏辉煌时期。根据嘉靖《宁夏新志》记载,当时宁夏境内有几十个街坊市集,比较著名的有“泰和”“熙春”“咸宁”等。宁夏地区的很多地方特

产例如毛毡、山货、草药、牛马羊等都在这些市集上流通。不仅如此，内地来的很多商品如布、帛、颜料、丝绸等也都是这些市集上的紧俏货。但是当时的官府对粮食贸易是禁止的。宁夏镇设有课税局，对往来的经商者征收商税。盐池盛产青盐，它的贩运不仅关系着整个宁夏地区甚至是整个西北地区的军民生活，也对地方的财政和军需起着重要作用。食盐的贸易曾是西夏政权最为主要的财政收入，对明朝时期的宁夏地方财政也是一样。明朝政府对食盐贩运采取严格管理，通过发放食盐贩运许可证——盐引[①]来控制和规范食盐贸易。宁夏当时的商业活动发展还表现在明蒙之间的边境互市。明朝与蒙古鞑靼部落在关系较为缓和时，曾在边境开展互市贸易，明朝用内地所产之物换取蒙古的马匹。而且，明朝政府还专门拨款为宁夏镇的边境军需购买马匹。

明朝时，交通管理由军事机构负责，因此，交通运输业带有强烈的军事色彩。宁夏地区交通运输业首先服务于军事需要，其次才服务于边塞经济的发展。明代的驿站、递运所本归地方行政，由各布政使司之下的按察司主管，并以民力充役。[②]但是，宁夏例外，由都察院主管，全部用军卒来充役，各地的驿站和递运所均由百户负责管理，当时也叫作“军站”。宁夏地区的主要交通线基本都在军事保护下。在交通线上，明朝设立了墩台，每五里设一墩台。明朝对重要的交通渡口实行管理，并在重要交通要道安排布防，驻扎士兵，专门管理和戍卫渡口，防止偷渡行为。交通使用的大型工具一般都是由军队制造，统一存放管理，一般是在设立的兵车厂中存放，如宁夏镇城、中卫等地都有兵车厂。

宁夏镇经灵州南下关中的驿道因为明朝军事防御重点的转移而成为重要的交通干线，是宁夏镇军事供应及军机文书和官员往来的必经之路。每年在这条干线上运输的军粮都超过了10万石，从事运输的军卒超过5 000人。另外一条比较重要的交通线是陕甘驿道。它是连接陕西和甘肃的要道，每年过境的物资运输十分繁忙，其中仅军粮一项每年就超过40万石。除此之外，每年的“防秋大道”也非常重要，这条道路是每年防御鞑靼南下抢掠的重要屏障。明长城的修建对宁夏的交通运输业产生了巨大影响。明长城本身就是宁夏境内非常重要的

①所谓盐引，其实就是官府设立的一种特殊的“门槛”或另类的“税种”，通过向盐商硬性索取马匹或金银，以供边镇军需。

②陈育宁主编《宁夏通史：古代卷》，宁夏人民出版社，1998，第272页。

交通线,戍边军队的食物、军械供应也从长城顶部的道路上运送。关隘的设置,起到了沟通长城内外道路的作用,与长城形成了垂直交叉的交通网络。在水路运输方面,因为宁夏北部地区被鞑靼部落占据,黄河航道的出路被截断,宁夏镇境内的船只只能从事短途运输,水运的作用大不如前代。宁夏南部地区的六盘山在明代时期也有很多交通道路,主要的交通道路在当时被称为"官衢通道"。这些道路地势平坦,大大缩短了固原到宁夏以及甘州的运输距离和时间。宁夏北部川区地势平坦,农业发达,人口稠密,道路更为繁密。宁夏镇和宁夏卫也有通往陕西的一条驿道。整体上看,明代的交通运输业最大的特点是以军运为主,商业贸易方面的运输除了盐运之外,其余都很少。另外,陆上运输方式仍然是车载畜驮。官府的大宗货物以车运为主,民间商业物品以畜驮为主。

四、明代宁夏地区经济的主要特征

明代宁夏地区经济发展基本上是相对封闭的,其总特征表现为以军屯为主、民屯为辅,农业经济占主导地位,其他各业均居于从属地位。整体发展与以往的经济发展状况具有明显的区别,主要表现在以下几个方面:

第一,经济体系带有强烈的军事封建主义色彩。明代,宁夏经济发展很大程度上是为了满足朝廷的军事目的,是当时特殊的社会形势赋予宁夏特殊军事地位的产物,因而具有强烈的军事封建主义色彩。无论农业、畜牧业还是手工业、商业、交通运输业,都是为了服务于军事需要而发展,诸如如移民、屯田、兴修水利、畅通交通线路等经济措施的推行,首先都是出于巩固封建统治的军事目的。其次,就是为了满足封建贵族阶级的生活需求。这种军事封建主义经济体系在短时间内确实为明朝初期巩固政权发挥了重要作用,但最终却严重地限制了社会经济的更大发展。

第二,经济发展动力主要源自朝廷的推动,官办经济抑制了民间经济的发展。明代宁夏地区的经济发展,是官办经济为主体、政府直接推进的产物。例如,尽管元朝时期宁夏地区手工业和商业在传统经营的基础上已进入繁荣发展阶段,但在明朝非但没有进步而且产生了历史性的大倒退。其主要原因就在于,明代出于军事以及为封建贵族服务的生产目的,在大力兴办官办军事工业和民用工业的同时,排斥、挤压民间手工业,进而导致此时期宁夏地区的经济发展极其缺乏活力。

第三，经济结构发展失衡，受军事影响较大的行业发展较强，反之，行业发展弱小。此特点突出表现在宁夏经济结构中，一方面屯田农业的比重过大，其他行业规模极其微小。另一方面，手工业中以生产军事所需和贵族生活所需为主要目的的行业占据主体，其他具有商业意义的手工业除了盐业外基本不存在。此外，从属于主体经济发展的商业与交通运输业之间亦不平衡，表现为交通业因具有明显的军事价值而备受朝廷重视，在经济结构中占有一定的地位；商业活动尤其民间的商贸活动由于军事贡献较小，因为成为此时期宁夏地区经济中发展最差的部门。

第四，商品经济发展受到封建军事专制的强烈限制。明朝，宁夏地区的商业活动受到严格的管理和约束，尤其是食盐的贩运极受限制，而且，为了满足军需供应，商业活动被征收重税。更甚至于，在明蒙边境设立的互市中，很多贸易行为也是为了满足军队对军马的需要。因此，明朝宁夏地区的商品经济基本无法正常发展。

第五，明晚期屯田农业经济逐渐走向衰落。宁夏地区兴起于明初的屯田农业经济曾盛极一时，正所谓“开屯田数万顷，兵食饶足”，但至明晚期则逐渐衰落，其中的原因很多，屯田制度贯彻上的不力，地方豪强对屯田和水利设施的霸占，屯军的反抗斗争，战争的破坏和鞑靼的侵扰，等等。比如，为了保证军事防御需要，明朝军制规定，所有的军屯士兵都必须编入军籍，终身服役，退役或死亡之后由其子弟补充。军屯所产粮食全部上交供应军需，没有余粮。军屯由各级军官掌握，在经常性的徇私舞弊和中饱私囊的情况下，军官视朝廷政令如无物，军屯逐渐走向衰落。明朝宣德年间，宁夏镇的屯田和水利开始被当地豪强军官所霸占，比较肥沃的耕地已经大半被当地官员占据，屯军的徭役负担日趋沉重。屯军忍受不了沉重的徭役和困苦的生活，纷纷反抗。反抗的屯军，或逃亡或迁移或直接斗争，加剧了屯田经济的衰败。另外，此时期鞑靼的侵扰，使大量的粮食、人口、牲畜等被洗劫一空，直接导致宁夏境内的人口锐减。

第三节　清代前期宁夏封建经济的繁荣

清朝初年，受明朝后期屯田经济衰落以及战乱频发的影响，宁夏地区经济形势十分严峻。为了改变宁夏地区的经济状况，清朝统治者不断改革明朝后期军屯制度的各种弊端，并推行若干经济政策和改革措施，使宁夏地区经济得以恢复。

一、清初宁夏地区经济体制发生重大变化

清朝建立之初，全国遍燃反清战火，宁夏地区亦不例外，而且延续甚久。持续不断的战争对宁夏地区农牧业生产带来了严重破坏，百姓生活甚为艰难。顺治年间，清兵镇压反清复明奏效，全国相对和平稳定，宁夏地区经济的恢复发展得以进行。

此时期，清朝政府为了改变宁夏地区日益萧条的社会经济，改革了明朝后期军屯制度的各种弊端，在宁夏地区实行了若干新经济政策和改革措施。1655年即清顺治十二年，宁夏巡抚黄图安在《条议宁夏积弊疏》中提出了整顿兵饷、渠工、驿递、军训等八项改革措施。[①]其中“化兵为农”和“变兵为民”的改革思想具有重大意义。这项改革措施废除了明朝积弊许久的军屯制度，将明朝末年包括屯田兵民在内的大批军队转变为自耕农。这种改革大量节约了军费开支，屯军向交纳田赋的自耕农的转变还调动了农牧生产的积极性，封建地主阶级和朝廷获得了更多的赋税收入。自此，宁夏地区的经济体制发生了重大变化，由明朝确立的带有强烈军事色彩的封建国有屯垦经济转变为封建地主和自耕农经济。

二、宁夏地区农牧经济的恢复和发展

清初，宁夏地区的农业发展主要是通过兴修水利和移民屯垦来实现的。为

①陈育宁主编《宁夏通史：古代卷》，宁夏人民出版社，1998，第302页。

了解决经年战乱所引发的劳动力缺乏问题，清廷采取了“化兵为农”和“变兵为民”的改革措施，有效地补充了宁夏地区的人口数量，为农业生产的恢复和发展奠定了坚实的劳动力基础。1658年即清顺治十五年，宁夏巡抚黄图安主持了对唐渠和汉渠的疏浚工作。至康熙末年，宁夏地区又开凿了大清渠，随后又组织移民到黄河西岸的大片滩地去屯垦。雍正年间，川陕总督年羹尧经常视察宁夏河渠情况，派朝廷官员治理查汉托护的河渠，并号召宁夏所有官员为宁夏土地的开垦出力。之后又成功开凿了惠农和昌润两条干渠，开辟耕地达万顷。在宁夏地区大力修建水利设施的过程中，清代的修渠技术和管理经验也得以积累。在兴修水利的同时，朝廷还拨发大量银两鼓励移民到新的开垦区落户。1743年即清乾隆八年，朝廷重修了因地震而毁坏的昌润渠，又招来很多移民耕种农田。对于移民中的贫民，官府不但帮助他们解决居住、农具、耕牛和口粮上的困难，还对其放宽征粮的标准，延长免征的年限。种种措施都极大地促进了农民的土地开垦效率和生产积极性。根据史料统计，宁夏北部地区在清朝初年增加的灌溉耕地面积达4 000多顷，是之前所有历史时期宁夏地区开垦地总面积的30%。宁夏中卫和灵州等地因为水渠的疏浚而扩大了耕地面积。根据清乾隆年间的《宁夏府志》记载，乾隆后期宁夏地区的“入额田”总面积比乾隆初期增加了28%。这充分说明宁夏耕地面积在清朝的增长速度之快。根据清嘉庆年间的《大清一统志》记载：宁夏境内共有引黄河之水灌溉的大小水渠23条，共灌溉农田21 000顷，是明代最高耕地面积数额的1.4倍。

在畜牧业方面，清朝撤销了明代曾经分给各藩王的广阔牧场。固原地区自古就是半农半牧地区。清雍正年间，朝廷采纳了固原提督的建议，在固原地区建立了6个军马厂，分别由各营的军官（游击或参将）管辖。之后，固原本地的军马和其他牲畜的牧养进入了上升轨迹，牲畜不断繁殖。这6个军马厂分别是：提标中营参将马厂、提标左营游击马厂、提标右营游击马厂、提标前营游击马厂、提标后营游击马厂和提标城守营游击马厂。清朝在固原地区也实行了召民开垦、按亩收租的措施，规模远远超过前代。固原地区的河谷、山间盆地、川道、浅山、缓坡的草场林地不断被开垦。发展到清光绪年间，在固原地区开垦的耕地面积总数比明朝末年增长了3/4。总之，清代固原地区的种植业逐渐取代了牧业和农牧兼营经济，牧业逐渐降到次要地位。[①]

三、手工业和农牧产品加工业的发展

宁夏自古就是物产非常丰富的地区，夏朔的稻谷、灵州的池盐、宁安的枸杞、香山的羊皮、中卫的酿酒等都是比较著名的物产。丰富的物产为宁夏地区手工业和农牧产品加工业的发展奠定了基础。

宁夏地区的手工业在清代时期仍然以其著名的采盐业为代表，而且盐业是宁夏地区历代政权和地方政府重要的财政收入来源。清代设立了宁夏盐捕厅，在灵州设置一名盐捕通判，管理花马池盐的生产和专卖。清初宁夏有旧盐井200眼，额坝夫200名，工食银2 457两6钱，捞盐61 440石。[②]1728年即清雍正六年，宁夏地区又发现新盐井200多眼。清朝沿袭前代盐引制度，户部每年给各地派发盐引，借此机会征收盐税。清顺治年间，按照地方运司规定的200斤为一引的惯例，清朝廷每年派给花马大池的盐引数量达上万个，花马小池每年所派盐引数量更多，达到了55 440引。清雍正年间，朝廷派给宁夏的盐引数量增加到67 440引，也就是说宁夏地区的产盐量达到了67 440石，朝廷仅靠这一项就获得税银7 000多两。花马池的盐按照盐引定额销售到宁夏境内和周边其他地区。除了制盐业之外，宁夏地区的手工业还有制皮业、酿酒业、陶器制造业等。

清代农牧业生产的恢复和发展，促进了农牧产品加工业的发展。宁夏固原地区盛产的驼绒、羊皮、蜂蜜、芦苇、牛油、羊毛、胡麻油、酸枣和牛乳等都是经过了初级加工的农牧产品。在众多特产中，宁安的名贵药材枸杞是宁夏最出名的产品。除了枸杞，宁夏还有很多野生的植物和药材，旧方志中具体记载了固原地区的野生药材达50多种，当地居民靠采摘药材而获得了丰厚的回报。手工业中采矿业在宁夏也有一定的发展。旧方志中对宁夏地区的矿产如贺兰山的铅和矾、丁马堡的煤、麦垛山的铁、灵州的长焰煤等均有记载。这些矿业虽然在清朝没有得到正式开采，但是已经引起了当地人的注意。

---

①陈育宁主编《宁夏通史：古代卷》，宁夏人民出版社，1998，第306页。

②同上书，第308页。

四、商业和交通业的发展

在农牧业和手工业发展的基础上，宁夏地区的商业和交通业也有了一定的发展。商业的发展首先表现为集市的完备。清乾隆时期，按照商品的种类在宁夏府分别设立了许多集市，各集市分别有自己固定的地点，如羊市、米市、麻市、木市、骡马市、番货市、碴子市、炭市等。中卫、平罗和灵州等地均在城内设立了市集进行贸易活动。其中灵州的花马池、惠安堡和中卫的宁安堡等地因为地方特产丰富，商贩活动非常繁荣。从外地来到宁夏地区从事经商的人也非常多，有些外商甚至建立了商民会馆，例如“山西商民会馆”“陕西会馆”等。宁夏同临近的蒙古部落也有一定的商品贸易活动。清朝在明长城线上设立了三个交易市口，即花马池城、横城堡和石嘴子，每月开放市集三次，促进了蒙汉之间的经济交往。此外，清朝还开放了贺兰山口，以便与阿拉善盟进行交易。阿拉善盟蒙古族人以毛毡、皮毛等进入宁夏地区换取布匹和粮食。清代宁夏地区的土地和房产买卖也非常多，主要体现在政府税局中对杂税、田房契税的征收，反映出当时的商品经济已经非常活跃，与明代封闭的自给自足的军屯经济甚至是禁止粮食买卖的景象已经完全不同。固原地区的商业也很活跃，固原州城里商铺和旅舍林立，商贸活动非常繁荣。很多来自陕西、山西、四川的商人都经常在固原地区从事经商活动，也建立了很多会馆。

适应于军政形势和商业的发展，宁夏地区的交通运输业在清代也有了一定的发展。宁夏境内的驿道在清代增加至五路：由陕西定边县到宁夏府的东路、由宁夏府至甘肃平番县的西路、由西路渠口南下至瓦亭驿的南路、由南路驿道至海城驿的西南路、由陕西西安府至甘肃兰州府的陕甘驿道。尤其是陕甘驿道，是西北地区的重要交通干线，自西汉时起就是丝绸之路中段的北道。以上总计，清代宁夏境内驿道共长 1 900 里，其中属宁夏府者，乾隆年间有 20 个驿站、32 个军塘，共配备驿夫 385 人、驿马 682 匹。[1]朝廷每年对驿道和驿站的维护花费不少银两。宁夏固原地区除了上述几个驿道之外，还有不少所谓的“官衢通道”，并以固原为中心形成了交通运输网络。其中主要的“官衢通道”有三条：第一条

①陈育宁主编《宁夏通史：古代卷》，宁夏人民出版社，1998，第 313 页。

是北上经三营、李旺分支，或向东北至韦洲，或向西北至宁夏府；第二条是向西北经海城、干盐池至靖远县；第三条是向西南经张义、兴隆等地至甘肃静宁州。除了陆路交通，宁夏地区的黄河水路交通也由于政治局势的稳定和农牧业的振兴而有空前的发展。自甘肃黑山峡进入宁夏府之后，黄河的水势变得平缓，每年三月至十月都有大量的水船和皮筏顺黄河漂流北上。宁夏沿黄河地区所产的粮食、皮毛、毡毯、枸杞等货物大多由黄河水路运至内蒙古、华北和京津地区。宁夏境内有很多的渡口，水船和皮筏是最主要的水路运输工具。清乾隆年间，灵州、宁夏、中卫等地的渡口多达 12 个。之后，随着人口和生产的发展，宁夏黄河沿岸的渡口又有所增加。不仅数量众多，每个渡口的交通运输都非常繁忙。交通运输业的繁荣又对农牧业、制盐业、手工业和商业的发展起到了促进作用。

第四节　回族经济在宁夏地区的出现与发展

7 世纪，唐朝崛起的同时，阿拉伯帝国亦正处于强盛状态，亚洲大陆东西方两大帝国的强大，缩小了东西方政治经济交流的空间距离，沿着“丝绸之路”，大批来自波斯和中亚地区的使臣、商人、移民通过这一伟大的东西方经济文化交流通道来到中国，他们不仅将西域的商品、文化带到了中国，而且其中一部分信仰伊斯兰教的阿拉伯人、波斯人等逐渐在中国定居、繁衍，成为最早的回族先民。进入元代，宁夏地区作为朝廷移民屯垦的重要区域，既是中原地区与北方、西北地区进行经济文化交流的重要交通要道，也是多民族互相融合的地区。除了原有的汉族、党项族和蒙古族之外，宁夏地区在元代又增加了一个民族新成员——回回①。回族及回族经济的出现与发展，既与中国回族形成的历史大背景有着千丝万缕的关系，又与宁夏地区特殊的地理位置、政治军事地位以及人文环境密不可分。

①元宪宗二年（1252 年）括户定籍时使用了“回回户”，“回回”一词遂成为有元一代信奉伊斯兰教的穆斯林的专门族籍名称，亦用来泛指除畏兀儿、也里可温、河西、吐蕃以外的色目人。

一、回族形成的历史溯源

著名的民族史学家王钟翰曾精辟地概括，回族是外来的民族成分与中国国内民族成分相互融合的产物，也是中亚伊斯兰教文化同中国汉文化相互交汇的产物。[①]回族作为民族共同体的形成，经历了大致三个漫长的历史时期。

（一）唐宋时期：回族先民的初入阶段

唐朝贞观年间和永徽年间，大食[②]派使臣来到唐都长安，促进了双方使臣之间的频繁往来，同时也极大地促进了双方之间的商业往来。这些来华的商人都以结伴或结团的方式来华从事经商活动，其中的部分商人留居在中国，被称为“胡商”或“蕃商”。唐代在中国落户的波斯人、阿拉伯人等穆斯林为数众多，主要集中在都城长安以及泉州、扬州等地。据史料记载，唐天授年间即690—692年，仅广州、扬州、泉州的阿拉伯人即多至数以万计[③]。信仰伊斯兰教的波斯人、阿拉伯人等定居中国之后，建清真寺，娶妻生子，不断繁衍生息，他们的后裔基本都归属于回回。

五代至宋辽金西夏时期，中原地区与北方地区、西北地区战争比较频繁，割据政权林立，陆上丝绸之路受到很大影响。而我国东南地区则因为海上丝绸之路的畅通，成为阿拉伯和波斯商人选择较多的来华区域。当时伊斯兰教已经在南海诸国传入，“南蕃回回”来华定居的人不断增多。西夏时期，其统辖范围内的民众多信奉佛教，再加上西夏对陆上丝绸之路宁夏段的控制，伊斯兰教的传播受到很大阻碍，西夏与阿拉伯、波斯等西域和中亚国家的交往并不多。因此，宋朝时期阿拉伯人与波斯人主要通过海上交通要道来华。

唐代对包括阿拉伯人、波斯人在内的外国商人统称为“蕃商”或“胡商”，可见入唐的阿拉伯人、波斯人等，除了国家使臣外，主要是以经商为目的的。至宋朝，此种情况亦无大的改变。对这类来自西域的商人的管理，自唐朝以来，主要通过颁发诸如“华蛮异处”“不得立田宅”等禁令来限制其活动。这些限制措施在客观上促进了“蕃商”的相对集中，使之在一定地域范围内形成独特的蕃客居住

①王钟翰：《中国民族史》（下册），武汉大学出版社，2013，第1043页。

②中国史书称7世纪建立的阿拉伯哈里发帝国为“大食”。

③邱树森：《中国回族史》，宁夏人民出版社，2012，第13页。

地区。总体来看,唐宋时期,虽然回族先民已开始定居中国,并保持宗教习俗不变,但并没有形成一个稳定的民族共同体。

(二)元代时期:回族共同体形成的过渡阶段

元代实现了大一统,控制了我国西北和北方地区,并征服了中亚、西亚各国,打通了阻隔许久的陆上丝绸之路,实现了中国与西亚地区的正常交往和交流。大批的阿拉伯人、波斯人和伊斯兰化的突厥人被蒙古军队当作工匠和士兵带入中国,其数量之大甚至可达百万人,远远超过了唐宋时期的“土生蕃客”。但是与唐宋时期不同的是,这些来华的回回人,已经拥有了一定的政治地位,在回族的形成过程中,比回族先民起到了更为重要的作用。

“回回”一词始见于北宋沈括的《梦溪笔谈》,在当时主要指的是生活在安西、高昌一代的回鹘人。到了南宋时期才把蒙古语中将信奉伊斯兰教的阿拉伯人、波斯人和突厥各族人称为“撒儿塔兀勒”的一词翻译成“回回”。[①]元代实行四等人制和户籍制度,四等人制度实为民族等级制度,回回处在第二等色目人中,从此“回回”的概念就具有了民族含义。元中后期以后,回回所指示的范围已经扩大,凡是信奉伊斯兰教的人都称为“回回”。

元代“回回”作为所有信奉伊斯兰教的人的总称,其包括的民族非常多,主要有:

一是波斯人、阿拉伯人。包括唐宋时期留居中国的阿拉伯、波斯穆斯林,即作为回族先民的“土生蕃客”,而数量更多的是蒙元时期来华的军士、工匠、商人以及归附蒙元统治者的官吏、学者、宗教职业者等。[②]在蒙古军西征时,将很多回回人签发到宁夏、甘肃、河南、山东和河北等地区。另外,阿拉伯人和波斯人还通过海上丝绸之路来到中国,在沿海城镇定居,从事商业、手工业和宗教活动。

二是伊斯兰化的突厥人。突厥在唐朝初年之后不断分裂,在西迁的过程中分裂成多个部落, 到 12 世纪, 其北部草原的各个游牧部落基本都被伊斯兰化了。元代时期的突厥回回人包括很多,有阿儿浑人、于阗人、康里人、钦察人、哈剌鲁人等。从 13 世纪开始,回回人日益向陕甘宁地区迁徙,其中就有突厥部落的穆斯林。到了元代时,安西王信奉伊斯兰教,陕甘宁地区的伊斯兰教获得了极

①语言学对此是存在多种观点的,本文仅择其一而已。

②陈育宁主编《宁夏通史:古代卷》,宁夏人民出版社,1998,第 229 页。

大发展，内迁的回回人经常从事宗教活动。由于陕甘宁地区的回回人日益增多，元朝经常征调他们作为兵士或屯民。

三是其他民族。除了阿拉伯、波斯和突厥部落的穆斯林之外，元代回回人不断与其他民族相融合，包括阿速人、啰哩回回、黑回回、术忽回回等。

元代由于大批信奉伊斯兰教的中亚、波斯军士、工匠、商人等不断地来华，新来的回回人与土生的回族先民聚合在一起，在“回回”的称号下形成了一个松散的种族群体，这是回回民族形成过程中质的变化，它意味着一个新的变“客”为“主”的种族群体的出现，在这个新的种族群体中，新迁入的回回人成为元代回回人的主体。①在这个转变过程中，由于伊斯兰教的传播力度大大超过以前，对回族共同风俗的形成起了重要作用。元代四等人制度赋予了回回人特殊的政治地位，再加上元代宽松的少数民族政策，回回人势力不断壮大。元代回回人“变客为主”，大大增强了其以中国为家的观念。尤其是元朝中期以后，回回人不断改用汉姓、学习汉语，汉语逐渐代替阿拉伯语和波斯语成为官方语言和宗教语言，共同的语言基础开始形成。回回人对元代的政治、经济、文化和科技等方面都做出了重要贡献，产生了深远影响。

（三）明朝时期：回族共同体形成阶段

明代，一方面开明的西域及域外政策，促使东西方往来更为频繁，吸引了大量的“西域回回”入居中国内地，由此使得明代回回人进一步与汉、蒙古、维吾尔等族人整合并不断得到繁衍壮大；另一方面，受政府大规模移民屯田，本民族经商活动以及战乱的影响，回民的居住分布更进一步强化了元代即已形成的“大分散、小集中”特点②。此时期，宁夏地区的灵州、平凉、固原等各州县，甘肃的河州以及陕西关中等地区因为回民众多而成为回回的主要聚居区。更为重要的是，在反对明朝民族压迫和民族歧视的斗争中，回族的民族意识增强，以伊斯兰文化为特质的共同民族心理素质和习俗形成，并且，在长期与汉族交错杂居的人文环境中最终形成了民族的共同语言——明前期回回人基本通用汉语，并使用这种汉语进行经堂教育，传播伊斯兰文化和汉文化，促进两种文化的融合。自此，回族共同体基本形成。

---

①陈育宁主编《宁夏通史：古代卷》，宁夏人民出版社，1998，第230页。

②此特点一经形成极为严整、稳定，为当代回族的空间分布奠定了基础。

回族形成以后，随着我国封建社会的发展，回族在16世纪以后也走上逐渐发展的道路，主要表现在以下几个方面。首先是回族的人口不断增加，分布范围也不断扩大，“大分散、小集中”的居住特征比以前更为明显。回族吸收了大量的其他民族成分，人口数量增长迅速，并出现了众多新的回民村屯。随着人口的迅速增加，清真寺也在各地相继建立。清真寺的建立不但增强了回族人民的精神凝聚力，也为宗教文化的发展奠定了基础。其次是门宦制度的形成。随着封建经济在全国的不断发展，回族内部的经济联系不断加强，逐渐出现了地主与佃农、富商与奴仆的分别。这些地主和富商，不但拥有大量的土地和财富，也拥有较高的社会地位，凭借自身的财富和权力，操纵教权，成为清真寺组织中的“学董”和“乡老”。清真寺组织的演变和权力的转移，导致了“门宦制度”的产生。[①]门宦制度是一种特殊的教主兼地主的制度，是伊斯兰教神秘主义与中国封建地主和儒家思想相结合的产物。它最大的特点就是神化和崇拜教主，是宗教和世俗权力相结合的产物。再次就是宗教文化的兴起。回族形成以后，各地纷纷发展经堂教育，培养职业的宗教人员，还出现了穆斯林学者。他们不断传播并利用儒家思想阐释伊斯兰教义，形成了具有中国特色的穆斯林文化。

二、回族经济在宁夏兴起的客观条件

作为回族形成的重要区域之一，宁夏地区也是回族经济出现与发展的重要区域。从宁夏地区经济发展的历史考察来看，回族经济在此形成并成长，不仅体现了明代之后回回人居住分布形成“大分散、小集中”的空间格局特点，而且更集中体现了宁夏地区独特的区位条件及人文环境所具有的客观影响力。

第一，宁夏地区特殊的自然环境及区位为回族经济的形成奠定了区域基础。宁夏地区地处我国西北内陆，周边分别与甘肃、陕西、内蒙古相连接，是黄河流经的重要地区。由于地处东部季风气区、西北干旱地区、青藏高原三大自然区域的交汇地带，这一独特的自然环境使得宁夏的地形地貌不仅丰富多样和复杂，而且地理区域具有明显的过渡性特点，为区域内的农牧业发展及空间分布提供了客观条件。宁夏北部地区，属于黄河河水冲击形成的平原地带，自古

①王钟翰主编《中国民族史》（下册），武汉大学出版社，2013，第1051页。

就是灌溉农业非常发达的地区。而宁夏南部的固原,因为水草丰富自古就是传统的畜牧产业区。而且,由于气候复杂,地貌多样,宁夏的野生动植物资源也非常丰富,为各类特色产品的生产提供了先天条件。正是如此特殊的自然环境,使得入居宁夏地区的回回人得以宜农则农,宜牧则牧。从区位条件来看,自丝绸之路开辟以来,宁夏地区就是中国同中亚、西亚乃至欧洲的重要交通要道,是实现中外经济、文化、政治交流的枢纽和纽带。这一独特的区位优势决定了宁夏不仅是回族人进行商业贸易的极佳区域,而且也是利于其融入多元文化环境的重要地方。

第二,宁夏地区特殊的经济条件为回族经济的形成奠定了物质基础。宁夏地区自古就是中国西北地区的重要组成部分。宁夏南部地区的畜牧业和北部平原地区的农业都在历代政权的重视之下获得了不断发展,其中对宁夏地区农业发展影响巨大的屯垦经济,即为回民迁徙至宁夏从事农牧屯垦经济生产的重要原因。另外,伴随着农牧业的发展,宁夏地区的手工业和商业虽历经起伏,但总的趋势还是在不断发展的。自丝绸之路开通以来,回回先民进入中国的主要目的及其主业就是经商,随着宁夏地区商业活动的繁荣,以及中原地区对外交流的频繁,特别是陆上丝绸之路的繁盛,善于经商的回回人聚居于宁夏可谓如鱼得水。加之,宁夏地区拥有丰富的特色物产,尤其是中药、毡毯、青盐等都是历朝境内贸易和中外贸易的畅销产品,迁移至西夏的回回人在从事各种物产的转销和贩运活动中生存发展、积累财富,并构成了回族经济以商贸为特色并兼营其他行业的发展特点。

第三,宁夏地区特殊的政治和军事地位为回族经济的形成提供了契机。基于其特殊的地理位置、自然条件以及经济发展水平,宁夏地区历来为各朝各代兵家必争之地,尤其是生活在我国北方和西北、西南地区的各少数民族,都视宁夏地区为重要的军事要冲和物资掠夺地。也正因为宁夏地区军事地位的重要,历朝历代都极为重视宁夏地区的边防建设,不断迁徙军民以抵御其他部族的侵犯。有元以来,回回人在宁夏的屯田开发中就发挥着重要作用。例如,元朝初年,朝廷为恢复宁夏地区在战乱中被破坏的水利设施,复兴农业生产,召集了包括回回人在内的各民族四五万户从事兴修建设工程。更为突出的是,各朝均以军屯或民屯的形式迁移了大批回回人到宁夏地区进行屯垦戍边。在屯垦中,回回人除了从事农耕畜牧之外，还从事着各种手工业和商业活动。

第四，宁夏地区特殊的人文环境为回族经济的发展提供了有利条件。除了特殊的地理位置、经济基础和军事地位之外，宁夏独特的人文环境是回族经济得以发展的重要条件。宁夏地区位于农耕文化与游牧文化、东方文明与西方文明的交汇之处，尽管在政治权力的各种较量中其难以摆脱战乱的侵扰，但从人类文明进步的总趋势来看，此地自古以来即为多民族相互交流、相互融合、共同发展进步的地区。不管是通过移民方式迁徙而来的内地军民，还是从西域地区或西北地区因战乱或政权分裂而内迁入居宁夏的各民族人民，都在共同开发着宁夏地区。各民族在共同经济生活中所形成的和谐人文环境为回族人在宁夏地区的繁衍发展奠定了良好的基础，回族人就是在与汉族人民“大杂居、小集中”的关系中不断学习掌握了汉族人的农业生产方式，并主动学习汉语言，了解汉文化。这些对于回族经济在宁夏地区的出现和发展具有非常重要的意义。

三、宁夏地区回族经济的主要特点

从上述宁夏地区回族经济形成的客观性来看，首先，在元代大规模屯田过程中回回人开始务农，至明代，农业活动包括畜牧业生产有了进一步发展，农牧业逐渐成为回族经济和社会发展的重要基础和主体。其次，回族手工业和商业在农牧业经济发展的促进下亦有较大发展。具体而言，宁夏地区回族经济的主要特点集中表现为以下方面。

（一）兵农合一，农牧结合

元朝统一全国以后，回回人被纳入到全国经济建设的轨道之中，或被编为屯兵参与屯垦，或直接成为平民，成为与汉族农民一样的百姓，从事农耕。“兵农合一，农牧结合”就成为回族经济的最大特点。宁夏地区就是当时回回兵士重要的屯垦区域。元朝不但对在宁夏地区屯垦的回民给予大量的土地，还给予农具、耕牛等方面的帮助，另外还为屯垦的回民免去很多的税务。屯田经济为回族农业的发展奠定了基础，也为回族的形成和发展发挥了巨大的促进作用。

之后，回族农业经济的发展与明朝政府实行的卫所和屯田制度有密切关系。15 世纪以前，生活在宁夏地区的广大回民，大多数从事的是畜牧业生产。明朝为了加强西北地区的边防，从各地征调大量的人到西北地区屯田，其中就包括大量的回民。明朝洪武年间到永乐年间，朝廷从内地的江苏、安徽等地迁民至西北地区。在宁夏等西北地区屯垦的回族军民组建了大量的回回村屯，这是明代回族经济的一个重要特点。明代时期，除了内地迁移到西北地区的内地回民之外，大量的西域回回人也归附明朝，被明朝政府发放到全国各地，宁夏地区也是其中一个重要的区域。对于这些西域回回人，明朝给予了田地、粮种等生产物资，令其自行耕种，所以大批的回回人参加到明朝的军屯、民屯和商屯之中，在屯垦地区建立自己的村屯。西北地区是回回人最大的聚居区和屯垦地区。为了抵御蒙古的侵犯，明朝对大量内迁的回回，在西北地区做了妥善的安置，开设了卫所，将回回编入其中，并任命他们的头领担任卫所的官员，给予农田和草场，令其从事耕牧事宜。在不断安置内迁的回回人的过程中，宁夏等西北地区出现了越来越多的农牧结合的回回村屯，回回居民还不断向内地迁徙，每到定居之处就形成自己的回回村落。由于回民与汉族人民长期杂居在一起，回族在农业生产方面受到了汉族的极大影响，在互相交流中，回民在农作物种类、农耕工具和耕作方法、灌溉方法、农业生产管理等方面都与当地的汉族人民大同小异，取得了巨大的进步。在西北众多少数民族中，回民的农业生产技术是最为先进的。在宁夏地区，回民也学会了水利建设技术，并对农业灌溉非常重视。他们在宁夏地区兴修水利，如宁夏的满达剌渠和纳忠闸、哈三闸等水利工程极大了促进了农作物产量的提高。

农牧结合是明代回族经济的另一个特点。从西域内迁的回回人大部分在宁夏地区从事牧业或半农半牧业，明朝根据他们在牧业生产上的丰富经验，将其安置到宁夏的固原等适宜放牧的地区，给予草场、农具和种子，令其从事耕牧。参加屯垦的回回兵民，也时常利用荒山从事牧业生产。明代的回民长期保持着农牧结合的经济生活特点。固原、灵州等地有较大面积的草场，迁入这些地区的回民就以畜牧业为主，牧养的马匹和牛羊成千上万。后来也与当地的汉族居民共同兴修水利，开垦荒地，共同耕牧，农业所占的比重逐渐增加。清朝时期由于实行民族歧视和压迫政策，西北地区的农业经济受到严重影响。回民的农业经济也遭到破坏，但是总体上其农业生产仍处于上升阶段。

（二）必不可少的手工业

手工业在回族经济中占有重要的地位。从事农业的回民，绝大多数也都兼营牧业、手工业和商业，即使是富裕的回民也不例外，单纯经营农业的回民非常少。

回族历来以经营工商业著称，元代许多回回局匠和军匠从西亚带来各种工艺也流传下来。[①]这些工匠受到元朝统治者的高度重视和特殊照顾，他们中的大多数人都在官营的手工作坊中从事兵器、制革、纺织、建筑、器具制作等劳动，也有少数被分配给贵族为奴。元代时期，回族手工业中的纺织业主要表现在回民特殊锦毯的制作。元朝初年，朝廷在官府手工业局中设立了"撒答剌欺"提举司，专门令回民工匠织造这种精美的锦。元政府还征集各路工匠为皇室织造地毯，其中"回回剪绒毯"是当时制作非常精良的地毯。在兵器制造方面，回民最著名的兵器制造工艺代表就是"回回炮"。元朝政府专门设立了回回炮手总管府，以加强对回回军匠的管理。在建筑方面，很多回回工匠参加了宁夏地区城市的建设。

明代时期，原有的回回工匠大多归附于明朝，但很多回民仍从事具有鲜明回回特点的手工业。元代很多官营手工作坊的回回工匠大都成为个体工匠。随着明代封建经济的发展和回回农牧业的发展，具有鲜明回回特点的手工业开始发展起来，其中最著名的有制香业、制药业和制革业。这些带有浓郁回回特色手工业的兴起都与回民长期从事中西贸易、经营各种香料药材生意有直接关系。宁夏地区作为中西经济往来中的交通要冲，是回回经营香料贸易的重要区域。回民的香料手工业品种类繁多，有乳香、丁香、龙涎香、木香、犀角、安息香等，都是畅销海内外的商品。回民的制药业也是其传统的手工业，与传统回回医药业紧密相关。元代就在大都设立了"广惠司"，专门负责制作回回药物，以为广大军士治病。1292年又设立"回回药物院"，可见当时回药的影响力。回族制药业在中医医药界享有盛誉，很多回回不但以制药为生，也以行医和售药为生。在宁夏地区屯垦的很多回民，很多同时兼营制药手工业。宁夏地区因为丰富的地貌特征而使得野生动物比较丰富，这为皮革制造业等手工业的发展提供了条件。制革业也是回回的传统手工业。宁夏地区从事制革业的回回人比较多，制革技术水平也非常不错。除了上述手工业之外，明代的回回还从事制瓷业、采矿业、冶

①杨绍猷、莫俊卿：《中国历代民族史：明代民族史》，社会科学文献出版社，2007，第149页。

炼、染织、制盐、铸造等多种行业。例如制瓷业，回回在中西贸易中掌握了瓷器烧制技术，并赋予其回民艺术特征，具有鲜明的民族特点。明代回民烧制的“回回青”，是明代青花中享誉中外的珍品。

（三）高度发展的商业经济

在所有的经济部门中，回回民族最擅长的是商业经济。在构成回回民族的先民中，就有许多来自阿拉伯、波斯以及中亚各国的商人，他们不仅是陆上丝绸之路的重要使者，也是“海上丝绸之路”的重要使者。[①]回回商人数量众多，而且分布广泛，基本上在全国各大城市甚至乡村都有他们的足迹。有在城镇开铺肆的坐商，有来往于农牧集市的行商，有行进在丝绸之路上从事中西贸易的商队，也有从事海外贸易的商船。[②]这些回回商人精通多种语言，与各族居民进行商贸往来。元代和明代政府都给予回回商人很多特殊的待遇和权利，例如元代准许其与外国开展贸易，明代给予其出入各关津渡口不被阻滞的特权。随着元代蒙古贵族权势的衰微，传统的回回商业开始萎缩，有的商业活动甚至被禁止。但是例如屠宰、饮食、皮毛等与回回人的日常生产生活有密切关系的商业往来活动却逐渐活跃发展起来，在全国各地的回民聚居区都广泛存在。宁夏地区也不例外，与皮革、毛毯、药材、饮食、日用杂货、西域手工艺品等有关的商贸活动在宁夏地区各地均有开展。有的产销兼营，有的专事运销，有的半农半商，也有肩挑叫卖或零星贸易兼充经纪牙侩的，形式多种多样，尤其是风味食品的经销，更是随处可见。[③]回回商人在明朝时期对促进中原地区和中亚、西亚的经济交流起着重要的作用，无论是和平年代还是战乱时期，他们从来没有中断过商业活动。他们将大量的马匹、玉石、饰品、皮毛等物资贩运到明朝内地，再将明朝的丝绸、帛布、瓷器、茶叶等物品贩运到西域地区。

回回商人在商贸活动中主要使用牛、马、驼等交通运输工具。宁夏地区盛产的枸杞、大黄、食盐、毡毯等通过回回商人转销到内地和西域地区。回回商人在明朝时期从事境内的长途贩运，例如内迁至宁夏地区的回回商人就从事宁夏地

---

①王钟翰：《中国民族史》（下册），武汉大学出版社，2013，第 1057 页。

②杨绍猷、莫俊卿：《中国历代民族史：明代民族史》，社会科学文献出版社，2007，第 150 页。

③王钟翰：《中国民族史》（下册），武汉大学出版社，2013，第 1058 页。

区和内地江浙淮鲁之间的盐粮贩运。他们按照朝廷的规定将内地的粮食运到边境地区,政府派发给他们盐引,然后又凭借这些盐引到内地的盐场支盐,在转销粮盐的过程中获取利益。明朝正统年间,西域的回回商人就来往于宁夏和云南之间从事食盐贩运转销活动。

总体来看,宁夏地区的回族经济,与回族的形成和发展相辅相成,整体经济呈现出以商业经济为核心的特征。回民在商业经济中的活跃行动,带动了其农牧业和手工业的发展。

第五章　晚清时期宁夏经济的衰退

1840 年鸦片战争爆发之后，中国开始由封建社会向半殖民地半封建社会转化，这是中国历史的重要转折点，中国近代史的发展序幕由此揭开。1840—1911 年即为晚清时期，随着帝国主义列强的入侵以及代表各种国家主权沦丧的不平等条约的签订，统治中国数千年的封建王朝受到沉重打击，国家经济和社会发展由盛转衰。此时期，一方面，国力衰弱，政府治理能力不强；另一方面，西方列强并不因控制中国的政治经济中心地区而满足，而是以商品输出、宗教输入、掠夺原料、搜集情报、盗窃文物等手段，迅速将地域广阔、资源富饶的西北地区变为其攫取资源、控制中国的重要区域。素有“塞上江南”之称的宁夏地区，地处“关中屏障、秦陇咽喉”，更是成为西方列强侵略的“重灾区”，导致整体经济进入衰退状态。

第一节　晚清时期宁夏经济发展中的主要问题

经过清代前期相对稳定的阶段，宁夏社会经济获得恢复和发展。荒地的开垦，水利的修复，盐池的开发，促进了农耕业在整体经济中比重的增加，也推动了宁夏商业活动的扩大。在生产发展的基础上，宁夏地区人口迅速增长，至嘉庆年间，宁夏府居民已达 214 992 户，1 392 815 人。[①]人口空前的急剧增长，一方面反映了农业生产力的发展，另一方面也给生产和社会造成了沉重的压力。进

①陈育宁主编《宁夏通史》，宁夏人民出版社，2008，第 289 页。

入晚清时期，宁夏经济全面衰退，主要表现为人口数量锐减、水利设施失修与废弛、财政支柱盐业衰退及鸦片大面积种植。

一、人口数量锐减导致农田荒芜

在以农业经济为主要部门的封建经济中，人口数量往往是衡量一个地区经济状况的重要指标，人口数量多少同生产能力的强弱密切相关。清代乾隆、嘉庆时期，宁夏南北部人口曾经达到150余万，但经过清朝对回民屠杀以及对回民起义的镇压，加之频繁的天灾，宁夏人口在“道咸以降，迭遭兵燹。同治之变，十室九空”，到光绪三十四年（1908年），宁夏全境只有91 944户，共计503 516人，比清代前期减少了2/3。清代嘉庆十七年（1812年），宁夏北部地区户数214 992户，1 392 815人；到光绪三十四年（1908年），户数60 411户，353 851人；到宣统元年（1909年），户数49 050户，235 135人。[①]

宁夏北部地区系引黄灌区，是宁夏的粮仓，在近200年间人口下降83.1%，户均减少1.7人，而劳动力的不足必然引起农业经济的衰退。史籍记载“每斗[②]粮易银三四十两”，饥民“割人肉疗饥，毙者不可胜数，穷民鲜孑遗矣”，“幸存者”为求生计，不得不逃荒外出，于是“数十里村落寥寥，人烟绝无”，大批农田撂荒，清代前期灌区农业经济的繁荣景象早已不复存在。

人口锐减是社会经济衰退的双重表现。一方面，由于社会动乱，经济衰退，百姓被迫逃亡，致使田园荒芜，农业经济难以为继；另一方面，劳动力大量流失，特别是青壮年在战争中大量伤亡或逃匿，又使凋敝不堪的社会经济雪上加霜。晚清时期宁夏人口锐减的直接后果就是使已衰微的社会经济陷入绝境。“宁夏各地百姓妻离子散，四处逃亡，田地荒芜，城乡残破”，就是晚期时期宁夏经济滞衰的写照。[③]

二、水利设施失修废弛

“兴水利，而后有农功；有农功，而后裕国。”宁夏地区属于中原农耕区与北

①徐安伦、杨旭东：《宁夏经济史》，宁夏人民出版社，1998，第177页。
②斗，古代容量单位。——编者注
③徐安伦、杨旭东：《宁夏经济史》，宁夏人民出版社，1998，第150页。

方牧业区的交界处，雨量稀少，气候干旱，而宁夏北部平原的农业依赖黄河水利灌溉，生产条件较好，种植小麦、水稻等农作物，产量比较高，为西北富庶之区。清地方官员崧蕃在奏折中称，“甘肃僻处西北，地高风劲，无论夏秋……惟宁夏府各属，地滨黄河，可兴水利”，但因战乱破坏甚巨，致使“人民迁徙，地遂荒废”。对宁夏河渠修筑的情况，清人杨应据曾这样描述：“人知宁夏有渠之美，而不知宁夏办渠之难，何者也？他处水利或凿渠，或筑堰，大抵劳费在一时，而民享其利远者百年，近者也数十年，然后议补直修葺耳。今宁夏之渠，岁需修浚，民间所输物料，率数十万，工夫率数十万。然河水一石，其泥六斗，一岁所浚，且不能敌一岁所淤，往往渠高流浅，灌溉难周。”[①]要想建设这类水利工程，就需要投入大量的人力、物力来疏浚渠身，加固坝岸。这种重大且艰巨的任务，非民间之力所能为，因此宁夏的水利修建往往由政府主导并筹集资金进行。同治时期宁夏道修复汉唐旧渠，所需款项多由左宗棠拨付银两，由地方官员牵头修浚渠道。晚清时期，宁夏水利工程规模较大的只有：1903 年修浚的汗廷渠；1887 年、1904 年宁夏知府黄自元主持整修的大清渠以及 1908 年灵州知州主持疏浚整修的秦渠。

晚清时期，由于社会动荡，国库亏空，加上战乱和灾荒，政府便无力顾及地方经济建设，宁夏水利废弛更是日甚一日。水利修建逐渐减少甚至失修，清初最盛时，主要渠道近 30 条，灌溉面积达 150 万亩以上，“道光咸丰以后，日渐荒芜”。同治以后，不少渠道或被水冲毁，或自行埂废，政府疏于维修。这主要表现在两个方面：首先，晚清时期与清代前期比较，新开渠道大大减少。据《宁夏水利志》资料统计，1644 年至 1840 年，宁夏开凿新渠 18 条，总长度 500.4 千米，平均 2.55 千米。[②]其中，大清、惠农、昌润三渠都是干渠，初建时总长度为 235 千米，乾隆年间灌溉面积达 4393.2 顷，受益地区为宁朔、宁夏、平罗三县及埂外地区。1840 年至 1911 年，宁夏只开新渠 4 条，总长度为 80.5 千米，年均 1.1 千米。[③]这几条渠均不在宁夏平原的中心，而在中宁、陶乐、宁朔等地河滩地上，其中，陶乐县的惠民梁（初名谭家渠），开凿 11 年之久才告完工。总之，晚清时期新开渠

①《朔方道志》，天津华泰印书馆，1926。

②《宁夏水利志》，第 80—90 页。

③同上。

道规模很小,引水量小,灌溉面积也少,均达不到干渠的标准,在引黄灌区不占主要地位。其次,旧渠道疏浚工作长期停顿。19 世纪40 年代到 80 年代中期,几乎没有大的维修工程,因此水利工程"险工迭出",直接影响了农业生产。例如,1849 年 8 月,"秦渠进口大码头被洪水冲没, 因金积、灵州不靖, 一直未能修复",从此河东地区"水旱频仍","居民纷纷迁徙他乡谋生"[①]。从 1887 年起,在渠道堵塞、严重影响农业生产的情况下,政府不得已才搞了一些维修工程,但规模较大的只有 4 次。[②]

三、财政支柱盐业衰退

中国盐业发展历史悠久,进入清代以后,盐业有了较大的发展,成为财政收入四大支柱之一。但清代的食盐是一种严格的计划性生产,在各盐区及各盐场都有"额定产额"。宁夏盛产食盐,尤其在海盐大规模开采以前,是全国湖盐的主产区。食盐的开采和运销,对宁夏社会、经济、军事、商贸和交通等都有深远影响。唐代用盐税"收博榷米",作为职官俸禄,历史上多次出现盐业兴旺的盛况。但是到了嘉庆年间,宁夏盐业开始衰退。清初,政府依照元、明旧制,对盐业实行官营,在灵州惠安堡设盐铺厅,由户部分发"盐引",指定固定的盐商经销到周边地区。但是,由于政府经营不善,盐课沉重以及贪官污吏中饱私囊,导致产盐成本过高,盐商不仅无利可图,还经常出现亏损。嘉庆年间,盐区百姓自行生产、私自贩盐者日益增多。私盐与官盐相竞争,形成"私贩充斥,官盐不能畅销"的局面。面对这种情况,有人建议"弛禁盐斤",即允许私人经营合法化,政府只需"设局收税"。但这一建议遭到户部反对,并"责成文武各官严缉"[③]私盐。清廷坚持盐业官营,主要原因是唯恐宁夏盐业弛禁,会"碍及两淮引地"[④],从而影响自身盐课收入。到了晚清时期,在商品经济不断发展的情况下,清廷仍坚持盐业官营,并在全国多次实行盐斤加价(增收盐课)以弥补政府的巨额财政赤字。官府与民争夺盐利,严重影响了盐业发展,私盐被查禁,官营又极其腐败,宁夏

①吴忠礼:《宁夏近代历史纪年》,宁夏人民出版社,1987,第 16 页。
②徐安伦:《宁夏经济史》,宁夏人民出版社,1998,第 153 页。
③《清仁宗实录》卷六七。
④同上。

百姓赖以谋生的这一产业便迅速萎缩，生活更加贫困。①

四、大面积种植鸦片影响正常农业生产

鸦片传入西北地区之初，只是在部分地区零星种植，而自鸦片开禁以后，才有开始大面积种植鸦片的情况。至光绪十四年（1888 年），宁夏地区也开始大面积种植鸦片。据《中国近代农业资料》中记载②，当时宁夏地区已有大约 1/3 的土地种植鸦片。宁夏地处内陆，远离各大海洋，构成典型的大陆性气候，日照充足，日温差大；内地各省人烟稠密，如有种植鸦片，容易发现，查禁容易。而西北地区地域辽阔，地势地貌复杂多样，若于各县荒僻深山穷谷之地偷种鸦片，则不易稽查。况且深山无人之地，气候高寒，春夏阴雨最多，不需河渠灌溉，烟苗容易成活，查禁不及，往往侥幸收割，易获厚利。加之清政府的政令也鞭长莫及，这些都为宁夏鸦片的种植提供了得天独厚的条件。按照当时的测算，鸦片收益与粮食作物的收益比较：每亩水田的鸦片收益是 11.16—12.2 两，而粮食作物的收益仅为 7.53 两；每亩平原地的鸦片收益是 8.92—9.97 两，而粮食作物的收益仅为 3.33 两。如此，则每亩水田、平原地的鸦片收益分别是粮食收益的 1.48—1.62 倍、2.67—2.99 倍。可谓是“惟五谷之利，不如烟叶，烟叶之利，不如罂粟。甘民咸弃五谷而种罂粟，谷贵而民反富”。在利益的驱使之下，鸦片种植的面积越来越大，加重了灾荒程度，同时也影响了农业生产，而过度吸食鸦片则严重危害人体健康并影响了西北淳朴刚劲的社会风气，最终导致民众流失失所、民困财竭。

第二节　晚清时期宁夏经济滞衰的原因

晚清时期的中国，处于内忧外患之中，社会动荡不安，民众流离失所。在政治上，西方列强入侵，割地赔款，政治统一、主权完整遭到破坏，清政府控制力减弱，社会动乱，统治阶级内部矛盾尖锐突出。经济上，自然经济被逐步分解，商品经济不断增长，近代机器工业、近代交通业、近代金融业相继产生并且得到一定

①徐安伦：《宁夏经济史》，宁夏人民出版社，1998，第 154 页。

②李文治：《中国近代农业资料》第一辑，上海三联出版社，1957，第 649 页。

的发展。除了国家宏观环境发生巨变，激烈地冲击着封建王朝经济体系之外，此时期由于地理环境、交通条件等原因，宁夏地区包括周边地区的社会生产生活实际仍处于封闭、落后状态，如“陆路贩运，脚运价昂，民间无衣之苦，甚于无食……至于丝、布匹，甘肃素未讲求，全恃商贩，又不能有南方舟楫可资重载，以故价值昂贵异常。民间耕作收入不多，本地银钱向本缺乏，遂不得不忍受风寒”。而且，包括宁夏在内的西北各省交通设施极为落后，清末，甘肃宁夏知府赵惟熙鉴于“西北为神京右臂，居建瓴之势，拥天府之腴，而独令其芒芴闭塞，混沌终古，地产无由远，民智无由开，强邻之窥伺无由绝”，认为西北交通建设乃“尤亟之亟”。如此内外夹击的发展环境，导致晚清时期宁夏经济几乎处于停滞状态，加之此时期自然灾害频发，更进一步恶化了宁夏地区的经济发展状况。

一、土地兼并造成地权日益集中

土地兼并是中国古代社会和近代社会的普遍现象，因为在农业社会里，土地是最主要的生产资料，谁占有的土地多，谁就能获得经济利益。生产条件的破坏与自然灾害的频发，致使广大农民日益贫困，从而给了官僚、地主、商人兼并农民土地的机会。每遇灾荒，农民“田禾未收，粮价腾贵”，不仅贫困之民典当田产，“即素有营生之户亦苦于贵籴，度日维艰”，官僚富豪乘机巧取豪夺，大批自耕农沦为无田游民。

清初，宁夏的明代屯民转变为自耕农之后，生产积极性曾一度高涨，从而带来了一定时期的农业繁荣。但是，自耕农经济本质上属于小农经济，在私有制条件下必然走向两极分化，因此土地又逐渐集中到地主或官僚手中。宁夏的土地兼并现象早在乾隆初期就十分严重。甘肃巡抚黄廷桂在乾隆七年(1742年)七月的一份奏折中就称：“甘肃地处边徼，从前土旷人稀。我朝定鼎以来，流亡渐集。然开垦之始，小民畏惧差徭，必借绅衿之名报垦承种，自居佃户，比岁交租……迨相传数世，忘其所自，或租粮偶欠，或口角微嫌，业主子孙即以夺田换佃告官驱逐……甘省佃户，其祖父则芟刈草来，辟治荒芜，筑土建庄，辛勤百倍，而子孙求为佃户而不可得。”[①]这生动地说明了农民辛勤开垦的土地被封建地主

①《清高宗实录》卷一七六。

霸占的情形。地方官吏强占土地的手段更为恶劣,如宁夏将军旺沁班巴尔"依恃将军职位,庇护属下人等欺压平民征占地界"[①]。至晚清时期,官僚、地主、商人兼并土地的现象愈加严重。特别是灾荒之年,农民"田禾未收,粮价腾贵"[②],只有典当田产,以求活命。官僚富豪便乘机巧取豪夺,就连左宗棠也不否认,有的官吏将农民的"畸零地据为隐私开垦……以致民力不支,流离潜匿"。随着土地兼并日趋严重,清初出现的大批自耕农便流离失所,沦为无业游民,农业生产力因此遭到严重破坏。

二、政治腐败致使官吏贪污盛行

政治腐败是封建官僚政治的不治之症。宁夏地方政治的败坏除封建社会的一般原因之外,还有其特殊的原因。其一,清统治者视宁夏为"武备"区,而非"文治"区。"诸凡建设,或因或创,于武备尚详,而文治独略。"清朝几次用兵新疆,宁夏为军事后备区域,征发粮草、兵夫为主要任务。清中期以后,西北回族连续反清,进一步刺激清政府强化宁夏的军事力量。这种特殊的社会环境造成了清朝在宁夏的施政以武备为主,即重视武装控制人民而忽略地方建设和文化事业。宁夏不仅驻军很多,且带兵之武将集中。北有宁夏将军率八旗军驻满营和宁夏镇总兵驻守府城,南有陕西提督驻守固原,而驻扎各地之中下级将领数目更多。这些武将往往少文无知,清廷对他们也很纵容,因此肆意横行,欺压百姓,使宁夏政治恶化。其二,历任宁夏将军及宁夏道、府、镇的官员大多数为满族贵族,而且多是皇帝的"特简"官员。他们凭借特殊的身份和皇帝的恩宠,大胆妄为,加剧了宁夏政治的腐败。乾隆年间揭发出的甘肃贪污冒赈一案,总督以下省道府州知县官员因贪污被正法和流放的就达 102 人。至道光时,文官武将贪污之风尤烈。宁夏将军和世泰、副都统存华被查出克扣兵丁银饷和贪污各项工程费用共计 1.14 万两。

晚清时期,包括宁夏在内的甘肃部分地方官员,仍"执法营私,贪酷并济,玩视军务,罔恤民艰","甘省州县枯脊,不自聊生",官员却"日肆诛求","剥削间阎",百姓"颗粒全无",生计断绝。府衙官吏花天酒地,"酣嬉淋离",总督衙门与

---

①《清高宗实录》卷一三六八。

②《那文毅公二任陕甘总督奏议》卷二一。

武营中军、候补文员，“游逛宴会，听曲宿娼，彻夜不休，属员相率效尤，俱尚浮靡。而督臬两署笙歌，竟无虚月，鼓吹体明，叫嚣喧嗽，极不可耐”；各署官员多喜“结拜弟兄，酒食征逐，醉后谩骂，毫无局面”，所有花费，全从司库“项内开销”[①]。如“固原提督胡超克扣兵铜，置办戏装，置汰名粮，畜养优伶，不时唱戏晏客”，政治腐朽达到极点。

府库亏空已成普遍现象，据《清宣宗实录》卷一七四记载：“州县仓库，亦多亏短，固原知州程栋接收前任交代，亏空七八万；道光八年，杨遇春将藩库存银四十余万两，发交州县采买谷石，该督阅兵时，亲见各州县将预买之项多半亏短。”由此可见，贪污已成为当时官场的风气。咸丰元年（1851 年）二月，“有人奏陕西总督琦善之胞弟琦龄前在固原州、安定县任内，亏空进巨，谎报完徼，率请开复，令各属代为弥补，以致无处不亏。宁夏亏数最多，秦州、肃州、平罗、宁朔等处均有亏缺”，之后，琦龄赔补亏空，才“得免参撤”。琦龄任内的巨额亏空，由宁夏等地代为弥补，实际上转移到了各地百姓头上。清末，吏治继续腐败，征收赋税时，胥吏任意增加，办理开垦则谎报田亩；官僚将官银借给商人，坐收高息。有人记叙当时情形是“道府与州县，猫鼠同眠”，感叹地方官吏盘剥之术“变幻离奇，不可思议”。

民间资源，官府视为利源，竭力把持垄断。宁夏之水利灌溉，官府占为己有，任意敲诈民脂民膏。“甘肃宁夏水利同知一缺，本系冗员，书吏藉坝摊钱，侵渔入已，官吏是为利薮。而平罗县之在下游者，水不到梢，吏胥既缘以为奸，民田复因之受累。目前道和祥将民间摊倾之钱，尽交道库，赢余亦为独得；厅中官吏，何肯束手旁观而未听道署支使，遂又有重派分肥等弊。”这是仅道光、咸丰年间的情形，至同治、光绪年间，水利更加废弛，地方官吏借口维兴水利工程，进一步层层加派，致使农业生产成本增加，农民收不抵支，农业生产者已无生产积极性可言，再生产能力便逐步丧失。

三、赋税沉重使得农民不堪重负

晚清时期，清政府陷于空前的财政危机之中，对内对外战争的庞大军费开

①张声磐：《道咸宦海见闻录》，中华书局，1981，第 226 页。

支和对外战争失败后的巨额赔款，使政府出现了巨额财政亏空。腐败无能的清政府为了维护其封建统治，一方面向帝国主义国家银行借债赔款，另一方面加重赋税剥削，把财政危机统统转嫁到广大劳动人民身上。即使像宁夏这样的贫困地区，清政府也绝不放过。道光咸丰年间，政府仍继续“加赋，甚至村庐寺观，亦令纳租”，“日捐、月捐、黑捐、飞捐、亩捐各种捐法”层出不穷，“州县催征，鞭扑严急”，“官丁非棍，排门搜刮”，“敲筋击髓”，“甘肃稗政，莫大于加赋”。对此，游历西北途经宁夏的谭嗣同曾赋诗予以揭露，他咏道：“马足蹩，车轴折，人蹉跌，山岌业，朔雁一声天雨雪。舆夫舆夫，尔勿嗔官！仅用尔力，尔胡不肯竭？尔不思车中累累物，东南万户之膏血。呜呼！车中累累物，东南万户之膏血！”

为了保证清政府财政收入的增加，清廷还制定了所谓的“奖惩制度”，连续三年完成任务的州、县官晋升一级。欠一分者，除罚俸三年、停止升迁外，并严令待罪催征，如仍拖延不完者，则州、县官以革职论处，巡抚停止升迁、罚俸一年。地方官吏深恐受罚，便以各种手法“勒索”群众，粮石征收，有所谓“斛底”“斛面”“土粮检”附加。这些“制度”使得农业生产发展难以积累，广大百姓不堪重负。

四、自然灾害频发影响生产力的恢复

历史上，一个国家或地区经济的衰退原因，无非归结为天灾人祸。尤其在生产力水平不高的传统农业社会，自然灾害的频繁发生，往往对经济发展有着毁灭性的打击。而且，在经济处于衰退阶段时，自然灾害的影响作用则更为明显：一方面抗御自然灾害的能力减弱，对经济发展的打击力度进一步增强；另一方面，自然灾害在重创社会的同时，往往对社会生产力形成直接打击，加重了经济衰退的逆转难度。

宁夏地区的生态环境在西夏时期遭到破坏之后，到元、明、清各代自然灾害便频频发生。而晚清时期，自然灾害的发生相对之前有过之而无不及。从1840年至1911年的71年间，宁夏地区有37年受灾，共发生旱灾、水灾、雹灾、蝗灾、地震等自然灾害47次。其中，灾情遍及宁夏全境和大部分地区的就有20余次。如清咸丰二年（1852年）五六月间，中卫一带连续地震，居民房屋震倒20 000余间，压毙男女大小300余口，受伤者400余人。城乡破坏惨重，居民粮食、衣物、牲畜亦多被压没，糊口无资。清咸丰三年(1853年)，宁朔、宁夏、灵州、平罗、中卫等州县因夏秋暴雨，山水陡发，渠流泛滥，淹没田禾、民房并乡仓分储粮食，人畜均有淹毙。光绪四年(1878年)八月，灵州大旱又兼飞蝗成灾，人民饥不得食。清咸丰三年(1853年)，宁夏府属大部分地区遭受旱灾，又加冰雹相继为害，庄稼几乎绝收，各地饥荒严重。光绪五年(1879年)八月，关陇地区厅、州、县同时地震。宁夏南部的固原、海城、化平、隆德皆受震灾，损失极大。光绪六年(1880年)五月中旬，大批蝗虫自陇南飞兰州，六月又由兰州进入宁夏，致使宁夏地区飞蝗蔽日，稼禾大损，百姓流离失所。清朝晚期接二连三的自然灾害与封建制度统治所带来的社会沉疴相叠加，导致宁夏经济发展的再生产能力受到严重的打击并终难恢复。

第六章　民国初期宁夏经济的滞缓发展

宁夏经济在民国初期的界定为1912年中华民国成立至1929年宁夏行省设置这一时期。此时期，宁夏北部地区为朔方道，南部地区为泾源道，同属甘肃省管辖。尽管宁夏地区此时期尚未独立建省，但因其内接中原、西通西域、北连大漠而拥有独特的战略地位，因此民国政府特设甘边宁夏护军使。这一重要军务职位的设立，为该宁夏地区形成地方割据及其地方势力的逐渐强大创造了客观条件。

第一节　宁夏近代经济的兴起

1911年辛亥革命结束了统治中国数千年的封建帝制，但是，并没有从根本上改变中国的社会性质和基本经济制度，半殖民地半封建的经济性质反而进一步加深。宁夏尽管地处西北地区，但并非"世外桃源"，无论是传统的商贸活动还是近代加工业的出现无不打着西方列强经济侵略的烙印。

一、民间商业贸易的发展

20世纪20年代初期，宁夏境内水陆交通便利的城镇，诸如宁夏府（银川市）、吴忠堡、石嘴山和中卫等地大小商号林立，商业十分繁荣。银川"其地居灌溉区域之中心，四通八达，形势最便……附近区域，商业最为繁盛"，是全省的商业中心。在清朝全盛时期"通衢四达，百货杂陈，商贾云集"，城内有十多处市场进行不同的商品交易。此外，人们还利用庙会进行商品贸易，"望日（农历每月十五日)城隍,趾错参拜,诸货骈集贸易”。民国初年,宁夏城有大小商号300余家,其中的“八大商号”比较有名。城内有米粮市、炭市、柴草市、铁匠市、碴子市、青菜市、骡马市等市场,市场繁荣,交易活跃,其繁荣程度超过兰州、西宁等地。

明朝时,朝廷即在今平罗县设立专供蒙汉贸易的场所——“夷厂”(清称“市口”)。清乾隆元年(1736年)市口由平罗移至石嘴山,每月三集,内蒙古以骆驼、马、牛、羊、兽皮等与内地的绸缎、布匹、粮食等进行交易。石嘴山与当时的横城、花马池一起成为宁夏三大市口,但“宁夏三市口惟石嘴通蒙古最多”。至民国初,石嘴山一直是整个河套地区蒙汉民族贸易的重要场所。此外,自光绪六年(1880年)驻天津的英、德商行先后在石嘴山开办了10家洋行。“……有外国洋行数家,凡洋商在甘青一带收买皮毛,均集中于此,经梳洗后,以驼或船载运至包头,转天津出口”,洋行的出现也带动了当时石嘴山商业的发展。

吴忠堡地处黄河渡口,为水陆交通的枢纽。明清时期吴忠堡的商业已十分发达,是宁夏货物交流集散的中心之一。吴忠堡有集市数十处,每三、六、九交易,“逢集至者骄肩累足,极为繁盛”。此外,金积堡、秦坝关、汉伯堡等处也设有集市,进行商业贸易。“省垣以外,全省第二大商埠当推吴忠堡……当金积、灵武两县之要卫,地濒黄河,为水陆交通孔道,商业之盛,远过县城。”吴忠堡在当时有“小上海”之称。民国十二年(1923年)京包铁路通车后,促使吴忠堡的商业进一步繁荣昌盛。当时吴忠堡有大小商号87个,资本在万元以上的有24家,千元以上的58家。天成和、义顺源的资金都超过20万元。忠义荣、福兴奎、谦益堂、振兴永几家的资金都超过10万元。据当时“商务会”不完全的统计,商业户的资金总数约160多万元。

明建文元年(1399年)设中卫指挥使司,同时设供蒙、汉互市的龙宫夷场。明万历二年(1574年)十一月,朝廷批准宁夏中卫开设边口互市,形成粟帛、日用杂货及农畜产品的固定交易集市。清同治元年(1862年)中卫人刘基善创办“尽盛魁”商行,经营客店以及粮、油、酒。民国时期,由于靠近黄河,交通便利,中卫成为宁夏商业中心之一,“舟楫往来,颇称便利。城内商业繁盛,输出品以枸杞、红枣、米、煤等为大宗,输入品以日用品及棉布居多”。民国初年将清设立的中卫盐务榷运局改为盐务局,由新墩迁往莫家楼,形成宁夏最大的盐运转销市场,盐主要销往银川、包头等地。当时中卫有市集7处,包括本城、宁安堡、宣和堡、恩和堡、鸣沙洲、白马滩、广武堡，在固定的交易日进行贸易。此外，县城有各种店铺字号百余家，其中历史较久的有尽盛魁、德兴堂、合盛恒分号、西顺成、德泰永等，各商号的经营范围涉及布匹、绸缎、日用杂货、中药材等，商业贸易盛极一时。

二、商号与洋行的兴起

民国时期，宁夏的商业贸易在西北地区具有一定的影响力，商贸活动影响至西南川滇及东北地区，经营物品不仅有地方传统的日用消费品，而且还经营山货、小五金、布匹、百货以及皮毛、粮食等物品，外来客商及外国资本一度极其活跃，一批较大的商号与外国洋行纷纷兴起。

(一)银川“八大商号”

宁夏由于地理和经济上的原因，经营各业者，多为外省人，尤其是晋商颇多。银川城内的“八大商号”均为山西人创办，各商号主要将宁夏的皮毛、甘草、枸杞、发菜、药材等土特产品运往包头、天津等地销售，然后再运回洋布、绸缎、火柴、洋蜡、肥皂、毛巾、鞋袜等日用品销售，在带动宁夏商业发展、繁荣市场、便利人民生活方面起到了积极作用。在创业初期，八大家主要从山西将货物用骡马骆驼驮运，经黄河、陕西到达宁夏。平绥铁路通车后，改由天津进货。运输工具除骡马骆驼外，还有船舶和排筏等。由于各商号经营有方，“八大商号”曾盛极一时。以下列举“八大商号”创办的基本情况。

敬义泰商号是山西省万泉县阎景镇敬义泰商号的分号，始创资本1 000两银子，年收入20万两银子。有铺面5间，店员和学徒30多人。生产油、酱、醋、酱菜、酒、糕点等，其中的黄酒、玫瑰露酒及糕点比较有名。此外，在天津设有敬盛永货栈，抗战期间，在官僚资本的摧残下，曾改名为“大同庆”。故址在今银川市玉皇阁西侧。

天成西商号由山西省交城县天元恒皮货庄的股东郭、丁、沈3家投资创办，投入400银圆，年收入20多万银圆。有铺面5间，伙计30多人。主要以批发为主，自养骆驼、牛、羊，兼做甘草、皮毛等生意。在宁夏盐池和内蒙古鄂托克前旗设有分号，为避免马鸿逵征税，曾改名乾元吉。故址在今银川市兴庆区。

始建于清光绪年间(1875 年)的平罗玉皇阁——宁夏最大的道教古建筑群

隆泰裕商号是山西省平遥县董姓所创,创始资本约 1 000 银圆,生意兴隆时,年收入近 20 万银圆。有铺面 5 间,店员和学徒 30 多人,在阿拉善左旗养有骆驼、牛、羊。民国三十七年(1948 年)倒闭。故址在今银川市解放西街。

合盛恒商号由山西省临晋县荆姓创办,拥有股金 1.2 万两银子,有铺面 3 间,30 多名店员和学徒,主要经营日用百货,生意兴隆时年收入 12 万两银子。此外在宁夏中卫县城和平罗县黄渠桥均有分号。民国三十六年(1947 年)倒闭。故址在今银川市解放西街。

百川汇商号由山西省平遥县雷泽霖创办,始创资本 3 000 两银子。生意兴隆时,资金达 30 多万银圆,雇 30 多名伙计,附设万元汇分号和汇源涌烧坊。曾改名为德丰隆商号。故址在今银川市解放西街。

广发隆货栈,通称广发店,与隆太裕系同一人开办。年收入 10 万银圆,由于受官僚资本排挤,曾改名兴华商店。民国三十七年(1948 年)破产倒闭。故址在今银川市玉皇阁北侧。

福新店,山西省平遥县张姓等 5 家创办,股金 1 万银圆,年收入 6 万银圆。

民国三十五年(1946 年)破产倒闭。故址在今银川市玉皇阁斜对面。

永盛福,由山西省河津市王姓创办,年收入 5 万银圆。民国二十七年(1938 年)破产倒闭。故址在今银川市新华饭店东侧。

(二)石嘴山“六大洋行”

清末,帝国主义列强为了攫取更多的经济利益,利用不平等条约,在中国境内设置洋行。洋行是帝国主义侵略中国经济的产物。当时天津是各国在北方设立洋行的大本营。清光绪五年(1879 年),天津英商高林洋行雇员葛某到西北探险。他到宁夏石嘴山后,见当地农民因羊毛无销路只好用羊毛拌土沤肥使用,便求客栈老板许存荣作保,以每百斤 2 两白银的低价赊购羊毛 4 万斤,运抵天津销售,结果获利 10 倍。次年,葛某再次到石嘴山,还清头年欠款,正式挂起了“高林洋行”的招牌,用现款低价收购羊皮、羊毛,大获其利。宁夏六大洋行分别为:英商新泰兴洋行、英商天长仁洋行、英商平和洋行、英商聚立洋行、德商瑞记洋行、德商兴隆洋行。此后,天津英商仁记洋行、德商瑞记洋行等也纷纷雇用买办寻踪而至,在石嘴山陆续开办了 10 家洋行。

上述洋行自 19 世纪 80 年代创办,至民国十五年(1926 年)撤走,共 40 余年。各洋行以石嘴山为据点,通过开办“外庄”(洋行设立于各地的收购点)的方式,把经济侵略的触角伸向西北各地。其中,六大洋行在西北各地开设“外庄”的情况大致如下:

内蒙古——阿拉善旗、额济纳旗、鄂尔多斯市。

宁夏——银川、花马池、惠安堡、韦州、半个城、下马关、中卫、中宁等地,贺兰、平罗、惠农各地直接收购。

甘肃——靖远、五坊寺、大庙、平番、海原、固原、黑城子。

青海——西宁。

陕西——三边。

帝国主义洋行对宁夏等地的经济掠夺手段十分恶劣,每至收购季节,买办商人以最低的价格把农牧民手中的皮毛收购而去。其进行盘剥和掠夺的方式如下:一是欺行霸市。由于当时宁夏地处边陲,交通不便,信息闭塞,与内地联系十分不便,农牧民不知市场行情,洋行便乘机施展欺骗手段,垄断货物价格,大肆购买畜产品资源。二是谎骗讹诈。一方面以所谓“行情不好”“质量成色太差”为由，压级压价，以达到其低价收购、高价卖出的目的。另一方面借口山西闹“义和团”，各洋行联合起来“停止收购”，迫使农牧民低价出售羊毛羊皮。后来洋行竟采取以物易物方式，以少量的米、面、布、茶、糖等食物，以不等价方式掠取大量羊毛、羊皮。三是残酷掠夺。每年春季洋行派人到牧区订货，以所谓“贷银行毛”的方式，贷部分款项给穷苦牧民，然后订立秋季交货合同，规定牧民必须在秋季以毛抵债。这样，牧民便被牢牢地束缚在洋行的合同上，任其剥削。

由于洋行采取上述方式牟利，所以资本积累很快，各家洋行均获得了巨额利润。洋行收购的羊毛有宁毛和青毛之分。宁毛因为一年剪两次，纤维较短，故收购价格低，在早期每100斤羊毛为3—5两银子，晚清增至7—10两。洋行运至天津为每100斤羊毛售价25—30两银子，最高达35两。青毛因为一年剪一次，纤维较长，故收购价格较宁毛为高，平均每百斤羊毛为15—20两银子，洋行运至天津每100斤羊毛售价为30—40两，最高达到50两以上。据此可知，洋行最少都有一半的利润。①

各洋行利用各国与清政府签订的不平等条约，加之又与当地官府勾结，使得他们垄断西北地区的皮毛业达40年之久，攫取了大量的财富。“据统计，自1880年以来，先后有10家洋行在石嘴子设立分号，共收购甘、宁、青一带廉价羊毛8亿斤、牛羊皮4 000万张以上，每年雇骆驼万峰、木船千条为其服务。”民国五年（1916年），甘肃省派文豹隐到石嘴山设立“皮毛公卖所”，按5%征收洋行皮毛税。第二年税率又增至10%。民国九年（1920年）甘肃省政府将皮毛税率提高到15%，税率的提高，大多数皮毛户破产，加之察哈尔、绥远等地强行征收过境税，青海地区又将皮毛业收归官方垄断，洋行利润有所减少，纷纷收缩业务。民国十年（1921年），瑞记、天长仁、平和、仁记洋行撤回天津。民国十五年（1926年），高林、新泰兴、聚立、隆茂、明义、兴隆六家外国洋行撤回天津。至此，设在石嘴山的外国洋行全部撤走。

三、近代产业经济的出现

受地理和经济条件的影响，宁夏近代工业的基础十分薄弱。宁夏第一家资

①刘廷栋：《帝国主义洋行在石嘴山》，《宁夏文史资料》合订本第一册，第79—80页。

本主义性质的工业是芬兰商人维利俄斯于1926年在平罗通伏堡创办的甘草膏厂。“民国十五年(1926年),有芬兰商人维利俄斯者来宁考察。鉴于甘草产量丰富,无人采制,乃商得政府同意,在沪购办大批机器锅炉,就地熬炼甘草膏药,年产百万斤以上,获利甚丰。”维利俄斯办甘草膏药厂比较慎重,他先将试样寄往德国,经专家化验。据说可以在欧洲烟草工业中作为一种加味原料使用,于是与德国一家公司签订年销几十万斤的合同。由于宁夏地区交通不便,在上海购买的蒸汽机和锅炉,用火车经平绥线(即京包线)运至包头,再通过黄河水运至平罗通伏堡。该厂名为近代工业企业,但其设备很简陋,规模也不大。每年夏季开工生产,除切割甘草使用蒸汽机动力外,其余全部是手工生产。

宁夏的近代交通业首先是从铺设电话线、试办邮政业开始的。第二次鸦片战争之后,西方列强不断向清政府施加压力,要求在中国兴办电信、邮政业务,以便进一步加强他们对中国的经济掠夺。这时盛宣怀看到电报设备简单,资本不多,有利可图,便向李鸿章提出中国自己应速设电报,以抵制洋人的建议。[①]李鸿章则认为电报实为防务必需之物,于是便向清政府奏请设立南北洋电线。清廷允准后,李鸿章于1880年在天津设立电报总局,从1881年开始,近代电报线在全国各地全面铺设,至19世纪90年代初已铺设到西部地区。民国二年(1913年),电报在原有基础上由宁夏延伸至内蒙古暨口,正式建立了南通兰州、北接包(头)绥(远),贯通宁夏南北的电报线路。至于电话业,光绪七年(1881年)中国境内就有电话安装。民国初年,各地相继有电话局成立,但大部分仅限于市区通话。民国十八年(1929年)宁夏建省后,省政府为便利各军政机关之间通话,在省城(今银川市)鼓楼设100门磁石式市内电话交换机1部,属省政府管理,宁夏境内电话开通。

宁夏通信事业在近代也有了一定的发展。光绪三十年(1904年),兰州设立邮政分局,固原、隆德设立邮电支局。光绪三十一年(1905年),宁夏试办邮政,隶辖于兰州,为三等分局,各乡镇分设信柜,能汇银寄货,较原驿站方便、经济,深受各界欢迎。民国元年(1912年),由于试办邮政以来“颇著成效”,政府决定裁撤传统的驿站,各县、乡、镇一律实行邮政代办制。至此,宁夏通信事业进入

①魏永理:《中国近代经济史纲(上)》,甘肃人民出版社,1983,第271页。

近代通信时期。到1927年,驻宁夏的国民军开始架设无线电台,将通信手段大大推进了一步,1930年,交通部在额济纳旗二里子河设无线电台一部,专门拍发新绥之间大的商业电报。上述事实说明,到明国初期,近代通信事业已深入到宁夏地区,并具有较强的经济功能。这是宁夏向近代经济发展的一个标志。

宁夏的公路运输事业发端于马福祥任宁夏护军使时期。1920年,由马福祥发起成立了宁夏汽车股份有限公司①。公司原计划集资20万元,成立时实有资金10万元,资本构成以官僚资本为主,商业资本为辅。其中马福祥2万元,朔方道道尹陈必淮、宁夏县知事金鼎铭、宁朔县知事孙彦龙各5 000元,宁夏商务总会1万元;其他各界人士5.5万元。公司成立时,只从天津购回4辆摩托车,购置汽车的计划未能实现。公司还计划在大车道的基础上开辟宁包线(银川至包头)和宁兰线(银川至兰州),并在宁夏城设总车站,在包头设立分站。

宁夏汽车股份有限公司的成立有两个主要原因:其一,马福祥是一个实力较小的地方军阀,自知无力问鼎中原,便以宁夏作为扩充势力的基地。因此,他想做出一些"政绩"以笼络人心,取得民众支持。"而兴办汽车运输业、改善地方交通,是顺应时势和人心的事情",马福祥认为这是做出"姿态"的机会,因此主动投资,亲自促进了公司的成立。其二,中日甲午战争后,在帝国主义瓜分中国的狂潮中,中国出现了修筑铁路的高潮,至辛亥革命时,已筑铁路9 000多千米,因而大大改善了东部、中部地区的交通条件。辛亥革命后,各省汽车运输事业迅速兴起,1917年,商办张(张家口)库(库伦)汽车公司成立;1918年,北洋政府交通部在平绥铁路局设西北汽车处,计划修筑丰镇鳌兰(今兰州市)的公路干线,同年9月,交通部又核准包头商人王用焯等15人试办西北汽车股份有限公司。这些事情,推动了宁夏汽车股份有限公司的建立。但是,宁夏汽车股份有限公司仅仅开展了一些初步活动,便因马福祥赴绥远任都统以及宁夏经济落后、集资困难等原因而失败。虽则如此,但所进行的道路勘测、计划设想等,起到了促进宁夏汽车运输业兴起的作用,尤其是试图以"股份公司"形式办企业,在宁夏近代经济发展历程中具有一定历史意义。

民国初期,宁夏黄河段的水上运输业发生了变化,具体表现为机动船舶的

---

①《宁夏交通史》,宁夏人民出版社,1988,第157页。

试航成功。1911 年,甘肃省船政局的“飞龙”号试航抵达宁夏,获得成功。1918 年,由甘肃商人陈润生、蔡质夫等人发起组织的“甘绥轮船公司”,合伙购买比利时商人罗比吉尔“飞龙”号轮船,进行实验性商业性运营,于 1918 年七八月间试航,从河口镇逆水上行,抵达宁夏横城,而后又由横城返回河口镇。在包头至河口镇的航道上,下水航速竟达每小时 25 千米。该船自河口镇至横城只航行两次,却吸引了沿途旅客,船到各埠时,货客竟蜂拥而至。由于客位太少,航行成本过高,船主不得不于 1919 年 3 月向北京政府请求补助,政府则以“私人在内河营业请求补助不符合条例”而不准。船主处于无奈,只得将船只拆卸变卖,已冲抵股份。黄河水道上第一次民间商业性运营便在短期内失败,由此可知,在当时的历史条件下,民族资本在西北地区很难求得生存和发展。这也是西北地区经济落后的一个重要原因。

商人船运业失败之后,又有官僚人物进行试航活动。1919 年,甘肃省长张广建和宁夏护军使马福祥出于军事上的需要,决定联合造船两艘。将材料运至包头,派工程技术人员至包头南湾子就地建造,当年交船一只,取名“探源”号;另一艘取名“泛斗”号,建一半而中止。“探源”号以汽油机为动力,在包头至宁夏石嘴山之间试航获得成功。后因张广建、马福祥相继离任,两船均因无主而弃置于包头南海子,官僚人物主持的“探源”号航行也宣告半途而废。

第二节　宁夏经济滞缓发展及困境

宁夏地区在辛亥革命后,名义上先后为北洋政府和国民党中央政府管辖,实际上自 1914 年马福祥任北洋军阀政府宁夏护军使后,就一直处于以马福祥父子、叔侄组成的“马氏集团”的统治之下,军阀割据与兼并从未停止过。20 世纪上半叶宁夏地区的经济开发如同其政治形势一样,是在军阀割据形势下展开的。马家叔侄在统治宁夏时期,为了培植地方势力,在经济建设方面采取了一定举措,如试办近代交通运输业、提倡植树造林和疏浚河渠等。此外,地方政府增加了管理经济的职能,1914 年 5 月,宁夏道署始设实业科,管理农、工、矿和交通各业。同年,还成立了花定榷盐局(官方管理盐务的机构)。1915 年,宁夏设立烟酒税局、屠宰税局、石嘴山船政局、石嘴山皮毛公卖所等。这一切在客观上使宁夏经济经历了晚清时期的滞衰之后走上了有序发展的轨道，因此，民国初期宁夏地区资本主义经济虽然没有多少建树，但传统经济部门仍有所恢复和发展。

一、人口数量逐年增长，农业经济缓慢恢复

进入民国以后，由于社会相对安定，人口自晚清后又开始回升。其间，虽遭1920年海原大地震灾害，人口伤亡惨重，但比晚清时期仍有较快增长。宣统元年（1909年），宁夏全境户口为91 994户，总人口503 516人，户均5.5人；民国十七年（1928年），户口上升到120 431户，人口上升到677 362人，户均5.6人。宁夏北部人口增长速度更快，尤其是20世纪20年代，更是逐年增长。①

民国初期宁夏全境人口均呈上升趋势，从侧面说明宁夏地区经济已开始缓慢恢复。这是因为，宁夏为西北的传统农业区，有黄河水利之便，尤其是北部引黄灌区，只要劳动力有保证、水利设施能基本正常运行，就能旱涝保收，农业经济就可以较快恢复。

二、水利设施不断兴修建设，农田灌溉有保证

20世纪初，宁夏共有前人留下来的干渠43条，小支渠3400余条。在宁夏，传统的水利开发基本上划分为两大项，即开挖新渠与对旧渠进行疏浚、整修。黄河流经宁夏平原后，沉淀了大量的泥沙，因此，每年必须进行两次清淤工程，疏浚、整修渠道，否则渠底高出河面，将大大降低或影响灌溉效果。自1900年以来，宁夏先后对15条干渠进行了较大规模整修、扩建和疏浚，共计30多次，其中能计算的有晚清时期10次，民国时期18次。经过这些疏浚、维修和整治工程，宁夏引黄灌区得以发挥功效。

在开挖、修建新渠方面，1917年、1920年马福祥驻军宁夏时，曾两次对"谭家渠"进行扩建，新修灌渠30千米，新增灌溉田地1万余亩。1934年至1935年，国民政府全国经济委员会委员长宋子文来宁夏，拨款20万元修建了云亭

---

①《中国人口》,《宁夏分册》,第56页。

渠，可灌溉田地20万余亩。1938年，在云亭渠的基础上，又建成了“新开渠”。抗战期间，国民政府为支援宁夏抗战，每年拨给宁夏建设专款60万元，宁夏政府将此款的一半用于水利建设，从而使宁夏水利建设事业掀起了不小的高潮，有力地推动了宁夏水利建设事业的开展，同时也大大减轻了农民建渠疏浚的负担。此外，至新中国成立前，国民政府还相继建成开通了民生渠、新渠、和合渠、天佑渠、扶农渠等支渠，这些支渠的建成对于宁夏水利灌溉网的建设起到了积极的辅助作用。

民国初期宁夏兴修水利有两个特点：一是工程规模不大，新开渠道不长；二是新开渠道大部分在引黄灌区的边缘地带或河滩地段，具有开发性质，但已经有所发展。说明当时政府和民间对农业的投入不足，其原因是整个地区仍处于贫困状态之中，大规模兴修水利的资金难以筹集。

三、商业经济在恢复中发展，各种商号经营活跃

宁夏地区的商业在清代乾隆年间曾发展到相当高的水平，特别是由于外地商人资本的介入，奠定了宁夏城和固原城商贸中心的地位。后曾一度衰落，到光绪年间已有所恢复，民国初期继续恢复并得到较大发展。20世纪20年代初，宁夏全境大小商号有700多家。“京津一带的日货用品、工业品几乎都要经过宁夏运往甘、青、新等地。西北各省的土特产品也经过宁夏运往京津一带加工或出口。当时宁夏城人口不足两万，大小商号却有三百余家，乃为宁夏与西北、华北通贸易中心。”由此可见，宁夏已经发展成为西北主要的货物集散地。另外，据民国十二年(1923年)的统计，西北各省经宁夏运出的绒毛为550万千克，牛皮1万多张，羊皮30万张，甘草50万千克，粮食500万—650万千克，水烟210万千克，枸杞24万千克，白麻15万千克，盐碱150万千克；从宁夏运往西北各省的布匹为1.5万件，杂货3.5万件，砖茶1万箱，煤油7 000箱，纸烟4 500箱。[①]

宁夏城中，因有“八大商号”，一定程度上带动了商业的恢复。尤其到了民国初年，“八大商号”生意开始红火，获利颇丰。除宁夏城之外，吴忠、石嘴山、灵武、中卫、中宁等地的商贸活动也比较活跃。民国初年，在吴忠的山西帮大商号，

①徐安伦：《宁夏经济史》，宁夏人民出版社，1998，第179页。

主要有自立忠、自立长、天心协、自立兴四大家。资金多的达七八千两银子，少的也有三四千两。本地商号有李家的天成和、白家的永兴隆、牛家的万生则和马家的富顺安。资金以天成和最多，有 4 000 多两银子。1920 年，山西帮的四大家相继撤回原籍，本地商号成了吴忠堡的主要力量。另外，吴忠还有三义公货栈，回族商人何义江在灵武崇兴寨开办的义顺生杂货铺，回族商人马振邦创办的振兴永商号（灵武郭家桥），都是本地商人开办的商号。

四、手工业和采矿业发展较弱，缺乏规模经营

宁夏地区的手工业经济一向薄弱，历史上由于战争频繁，人口变动大，没有形成世代相传的手工业；同时，由于经济水平落后，传统的制毡、皮革加工等仅为农户的业余活计，没有形成规模经营。清代，外地商人资本的介入，对宁夏的地方手工业有所带动，至民国时期，已出现了较有影响的商号。如敬义泰商号，在经营日杂百货的基础上创办了敬义泰酱园，“有铺面五间，手工作坊七八间，学徒店员二十余人”，“前点后厂，产销见面。主要生产酱油、酱菜、酱、醋、糕点、黄酒、玫瑰露酒和枸杞酒。“金积堡的张寡妇黄酒，由于配方特殊，成为民国时期的优质名酒，畅销兰州、蒙旗以及沿海各省。”再如宁夏城羊肉街口铁匠铺打制的张芝麻镰刀，因制作过程精细，对原材料加工、热处理、冷处理过程把关严格，所以质量上乘，从清初创办到民国时期，畅销各地。然而，民国初期宁夏手工业发展规模还是比较小，能发展起来的行业少之又少。

宁夏地区煤炭资源丰富，在明清时期有少量的开采。民国初期，因为洋行的兴起，商业繁荣，经济有所恢复，同时人口增加，导致在贺兰山区和磁窑堡地区出现私人手工煤窑。如磁窑堡张坤山开设“永盛园”煤窑，石嘴山杨作霖、董福生开设煤窑，以及汝箕沟李秉英兄弟开设“石炭井”煤窑等。这些煤窑已有雇工性质，如石嘴山杨氏煤窑雇工 90 多人，分两班工作，每班定额生产 6 000 斤煤，工人月薪银圆 8 块，工头月薪 60 块银圆。

五、“烟亩罚款”应对财政困境，经济发展深受其害

辛亥革命之后，宁夏仍然保持着封建社会末期的税制，广大民众担负着日益沉重的税赋。即便如此，因宁夏经济刚从晚清经济全面衰退中缓慢恢复，财

政收入仍十分有限。而且，当时的军阀统治又需要庞大的军费去支撑军队，维护军队的日常开支。因此，面对国库虚空之下的庞大开支，政府只能通过推出各种巧立名目的赋税以应对财政困境。这类赋税虽然短期内也能发挥“立竿见影”的作用，但长期实施无疑是饮鸩止渴，无利于社会的进步与发展。其中，对整体经济发展危害最甚的是“烟亩罚款”。

宁夏地区种植鸦片始于咸丰年间，宣统年间禁种，民国初又兴起，1915 年再禁，此后 7 年未见烟花。张广建督甘后期，采纳陇南镇守使孔繁锦的主张，搞起了危害民众的“烟亩罚款”，“寓禁于征”，即放开种植罂粟，然后再征收所谓的“烟亩罚款”，规定每亩征收 6 两 6 钱，并派士兵武装押运鸦片，每百两抽收 10 元。宁夏土地肥沃，宜种罂粟。1922 年，甘肃其他各镇开禁，马鸿宾起初尚犹豫不决，后由陈必淮（宁夏道尹）函请马福祥劝马鸿宾开禁。在马福祥的授意下，宁夏烟禁终于放开，从 1922 年起，宁夏遍种罂粟。接着成立“宁夏道署禁烟罚办处”，规定无论农民是否种烟，一律按亩征收“烟亩罚款”，实际上就是鼓励农民种植。通过“烟亩罚款”，不仅增加了地方的财政收入，而且还可以使各级官员中饱私囊，增强地方军阀的军事实力。到 1926 年，“烟亩罚款”竟然列入甘肃省的财政预算。是年，宁夏“烟亩罚款”总额已达 90 万元。①

近代以来，毒品成为中国的一大严重社会问题，影响至深。围绕着毒品的厚利与危害，社会各阶层展开了激烈的辩论、博弈和争斗。鸦片更在财政枯竭、军阀混战、政府无法控御、国家与民众双重贫困的情境下迅速蔓延。应该说，在未有替代经济生成之前，鸦片经济为维持竭绝的宁夏财政，维持贸易平衡，支付巨额军费起到了不小的作用。然而，鸦片经济的发展实将宁夏社会推入了更加贫穷的深渊。征收“烟亩罚款”直接造成农村经济的衰败，甘宁地区罂粟遍野，正常的农业经济处于停滞状况。罂粟种植属于劳动密集型产业，需要大量的手工劳动，只有在农业生产落后、劳动力大量过剩、价格低廉的地区，罂粟种植才有利可图。而封闭的西北地区，交通落后，高昂的运输成本极大地限制了农产品的远销运输。在这种情况下，种植面积小而价格高、又适于远途运输的鸦片便成了农村经济的支柱，导致农村经济构成中的其他各业的发展遭到严重破坏。同时，在

①徐安伦：《宁夏经济史》，宁夏人民出版社，1998，第 184 页。

甘宁青地区开放烟禁以后，地方军阀勒令农民种植罂粟，按地摊派，征收“烟亩罚款”。随着烟田面积的扩大，鸦片税收的数目越来越高，加之，农民本身就已负担着统捐、牙捐、当捐、盐捐等 20 多种名目繁多的捐税，其生活更加艰难。而且，地方官绅士劣往往承担着向农民征收鸦片烟税的任务，他们假借征收烟款，趁机中饱私囊，并肆意提高税额，使用大于法定标准的衡器，高估烟农实际种烟亩数，勒索民财。各地农民终不堪忍受重负，纷纷揭竿反抗，社会动荡不安。

第七章　行省建立之后宁夏经济的演变

民国十七年（1928年)10月19日，南京国民政府正式以国民政府命令行文,公布设置宁夏省。当时宁夏省共领九县二旗,包括宁夏县、宁朔县、平罗县、灵武县、金积县、盐池县、镇戎县(即豫旺县)、磴口县和阿拉善旗、额济纳旗。全省面积27.491万平方千米,约占全国总面积的2.38%,人口约70万。由于"额济纳、阿拉善两旗,虽然在宁夏省范围之内,但一切行政管理之权,省府仍不得与问",所以此时期宁夏省的实际管理范围,仅为贺兰山以东九县,其土地面积为2.945万平方千米,约占全省总面积的10.7%。①自行省建立之后,宁夏的农业经济经历了短暂的发展之后急剧衰退,近代工业应运而生,手工业依附近代工业亦得以发展。而且,伴随着西北地区作为全国抗战大后方而被重视,交通运输业、金融业在政府主导下也取得了一定的发展。此时期,宁夏经济发展进入新的历史阶段,一方面,以马鸿逵为代表的官僚资本集团形成并执掌宁夏经济的发展命脉,掠夺社会财富,极大地阻碍了宁夏经济的发展。另一方面,随着新民主主义革命的展开,新民主主义经济兴起,宁夏迈开了向社会主义经济过渡的发展步伐。

第一节　农业经济的短暂发展与急剧衰退

农业是20世纪上半叶宁夏社会经济的主体和基础。20世纪初,由于封建

①徐安伦:《宁夏经济史》,宁夏人民出版社,1998,第186页。

军阀连年混战,致使宁夏农业长期停滞不前,濒临崩溃。抗战期间,马鸿逵为了自身生存的需要,开始对农业生产有所重视。1938年宁夏政府成立农业实验场,1939年设立农林总场,1940年成立农业改进所、农务局。1942年将上述机构合并为农林局后,又将农林局改为农林处,直辖于省政府,马鸿逵自兼处长。这些机构的建立,对宁夏农业的开发在组织建设上起到了一定的积极作用。此时期宁夏的农业人口呈上升的趋势,良好的种植环境吸引了大量的农户迁徙宁夏,农业人口不断上升,也为宁夏的垦荒提供了保障,大量的荒地变成了耕地,增加了耕地面积,同时农作物的产量也有所增加。

一、农业生产的短暂发展

宁夏建省之后,从20世纪30年代至40年代中期,社会处于相对稳定的状态,农业人口稳定增长,加之国民党政府对于宁夏农业发展的重视,丰富的农业资源得以进一步开发,农业生产取得了一定的发展。

(一)耕地面积扩大,土地占有两极化现象突出

宁夏的耕地种类很多,包括灌溉地、水田、沙田、平旱地、梯田、山坡地、高原地等。其中,因得水利灌溉之利,耕地中以灌溉地所占比重最多,约占全部耕地总数的50%—60%;其次则以水田较多。民国元年(1911年)宁夏已开垦的耕地为65万余亩;民国十一年(1922年)增为112万余亩;民国二十年(1931年)宁夏全省计有农田200万余亩。几乎每隔十年耕地面积就会翻上一番。但是就全国情况来看,宁夏每农户平均得地37亩,户数、农户数、田地总亩数,在全国均为最少的省份。民国二十三年(1934年),宁夏省政府统计全省已耕地共为213万余亩,占可耕地面积的41.63%;未耕地(包括荒地)共计299万余亩,占可耕地58.37%。民国二十九年(1940年)全省农作物栽培面积为223万余亩,民国三十年(1941年)为241万余亩。总之,宁夏在民国时期的耕地面积在民国二十年(1931年)后均在200万亩以上,而且呈逐渐上升的趋势。

伴随着耕地面积的增加,土地占有的不平衡局面也相应加剧。民国十一年(1922年)占有土地10亩以下的人口占全部人口户数的52.14%,仅占有全部耕地的21.05%;而占有土地50亩以上的人口数占比为1.76%,却占有了占比为8%的耕地,存在土地占有两极化的现象。到了1937年这种现象更加严重。

1937年，占有10亩以下土地的人口户数占比为45.71%，占有耕地的11.54%；而占有土地50亩以下的4.42%的户数，却占有耕地的21.51%；特别是仅占人口户数0.02%的、占有了500亩以上耕地的地主，占有了全省1.22%的耕地。

(二)农作物种植种类多，产量有所增长

此时期宁夏农用作物以小麦、水稻为主，糜、谷为次，此外包括杂粮及豆类。特用作物以麻为主，次为芝麻、蓖麻、烟草、甜菜、棉花、烟草六种。小麦为宁夏主要农作物，其分布各县区均有，以贺兰、平罗、惠农三县为主要产地，其栽培面积占农作物栽培总面积的30%以上。水稻也为宁夏主要农作物，其常年栽培面积占全省农作物栽培面积的13.58%，产地计有贺兰、宁朔、永宁、平罗、金积、灵武、中卫、中宁八县，而以宁朔、永宁及中卫为主要产地。除小麦、水稻外，糜、谷各县均有种植，而以贺兰、平罗、惠农为主要产区。

宁夏杂粮主要有高粱、大麦、荞麦。宁夏高粱常为制酒原料，同时常用作畜牧饲料原料，以永宁所产为最多，占食用作物栽培总面积的5.47%。宁夏的大麦，除盐池、同心两县外，其他县均有，以灵武为最多。荞麦产地分布较广，除盐池、同心、磴口外各县均有，以平罗所产最丰，占食用作物栽培总面积的1.71%。

宁夏所产豆类有豌豆、黑豆、黄豆、绿豆、扁豆、蚕豆、花豆七种。豌豆占食用作物栽培面积的3.76%，为骡马的主要饲料，军马年需量最多；黑豆占食用作物栽培面积的6.6%，为骆驼主要饲料；黄豆占全省食用作物栽培面积的1.57%，栽培面积小；绿豆占食用作物栽培面积的0.86%；扁豆占食用作物栽培面积的1.3%；蚕豆占食用作物栽培面积的0.78%；花豆占食用作物栽培面积的0.45%。

宁夏的特用作物为大麻、胡麻、蓖麻、甜菜、烟草、棉花等。宁夏大麻产地为贺兰、永宁、宁朔、平罗、惠农、金积、灵武、中卫、中宁九县，常年栽培面积为17 740亩，占农作物栽培面积10.9%。胡麻宁夏通称“芝麻”，产量较少，仅永宁、宁朔、金积、灵武、中卫、中宁六县种植，合计栽培面积为1 100亩；蓖麻产量亦少，仅中宁、宁朔、金积、灵武、中卫五县种植，种植面积甚小，常年栽培面积计为200—300亩；甜菜是宁夏农林处于民国三十二年(1943年)自新疆购运的苏联品种，试种结果成效显著，每亩产量多达300斤，且所产糖萝卜，硕大肥美，含糖量高，民国三十三年(1944年)后宁夏开始广泛种植；宁夏种植的烟草有两种，兰州烟在抗战前夕引种，许昌烟在民国三十年(1941年)引种，永宁县王太堡烟，许昌烟则全省栽培。

宁夏农作物产量在此时期基本上处于稳定增加阶段，这和政府的兴农措施有关。1942 年更是宁夏历史上大丰收的一年，而宁夏是战时唯一宣布粮食自给有余的省份。这里选取水稻和小麦两种主要作物，取粮食总产量试加以分析：1931 年宁夏水稻产量为 10.9 万市担①，自此一直稳定增加，1937 年达到 17 万市担，但因全面抗日开始，产量有所下降，1938 年为 16.3 万市担（还是高于 1931 年），1939 年降为 13.3 万市担，到 1941 年产量回升，1942 年更是达到了 18.2 万市担，以后一直逐年增加，至 1946 年达到了 20.6 万市担，和 1931 年比增加了近 1 倍。而小麦产量也基本在增加，1931 年小麦产量 49.1 万市担，1933 年降为28.2 万市担，1933 年后亦有所下降，到 1936 年开始增加为 37 万市担，此后基本处于增加阶段，1942 年达到了 59.4 万市担，到 1946 年更是增加为 68.4 万市担。②

从粮食的总产量看，除个别年份有所下降外，产量基本稳定并有所增加，1931 年粮食总产量是 221.6 万市担，1934 年增长到 297.3 万市担，1935 年有所下降，但仍然高于 1931 年产量，1936 年后基本在 260 万市担左右，并逐年上升，到 1942 年达到 340.4 万市担，1943 年到 1946 年基本保持在 290 万市担左右，1946 年 296.4 万市担和 1931 年比，产量增加了近 34%。

此外，宁夏还出产一些品质优良的农副产品，驰名全国。如枸杞年产约 40 万斤，甘草年产量也很大，这些都是品质上佳的中药材。发菜年产约 40 万—50 万斤，蘑菇年产约 20 万斤，都是宴席珍品。

（三）其他农作物的发展

在科学技术十分落后的情况下，宁夏当局对农业问题提不出有效的改进方法，只能利用行政权力改善某些外部生产条件或号召农民种植经济作物，以期提高生产效益。抗战时期主要推广种植棉花、甜菜和桑蚕养殖。宁夏因气候寒冷，农村不种棉花，生活所需均取自外省，宁夏省政府为改变此状况，从 1935 年起推广试种棉花，从外地购买棉籽，“分发各县，择地试种”。“试种地主要在中宁、金积、灵武 3 县，令中宁种 500 亩、金灵 2 县各 200 亩，并派员检查。种棉成

---

①担，古代重量单位，一担为 100 斤，即 50 千克。——编者注

②参见《西北通史》第五卷，第 221 页、642 页、776 页的农作物产量统计表。

绩列入县长及三科科长考核分数。试种结果每亩产棉18—20斤。”经数年试种，至1940年开始大规模推广。宁夏、宁朔、平罗、金积、灵武、中宁、中卫7县共种植19 500亩。农民逐渐掌握了种棉技术，棉花亩产量达到30余斤。与棉花种植推广同步，1935年宁夏建设厅为推广养蚕在中山公园设立养蚕试验所，由3名职业学校毕业生主持。该所工作分饲养、做茧、抽丝3个阶段。经数年试养，认定本省适合养蚕。同时，1940年农业改选所育桑苗24万余株，各县农林试验场亦培育桑田。

二、农业经济的急剧衰退

尽管宁夏农业经济取得了10余年的短暂发展，但由于沉重的赋税剥削和小农经营方式的局限，其发展水平不高，基础薄弱，特别是抗日战争结束后，马鸿逵追随蒋介石打内战，宁夏社会又再度陷入混乱，经济发展再度受阻，农业衰退尤其严重。

民国时期宁夏的地权分配是不均衡的，尽管从耕地面积上来看人均耕地达到4.1亩，但实际上有80%的农民耕地不足，依靠佃租地主的土地维持生活；同时，此时期宁夏农村地租率是很高的，一般都占粮食亩产量的40%以上。宁夏农村佃农不仅租地主的土地耕种，而且还要向地主借贷，这是宁夏农村租佃关系的一大特点。各地佃户向地主借贷的比例是：“宁夏县有十分之四、宁朔有十分之五、平罗约占十分之四、金积约有十分之五、灵武约有十分之四、中卫约有十分之四、中宁约有十分之五。”佃户借贷多半用于耕作，利息普遍每月在2分到2分5厘之间，也有高达月息3分的（如宁夏县），还债方法既有用现金也有用粮食的，各地用粮食还贷时“还债粮价普通低于市价十分之一”。在宁夏农村大约40%—50%的佃户向地主举债，而且利息普遍都很高。可见，此时期的宁夏农村农民要受到地主的双重剥削，即除了沉重的地租剥削外，还要受高利贷的剥削。

同时，沉重的苛捐杂税间接导致了农业的急剧衰退。宁夏建省后，宁夏人民要负担宁夏全省的军政费、地方政府的支出款项，民国时期宁夏农村金融枯竭，导致高利贷横行，农民不得不借贷用于生存和交纳捐税，更是加剧了农业经济的急剧衰退。

另外，自然灾害频发。民国时期各种自然灾害往往交替发生，往往是前一灾害尚未平息，新的灾害又紧随而至，水灾未结束，旱灾又发生。如民国二十六年（1937年）“中卫、灵武等县雹、旱、水、风、霜”各种灾害基本上都发生了。民国三十四年（1945年）“旱灾之后，冰雹、虫、霜诸灾纷至沓来”。民国三十六年（1947年）“灵武大旱，小麦发生黑麻虫病，麦叶全部被吃光”。同年，“固原县黑城乡三年来灾荒频仍，人民力尽汗干，遂酿成十室九空，加之本年度夏遭旱魅，秋降霜雹，五谷不登”，此类例子不胜枚举。

宁夏基本上是年年有灾害，农民的收成动辄就是减少了几成。而在这样的情况下，政府的救灾措施却是少得可怜。虽然也有减免田赋等措施，但是小农经济已经脆弱到破产边缘了，政府考虑最多的不是如何使民休养生息，而是加强税收。

三、农业经济衰退的原因

行省建立后，宁夏的农业经济经历了短时间的发展急转直下，虽受自然灾害影响，但内在原因更为突出。

（一）农业地租率高，生产负担重

宁夏民国时期的地租形态及地租率大致如下：在中卫县、宁朔县、宁夏县等农业生产较发达的地区，货币地租较盛行。以宁夏县为例：“今日承水田每亩纳租金数量最普遍为四元，最高者六元，最低者三元”。宁夏县有50%的农户交租纳现金，另50%农户交租纳实物：“今日水田每亩纳（大米）数量最普遍者二斗，最高者三斗，最低者一斗；旱地纳租（小麦）数量最普遍者三斗，最高者四斗，最低者二斗。”20世纪30年代，中卫交纳货币地租者高达80%，当然随着通货膨胀出现，实物地租就占绝对多数。从全省来看，1940年前后，宁夏全省平均租额为25斗小麦。当时每亩普通生产量为6斗，租额为正产的41.67%。如按最高租额4斗计，则占正产的66.67%。民国时期宁夏农村地租率是很高的，一般都占粮食亩产量的40%以上。

（二）田赋成倍增长，农民负担倍增

1929年，宁夏等六县（即今银川平原七县中除去当时尚未建立的中宁县）共征粮6.6万余石，征款（清乡费）181.9万余元。1935年第一次清丈土地完成

后，七县农田共计182.875万亩。同1929年相比，增加地亩近100万亩，叫作"增溢地亩"。马鸿逵便在这一年使用清丈后开始大量征税田赋，田赋相应地增加。

表7-1　1930—1936年宁夏省按田亩征收的赋税统计表①

单位：元

年度	田赋	清乡费	烟亩款	合计
1930	434 611	813 387	37 839	1 285 837
1931	469 509	1 174 016	126 702	1 770 227
1932	631 756	1 543 340	212 454	2 387 550
1933	211 125	1 414 317		1 625 442
1934	285 367	1 227 735	178 840	1 691 942
1935	2 552 207			2 552 207
1936	2 296 606			2 296 606

数据来源：依据宁夏财政厅1940年公布数字。转引自《马鸿逵史料专辑》，第62页，1935年。数字来自《宁夏三马》，第255页。

表7-1数据显示，民国时期宁夏按田亩征收的各种赋税逐年增长。1930年仅为128.58万元，到1932年增加到了238.76万元。1933年和1934年虽略有下降，但仍然高于1930年。而1935年实收255.22万元，创历史最高纪录，比1930年多出两倍多。尽管此时期第一次清丈土地清理出来一些隐瞒的土地，耕地面积有所增加，但农民负担依然是成倍增加的。

1939年全省土地丈量工作结束，政府又规定了各类土地的税率，其中银川平原七县土地仍分三等九则：一等一则，正税2.2元（小麦4升、豌豆7合、白米6合、黄米7合的折价）、附加1元；一等二则，正税2.06元、附加0.9元；一等三则，正税1.92元、附加0.8元；二等一则，正税1.70元、附加0.7元；二等二则，正税1.5元、附加0.6元；二等三则，正税1.25元、附加0.45元；三等一则，正税0.55元，附加0.35元；三等二则和三等三则，分别收正税0.2元和0.1元，不征附加税。湖泽之地，税率分五等，一等0.5元，五等0.05元。1940年，按上述税则征收

①谷苞：《西北通史》，第五卷，兰州大学出版社，2005，第215页。

的田赋(改称地价税)为2 587 255元,比1935年增加3.5万元。1941年后,实行田赋征实。1941—1945年,宁夏上交中央的征实(含征借)征购粮如下表:

表7-2 1941—1945年宁夏省征实、征购粮统计表[①]

单位:市石

1941年	1942年	1943年	1944年	1945年
221 998	502 235	443 247	436 249	367 605

1941年到1945年,从统计表看有升有降,但总的来说是上升的,即使1945年比以前3年低,也比1941年高出1.6倍多。特别是1942年达到了502 235市石,1942年征实、征购粮折1937年币值达4 829 979万元,超过历史上任何一年,接近于1935年的两倍。

(三)苛捐杂税多,农民生活难以为继

马氏军阀集团在不足100万人口的宁夏境内,竟武装了约10万人的军队,其超强度的赋税征收,严重阻碍了宁夏农业经济的发展。由于苛捐杂税、抓兵派款,造成农业人口剧减,劳动力严重缺乏,大量土地荒芜。据统计,宁夏省在新中国成立前的10年中,马匹减少了70%,牛和骆驼减少了50%,羊减少了30%以上。当时的《省政述要》也不得不公开承认:"农村濒告破产,一切农牧事业,较之他省,均望尘莫及。"据《西北农业考察》的"宁夏省苛捐杂税名称一览表"统计,宁夏省当时有各种捐税41种。"除去每亩负担的各种捐税9.3元外,农民租种1亩地实际只获得1.5元的剩余",[②]沉重的税款,使农民辛苦一年仍难以糊口。

第二节 近代工业及交通运输业的发展

1933年马鸿逵出任宁夏省政府主席,开始其对宁夏长达17年的军阀统治。在此时期间,宁夏在经济建设方面迎来了两次重要的发展机遇:一是国民

①谷苞:《西北通史》,第五卷,兰州大学出版社,2005,第625页。

②霍思娜:《民国时期宁夏的农业发展和措施》,《宁夏社会科学》2010年11月(第6期),第107—113页。

党南京政府成立后，从整顿金融秩序、发展近代工业等方面入手发展经济建设，开发与建设西北为政府要务之一；二是抗日战争爆发，大西北与大西南成为抗日大后方，在东部地区工业内迁的基础上，近代工业和交通业迅速兴起。宁夏虽非重点建设地区，但受西北整体建设高潮的影响，近代经济发展亦得到极大促进。加之，马鸿逵主政宁夏后为巩固自己的地方势力，亦需要经济发展作为强大支撑。正是在此背景之下，宁夏的近代工业及交通运输业取得了一定程度的发展。

一、近代工业的兴起与发展

宁夏近代工业起步很晚。宁夏在晚清时期隶属于甘肃省，在左宗棠任陕甘总督以及清末新政期间，没有任何的机器工厂。到 1929 年建省前，除在1926 年由芬兰商人维利俄斯建立过一家甘草药膏厂外，宁夏仅有几家毡坊、毯坊和煤窑，日用工业品完全依赖从外省区输入。20 世纪 30 年代以前，宁夏基本上没有近代工业，传统落后的农牧业经济仍占主导地位。马鸿逵主政宁夏后，为增强经济和军事实力，维护和巩固统治地位，地方当局推出了一系列政治、经济、军事措施，如保甲制度、征兵扩军、经济统制等，并大力兴办各种工矿业和交通业，直接促进了宁夏近代工业的兴起与发展。

1926—1947 年，宁夏省共创办近代工矿企业 39 个，其中 20 世纪 20 年代创办 3 家，30 年代创办 8 家，40 年代创办 28 家，包括纺织、炼铁、电器、火柴、酒精、造纸、面粉、甘草膏、制革、印刷、采煤、冶碱、陶瓷等 13 个行业。从业人员 2 400 余人，其中工人和工程技术人员 2 057 人。39 家企业中官办或者官商合办的有 26 家，商办的只有 13 家。创办资本最高的 60 万元，最低的 1 万元，10 万元以上的只有 9 家。39 家近代企业，大多数以手工劳动为主，机械化程度很低。规模较大、生产能力较强，在当时有一定影响并具有一定代表性的企业介绍如下。[①]

1.普利机器面粉厂

1935 年，宁夏省主席马鸿逵为解决其部队的吃粮问题，让宁夏省银行筹建面粉厂。当年 5 月，普利面粉厂在银川宗睦巷成立，用 2 台蒸汽机带动 12 盘石

①徐安伦：《宁夏经济史》，宁夏人民出版社，1998，第 188—190 页。

磨加工面粉，专供马家军食用。该厂机具皆为旧式中国天津盐双福成厂出品，锅炉蒸汽机皆已陈腐，不敢满载。该厂有工人45名，技师9名，职员11人，厂长1人，共计66人。机器设备方面，该厂有蒸汽机2台，锅炉2座，带传动磨12盘，日产面粉13 000斤，专供应军队食用，不具备市场性质。

2.宁夏印刷局

1929年，宁夏省政府主席门致中从地方建设经费中拨出了300银圆，派人从南京购进平板对开机1部，圆盘机2部，以及铅字、纸张等，并聘得技师，培训工人，筹办宁夏印刷局。1944年，该局有职员11人，工徒20人。

3.宁夏电灯股份有限公司

1935年10月成立，官商合办，由省政府认购一半，所余部分由省市商会分担。最初它是将当年慈禧太后使用的已报废的一台75千瓦发电机修复后再使用。1936年初，又从北平购得仿英造26千瓦单缸卧式煤气机、25千瓦旧发电机各一部，公司员工251人。

4.兴宁毛织股份有限公司

1939年10月筹办，官办性质。国民政府财政部拨款5万元，定名宁夏毛织工厂。筹办期间建房百余间，购置了机器设备，聘请了技师。1940年10月竣工投产。配有手摇车520架，梳毛木机7架，其他各种木机94架。1942年元月，马鸿逵见盈利可观，便改为商办，与省立初级职业传习所合并更名为“兴宁毛织股份有限公司”，设董事会，由总经理、副总经理综理厂务，下设9个组。公司职员60余人，技工50人，学徒360余人。主要产品有毛织品和棉织，毛织品裕国毯、军毯、栽绒毯、建国呢、毛呢、毛布等。

5.宁达棉铁工厂

1939年9月创办，官督商办性质。创办资本4万元，厂基及机房建筑全部借用公家营房。该厂设经理一人，下设总务、工务两股。工务股内分纺织、铁工、木工、翻砂、漂染等5部分。纺织品年产量为纯毛毯360条，平布700匹，帆布45匹，毛巾2 400条，裹腿250个，褥单200条。

6.光宁火柴股份有限公司

1941年由宁夏省银行投资筹办，修建厂房购置机器。1942年6月1日正式投产，产品分黑头和红头火柴两种，日产量20箱，每箱240包。公司实行近代管理,设经理、协理各1人,主任3人。聘任技工9人,雇用技工9人,工匠27人,练习生15人,学徒22人,劳差11人以及临时工若干人。

7.兴夏毛织公司

1940年,宁夏省政府从所获中央建设专款中拨出63 996元为资本,筹建起宁夏省毛织工厂。该厂设备多为木机,以手工生产为主、机器生产为辅,具体生产方法"就是工厂向数百名家庭妇女发放纺车和原料(包括羊毛或棉花)"。该厂1941年底纯盈利34 114元。1942年初,马鸿逵及其幕僚集股8万元投入宁夏省毛织工厂,并归还建厂时所用的中央建设专款,又将省立初级职业传习所与该厂合并,改称兴夏毛织公司,马自任董事长。这样,该公司实际上由所谓官办改为马鸿逵等的私人企业。1944年,兴夏毛织公司又兼并了刚关闭的商办企业大夏机器纺纱厂。

除了以上具有代表性的工厂企业之外,宁夏此时期在制药、造纸、制革、陶瓷等行业也兴办了不少的小企业,其中不乏官办并服务于军事需要的企业。例如,1940年筹办的宁夏卫生材料厂和1943年创办的利民机器面粉公司都是官办企业,而1942年附设于富有被服厂的制革组则为军队被服厂的附属企业。综上所及,宁夏的近代工业发展力量及经济影响力都极为有限,而且所谓"官办"企业主要为官僚资本集团所控制。

总之,行省建立之后,虽然宁夏的近代工业企业有了一定程度的发展,产生了一批具有一定影响力的公司,但毕竟工厂机械化程度较低,工业生产力发展水平较为低下,发展规模有限,与同期的发达省市相比,甚至与西部的一些省市例如甘肃相比都存在较大差距。尽管如此,宁夏近代工业的兴起标志着宁夏经济结构的变化,揭开了宁夏经济由自然经济向商品经济转变的历史序幕。

二、交通运输业的短暂发展

宁夏建省之前,历史上只有一条1925年修建的公路——宁包汽车路。这条公路由于长期无人护养,至行省成立之时,多数地段已经很难行驶汽车了。建省之后,20世纪30年代宁夏掀起了一个修筑公路的小高潮。首先,在整修宁包汽车路和大车道的基础上,以宁夏城(今银川市)为中心,南北两个方向同时筑路。1932年已形成"三大干线""四大支线"的雏形。"三大干线"是指宁包(宁夏城至包头)、宁兰(宁夏城至兰州)、宁平(宁夏城至平凉)三条省际道路;“四大支线”是指宁夏城至盐池、灵武、豫旺和巴彦浩特四条省内主要线路。七条公路在省内通车里程达386千米。

省内干支线公路筑成后,宁夏省政府一方面组织养护公路,如在省干支线公路两旁植树约40万株,以加固路基;派人定期平整路面,挖掘排水沟等。另一方面于1936年改宁夏省道管理处(1933年4月成立)为宁夏省汽车管理局,转入汽车客货运业务。当时有员工约60余名,有汽车30余辆(以卡车为主)。营运路线最初是以宁夏城为中心点,北起平罗县,南达中卫县;抗日战争爆发后,营运线路以宁平线为主,偶尔也到达兰州、西安。运输业务是以客运为主,抗战前营业状况较好,但当时省内主要交通运输工具仍是骆驼、毛驴、牛马车、羊皮筏等。

省内干支线公路的修筑,在抗战时期发挥了重要作用。国民政府为加强战时西北其他省区与宁夏、绥远的联系,完成了西兰公路经隆德至固原段的整修改线工程(将该路与宁平公路相接)。为确保傅作义部在绥远抗战的物资供应,国民政府交通部在1940年接管宁夏公路的同时,又对省内干道和几段县道加以整修,从而更有利于战时运输线的通畅和抗战物资供应。值得重视的是,宁夏公路运输改由国民政府统一管理经营后,虽因种种条件限制,营运效果不佳,但毕竟开通了与省外的客货运输线路,公路运输由原来偏重于为军事服务而逐步转向为经济服务。到抗日战争结束的1945年,全省公路实际计算里程为1 565千米,经过裁弯取直后比1936年减少了68千米,但运输能力反而提高了[①]。解放战争后期,随着中国人民解放军在第三次国内革命战争中由战略防御转向战略进攻,以马鸿逵为首的封建军阀统治力量在负隅顽抗之后日渐疲软乏力,经济实力严重衰减,全省公路基本没有整修、养护,路况遂急剧恶化。到1949年,全省通车里程只有抗战结束时的74.6%,运输能力大大减弱。

除修筑公路开展汽车运输业务外,宁夏省政府还设立河运公司,负责管理、组织水上运输;当时曾令黄河流经各县承造木船40余艘,并自平津购来汽船机器2台,装成大小木壳船3艘,在黄河宁包段来往运输货物。抗战期间,黄河流

①徐安伦、杨旭东:《宁夏经济史》,宁夏人民出版社,1998,第194页。

经各县共有各类船只300余艘(包括渡船),另有羊皮筏子,数量更多,还设立民间组织省船业公司,经营、协调水运业务。可是,由于抗战爆发后包头陷于日寇之手,宁夏与华北地区的商贸线路中断,宁夏黄河水运便日趋衰落。从1935年起,宁夏水运改官僚经营,不合理的官方定价以及捐税与日俱增,导致船户破产,尤其是1942年水运被军方控制后,大多数船筏被停航,仅剩木船170余只,宁夏解放前夕只剩54只。①

宁夏的航空运输业始于1934年。20世纪30年代和40年代,曾先后修建过东昌机场、满城机场、新城机场(即西花园机场)和两个简易军用机场②;开辟过宁夏城至兰州、包头、北平的航线;欧亚航空公司、中国航空公司、民用航空公司的飞机曾定期或不定期地在上述航线上飞行;飞机均为小型飞机,如德国蓉克型飞机只有14座,最小的只能搭乘四五人。这一时期,宁夏航空线路的开通主要是为达官贵人服务的,兼而开展航空邮政,对近代邮政业的发展有一定的积极作用。但是,对整个社会经济发展的作用不大。相反,一些官僚人物和投机商人则利用飞机航班倒贩黄金、白银、银圆、大烟,从中牟取暴利。1945年12月4日,由北平驾机至宁夏的空运队长郑炳炎,竟率有飞机5架,随员20人,私带黄金2000两及大量银圆、纸烟,托人倒卖渔利。③

综上所述,宁夏建省之后,汽车和航空运输业的发展无疑是宁夏近代交通运输业发展的重要成就,而传统的水运业此时期却未有相应的进步,尤其是抗日战争之后,更是每况愈下。

第三节　近代金融业及商业的发展④

宁夏建省之前,宁夏经济的发展同东部相比,仍然处于落后的地步,金融组织仅停留在传统的当铺、票号上面。19世纪末20世纪初,中国东部、中部地区

---

①徐安伦、杨旭东:《宁夏经济史》,宁夏人民出版社,1998,第194页。

②以西花园机场为例,该机场1935年由马鸿逵下令修建,是一个军用机场。

③徐安伦、杨旭东:《宁夏经济史》,宁夏人民出版社,1998,第194页。

④本节内容主要节选于《宁夏经济史》(徐安伦、杨旭东著,宁夏人民出版社,1998,第196—203页),包括资料引用注释均尊重原稿。

陆续建立近代银行时，宁夏仍是旧式金融机构一统天下，“当铺遍及大小城镇”。“宁夏府城内共有当铺二十一家，其中属于宁夏县的十三家，属宁朔县的八家”，“两县二十一家当铺资本总额为十五万九千九百两”。1929年宁夏城内大资本当铺就有六七家，小押当铺更多。此外，还有资本雄厚的票号以及甘肃省官银钱局宁夏分局和宁夏官银分号等。

一、近代金融业的发展和变化

宁夏近代金融业产生于20世纪20年代。民国五年(1916年)五月，北京蔚丰厚钱庄改组为商办蔚丰银行。宁夏有蔚丰厚钱庄的分庄，故后来也设有兰州蔚丰银行分行，但设行的具体年月不详，据民国十二年(1923年)《甘肃财政月刊》记载：“宁夏分行民国十二年有款项六万余金，后倒闭”。可见至少在20世纪20年代初，宁夏就有近代银行了。1925年，中国银行曾在宁夏设立寄庄，但不久就因种种阻碍而撤庄。同年，西北银行在甘肃成立。1925年，西北银行在宁夏成立办事处后改为支行，有主任、办事员和练习生若干人，在宁夏发行的银圆券、铜圆券上有“宁夏”二字。

宁夏近代金融业有所发展，是在建省之后。1930年，马鸿宾主政宁夏，筹建省银行，翌年，将西北银行宁夏分行改组为“宁夏省银行”，至1933年元月，发行钞票120万元(无准备金)。1933年春，马鸿逵任宁夏省主席，随即改组省银行，孙德培为正行长，三个月后由李云祥继任。该行代理省库，并获地方性钞票发行权，自1933年至1937年，共发行新省钞345万元，到1938年5月停止使用时，净余纯利润150余万元，全部解交省库。1938年，宁夏省银行改组为宁夏银行，官商合办，官股100万元，全省绅商入股50万元。马鸿逵任董事长，李云祥任行长。总行设于省城，并在宁朔、平罗、中卫、中宁、灵武等县设立分行，在磴口县、同心县和陶乐设治局，在定远营、兰州、西安等地设办事处。该行按近代银行的方式管理，订有章程，确立了营业项目、利润分配方式等。但宁夏银行名为官商合办，实为官僚把持，董事中大部分是官员，工商界人士不多。改组后的宁夏银行仍起代理省库的作用，各项业务均受官方控制。及至1947年，根据国民党中央关于一省只设一个省银行的规定，宁夏银行撤销，复改为宁夏省银行(官办)，仍由马鸿逵把持。

抗战爆发后,中国农民银行、中国银行、中央银行、中国交通银行和邮政储金汇业局分别在宁夏设立了支行、分行或办事处。中、中、交、农四联总处成立后,宁夏相应设立了分处。这表明由国民党四大家族控制的“四行二局”的触角也伸入到了偏僻的宁夏。

除上述银行之外,绥远省银行曾于1940—1941年在宁夏省城和石嘴山设立办事处,开发转汇业务。1945年,商办性质的大同银行在银川市设立一等分行,并在吴忠设办事处,经营存放款和汇兑业务。1945年8月,中国通商银行宁夏支行(实为办事处),经办存款、贴现、放款、汇兑等业务。由于该行的商业性质,与商界联系较紧密,为活跃商业经济起了一定作用。

宁夏省建立后,在金融事业方面较有成绩的是农村合作事业的开展。宁夏农村经济从晚清时期就陷入困境,至宁夏建省前后仍处于徘徊阶段。当时宁夏民间普遍的借贷有错钱、借钱、放青苗、押干谷、典当等多种形式。除错钱是建立在相互之间信用和感情基础上的,不收利息、不立契约的融通关系外,其余均为高利贷。[①]据国民政府调查,1933年宁夏省农村借款和借粮债户占总农户的比例分别为51%和47%,借款中各来源所占比例为商店21.8%,地主14.3%,富农28.6%,商人35.3%[②]。

为了缓解贷款者遭受高利贷盘剥的问题,宁夏地方当局从1939年起就倡导办农村信用社,“根据救济农村、恢复和发展生产,解决乡村经济建设之各种问题的原则精神,农民银行协同省政府在省建设厅设立了合作科,统筹全省合作事业之推进”。从1940年起,宁夏农村以一坊一保为单位发动农民入社,然后以信用社的名义向农民银行申请贷款。据统计,1942年全省经营信用业务的合作社250个,获得贷款资助的社员为30 308人,贺兰等10县1942年上半年贷款2 642 155元。1943年改为贷放种子为主,全省共放贷粮食32 765.8石。[③]乡村农贷期限一般为一年,多为春借秋还,利率为月息8厘至1分9厘。合作社转贷社员时月息9厘至2分。[④]合作社设有理事会和监事会,由经理(兼会计)

①张致健:《旧时宁夏农村金融及农贷概况》,《宁夏史志研究》1986年第1期。
②《中国近代经济史统计资料选辑》。
③《宁夏金融史近代史料汇编》。
④张致健:《旧时宁夏农村金融及农贷概况》,《宁夏史志研究》1986年第1期。

负责社内日常事务。贷款活动比较规范。因此，合作社逐年增加，由1940年的189个增加到1947年的796个，社员数由1940年的1.6万人增加到1947年的8.4万人。总之，宁夏省农村信用社在战时经济中发挥过一定作用。①

综上所述，宁夏建省之后，近代金融业得到一定发展。从而逐步取代了旧式金融机构，这是一个很大的历史进步。但是，大部分银行是官办性质，势力最大的宁夏省银行长期被马鸿逵等官僚人物直接控制，对地方生产发展的作用非常有限。四大家族官僚资本控制的四行二局分支机构在宁夏的活动，虽然在一定程度上起过扶持地方经济的作用，如农民银行向农村低息贷款等，但主要作用是为四大家族聚敛财富。其他商办银行对民族资本的发展起了促进作用，但由于资本少，业务范围窄，其作用也很有限。

二、商业经济的短暂发展

"本省商业，以交通不便及人民购买力之薄，向不发达"，民国宁夏建省后，民国政府也采取了一些促进商业发展的措施。如抗战爆发后，为了解决商品货源不足问题，维护市场秩序，严禁奸商垄断居奇，对于抬高物价者，一经查获，"人则处以严刑，货则全数充公"。为了控制物价，调剂供求，繁荣市面，宁夏省商会主持成立了宁夏省会日用货品平价销售委员会，规定了市布、洋布、棉布、白糖、棉花、火柴、煤油等生活必需品的价格。1943年以后对主要货物实行定量分配制度。此外，还要求各县政府、税务处及各商会军警稽查处等严查走私，增加商品的流通。

第一，重要区域的商业贸易活跃。20世纪20年代初期，宁夏境内地处水陆交通便利的城镇，诸如宁夏府（银川市）、吴忠堡、石嘴山和中卫等地大小商号林立，商业十分繁荣。银川"其地居灌溉区域之中心，四通八达，形势最便……附近区域，商业最为繁盛，是全省的商业中心"。在清朝全盛时期"通衢四达，百货杂陈，商贾云集"，城内有十多处市场进行不同的商品交易。此外，人们还利用庙会进行商品贸易，"望日（农历每月十五日）城隍趾错参拜，诸货骈集贸易"。

第二，地方特产在对外贸易中占主导地位。民国时期，由于本省工业不发

①马继德：《宁夏合作事业》。

达,输出商品以皮、毛、甘草、枸杞等地方特产为主。而平时日常用品全赖平津等外埠输入,主要有布匹、茶叶、火柴、糖、杂货等。宁夏本省土特产在商业贸易中占有重要地位,为本省经济发展做出了贡献。“本省所产药材,如枸杞、甘草,均为医药上不可缺少之品,每年出口价值在战前达六十万元以上,为本省重要出口货之一”。[①]枸杞为西北特产,尤其以中宁所产枸杞闻名。中宁的枸杞颗粒饱满、色泽红润、品质优良,年产量约三四十万斤,价值40余万元,大都运往天津、香港等处,转销各省及海外,枸杞收入成为当地人民主要的经济来源。甘草每年的产量达百余万斤,主要销往天津、河南、日本等处。宁夏的皮毛质量著称于整个西北地区,由于养羊比较普遍,皮毛出口占出口额的大宗。宁夏的羊毛经黄河运至包头,转销天津及全国各省,战前每年产量约400万斤,在贸易中占据了重要地位。此外,驼毛也因质地优良而在输出货物中占重要地位,每年输出约20万斤。据1935年宁夏省政府《宁夏财政年刊》记载,全年输出羊毛、滩羊皮、甘草、枸杞、发菜、板皮、苁蓉,以及其他药材价值总计118万余元。输入布匹、板头、煤油、洋烛、化妆品、海菜、糖类、纸张、纸烟、瓷器、茶叶价值总计135万余元。对照《民国时期的宁夏省(一九二九—一九四九)》中“民国二十三年(1934年)宁夏进出口货物数量价值表”,可以从当年进口货物与出口货物的种类、数量及价值的对比中对宁夏的商业贸易特点有所了解。出口货物有羊毛、滩羊皮、枸杞、甘草、发菜、板皮、苁蓉、药材、食盐,总价值近200万元。进口商品主要有茶叶、布疋头、绸缎、瓷器、煤油、化妆品、洋烛、海菜、糖味、纸张、纸烟、剪口铁、五金货等,总价值约430余万元,其中“布疋头”有6 500担,价值180万元,占进口总价值的近一半。在对外贸易中,地方土特产占据了出口主要地位,增加了地方经济收入。由于工业不甚发达,在进口商品中主要以日常生活必需品为主,几乎没有工业用品出口。这一时期,地方性的专业市场也进一步发育。如省城专业市场已发展到20余个,不仅有各种专业性商品市场,还出现了珠宝首饰、药材、金融等新兴市场,其规模也不断扩大。省城已由过去的定期集市过渡到每日集市。

第三,本地商人势力崛起,民族商业活跃。前已述及,宁夏历史上从事商业

---

①叶祖灏:《宁夏纪要》,正论出版社,1947,第34页。

活动的外地人居多,其中尤以“晋帮”“陕帮”称著。20世纪三四十年代,由于地方商品经济发展较快,一批宁夏籍的富户也纷纷向商业投资,因而本地势力便迅速崛起。“民国初年,特别是1930年以后,吴忠周福的富户,也纷纷进城兼营商业。如马五洲、何义江、李凤藻、马文仁、李建忠等,都先后在吴忠街面上,开设起商号来”,与宁夏城中的“八大家”桓对应,吴忠也出现了“八大家”,即“四马”(马五洲、马月坡、马汉武、马吉林)和“何、丁、李、杨”四家。“善于经商”是回族的特征,但历史上回族主要是从事小商小贩活动,坐商和大商人较少。20世纪30年代到40年代,回族商人转向大宗商品经营的比较多,在皮毛贸易、百货贸易、饮食服务业中,出现了一批资金较为雄厚、经营发展快的回族商号,如吴忠的“振兴永”商号、“天成和”商号,灵武的“聚源恒”货栈都具有代表性。此外,宁夏籍的汉族富户也有向商业投资的,如永宁人杨茂林在经营畜牧业、运输业、手工业的同时开办“杂货铺”,经营日用百货、水烟等业,成为颇有名气的民族工商业者。此外,中卫、中宁、石嘴山等地也崛起了一批本地商人,他们为活跃当地商业起了一定作用。

第四节　宁夏官僚资本集团的形成及其负面影响

民国时期,宁夏地区的实际统治者是被称为“宁夏三马”[①]的回族地方封建军阀集团。从清晚期同治年间的陕甘回族起义开始,西北地区各马氏领袖逐渐打开了通向政治权力的大门,以“宁夏三马”为首的马氏家族门阀集团更是逐渐在西北地区实力日盛,至辛亥革命后,马福祥就任宁夏镇总兵(后升任护军使)即开启了“三马”统治宁夏的历史。

一、马鸿逵官僚资本集团的形成

自宁夏建省以后,从首任主席门致中开始,历经吉鸿昌再到三次主政宁夏

①“宁夏三马”即指马福祥、马鸿宾、马鸿逵,祖籍甘肃河州(今天隶属甘肃省临夏回族自治州)。三马两代,同出一宗,都是马千龄的后代。马千龄有四子:福财、福禄、福寿、福祥。马鸿宾系马福禄之长子,马鸿逵系马福祥之长子。

的马鸿宾,这期间蒋介石的势力并未深入宁夏。随着中原大战的结束和冯玉祥的最终败北，蒋介石国民党中央与马福祥家族在政治上建立了正式的联系。1931 年就全国的政治形势而言，蒋介石国民党中央又一次在形式上实现了统一,并与各地方军阀之间形成了一种妥协。军阀们既无倒蒋的可能,蒋介石为首的南京国民政府也没有完全控制和消灭地方实力派的能力。就西北的政治形势而言,蒋介石嫡系力量开始进入了甘肃并控制了西北的枢纽兰州。1933 年 2 月,南京国民政府正式任命马鸿逵为宁夏省政府主席,此时的马鸿逵看到各省地盘基本分配就绪,中原地区也已经没有了自己发展的余地,其父马福祥的去世也使其失去了靠山,所以此时只好见好就收,接受任命赴任宁夏省主席。

马鸿逵对宁夏的统治,实际上就是马氏家族的封建军阀统治。马氏统治集团在军政统治基础稳固之后,随即开始了对宁夏经济命脉的控制和垄断,从而形成了马鸿逵地方军阀官僚资本集团。其方法是马鸿逵亲自出马,兼任若干经济实体的董事长,同时由其家人或家族成员以及亲信介入财政、金融、工业、商业、农林等各个部门和行业,实行家族式经营垄断。

二、马鸿逵官僚资本垄断经济的方式

(一)增加田赋和税捐,进行全省土地清丈

田赋和税捐是历代国家政权的主要财政收入。马鸿逵执政宁夏后,采用各种手段,增加税捐名目,扩大财政来源,以适应其扩充军备和发展官僚资本的需要。马鸿逵执政宁夏后另辟财路,开始征收清乡费,该项收入成为为宁夏省财政收入的最大财源。清乡费根据土地面积征收,直至抗战前该项税收仍未废除。

宁夏税捐种类极其繁杂，征收四五十种税。比如鸦片一项就有善后罚款、公益捐、行销税、坐销税、灯捐税等;又如毛皮,有统税、府税、公费等,巧立名目,增加税收。此外还有印花税、酒税、烟税、牌照税、牙税、当税、卷烟税、船捐、木料捐、驼捐、警捐、房捐、路灯捐等繁多的税收,而且还常有一些附加税,其中盐税及田赋数额很大。

同时,马鸿逵通过土地清丈,增加田赋,大肆掠夺财富。第一次土地清丈是从 1934 年开始的,其方法是“以弓量亩”“分土定等”。到 1935 年,金积、灵武、中卫、中宁、宁夏、宁朔、平罗 7 县共丈得农田 182.875 万亩,较原来的 80 余万亩

增加了100万亩，叫作“增溢地亩”。马鸿逵便在这一年使用土地清丈后的地亩清册开始大量征收田赋。由于广大农民群众无法忍受这样残酷的剥削，因而逃荒者不断，人口大量外流，粮食减产，土地荒芜，田赋收入3年减少了约50万元。于是马鸿逵又发动了向农民掠夺土地的第二次土地清丈。

1937年马鸿逵再度办理“土地清丈”，采用“小三角测量”，控制土地面积，用平板仪测绘1:500的地亩丘图。每份翻印10份，用以办理地权登记。编造类似鱼鳞图册的“地籍册”，管理土地变动；编造类似“红册”的“归户册”，用以征收田赋。在土地方面，比第一次清丈又“增溢”了30万亩。全省农田面积为225.555万亩（连同盐池、同心、陶乐各县旱田在内）。1940年，马鸿逵使用第二次清丈册籍，将田赋改称为低价税，收入为2 587 255元，比第一次1935年清丈时增加35 000元，折征粮食为1 500余石，全省收粮总数超过8万石。

（二）通过控股银行，控制财政与金融

1938年6月1日，马鸿逵将官办的宁夏省银行改为所谓地方官民合资经营的宁夏银行，宣布脱离国民党中央政府的中央银行的制约。宁夏银行的官股10万股，民股5万。每股定为10元，合计150万元。马鸿逵为银行董事长，监事会会长为省政府财政厅厅长赵文府，银行正副行长分别为李云祥和马继德。赵、李、马三人是马鸿逵的财务管家，其中马继德为马鸿逵的堂兄，时任省政府地政局局长。

1939年，马鸿逵见贩运宁夏土特产品获利甚巨，于是便在宁夏银行内部专设富宁商行，专营商业。该商行对外仍以宁夏银行的招牌进行活动，内部账目独立。1942年，马鸿逵以宁夏银行亏损甚巨为由，令李云祥、马继德将股金由150万元追加至400万元，结果遭到多数中小股东们的反对，纷纷抽金退股。于是这个所谓官民合资的宁夏银行和内设的富宁商行，便成为马鸿逵家族以及少数亲信官僚垄断资本的组织，业务也由以前的发行钞票兼营商业，一变而成为专营商业的投资垄断组织。经营种类从大烟、粮食、百货到皮毛、枸杞、精碱、药材、木材、发菜、食盐等土特产。从西安、兰州到本省各市县，共设立分行及办事处11个，在北平、天津、包头以及上海、武汉、广州等处均有联系或专设机构。

在银行业务方面，宁夏银行几乎把所有的存款、贷款、汇兑、贴现等业务统统垄断，使得国民党中央派驻宁夏的其他银行的业务难以开展。宁夏银行以市面需要为借口，发行了包括角券和铜圆券在内的辅助货币，发行量达 40 万元，吸收社会上大量游资，扩充资本。放款利息一增再增，月息由几分涨到十几分。在通货不断膨胀、物价飞涨的情况下，马鸿逵授意宁夏银行任意拖欠和延发军政公教人员的薪饷，坑害盘剥公教人员。

宁夏银行还凭借军政势力和经济势力，利用马鸿逵的行政命令，垄断贸易，转手倒卖，对获利较大的主要土特产品实行强制收购，从中获取暴利。同时，宁夏银行还通过专卖毒品而大发横财。宁夏自从"禁烟"后，省政府将原先统购的两三百万两大烟，全部归宁夏银行经手出售。当时马鸿逵的"禁烟"是禁种而不禁吸食，吸食大烟的需求量依旧很大，而存烟数量却越来越少，烟价与日俱增。宁夏银行通过垄断大烟的出售，聚敛起大量的财富。

（三）垄断土特产经营，用官倒方式大发横财

1937 年抗日战争全面爆发后，马鸿逵宣布对宁夏的羊毛实行所谓的国家专买专卖制度，并明令私商"各商号所存羊毛，均卖给银行，不得偷运包绥、天津，违者以资敌办"。此外，还把宁夏的羊皮和牛皮划归"军用物资"范围，由军需处严加统制，通过地方税局按照所掌握的征收羊捐登记清册摊派征购。[①]由此，官僚垄断资本日益膨胀，贸易政策公开转变，甘宁青地区的皮毛贸易趋势也发生了逆转。此外，马鸿逵在宁夏银行内部专设富宁商行，专营商业。该商行对外仍以宁夏银行名义进行活动，内部账目独立。所谓官民合资的宁夏银行和内设的富宁商行，便成为马鸿逵家族及其少数亲信的官僚垄断资本组织。1943 年，马鸿逵以 100 万法币的私股加入富宁商行，商行在账内为马鸿逵暗设"光明号"，专营羊毛、驼毛的收购与外贸出口。

此外，1939 年，马鸿逵见贩运枸杞获利丰厚，于是通过"富宁商行"垄断枸杞经营，做枸杞出口贸易，由宁夏银行出面压价收购，并由地方税局、军警限制药商采购，枸杞价格因此狂跌，种植枸杞的农户生活大受影响，纷纷转产，枸杞园的种植面积减少了 1/3。更甚者，由于抗日战争时期，冰碱和食盐成为紧俏的物资，市场价格大涨。由鄂托克旗和阿拉善旗分别出产的冰碱与池盐，必须经由扼交通要道的宁夏地区运出，马鸿逵借机垄断过境贸易达 10 年之久，其中每

①陈育宁主编《宁夏通史》，宁夏人民出版社，2008，第 395 页。

年运出冰碱 120 余万斤,攫取了巨额利润。

(四)控制地方工业企业,垄断工业经济命脉

在 20 世纪 30 年代中期至 40 年代初期, 宁夏地区创办了 30 多家近代工业,共有 13 个行业,从而在一定程度上解决了抗日战争时期的军需民用生活问题。但是,这些工业企业大部分被马鸿逵官僚资本集团所独占。

兴夏毛织公司是当时宁夏最大的一家近代企业。该厂利用宁夏优质羊毛,通过银行廉价收购,以征拨来的壮丁充当工人,其待遇极低,衣服破烂。时值抗战,外地物资来源断绝,因此该厂开业两年后,即有盈余。马鸿逵遂指示经理马继德归还了拨款, 于 1942 年元月另由官僚集资将该厂由官办改为商办。该公司前十大股东均为马鸿逵家属及亲戚,已完全成为马氏家族的私厂,同时该厂对工人的剥削十分残酷,"全公司工人约二百余人,除二十几名地毯工匠外,其余全是抓来的壮丁,这些工人每月平均工资不足三元,股东年年分红,工人分文无得"。

1940 年,建设厅厅长李翰园由军需处拨款 1 万元,利用一座破营房办起来宁达棉铁工厂。该厂盈余颇丰。马鸿逵于 1944 年将该厂改为私办,更名为"兰鑫机器厂",由他的第四任夫人刘慕侠主办,由刘慕侠、赵文府、马希咸、李翰园各出股金 5 000 元。

1942 年,马鸿逵乘抗战时期火柴缺乏之机,由他的侄子马希咸任经理,宁夏银行出资,开办"光宁火柴股份有限公司",生产火柴。不到一年,还清资本,改为私营,股金 60 万元法币,股东为刘慕侠、马继德、李云祥、马希咸等。该厂大量生产驼牌火柴,运销兰州、西安等地,利润由他们瓜分。

1946 年,马鸿逵以"敦厚堂"的名义,与汝箕沟阴坡小煤窑矿主李秉英签订合同,将阴坡井口租给敦厚堂,并在此基础上成立了"宁夏德昌第一煤矿公司",同年又在灵武磁窑堡煤矿成立了 "宁夏德昌第二煤矿公司"。这两个煤矿均由马鸿逵的大管家马继德任董事长,李云祥为副董事长。

三、马鸿逵官僚资本集团对宁夏经济的破坏

从本质而言,马鸿逵官僚资本集团统治下的宁夏经济具有极强的封建性特征,尽管近代经济有了一定程度的发展,但受封建军阀势力的影响,自由的市场

经济并未发展起来。而且，与膨胀的官僚资本相比较，民间资本发展滞缓，这对于宁夏经济的长期发展极为不利，甚至对其造成了直接的破坏。总体而言，马鸿逵官僚资本集团对宁夏经济的破坏集中表现在如下方面。

(一)民族工商业逐渐衰败

自古以来，商业贸易就是回族经济的主要产业，也是宁夏经济中与农牧业并重的支柱行业。宁夏处于陕甘蒙接壤地区的中心，所以在古代就形成了以今固原和银川市为中心的自然经济区域。商品交换历来比较频繁，商业贸易一向比较繁荣，特别是 20 世纪 20 年代到 30 年代，商业贸易曾达到相当活跃的程度，如前所及，诸如宁夏府(银川市)、吴忠堡、石嘴山和中卫等地大小商号林立。可是，自马鸿逵官僚资本集团控制了宁夏商业并垄断了土特产经营之后，传统的民间工商业基本荡然无存。比如，称雄宁夏几十年的“八大商号”从 1938 年到 1948 年就先后倒闭了 4 家。

同时，为了勒索吴忠各个商号，马鸿逵在所有交通要道遍设局卡，磴口县的大水沟是由包头向宁、甘、青运输商品的必经之途，同心县是上海、西安等地来宁的唯一要道。设在这些地方的局卡，对进境的商品物资，都要征收过境税、落地税、所得税等，名目繁多。在吴忠设有总税局，还有稽查处，他们专找罚款借口，勒索钱财。商人的货物，过一年未销售完者，要重新纳税。货物运到，要立即报告，超过几个小时，就以偷税论处，实行罚款。如当时“明德合”商号由平凉运来一批货物，因驮户手续未完成，晚报了一天，就被罚款 500 多元。所有的货物，每件都要盖税局图章，货物、布匹盖的图章，时间稍久，色淡模糊，都要充公或者罚款。①

(二)农村生产力遭到破坏

马鸿逵统治宁夏期间，表面上实行“禁烟”，实质上是“烟亩罚款”的继续，变着花样掠夺农民；而且“禁烟”没有禁销，而是将大烟以高价倒卖到外地牟取暴利。在上述马鸿逵官僚资本集团垄断宁夏土特产的经营中，从事各类土特产生产的农民以及从事销售的工商业者无不深受其害，严重地打击了农民的生产积

---

①《宁夏三马》，宁夏文史出版社，1988，第 284 页。

极性,危害农业经济的发展。除此之外,马氏家族集团还凭借手中的权力,以所谓的“献地”方式或直接掠夺土地,霸占林场、牧场,使得农牧业发展遭受极大破坏。

而马氏家族集团对宁夏农村经济的最大破坏莫过于残酷的壮丁制度。马鸿逵对宁夏的统治,是建立在军事基础上的专制统治,拥有一支人数众多的“马家军”是其维护“马家统治”、巩固“马家天下”的重要保障。1935 年,宁夏省完成了保甲工作,普查人口为 1 002 876 人。全省编保 642 个,编甲 8 471 个,统辖 123 715 户,其中 18 岁以上 45 岁以下的壮丁为 292 762 人。同年 11 月,设立保长训练所, 召集全省各县保甲长到省城集中接受为期 40 天的训练。省方拟定了《宁夏省各县保甲人员服务规程》,规定保甲职责和联保切结。1936 年,又拟定了《宁夏省保甲整顿办法》,先令省会及宁夏、宁朔、平罗等 7 县根据乡镇区域,编组联保,设置联保主任。各联保增设书记 1 人,作为专职,厉行保甲规约,强化保甲组织。1937 年 3 月,又划全省为 3 个保甲指导区,以宁夏、宁朔、平罗为第一区,金积、灵武为第二区,中卫、中宁为第三区,委派保甲指导员,专办保甲工作。通过不断加强保甲制,以控制兵源,征收赋税,防止逃兵。抗日战争爆发前,马氏家族集团为了充实“马家军”兵力私自征兵 3 次;抗战爆发后又按照国民党中央政府的法令大量公开招兵,将“马家军”发展至 10 万人左右,使得宁夏人口减少了近 25%。如此专制的“征兵制度”,造成农村强壮劳动力逐年减少,农田因无人经营大片撂荒,农村经济大衰退。

(三)近代工业未盛即衰

20 世纪 30 年代初至 40 年代,近代交通邮电业、轻工业、重工业的兴办,标志着宁夏近代工业的兴起。从此结束了宁夏基本没有机器工业的历史,奠定了宁夏近代经济的发展基础。但是,宁夏近代工业的发展却极其短暂。至抗日战争结束前夕, 宁夏的工厂企业经营已不太景气。如宁夏汽车营运就时断时续。1939 年至 1941 年“惟因油件缺乏”,即汽油和汽车配件等来源断绝,汽车运输被迫停止。后利用绥宁动力酒精厂生产的酒精为燃料, 于 1942 年恢复宁平线客运业务,但营业状况不佳。到 1943 年 11 月,马鸿逵认为汽车客运已无利可图,便下令停运,将宁夏汽车管理局解散,汽车和大部分人员归宁夏保安司令部汽车队。在汽车营运停止的同时,一些企业如宁达棉铁工厂、利宁甘草膏厂、十一军面粉厂等也相继停产。这样,宁夏近代工业经济到抗战结束已走向衰微。抗战结束后,由于美国工业品对华的大量倾销,致使经销洋货的商业利润远远大于开办工厂企业,加上包括宁夏在内的全国性的物价飞涨,通货膨胀,马鸿逵看到生产工业品已无利可图,便又一次停办、关闭一些工厂企业,如兰鑫机器厂、兰鑫炼铁公司、鸿丰烟草公司等。于是,为宁夏地方官僚资本所垄断的工业经济,在经历兴办、初步发展的历史阶段后,又很快转向低落。到1949年宁夏解放前夕,只剩下宁夏电灯公司、兴夏毛织公司、宁夏印刷局等企业。

第五节　宁夏新民主主义经济兴起及其历史价值

中国共产党在1921年成立之后,历经反帝反封建革命斗争、土地革命战争和抗日战争,通过领导广大人民革命,创建农村革命根据地,广泛发展反帝反封建统一战线,在半殖民地半封建的中国社会政治结构中建立起了实行新民主主义制度的人民政权,发展起向社会主义经济过渡的经济形式——新民主主义经济,为新中国的缔造奠定了重要基础。宁夏新民主主义经济的产生与发展正是基于这一重要的历史背景,其发端于土地革命战争时期,以1936年6月红军解放国民党统治的盐池县城,建立盐池县苏维埃政权为标志。

一、新民主主义经济制度在盐池县的初步建立

盐池县位于宁夏东部长城沿线,是中国历史上农耕民族与游牧民族的交界地带,战略地位极其重要,历来为兵家必争之地,因广布天然盐湖而得名,汉初设县,曾先后名为眗衍、盐川郡、盐州、花马池营、花马池分州等,1931年置盐池县。抗战时期,盐池成为陕甘宁边区的一部分,隶属于三边分区。此时期,盐池县经济发展极为落后,封建经济占绝对统治地位,生产方式低下,人民生活困苦。陕甘宁边区革命政权建立后,盐池县的大部地区属边区政府管辖。为了尽快改变盐池县经济落后的状况,中共中央于1936年7月派中华苏维埃中央人民政府国民经济部部长毛泽民到盐池县指导工作。根据中央指示,盐池县委和县政府从巩固新生革命政权和发动群众建立新经济秩序两方面展开了具体工作:

一是建立盐池县第一个消费合作社——城区消费合作社。该社以杨华亭的聚兴和、秦润堂的万兴和、颜生光的树德和三家商人的字号为底子并发动群众入股积累起资金,群众入股分红,收购食盐、皮毛、甘草,换取陕甘宁边区军民急需的生活物资。1936 年 10 月,盐池县税务局成立,并筹措兴办学校,全县就读学生 260 多名。

二是开展盐池县第一次土地改革, 没收了一些被豪强地主霸占的土地,分给了无地和少地的农民,基本上实现了“耕者有其田”,动摇了地主豪绅在经济上的统治地位,初步解放了受封建势力束缚的生产力,农村阶级关系发生了明显变化。

盐池县 1936 年冬进行土地改革,主要是打土豪、分田地,没收地主豪绅的金银财物、粮食、牲畜等浮财,一部分分给贫苦群众,一部分支援前线部队。通过土地改革,人民当家做了主人。农民因为拥有了自己的土地、耕畜和农具,生产积极性高涨,加之风调雨顺,这一年盐池县农牧业生产获得了双丰收,呈现出一派五谷丰登、六畜兴旺、安居乐业的升平景象。

土地改革前,盐池县地主、富农虽然数量不多,但占有大量土地,占人口75%的贫雇农深受压迫与剥削;土地改革后,地主经济受到削弱,富农经济有所发展,中农和富裕中农比例明显上升,贫雇农比例则明显下降,原有的封建经济受到很大打击,而新的经济因素不断成长。

三是建立人民当家做主的经济组织和经济制度。1939 年 3 月,边区政府在盐池县建立光华商店盐池分店,1940 年成立了县贸易公司, 均系公营商业企业。在打土豪、分田地的同时,没收了四五家地主兼营的商号,在此基础上,吸收群众股份,于 1936—1939 年先后建立起 1 个救济合作社和 5 个消费合作社。在财政税收方面则实行新的制度。盐池革命政府贯彻边区政府 “休养生息”的方针,对贫困农户一律免征公粮,政府开支靠组织机关生产和组建供销合作社解决。1936 年,设立县税务局,各区设税卡,实行低税制,主要征收食盐出口税,皮毛、甘草、牲畜交易税等。此外,还建立了人民金融组织,灵活使用多种货币。光华商店的总店在延安,有发行边币“光华券”的货币发行权,1939 年光华商店盐池分店设立,表明盐池县已有人民的金融组织。1942 年,陕甘宁边区银行在盐池县设立盐池支库,金融机构有了发展。在货币使用方面,光华商店发行的辅币、边区政府发行的“贸易公司流通券”和“边区银行币”统称为“边币”，均与“法币同用”，以此保证了新经济秩序的顺利运行。

综上，盐池县在苏维埃革命政权成立后，从变革农村生产关系入手，解决了直接影响农民生计的土地问题，并发动群众大力开展经济建设，初步建立了新民主主义经济制度，开启了宁夏新民主主义经济的崭新局面。

二、新民主主义经济的巩固和发展

在抗日战争最艰苦的岁月，面对日军侵略者对抗日根据地进行的“大扫荡”以及国民党军队对解放区实行的经济封锁，边区军民开展大生产运动，主要通过发展农业生产，兼办工业、手工业、运输业、畜牧业和商业实现了革命根据地经济的自给自足。此时期，在这场大规模生产运动的引领下，盐池县新民主主义经济亦得到了巩固和发展，主要成果集中体现于农牧业、手工业、盐业及商贸的发展。

（一）传统农畜牧业的发展

盐池县经济的发展，首先表现在农业生产上，据三边地委调查组 1944 年 12 月 19 日形成的调查报告反映，盐池县1942—1944 年人口、劳动力、耕牛、耕地等主要指标均有大幅度的增长。

盐池县新民主主义经济制度建立之后，各项农业生产要素都有很大的提高，因而农业生产成效也比较显著，1938 年全县收获粮食 4 514 石，1939 年为8 895 石，1940 年为 12 005 石。1942 年以后的情况无记载，但决不会比 1938—1940 年低。由此可见，盐池县的农业经济得到了较大发展。同时应该承认，这一时期的经济仍然是自然经济，生产方式仍然比较落后，生产手段也无多少实质性变化。在这种情况下，人口的增长，劳动力、畜力、农具和耕地面积的增加，就意味着生产力水平的提高，从而反映了农业生产的发展。

畜牧业是盐池县的传统产业，革命政权建立后，政府很重视畜牧业发展，采取了许多保护性措施，如“保护牲畜，不准母畜出口，改良畜种，改进饲养管理，防治瘟疫”等，实现了畜牧业养殖规模的基本增长。

（二）手工业生产的发展

盐池县地方经济一向以农牧业为主，手工业十分薄弱。革命前，只有一些个体工匠从事皮毛加工。1936年以后,民主政府注重对手工业的开发性建设,所以手工业生产便迅速发展起来。一是手工棉纺织业的兴起。1942年解放区军民开展大生产运动,盐池县的手工棉纺织业便随之产生,并成为主要的手工业行业。1943年,全县纺织者已达2 236人,新制纺车1 262架,其中比较先进的脚踏纺车86架,还有织布机20架。二是元华工厂的兴办。盐池县皮毛资源比较丰富。1941年,爱国商人勒体元倡议办厂,得到边区政府建设厅和盐池县政府的支持与群众集资相助,筹资9万元(法币),是年9月,盐池县历史上第一家手工工厂诞生,取名"元华工厂",勒体元出任经理。该厂为民办公助性质,以生产毛纺织品为主,兼营运输、农牧业和合作商业。到1944年底,实有资金达2 895.6万元(法币),各种工具50架(件),职工267人,先后生产出各类毛纺织品30多种,据统计仅1942—1945年就生产出军民用品12万多件。三是传统手工业的恢复与发展。盐池的皮毛加工、榨油手工业在历史上较为发达,但在国民党统治时却衰落了。民主政府成立后采取发放贷款等扶持措施,使传统手工业得以恢复和发展,到1944年,全县手工业户有279家,从业人员515人,尤以制皮业、制毡业恢复发展最快。据统计,1944年县城14家皮坊共用原料裘皮8 007张,6家毡房用羊毛138 160斤,生产了大量毛织品。

(三)传统采盐业的发展

盐池县以境内有众多的盐池而得名。1936年7月,红军为体现党的民族政策,将被马鸿逵侵占的北大池、苟池之一部和敖包池归还蒙民,其余5个池,即老池、苟池、滥泥池、莲花池、菠萝池由政府统一管理,实行自由采发。从1940年起,边区军队参与采盐,经过一年努力,盐产量大增,1941年产盐702 513驮(每驮150斤,下同)。1943年,边区政府调动4 000余人,动员定边、盐池两县农民和机关干部到老池打盐,年产达520 000驮。与此同时,民主政府及时组织个体脚户和合作社运输队将食盐"源源不断运往陕甘宁三省及绥远等地,对粉碎国民党的经济封锁,活跃边区经济贸易,支援抗日战争做出了重大贡献"。

(四)商业贸易的发展

在盐池新民主主义经济兴起与发展过程中,商业贸易在传统经营基础上取得了较大进展,并对苏维埃红色政权的建立与巩固具有重要作用。其发展特点表现为:一是公营商业发挥了主导作用。前已述及,民主政府建立初期即设立了光华商店盐池分店和县贸易公司。1946 年又成立了县土产公司。这一店二公司主要经营大宗生产资料和消费资料，收购和出口土特产品，在商业流通中发挥了重要主导作用。二是私营商业在原有基础上更为繁荣。公营商业的出现与发展不仅不排斥私营商业，反而促进了私营商业的发展。革命前，全县只有 12 家商号；革命后，边区政府对私营商业实行保护政策，私营商业便很快繁荣起来。20 世纪 40 年代初，仅县城和广武营就有私营商号 50 多家，资本达 1 548 万元（法币），从业人员 196 人，共有运输骆驼 231 峰。这些商号主要业务是收购土特产品，经销日用百货和中药材，并承担食盐输出任务。私营商号经营方式灵活，或坐店购销，或走乡串户叫卖，收购旺季则到农村“扎庄”设点收购，货款支付多以现金进行，也有定购、赊欠等方式。三是民间物质交流会空前活跃。盐池县传统的民间物资交流会谓之“七月会”，边区政府对此十分重视，并给予多方支持，使之出现了物质交流空前繁荣的盛况。民间的物质交流不只是沟通了边区与国统区的贸易，而且还为政府提供了财政来源，“其税额占本县全年总额的 20%以上”。此外，20 世纪 40 年代消费合作社也得到了进一步发展，1944 年社员总数发展到农户的 85%。对于此时期盐池新民主主义经济的发展，毛泽东曾给予高度评价和充分肯定：“定（边）盐（池）是边区的经济中心。”

概括而言，盐池老区新民主主义经济得以发展的主要原因有三：其一，及时调整生产关系，激发了劳动者的积极性。盐池县 1936 年获得解放，这时，全民族联合抗日已成为当务之急，中国共产党关于建立抗日民族统一战线的路线正在酝酿之中。因此，对于新解放区的土地改革，没有照搬中央苏区的做法，主要是没收大土豪多占的土地和号召地主献地，分给无地和少地的农民。1936 年盐池实行第一次土改，打击和抑制了地主阶级的封建剥削。抗战时期，边区实行减租减息政策，盐池则实行“一九”和“二八”活租制，比“二五减租”租额还要低一些。这就局部地调整了生产关系，加上农民积极垦荒，开发了大量土地，基本上实现了“耕者有其田”。此外，还及时开展农业互作合作运动，如 1940 年，全县就成立了 27 个耕田队，为抗属和工属代耕。由于群众掌握了基本生产资料，各种生产要素得以合理组合，所以劳动者的积极性很高，促进了新民主主义经济的发展。其二，边区政府制定了一系列符合实际的方针和政策。首先，面对当时被封锁的实际情况，确立了由“半自给”到“全自给”发展经济的指导思想和“发展经济，保障供给”的方针，按照先农业、工业、运输业后商业的顺序组织经济建设。其次，鼓励发展农业生产，实行奖励开荒，保护畜牧业，推广农业新技术，扶持贫困户发展生产和安置移民参加生产的具体政策。再次，实行保护私营经济的政策。如 1941 年 5 月 1 日，边区政府《施政纲领》第十二条规定：“奖励私人企业，保护私有财产，欢迎外地投资，反对垄断……”上述政策，使边区经济得到迅速发展，盐池县也逐步成为边区的粮食、毛纺织品及食盐生产基地。其三，大生产运动促进了盐池经济的全面发展。盐池地处边区的后方，有发展经济较为安定的环境。边区政府把盐池县作为大生产运动的基地，短短几年，形成了县级规模的区域经济体系。

三、盐池新民主主义经济在宁夏近代经济史上的作用

诚然，兴起于 20 世纪 30 年代后期的盐池新民主主义经济不论从空间影响力还是发展规模上均具有历史的局限性，在宁夏的近代经济发展史中并不占主导地位。但是，作为一种充满勃勃生机并代表社会发展进步趋势的新经济形式，其在宁夏近代经济史上具有重要的历史意义。

（一）新民主主义经济对宁夏近代封建经济结构是一个很大的冲击

宁夏地处封闭落后的大西北腹地，第二次鸦片战争后和甲午战争后中国自然经济的两次较大分解，基本上没有触动其原有的经济结构，直至 20 世纪30 年代中期，宁夏虽有一些“引进”的资本主义企业，但居于主导地位的仍然是封建经济结构。封建地主阶级居于支配地位，严重地束缚着社会生产力的发展，其内部缺乏近代经济的生长点。在这种情况下，如果仅仅靠其内部自然地增长新的经济因素，只能是一种爬行式的演变，因而需要外部施放一些催化剂（暴力的或和平的），以加速旧有经济结构的解体。盐池老区的新民主主义经济正是依靠外部的革命力量，在摧毁封建经济结构的基础上形成的。它的产生和发展，有力地冲击了近代宁夏封建经济的堡垒，改变了封建经济一统天下的局面，使近代宁夏有了新的经济生长点。

（二）新民主主义经济对宁夏社会经济生活产生积极性影响

盐池老区新民主主义经济形成后，虽然它仍然属于自给型经济，但是它与小农业和家庭手工业相结合的自然经济已根本不同，在经济性质、劳动者地位、

所有制结构、生产能力等方面，二者均有本质区别。它以崭新的姿态出现在古老的宁夏大地上，吸引了国统区的不少群众投拜边区参加经济开发和参加革命队伍。比如，20世纪三四十年代，宁夏川区、河北邢台、陕北的一些地方都有人举家迁往盐池。宁夏等地的一些有志青年和贫苦农民，不顾国民党的阻挠而奔赴边区，这与盐池老区新民主主义经济制度的吸引力都有直接关系。它对宁夏经济和政治的影响，还表现在为宁夏解放后全面推行新民主主义经济制度奠定了基础。20世纪50年代初期和中期，宁夏在全省范围内顺利地实行了土改，在较少社会震动下实现生产关系的变革，都借鉴过盐池老区提供的经验。

（三）新民主主义经济发展有力地支援了抗日战争和解放战争

新民主主义经济制度的建立，使盐池成为边区的生产基地，生产出了大量的粮食、食盐、畜产品、甘草等。这些物资，或直接运往前线，或是销往内蒙古、甘肃、天津、宁夏川区等地，增加了财政收入，支援了抗日战争和解放战争。比如，"1940年县城始建粮库"，还"借民房和窑洞为仓"，全县"每年征收公粮100万斤"；"解放战争中，两三个月内，在解放区和游击区共出粮食890石（50多万斤），饲料235石（16万斤），运往前方，支援了人民解放战争"。再如，1945年全县为前方将士送慰劳品，计粮食56.3石，羊只598只，生牛14头，边洋225.24万元，还有被褥、棉衣、棉鞋等物品。而以上史料只能反映盐池人民支前的一个侧面，实际贡献要大得多。

第八章　新民主主义经济的建立与社会主义改造

中华人民共和国成立是中国共产党领导中国人民进行新民主主义革命取得全国胜利的伟大历史成果，开创了中国经济发展的新纪元。随着新中国的成立，宁夏经济在历经战争磨难、深受官僚资本集团破坏之后获得了新的发展机会。从 1949 年到 1957 年间[①]，与全国社会经济发展基本同步，在新民主主义经济建设、土地改革和社会主义改造的推进下，宁夏不仅彻底打破了旧有的封闭性很强的封建经济，而且在较短的时间里走上社会主义经济建设之路。

第一节　新中国成立初期宁夏经济基本状况

1949 年 9 月 23 日，人民解放军华北野战军 19 兵团司令员杨得志、政委李志民与国民党宁夏军政代表在中宁共同签订了《和平解决宁夏问题之协议》，至此，宁夏全境解放，仍沿用宁夏省原称，管辖范围包括银川市、吴忠镇等十三县和两旗（阿拉善左旗和额济纳旗）。这一时期，由于长期受国民党统治及军阀割据的影响，加之地处偏僻，交通不畅，近代科技传播滞后，商品经济落后，资本主义生产关系发育不全，宁夏整体经济发展水平处于极为落后状态，人民生活困苦艰难。

---

①在此期间，宁夏行政区划几经变动：1954 年 9 月原宁夏省建制撤销，并入甘肃省；1957 年 7 月 15 日，第一届全国人民代表大会第四次会议通过成立宁夏回族自治区决议；1958 年 10 月 25 日，作为全国第四个成立的省级民族自治区，宁夏回族自治区正式成立，辖 2 市（银川、吴忠）、11 县（中卫、中宁、同心、灵武、盐池、金积、固原、西吉、海原、隆德、泾源）。

一、官僚资本垄断导致整体经济衰落

如第七章所提及，随着近代工业以及金融、商业的发展，宁夏民族资本也随之成长起来，20世纪40年代之前民间资本主要经营小型煤窑、手工作坊以及民间商贸。然而，20世纪40年代以后，受抗日战火的影响以及地方官僚资本的挤压，民间资本只成立了一些规模极小的工厂，其中绝大部分在抗战结束时已纷纷倒闭。整个抗战时期，宁夏民族资本的发展处于萎缩状态，发展规模不及战前的1/10。与此相对应的是，宁夏马家官僚资本却以集军、政、商为一体的经营手段，垄断了整个宁夏的金融业和商业，其浓厚的封建性及突出的垄断性和投机性使得官僚资本势力得以不断壮大。因此，至新中国成立之前，宁夏经济实际上完全为地方官僚资本所垄断，民族资本经营的民族工商业基本处于衰败境地。

更为严重的是，1949年9月马鸿逵应蒋介石电召飞抵重庆，并从此流亡海外，马家官僚资本集团通过横征暴敛搜刮的大量钱财亦随之流失，以至于人民解放军接管宁夏时，接受的物质仅剩下黄金442两、银圆91 485元、银子2 383两等。宁夏在历经战争动荡及官僚资本掠夺压榨之下，不仅民间各个产业发展基础薄弱，而且整体经济几近崩溃。

二、国民经济结构单一、水平低下

新中国成立初期，宁夏国民经济结构极其失衡，完全延续着历史上形成的以传统农业为主的单一产业结构，1949年全省社会总产值1.3亿元，其中农业总产值为10 819万元，约占全省社会总产值83.2%；工业产值仅为1 214万元，在全省社会总产值中所占比重不足10%。[①]

由于受到落后生产力及生产关系的严重束缚，宁夏近代工业基本没有发展。新中国成立时，全省基本没有工业。有关资料显示，1949年全省工业企业293家，主要以轻手工业为主，除国民党时期的修械所、被服厂、皮革厂等为数不多的小型工厂外，主要为手工业作坊，生产技术水平很低，工业产品很少，主

---

①宁夏回族自治区统计局编《宁夏四十年》，中国统计出版社，1989年7月，第5页。

要工业品产量分别为:原煤 1.75 万吨、发电量 9.7 万千瓦时、机制纸及纸板47吨、原盐 2.9 万吨、毛毯 1 700 条、地毯 160 平方米、日用陶瓷 18 万件。[①]全省企业从业人员约 8 000 人,人均产值 10 元左右。[②]

在农业发展方面,生产力水平十分低下,主要以人畜力为主。全省的土地产出率及劳动生产率非常低,1949 年每亩耕地平均农业总产值 18.4 元,粮食平均亩产约为 55 千克,油料平均单产 29 千克;农业劳动力创造的农业产值较低,主要农产品中平均每个农业劳动力生产的粮食 818 千克,油料 44.7 千克。[③]

传统工商业发展十分落后,官僚资本主义和民族资本主义经济十分薄弱。新中国成立之初,宁夏的官僚资本只有诸如小型发电厂、修械所、面粉加工厂、印刷厂、造纸厂、毛织厂、军用被服厂等寥寥十几家小企业,发展规模小、水平低。全省民族资本主义工商业在总数上和资金占有量上都非常少。在商品流通中,宁夏民族资本主义工商业一方面受到帝国主义"洋行"的外来压迫和官僚资本主义的内部统治,存在着随时有可能被吞并或者破产的风险;另一方面,民族资本主义工商业的大部分货源又不得不依靠"洋行"和官僚垄断企业的供给,这就决定了其在宁夏经济发展中尽管客观上存在利于国计民生的积极作用,但实际上因外部环境的压抑存在着一定程度的被动性及消极作用。据资料显示[④],新中国建立之初,宁夏私营工商户 10 328 户,其中主导城乡市场的主要是一些小商贩与小手工业者。从经营组织和规模上看,手工业多是独立生产者,商业多是小铺面;从行业划分来看,大多是杂货铺。

从总体来看,全省整体经济发展基础极为薄弱,交通与通信条件极其落后。据《宁夏四十年》中的统计数据分析,至新中国成立之时,宁夏既没有铁路也没有公路,仅有几条由大车道补修而成的简易道路,客货运输全靠人力和畜力,1949 年全省完成的货运量只有 1.5 万吨,客运量仅为 900 人次;具有悠久历史的黄河水运主要依靠传统的羊皮筏子和极少的木帆船;没有完整的邮电通讯系

①徐安伦、杨旭东:《宁夏经济史》,宁夏人民出版社,1998,第 240 页。

②宁夏回族自治区统计局编《宁夏四十年》,中国统计出版社,1989 年 7 月,第 38 页。

③同上书,第 37 页。

④吴忠礼:《宁夏工商业和手工业的社会主义改造历程》,《共产党人》2006 年第 20 期,第 47—48 页。

统,邮路数量少,质量差,严重影响各种物质的运输及信息交流。

三、城乡人民生活水平极其低下

新中国成立初期,宁夏经济极为落后,城乡人民生活非常贫困,文化教育落后,人口文化素质很低,卫生条件极差,人民健康没有保障。据有关资料统计[①],1949 年全省人均消费水平仅 60 元左右,人均社会商品零售额不到20 元;省内教育体系不完整,仅有小学 639 所,中学 9 所,中专学校 7 所,没有高等教育,文盲、半文盲人口占总人口的 90%以上;卫生条件落后,各类传染病、地方病严重影响人民身体健康,当时各类医院、门诊部(所)106 个,病床仅有 40 张,各类卫生专业人员 369 人,人口死亡率高于全国平均水平,达到 20.77%。此外,由于新中国成立之前宁夏经济的连年衰落,城镇劳动者不仅劳动条件差,而且失业率高,1949 年全省城镇就业人数仅 4.08 万人,失业人口约 1.2 万人。

四、残存的封建经济关系束缚经济发展

自鸦片战争以来,尽管西方资本主义列强的入侵加速了中国自给自足自然经济的瓦解,但是并没有从根本上瓦解几千年封建社会所固有的封建生产关系。宁夏地理位置偏远,客观上远离中央集权的统治中心,加之交通不便,外部交流不畅,无论是自然环境还是人文环境均相对封闭,因而其所受到的外部冲击及扰动相对较弱,既有封建生产关系一直保持着相当稳定的状态,以至于在新中国成立之初,旧有的封建生产关系基本上完整得以保留。尤其在农村地区,封建生产关系更是占绝对统治地位。据统计,新中国成立之初,宁夏占总人口 8.4%的地主富农的土地占有率达到 25.8%,地主人均占有土地 33.1 亩;而占全省人口 46.1%的贫雇农,土地占有率只为 23.3%,其中贫农人均土地 5.1 亩,雇农人均土地 2.7 亩。无地或少地的贫农通过租种土地的方式勉强度日,且需要交纳相当高的地租,一般而言地租额占收获量的 20%—50%,另外,贫农还要缴纳赋税、担负徭役,甚至还要背负春借秋还且实物利息高达 30%—50%的高利贷债务。

---

①宁夏回族自治区统计局编《宁夏四十年》,中国统计出版社,1989 年 7 月,第 5 页、第 9 页、第 23 页。

正是因为上述旧有生产关系依旧占据主导地位，因而，新中国成立初期，宁夏的经济恢复与发展受到了极大阻碍，制度变革困难重重。

第二节 国营经济建立及其领导地位的确立

新中国成立之后，按照国家建设新民主主义经济体制的基本方针，只有发展了社会主义国营经济并以此为主导，才能保证社会主义中其他经济成分合理发展，各得其所。宁夏省人民政府首先从建立和发展国营经济着手，展开了迅速恢复和发展经济的重要工作。

一、没收官僚资本，改造旧的生产关系

1949 年 4 月 25 日，中国人民革命军事委员会主席毛泽东、中国人民解放军总司令朱德颁布《中国人民解放军布告》，约法八章，其中规定没收官僚资本。同年 10 月，宁夏省按此章法展开官僚资本资产没收工作。1949 年新中国成立以前，宁夏省的官僚资本主要是以马鸿逵为代表的地方军阀直接经营或参与经营的工商业、金融业。新中国成立前夕，宁夏金融机构号称有 9 家，其中中央银行、中国银行、交通银行、农民银行、通商银行、大同银行、绥远省银行办事处以及邮政储金汇业局这 8 家名存实亡，先后倒闭，仅剩下宁夏银行保有部分业务，尚且运营。工商企业包括马鸿逵直接操纵的富宁企业公司和 10 多个厂矿企业，其中部分早已停办。[①]

1949 年 4 月，《中国人民解放军布告》规定没收官僚资本："凡属国民党反动政府和大官僚分子所经营的工厂、商店、银行、仓库、船舶、码头、铁路、邮政、电报、电灯、电话、自来水和农场、牧场等，均由人民政府接管。"根据这一政策，银川市军管会和宁夏省人民政府没收了马鸿逵官僚资本集团的宁夏银行以及国民党政府"四行二局"在宁夏分支机构的所有财产；同时又将德兴煤矿、德昌煤矿、兰鑫机器厂、利宁造纸厂等 20 个厂矿企业收归国有。银川市军管会和宁

①宁夏通志编纂委员会编《宁夏通志·四·经济管理卷》，方志出版社，2007，第 31 页。

夏省人民政府没收这部分官僚资本企业后开始组织恢复生产。1949 年 10 月至 1950 年上半年，成立了中国人民银行宁夏分行、宁夏省贸易公司、宁夏省企业公司等国有企业和机构。1951 年 1 月，在《关于没收战犯、汉奸、官僚资本家及其反革命分子财产的指示》和《企业中公股公产清理办法》的指导下，对残存官僚资本进行清理，至此没收官僚资本的工作彻底完成。没收的官僚资本成为宁夏社会主义国营经济发展的最直接来源。

按照国家有关规定，宁夏省对没收的官僚资本企业进行了改革。其一，对于这些已经归为国有的企业，实行“不打烂企业机构”的政策，对企业原有人员采取原职、原薪、原制度的“三原”政策，避免了人为混乱和财产损失。其二，在企业内部进行民主改革，肃清残存的反动分子和封建势力，清除压迫工人的旧制度。其三，建立健全工作制度，实行经济核算制度和计划管理，从制度层面上根本解决了企业经管中的腐败、浪费、混乱等矛盾。第四，改革分配制度，提高工人的福利，从而调动了工人的生产积极性。此外还开展了技术改进和合理化建议运动以及增产节约和劳动竞赛运动。据统计，自 1950 年起，宁夏省人民政府在对原有企业进行改革的同时又加大对电厂、面粉厂、煤矿等企业进行技术改造的投入，银川电厂的规模扩大到 500 千瓦；把由 69 个工人用铁木织机生产的毛织厂扩建成拥有 450 个毛纺锭的近代企业。到 1952 年，宁夏国营工业企业已达 34 个，产值 654 万元，占宁夏整个工业总产值 2015 万元的 32.5%，标志着宁夏对最主要的资本主义部分已经完成了社会主义所有制的革命，掌握了经济命脉，也为以后的民族资本改造奠定了重要的物质基础。①

二、夺取市场主导权，建立统一的经济制度

在社会主义国营经济建立的初期，宁夏省经济发展面临两大困境：一是金融市场的混乱；二是物价飞涨，市场无序。

宁夏省解放之初，军管会立刻就确立了人民币为本位币，并规定人民币(旧币)与银圆的比价为 2500:1。但物价飞涨的现象并没有就此消失，相反，从 1949 年 9 月 23 日宁夏省全境解放到 10 月 12 日这短短的 20 天中，银川市物价指数

①徐安伦、杨旭东：《宁夏经济史》，宁夏人民出版社，1998，第 240 页。

上涨了400点，黑市银圆亦从每元兑2 500元飞涨到8 500元，上涨了2.4倍。这种状况一直延续到1950年初。①宁夏物价飞涨受历史和现实状况的影响。一方面，新中国成立初期，政府财力薄弱，为满足建设过量发行了人民币，造成人民币币值下跌和全国物价波动的后果。另一方面，是受旧中国恶性通货膨胀影响和私人投机资本力量的影响。有关数据显示，1948年下半年，宁夏金圆券发行总额为940万元，而在1949年上半年激增至302.7亿元。投机者趁机囤积居奇，哄抬物价，买卖银圆，使得银圆价格飞涨，降低了人们对人民币的信心。在此时期间，政府接管的20个企业里真正运转的只有六七家。商户因为战乱和交通阻塞等原因存货不多，加上马鸿逵官僚资本集团溃败、逃跑时掠夺和破坏了许多资产，加剧了物资的匮乏，导致市场上出现严重的"供小于求"的状况。

针对物价飞涨、市场无序的状况，宁夏省人民政府决定稳定物价，夺取市场主导权。为此，人民政府采取了一系列财政政策和行政手段。

第一，加强金融监管，打击不法投机分子。银川市军管会连续发布三个银字布告，确立中国人民银行宁夏分行对金融的绝对领导权力以及人民币本位币的地位；宣布倒贩银圆为非法活动，规定了金银、外币管理和兑换方法，并成立缉私委员会和缉私队严厉打击违法活动。1950年元月起宁夏分行开始办理人民币贷款业务，把人民币的流通范围扩大到宁夏的各个角落。此外，进一步加强吸收存款和机关部门的现金管理工作。

第二，发挥国营企业的主导地位，控制主要商品。国营企业在此时期间发挥领导作用，严格控制粮食、布匹等主要商品。宁夏国营贸易公司、供销合作社和省工商厅在军管会的领导下夜以继日地从延安、西安、兰州等地区组织货源，将大批日用货物运往宁夏，然后国营贸易公司以合理的价格组织集中抛售，果断地将日用杂货投向市场，不仅零售，还对私人商业者大量批发。这一系列强有力的经济措施和行政手段有效遏制了投机商的非法活动。除全民所有制地方国营企业的建立以外，还成立了宁夏省合作事业管理局，在城乡发展供销合作社等形式的集体所有制经济。1950年2月西北军区决定将独立一师改编为农建一师，在平罗城西的西大滩上，建立了国营前进农场。

---

①徐安伦、杨旭东：《宁夏经济史》，宁夏人民出版社，1998，第261页。

第三,加强市场管理。1950 年 1 月,银川市人民政府颁布了《工商业者登记办法》,对全部工商业进行了登记,规定未经核查不许开业,有效整顿了工商业。

1950 年 3 月,中央颁布《关于统一国家财政经济工作的决定》,宁夏省人民政府按照国家政策，随即采取了诸多具体措施以保证国家统一市场制度的建立。其一,宁夏省统一健全省税收制度和财务制度,建立了地方财政预算和预算会计金库制度,由中国人民银行宁夏分行代理省金库业务;组建了归国家税务局总局领导的省税务局;按照国家统一规定设置税种、税率,严格税收减免权限,保证税收增长和财政收入上缴;合理规定省行政区划和人员编制。其二,健全了金融制度。根据地理条件把全省划分成 4 个区,分别建立办事机构;积极吸收存款,发放贷款,扩大通汇;强化对政府部门和行政机关的现金管理,由人民银行宁夏分行负责资金调度;成立保险公司宁夏分公司,开办工商企业财产保险和农牧业生产保险。其三,统一健全国营贸易组织机构。其资金、业务等按照统一计划进行,物资也按照政策统一调度。其四,建立健全国营工商企业和经营单位财务制度,实行经济计划和经济核算制度,合理确定利润分配以及折旧比例,同时更加注重提高资本周转速度。此外,严禁政府机关、部队、团体经商,遏制官僚资本,维护了统一的经济秩序。

统一市场制度的建立,对稳定物价、恢复国营经济、改善人民生活起到了十分重要的作用,同时,统一财经经济管理体制对财政收支、现金收支和物资调度的平衡也发挥了巨大作用。

三、调整公私工商业关系

新中国成立后,人民政府没收官僚资本的同时对广泛存在的民族资本主义经济采取了利用、限制和改造的政策,以此促进国营经济的发展和社会的安定。

据相关资料统计,新中国建立之初,宁夏省全省 54 个城镇计有私营工商户 10 328 户(其中手工业 2 861 户),但主导城乡市场的主要是一些小商贩与小手工业者。[①]从经营组织上来看,从事手工业的多是独立生产者,缺乏合作的生产模式;从行业规模上来看,商业大多是小铺面,成不了行业巨头;从行业划分来

①吴忠礼:《宁夏工商业和手工业的社会主义改造历程》,《共产党人》2006 年第 20 期,第 47—48 页。

看,也大多是杂货铺,无法带动行业的发展。这种不成气候的缓步发展就是当时宁夏省工商业的状况与特点。此外，宁夏省合作事业的经济力量更为弱小,全省仅有 17 家合作社。省人民政府为了迅速恢复和发展国民经济,国家充分利用私营工商业的力量,促进城乡物资的交流,满足人民生活需要,积极支持发展各种所有制形式的工商业。宁夏省人民政府根据党的政策,在三年国民经济恢复和发展中,对私营工商业采取了保护和利用、限制、改造的政策,并按照这一政策精神,从 1950 年下半年开始,对工商业行进行合理调整,即适当调整公私关系、劳资关系和产销关系,让私营工商业能在国营经济的领导下,为国民经济的恢复和发展服务。可见这一时期宁夏省的私营工商业急需调整结构,加强自身实力的同时,公私工商业的关系也有待调整。

1950 年上半年稳定物价的工作取得初步成效之后，私营工商企业又出现了产品滞销、生产锐减、裁减工人和关厂歇店的现象。私营工商业发展的停滞和萎缩,使得民族资产阶级中的一些人惶惶不安,他们与政府、人民的关系愈发紧张,对经济、社会的发展造成很大困难。

根据 1950 年 6 月中共七届三中全会精神,以恢复国民经济、争取国家财政状况根本好转为中心,以“发展生产、繁荣经济、公私兼顾、劳资两利”为指导方针,以改善公私关系、劳资关系、产销关系为基本环节,开展了对私营工商业的调整。其一,调整公私关系主要在于调整公私工商业关系和调整赋税。私营工业方面,主要措施是扩大加工订货和产品收购,宁夏省政府为此采取试点推行、逐步扩大的方法,并在 1950 年颁布了《宁夏省加工订货管理暂行办法》,使加工订货过程规范化、合理化、制度化。私营商业方面,国营商业适当缩小了经营范围,在保证价格稳定的前提下为私营商业的发展腾出了空间,帮助私营工商业克服困难,使其按照国民经济的需要进行生产经营,并获得合理的利润,使私营工商业很快得到恢复与发展,纳入到了国家资本主义轨道上来。其二,调整劳资关系,即处理资本家和工人之间的关系。其基本原则有三:一是私营企业中工人的民主权利必须确认;二是从有利于发展生产的观点出发,达到劳资两利;三是劳资矛盾可通过协商方式解决或经过政府仲裁。依据以上原则,劳资关系的调整较为平缓顺利,克服了不少企业的发展问题。其三,调整产销关系,即克服生产过程中的无序状态,使产销之间趋于平衡。其中重点调整的是轻工业。

经过对工商业的调整,宁夏的经济状况明显好转。据统计,1951 年与1950 年相比,全省工商业户数增加了 42.9%,资金增长 158%,私营工业产值增长了 72.2%,公私合营工业产值增长了 208.3%,私营商业零售额增长了 29%。[①]私营工商业不仅渡过了困难局面,还取得了相当的发展。

四、“三反”和“五反”

随着宁夏省工商业调整初具成效,国民经济开始复苏和发展,官僚主义、腐败、浪费等现象也纷纷出现在党和政府的队伍中。一些不法分子利用资本主义经济同社会主义经济之间的联系进行不法勾当，谋取私利。据统计，截止到 1952 年 6 月,仅银川市 1 560 个纳税户里,有偷税漏税行为的就占到 85%,偷漏税款达到29.36 万元(后经自查补报结果显示,全市 2 555 个纳税户中,偷漏税户有 1 893 户,占 74.1%,共偷漏税款 75.13 亿元)。中央很快意识到这些问题的严重性,于1951 年底和 1952 年底分别开展“三反”(反贪污、反浪费、反官僚主义)和“五反”(反行贿、反偷税漏税、反盗窃国家资产、反偷工减料、反盗窃国家经济情报)的运动。其中,“三反”运动是无产阶级反对资产阶级腐败现象、整顿国家机关工作作风的社会改革运动。“五反”运动则是无产阶级同资产阶级之间更直接的阶级斗争,是进一步改造资本主义工商业的运动。按照中央统一部署,宁夏省委、省政府也在 1951 年底和 1952 年底开展了“三反”和“五反”运动。其中,宁夏省在“三反”运动中,对占参加运动人数约 10%的违纪人员进行了不同程度的处罚或处理。在“五反”运动中,又以银川市为重点,普查了全省的私营工商业。

通过以上措施,不法工商户受到严重打击,同时,国营、集体经济迅速发展。宁夏省很快确立了国营经济的主导地位,规范了市场,调整了公私关系,这是宁夏经济向社会主义经济过渡的重要步骤,为其经济发展打好了基础,指明了方向。

---

①徐安伦、杨旭东:《宁夏经济史》,宁夏人民出版社,1998,第 251 页。

第三节　土地改革和农业的恢复发展

土地改革是新中国成立初期农村一场彻底的政治经济社会变革。中国共产党领导的新民主主义革命，其基本内容就是消灭封建土地所有制，实现农民土地所有制。1950 年 6 月底，中央人民政府颁布的《中华人民共和国土地改革法》，就是以废除封建土地所有制，实行农民土地所有制为目标，以“依靠贫雇农，团结中农，中立富农”为总路线，有计划地消灭封建剥削，发展农业生产。宁夏省结合自身特点，从减租减息开始逐步进行土地改革。此后，始于 1938 年的农业互助组织和农垦事业的开创，为农业生产的恢复奠定了基础。在此时期间，宁夏省取得了巨大的经济成就。

一、土地改革的历史进程及其成就

宁夏的土地改革从减租减息开始。这是由于宁夏是新解放区，农民群众还没有组织起来，阶级意识有待提高；干部力量薄弱；过早分地、分浮财使得社会财富迅速分散，从而让还很沉重的军需负担落到广大农民的肩上。宁夏土改分期分批开展起来。1950 年 8 月颁布《关于划分农村阶级成分的决定》以后，宁夏省的土地改革除蒙古族聚居的磴口县外，汉族和回族杂居的 12 个县(市)(即现今宁夏北部农区)从 1950 年 9 月开始(磴口县于 1952 年冬开始)。先在宁朔县、盐池县进行减租减息的试点。到 1950 年冬，通过对试点经验的总结，决定在全省范围内全面开展。在牧区，实行了“不分不斗，不划阶级成分”“牧户牧主两利”的政策。①

其中，宁朔、盐池两县的减租减息试点内容和政策是：①地主、富农和祠堂、寺庙、机关团体及工商业者在农村出租的土地，一律按原租额减少 25%；减租后，出租人所得不得超过全部收获量的 37.5%。②在保障出租者合法租额的同时，严禁出租者抽回或典卖土地。③普通农民之间的租佃关系，依团结互助原

①李自然：《浅谈新中国成立初期的宁夏民族工作(1949—1958)》，西北第二民族学院学报(哲学社会科学版)2007 年第 4 期，第 74—78 页。

则，由双方协商解决或由农会调解处理。根据以上政策，发动群众基础，纠正了“宁夏土地不集中，没有多少租可减”的错误认识，使减租减息运动得以顺利进行。减租减息运动最主要的成果就是减轻了广大农民的负担，农会掌握了乡村政权，逐渐成为组织、领导农村的主体性组织。此外，锻炼了许多领导干部，培养了大批农民积极分子，为土改的开展打下了坚实的基础。

至 1951 年宁夏省第一届各族各界人民代表会议第二次会议，听取和讨论了潘自力所做的《关于今冬明春在全省主要农业区域实行土地改革的报告》，决定成立宁夏省土地改革委员会，组织巡视团在各地视察工作，发现并解决问题。从试点到结束，宁夏土改持续了两年多，于 1953 年春完成全省土地改革任务。固原地区 5 个县土改从 1951 年 9 月开始，分为四批，至 1954 年 7 月顺利结束。

宁夏省在土改进程中遵循中央统一路线、方针和政策，坚持土改基本原则：①没收地主“五大财产”（土地、耕畜、农具、多余的粮食和房屋）分配给穷苦的农民，不没收浮财和底财；②保存富农经济，只征收半地主式富农出租的土地；③小土地出租者如果人均占有土地不超过当地人均占有土地的一倍，不予没收；④保护中农利益不受侵犯；⑤对地主兼营工商业者利益予以保护；⑥牧区废除除牧主占有草场的封建制度外，实行“不分不斗，不划阶级”以及“牧工、牧主劳资两利”的政策；⑦对宗教财产采取适当从宽处理政策。

宁夏土改工作的一个重要特点是从本地回族聚居、边远落后的特殊省情出发，认真执行民族政策、宗教政策，保护工商业和畜牧业。这基于宁夏省自身的特殊情况，宁夏是少数民族地区，回族占总人口的 28%，因此土改过程中重视对少数民族利益的保护，注重民族团结尤为关键。土改过程中，尊重回族的宗教信仰与风俗习惯，对清真寺和拱北的土地酌情给予保留，道堂房不予没收，没收到的地主财产也优先分配给回族群众。这些政策和措施保障了回族群众的利益，也保证了宁夏地区土地改革的平稳完成。

经过土地改革，宁夏省彻底废除了封建土地所有制，农村各阶级的土地占有关系发生了根本性的变化。据《宁夏通志·四·经济管理卷》记载，土改中宁夏省全省（实际为现宁夏的北部农区）共没收土地 109.8 万亩，占耕地总面积的 26%。分得耕地者共有 6.25 万户、28.68 万人，雇农约有 79%的人口分得耕地，贫农约有 51%的人口分得耕地，中农约有 17%的人口分得耕地。农村各阶级的耕地占有情况发生了很大变化：占人口总数43.9%的贫雇农，土改前只占有总耕地面积的23.31%，土改后增加到35.7%；占人口总数5.95%的地主，土改前占有总耕地面积的20.9%，土改后降低至4.4%。[①]这不仅在经济上解放了农村生产力，使农业生产迅速恢复和发展，也使广大农民联合起来巩固了人民民主专政，加强了工农联盟。

二、农业互助合作组织的发展

宁夏省的农业社会主义改造始于1950年老革命区盐池县，到1956年顺利完成。互助合作运动萌芽于1950年，宁夏各地区农民自发组织了临时的季节性互助组4 209个（其中常年互助组2个），初步显示了互助合作组织的优越性。1952年底，全省近一半的农户参加了互助组。1953年3月中共中央发出《关于农业生产互助合作协议的决定》，宁夏省遵循“积极整顿，稳步发展”的方针对大部分互助组织进行整顿。到1955年，宁夏互助组共有6 201个（其中常年互助组4 693个）。临时互助组和常年互助组，虽然生产资料仍属私有并在分配中占有重要地位，但是已经具有互助互利、共同劳动、评工记分等社会主义因素的萌芽。互助组的特点是：土地私有，分散经营，调剂劳力，集体劳动，等价交换。其基本原则是：自愿、互利和民主管理。

在互助组的基础上，自1952年起，宁夏各地逐步试办了初级农业合作社。1952年宁夏最早的三个初级社，即平罗县戴玉玺农业生产合作社、莫如信农业生产合作社以及银川市郊区罗家庄农业生产合作社分别成立。1953年春又试办了19个初级社，初级社使得粮食产量提高、经济收入增长、社员生活质量得到改善。于是，初级合作社进一步发展起来，有学者写道，到1955年，初级社数量猛增至4 459个，参加农户达198 503户，占农村总户数的72.15%，宁夏省基本实现了初级农业合作化。1955年下半年起，高级农业生产合作社迅猛发展。1955年上半年宁夏的高级社仅有20个，参与的农民户数为7 109，占农村总户数的2.58%。到1956年底，宁夏高级社已有2 218个，参与的农户数达267 544

①宁夏通志编纂委员会编《宁夏通志·四·经济管理卷》，方志出版社，2007，第33页。

户，占农村总户数的92.23%，至此基本实现了高级农业合作化。[①]高级社实行按劳分配，取消了土地报酬，同时普遍建立了较为健全的公积金、公益金制度和民主管理、财务管理、生产管理制度。

实践证明互助组和合作社较之个体单干具有很大优势。其一，互助组和合作社有利于提高劳动效率。从耕地、播种、除草、收割到打碾的过程往往比单干提前3—10天完成，工作效率提升30%—50%。其二，有利于精耕细作，平均产量提高了1—3倍。[②]其三，有利于农业基本建设。如修渠整坝、开垦荒地等工作，都需要集体劳动。其四，有利于生产技术和生产手段的改良与推广。此外，还利于发展多种经营，通过合理调配实现多业分工。农业互助合作运动的开展对促进宁夏农业生产的恢复和发展发挥了巨大作用。

宁夏农业合作化运动的发展过程，从临时互助组到常年互助组，再到半社会主义性质的初级农业合作社、社会主义性质的高级农业生产合作社，是由低级向高级逐步发展的，在遵循中央的政策下积极引导广大农民走上合作化道路，完成了农业社会主义改造的历史任务，取得了非凡的成绩。

三、农业的恢复与发展

宁夏解放后，对农业生产关系进行改革和调整的同时始终把恢复和发展农业生产作为经济工作的重点。至1952年，宁夏省在农业生产的恢复和发展方面已取得了显著成就。由表8-2统计数据可以看到农业生产方面的巨大成果：1949年到1952年，宁夏粮食总产量大幅提高，增长了47.7%，单位面积产量增加了29.2%，人均粮食占有量增加了24.3%。

短短几年，宁夏的农业生产就迅速得以恢复和发展，取得了突出的成绩。这得益于土地改革解放了农村生产力，加之农业生产互助合作社运动提高了劳动效率和农民生产积极性，此外，也离不开一系列扶助生产的政策以及科学技术的推广。据统计，在恢复时期里宁夏省人民政府提供的各种农业贷款逐年增加，从1950年的21万元增加到1952年的314万元；与此同时农业税实征税率从

①左兵、饶彦久、郭小涛：《宁夏农业社会主义改造的历史经验与思考》，《宁夏党校学报》2008年第1期，第80—83页。

②徐安伦、杨旭东：《宁夏经济史》，宁夏人民出版社，1998，第258页。

表 8-1 农业总产值的增长①

年份	绝对数(万元) 按 1952 年不变价格计算	指数(%,以 1949 年为 100)
1949	9 403.3	100
1950	9 965.2	105.9
1951	11 518.9	122.5
1952	13 593.4	144.6

表 8-2 粮食总产值和单位面积产量的增长②

年份	粮食总产量		单位面积产量		人均占有粮食	
	绝对数(吨)	指数(%)	绝对数(千克)	指数(%)	绝对数(千克)	指数(%)
1949	321 100	100	48	100	268	100
1950	335 120	104.4	51	106.3	266	99.3
1951	416 450	129.7	58	120.8	313	116.8
1952	474 350	147.7	62	129.2	333	124.3

1949 年的 21 万元增加到 1952 年的 314 万元；与此同时农业税实征税率从 1949 年的 13.3%逐渐减少为 1952 年的 9.3%。[③]兴修水利、开垦荒地以扩大种植面积也是宁夏省发展农业生产的重要环节。宁夏省结合自身地理地貌等因素，因地制宜地在山区各县开挖引水渠道、打井建窑，修建小型水利设施。同时，积极开垦荒地，加速土地资源的开发和利用，大大增加了可耕土地的面积。基于上述种种有利条件，宁夏农业生产的恢复和发展非常迅速。

第四节 社会主义改造完成与有计划的经济建设开始

1953 年国民经济恢复的历史任务完成后，国家以过渡时期总路线为标志，提出了把党和政府工作重心转移到社会主义改造和有计划的社会主义建设上

①宁夏回族自治区农业厅编《宁夏回族自治区农业统计历史资料》，宁夏人民出版社，1989，第 210 页。

②据《宁夏回族自治区农业统计历史资料》（宁夏回族自治区农业厅编，宁夏人民出版社，1989，第 40 页、44 页）和《1992 年宁夏统计年鉴》第 335 页有关数字制作。

③徐安伦、杨旭东：《宁夏经济史》，宁夏人民出版社，1998，第 245 页、261 页。

来。在相当长的过渡时期内，逐步实现国家工业化，实现对个体农业、个体手工业和资本主义工商业的社会主义改造，即“三大改造”的任务。这是过渡时期总路线的实质要求，也是1953—1957年“一五”计划的基本目标。

宁夏地处偏僻，近现代经济发展缓慢，整体水平极为落后。在这种情况下要按照过渡时期总路线进行社会主义工业化和“三大改造”，既是宁夏经济发展迫切的内在需求，又面临着诸多困难和巨大挑战。

一、过渡时期总路线及宁夏经济形势

1988年出版的《宁夏经济史》对过渡时期前宁夏的经济形势有较为详细的记载。从工业化水平来看，现代工业占工农业总产值的比重是衡量经济发展水平的主要标志，1952年，全国达26.7%，而宁夏省仅占3.7%，主要工业产品集中在发电、煤炭、陶瓷、印刷、机械维修等少数几个部门，物质技术基础十分薄弱。从经济关系方面来看，1952年后出现多种经济成分并存的局面，但是这一时期个体经济仍然占据主要地位，资本主义经济所占比重也相当大。工业总产值中，国营工业占10.4%，国家资本主义工业占9.5%，私人资本主义工业占13.7%，个体手工业占66.4%；纯商业零售总额中，国营和供销合作商业占21.5%，资本主义工商业占78.5%；农业总产值中小农经济更是占据绝对的领导地位。可见社会主义经济远没有取得统治地位。[①]宁夏省面临复杂的经济形势，贯彻过渡时期总路线需要从“三大改造”起步。

二、个体农业社会主义改造

土地改革之后，宁夏省建立了土地的农民个体所有制，农民的生产积极性大幅提高，但是小农经济不足以满足社会主义经济建设需求，亟须得到社会主义改造。引导农民走集体化道路，采取互助合作形式成了最好的出路。

如之前所述，宁夏农村的互助合作组织最早萌芽于革命老区盐池县。《宁夏通志》中写道：“在大土豪分田地之后，为了发展农业生产，上滩村自发组织起变工队，选刘宝玉为队长，刘宝玉变工队带动盐池县各村陆续建立了变工互助组。

①徐安伦、杨旭东：《宁夏经济史》，宁夏人民出版社，1998，第264页。

1949年9月以后，政府鼓励农民组织劳力和畜力变工互助，以解决贫雇农因耕畜、农具、人力短缺而影响生产的困难。”[①]1950年底，宁夏全省互助组已达4 209个，到1951年末，互助组数量已达1.45万之多。1953年起宁夏农业互助合作运动进入到以整顿提高和逐步扩大农业生产合作社为主要内容的稳步发展阶段。

1953年春，宁夏组织起来的农户占总农户的比重猛增至56%，出现了急躁冒进的倾向，一味地追求数字增长。同时还产生了强迫入组的形式主义和命令主义，在互助组内盲目实行公共积累，提倡财产公有，默认不等价换工等。宁夏省委对此发布了《对当前互助合作运动几个问题的指示》，整顿和发展了互助组，打击了虚假部分和形式主义，为农业的社会主义改造巩固了前进的阵地。

1952—1955年期间，宁夏进一步贯彻《关于农业生产互助合作的决议》，按照临时互助组到常年互助组，到土地入股统一经营的半社会主义的初级农业生产合作社，再到完全实行按劳分配的高级农业生产合作社的步骤推动农业合作化的发展。

进入到1956年，农业合作社的主流开始转向高级社，其数目达到2 218个，参与高级社的户数达267 544户，占总农户数的92.23%。至此，参加农业合作社的农户数占总农户数的98.63%。1957年又将初级社全部转化为高级社，入社总户数占总农户数的99.3%。[②]这一时期基本实现了以高级社为主的农业合作化，标志着宁夏农业私有制的社会主义改造基本完成。

宁夏个体农业的社会主义改造大致可以分为两个阶段：第一阶段是1952年到1955年，这一阶段中在党“积极领导、稳步前进”的方针指引下互助合作运动稳步发展，连年增产，体现了互助合作的优越性。1955年下半年至1956年为第二阶段，期间对农业的改造要求过急，盲目冒进，且形式单一粗糙，虽然短时期内建立了崭新的社会主义生产关系，但是留下了历史后遗症。总体而言，经过农业合作化，农村土地所有制由农民个人所有制转变为农业合作社集体所有制。

---

①宁夏通志编纂委员会编《宁夏通志·四·经济管理卷》，方志出版社，2007，第34页。

②徐安伦、杨旭东：《宁夏经济史》，宁夏人民出版社，1998，第266页。

三、个体手工业的社会主义改造

20世纪50年代初期，手工业是国民经济基本生产部门之一，在国民经济中发挥着重要作用。新中国成立后，在党和政府的扶植下，宁夏省的手工业发展迅速。宁夏对个体手工业的改造从1953年开始，当时宁夏个体手工业总户数已由1949年的4 147户增加到5 381户，从业人数达到9 862人，涉及50个行业，1 000多种产品。[①]

宁夏手工业的改造在1953年11月的全国第三次手工业生产合作会议以后正式拉开序幕。在方针上，积极领导，稳步前进，既反对过高过急，盲目发展，也反对放任自由，停步不前；在方法步骤上，从供销入手，由小到大，由低级到高级，逐步改造。1954年宁夏手工业合作社发展到137个，从业人数达到1 697人，占手工工业者总人数的14.96%，手工业合作社的产值达到595万元，占手工业总产值的30.48%。[②]1955年，虽然合作社组数目下降到109个，但是从业人员的规模依旧是扩大的，占19.9%，其所占手工业产值比重也由上年的24.76%提高到30.5%。[③]1956年在农业合作化高潮的带动下，手工业合作化也激起了高潮，手工业合作社增加到220个，从业人数增加到6 439人，占手工业者总人数的92.44%，基本实现了手工业合作化，标志着宁夏手工业由个体所有制转变为集体所有制。1957年起转入整顿、巩固、发展、提高阶段。

四、资本主义工商业的改造

在“三大改造”中，对资本主义工商业的改造不同于对农业和手工业的改造，比较特殊。对民族资本主义工商业的改造，国家采取了利用、限制、改造的方针，实质是通过赎买的方式逐步把资本主义经济改造成社会主义经济。

新中国成立初期，宁夏省私营工商业主要集中在银川市和吴忠市，总户不到1万户，大型工商业不超过30家。1950年下半年开始对宁夏省工商业进行了调整，即适当调整公私关系、劳资关系和产销关系，目的是让私营工商业能在

①宁夏通志编纂委员会编《宁夏通志·四·经济管理卷》，方志出版社，2007，第35页。
②同上书，第35页。
③徐安伦、杨旭东：《宁夏经济史》，宁夏人民出版社，1998年，第268页。

国营经济的领导下，为国民经济的恢复和发展服务。调整公私关系，即国家通过加工、订货、统购、包销等方式以及银行贷款的扶持，调整零售商品流通中的公私经营比重和经营范围等措施，帮助私营工商业克服困难，使其按照国民经济的需要进行生产经营，并获得合理的利润，使私营工商业很快得到恢复与发展，并把他们纳入到国家资本主义轨道上来。

宁夏省按照中央统一部署，对资本主义工商业进行了改造，分别从私营批发商、民族资本主义零售商和公私合营着手。

由于私营批发商是在旧中国由帝国主义和官僚资本实力扶植起来的，同农村封建势力联系紧密，具有很强的买办性和封建性，所以对其进行社会主义改造刻不容缓。改造的具体方针是：逐步安排，逐步代替；前进一行，改造一行；先主要行业，先大批发商，后中小批发商。分别依据不同情况，采取留、转、包三种形式进行。宁夏对私营批发商的改造比较平稳，对相关人员也进行了合理安排。

零售商与批发商有所不同，他们商户多，从业人员多，行业多，经营承包的商品种类也多，对其改造自然也就相对复杂。对民族资本零售商的改造是通过国家资本主义形式的批购、代购、经销达到公私合营。宁夏对资本主义零售商的改造是先从粮油、棉布行业开始的。据相关资料记载，以银川市棉布行业为例，在 1954 年国家对棉布实行统购统销以后，万庆公、庆瑞成、大同庆、晋源昌等棉布商号，经自愿申请，被批准成为市花纱布公司的代销店，走上了国家资本主义的初级轨道。[①]

最后进行的是公私合营。1955 年，党中央发布了《关于对资本主义工商业社会主义改造决议（草案）》和《告全国工商界书》，指导公私合营的开展。同年年末，在农村合作化的推动下，宁夏出现了不分企业规模的公私合营高潮。《宁夏通志》中记载道："通过清产、核资、定股、复查等各项工作，于 1956 年初实现了全行业的公私合营，大批较小的零售商业也被改组为合作商店、合作小组，基本完成了对资本主义工商业的社会主义改造。公私合营后，按核定的私股额给资方以 5%的定息，原定时间为 7 年，实际一直到 1966 年 9 月才停止对定息的支

①吴忠礼：《宁夏工商业和手工业的社会主义改造历程》，《共产党人》2006 年第 20 期，第 47-48 页。

付。之后,公私合营的工商业,全部转为国有工商企业。”[①]

到1956年,宁夏省社会主义公有经济已占据统治地位,宁夏也从过渡时期的多种所有制经济成分构成的新民主主义经济制度,转变为由公有制经济占绝对领导地位的社会主义经济制度。但是“三大改造”的后期存在着过高过急的冒进倾向,忽视了经济发展的客观规律,在生产关系和发展机制上给宁夏日后的发展造成了一定的负面影响。但是,这场社会变革在宁夏所取得的成绩是有目共睹的,对于促进宁夏地区今后国民经济的发展和即将开始的全面建设社会主义的新宁夏具有重大的意义。

五、宁夏省计划经济体制的建立

1953—1957年的“三大改造”期间,也正值国家“一五”计划的经济建设时期,在此时期间宁夏省的经济有所发展,但是同全国整体水平相比较,宁夏基本上是游离在国家主导产业之外,仍然带有较强的封闭性,循着历史惯性继续发展。

“一五”经济建设期间,宁夏省总计6 929万元的基本建设投资额中近40%用于农业[②],促使粗放经营的农业生产规模逐步扩大,具体表现在耕地面积的扩大,水利设施的建设以及农产品产量的增多。但是粗放经营的农业生产模式使得每个农业劳动力的粮食产量平均提高幅度小,效率不高。工业建设方面,宁夏在完成工业改造的同时,虽然取得一定成绩,但是由于1954年宁夏省建制撤销并入甘肃省,加上没有大规模工业建设条件,这一时期工业总产值年均增长速度虽然达到16.4%,可直到1957年,宁夏积累的工业基建投资总额只有1 590万元,固定资产原值只有1 214万元,总产值仅4 217万元,占工农业总产值的19%,[①]工业结构基本未有调整和改善。

在此期间,为了改善宁夏财政状况、投资状况,调整工农业结构,中央在政策方面给予了大力支持。宁夏在“三大改造”和“一五”期间也逐渐建立起适合自身发展的经济管理模式:其一,在权力体系中,宁夏省从省到县的各级政府均设立计划机构,层层编制,实现对国民经济有计划、有步骤的管理。其二,在企业管

①宁夏通志编纂委员会编《宁夏通志·四·经济管理卷》,方志出版社,2007,第36页。
②徐安伦、杨旭东:《宁夏经济史》,宁夏人民出版社,1998,第272页。

理上，宁夏省政府向各个企业下达全面的指令性指标，加强监管，由主管部门供应生产资料，商业部门分管收购及调拨，最后由财政部门统一收支资金。其三，针对农业产品实行统购统销的方式，把农业活动纳入到政府计划范围内统一管理。此外，在就业方面实行集中统一的就业分配制度，按计划规定工资标准和审核指标。

宁夏地区通过贯彻过渡时期总路线，在发展经济的同时，于 1957 年与全国各地同步完成了对农业、手工业和资本主义工商业的社会主义改造，实现了生产资料所有制公有化。在此基础上，建立起经济管理机构、设立计划委员会等，商品价格的统一制定、财政部门统收统支资金和统一定量供应、统一的就业分配制度等。宁夏整体面貌得到了初步改善，社会安定，经济欣欣向荣，人民生活得到改善，自此，宁夏地区社会主义计划经济体制基本确立。

①徐安伦、杨旭东：《宁夏经济史》，宁夏人民出版社，1998，第 272 页。

第九章　计划经济体制下宁夏经济发展总体特点

1958 年 10 月，宁夏回族自治区成立，提高了宁夏在西北地区乃至全国经济社会的战略地位，得到了国家在财力、人力、物力等方面的大力扶持和全国各省市区的有力帮助，国家对宁夏投资的迅速增加、一批骨干企业和工业门类从无到有以及农业的恢复发展，使得宁夏经济的建设步伐得到加快，初步改善了宁夏的工业结构和国民经济结构。在计划经济体制下，宁夏经济发展的总体特点表现为经济发展几经波折，现代工业基础逐步建立，农业发展曲折低效，商业萧条，城市发展滞后于工业化发展等方面。

第一节　曲折的经济发展历程

社会主义改造基本完成以后，公有制经济在宁夏基本得到确立，宁夏经济建设进入了一个新的历史时期。在全国人民高涨的社会主义经济全面建设浪潮中，宁夏也开始在计划经济体制下，不断摸索，积极发展公有制经济。从第二个五年计划开始，宁夏在国家整体战略向中西部地区转移的契机下，开始了以发展工业、建立完整工业体系为主要目的的经济建设。在激昂澎湃的全区经济建设浪潮中，宁夏取得了工业、农业、交通邮电业、水利事业等方面的卓越成就，但是，在此期间冒进的情绪和"左"的指导思想，也造成了经济的严重失调和众多矛盾。随着党和国家对国民经济的调整，继 1958—1960 年第一次经济建设高潮之后，1965—1970 年宁夏又迎来了经济建设的第二次高潮，逐步使宁夏产业结构趋于合理，工业体系趋于完备，农业也得到了恢复发展。

一、宁夏经济建设的第一个高潮时期

1958—1960年，是宁夏经济建设特别是工业建设的第一个高潮时期。这一时期，宁夏的工业、农业、交通邮电业实现了快速发展。

1958年，宁夏开始实施第二个五年计划，和全国一样掀起了“大跃进”“人民公社化运动”。包兰铁路通车，贺兰山煤炭基地、青铜峡水利枢纽等重大工程开工建设，一大批工业行业从无到有发展起来，工业产值比重大增，开始接近或超过农业产值，改变了宁夏农业占绝对优势的经济结构。煤炭工业逐步成为宁夏工业的主导产业，获得长足发展。1960年原煤产量已达305万吨，是1957年产量的8.9倍。煤炭工业产值占工业总产值的比重，也由1957年的6.8%上升到1960年的21.8%。[①]煤炭工业的发展，同时也带动和促进了一系列相关产业的发展。除石嘴山煤炭工业基地外，银南地区的青铜峡、吴忠两县因水电站、水泥厂、机床厂、仪表厂等项目的布点建设而成为宁夏工业新的增长点，初步形成银北—银川—银南工业布局的基本框架。1960年与1957年相比，宁夏工业企业数由310个猛增到783个，增加1.52倍，工业总产值由4 217万元增加到20 267万元，增长3.8倍，年均递增68.8%，并第一次超过农业总产值，除此之外全民所有制企业职工数由5 649人增加到59 879人，增长9.6倍。[②]

在1958—1960年的3年间，宁夏的农业也取得了较快发展，主要体现在耕地面积大幅度增加，水利建设成果显著，生产条件得到了较大改善。具体体现在，1960年与1957年相比，耕地面积增加了50多万亩，其中水田增加了20多万亩。特别是水利建设在此期间又有新的进步，青铜峡水电工程的水利枢纽工程于1960年4月完工、放水，灌溉面积达250万亩，大大改善了宁夏平原的灌溉条件。作为引黄灌区基本渠道的跃进渠和西干渠在此期间完工，长度共199千米，新增灌溉面积达34万亩。同时，南部山区水库建设也出现质的飞跃，共修建了沈家河、苋麻河、寺口子、店洼、石峡口、马莲川6座中型水库和2座小型水库，有效灌溉面积达14.5万亩，使固原地区的水田面积增加了1倍。另外，农

---

①郑震、张廉：《建设富裕宁夏——产业支撑转型发展》，国家行政学院出版社，2014，第57页。

②《宁夏区情》，宁夏人民出版社，1988，第224页。

业机械拥有量大幅度增加，1960年有大中型拖拉机554辆，联合收割机34台，农用载重汽车53辆，排灌机械总动力达到1 032万瓦特。

交通邮电事业在这一时期更是取得了突飞猛进的发展，1958—1960年共投资2 756万元，为“一五”时期投资额的5倍。铁路建设上，宁夏不仅对包兰线石嘴山至营盘滩间的路基、道床、线路爬行、桥涵及车站设施进行了较大规模整治，而且还修筑了主要用于老城区生活用煤及其他物资运输的银新支线和连接包兰铁路与兰新铁路的甘武支线以及一些厂砖专用线路。公路交通方面，在当时开展了“各行各业大办交通”“实现公社车子化、滚珠轴承化”的群众运动，宁夏各地均投入了大量人财物力修桥筑路，新建了7 779千米以乡村道路为主的公路，其中通汽车公路701千米。同时运输车辆的数量也迅速增加，仅1958年一年就净增578辆，使民用汽车总数达到880辆。运输条件的改善，提高了公路的运输能力，其货运量由1957年的88万吨增长到1960年的386.6万吨，客运量由1957年的39.1万人次增长到1960年的84万人次。[①]铁路和公路的建设为宁夏交通业的发展奠定了坚实的基础，同时也为邮电通讯事业的发展提供了必要的条件，这都使全区的邮电通信有了质的飞跃。1958年包兰铁路全线通车后，即开辟了以银川为中心的北至石嘴山、南至固原汽车邮路，使投递物提前了3—5天到达各地。此外，还开通了银川至北京、银川至固原的直达载波电路等。至1960年，全自治区有长话电路69路，比1957年增长1.7倍。电报电路44路，比1957年增长4.5倍，形成了以银川和固原为中心的、各市县都有直达电路的电信网络。与此同时，政府相应扩建了市内电话，至1960年，市话用户已达2 214户，其中银川市开始使用室内自动电话。农村电话到1960年也达到1 919户，比1957年增长4.6倍，使绝大多数公社和70%左右的生产大队都通了电话。[②]

伴随着来自于20世纪50年代中期以后国家经济布局战略向中西部落后地区转移，以及自治区成立所带来的新的发展机遇和条件，1958—1960年的宁夏在经济建设方面可以说是取得了质的进步。

---

①郑震、张廉：《建设富裕宁夏——产业支撑转型发展》，国家行政学院出版社，2014，第58页。

②同上书，第59页。

二、国民经济的调整阶段

在宁夏经济建设经历了第一个发展高潮之后，由于“左”的指导思想和急躁冒进情绪导致的“大跃进”和“人民公社化运动”及反地方民族主义、反坏人坏事等政治运动的影响，加之“二五”计划缺失一定的科学性，计划执行起来比较困难，主要计划指标均未完成。这给宁夏国民经济带来了严重失调和矛盾的后果，使得宁夏经济从20世纪60年代初期起，步入了长达3年的困难时期。特别是“人民公社化运动”使农村刮起了狂热的“共产风”和瞎指挥风，违背自然规律和经济规律，严重挫伤了农民的积极性和创造性，农业连年减产，1960年全区粮食产量降到1952年以前的水平。“大跃进”和“人民公社化运动”等急躁冒进行为为宁夏经济带来的消极影响，还表现为基本建设规模过大、超越了实际承受能力、工业内部比例失调、人民生活水平下降等。由此宁夏开始了三年（1960—1962年）的经济严重困难时期，后又经过三年（1963—1965年）调整才得以恢复。

根据中央精神，1963—1965年，宁夏用三年时间对国民经济继续进行调整，进一步落实“调整、巩固、充实、提高”的决定精神，在认真、冷静分析客观实际的基础上，以新的思路开始了对国民经济的新一轮调整。在农业方面，把农业放在经济发展的首位，确定了“以粮为纲、全面发展”的农业发展方针，在首先保证粮食生产增长的同时，抓好经济作物的生产。在保证种植业发展的同时，抓好林、牧、副、渔业生产，同时明确要求各行各业支援农业生产，特别是与农业关系密切的农机制造、修理企业和小工业、供销部门等，形成了一个“全党动员，大办农业”的局面。在工业方面，以提高增长质量为中心发展工业生产，深入贯彻“调整、巩固、充实、提高”八字方针，逐步由前两年的调整转到巩固、充实、提高方面。在继续理顺各种经济关系的同时，着重提高产品质量、增加产品品种，降低物耗和成本，提高劳动生产率，改善经营管理，堵塞生产环节中的漏洞，减少原材料、能源的浪费，取得了较明显的成效。另外，还不断开放流通渠道，繁荣城乡市场，改革经济管理体制，关注人民生活等。

通过数年调整，宁夏的产业结构更趋合理，把农业放在经济发展的首位，同时大力进行以煤炭电力为中心、以轻纺和机械为两翼的工业建设。在布局上，银川以轻纺、食品、机械为重点，同时作为后续工业基地加以培育。到 1965 年，宁夏国民经济不仅恢复到了 1957 年以前的水平，而且在众多方面还创造了历史新高，更重要的是在新的发展过程中，人们加深了对客观规律的认识，对“多快好省”有了新的更为科学的理解，形成了更加符合宁夏回族自治区实际的经济建设指导思想和发展战略。

三、宁夏第二次经济建设高潮

继 1958—1960 年宁夏第一次经济建设高潮之后，1965—1970 年，宁夏迎来了自治区成立以来的第二次建设高潮。这一时期，宁夏的工业发展进入了第二个黄金时期，主要是借助“三线建设”的国家战略，宁夏抓住千载难逢的发展机遇，迁建和援建了数十家企业，使宁夏的机械制造业取得了长足发展。

1964 年 8 月，中央做出首先集中力量建设“三线”大后方的决定以后，将包括宁夏在内的内地工业建设放在越来越重要的位置。1965 年 8 月全国工业搬迁工作会议以后，宁夏工业便掀起了自治区成立以来的第二次建设高潮。

表 9–1　1965—1970 年主要迁宁企业一览表①

迁入或投产时间	迁入企业	在宁所建企业
1965 年 07 月	石家庄拖拉机配件厂	吴忠配件厂
1965 年 10 月	大连机床厂	银川长城机床厂
1965 年 10 月	北京仪器厂	青铜峡青山试验机厂
1965 年 11 月	大连起重机厂	银川起重机器厂
1965 年 12 月	沈阳中捷人民友谊厂	中卫大河机床厂
1965 年	津钢、鞍钢、太钢等	石嘴山五四厂
1966 年 02 月	大连仪表厂	银川银河仪表厂
1966 年 03 月	上海自动化仪表七厂	吴忠仪表厂
1966 年	冶金部有色金属研究院 435 室 436 室	宁夏有色金属冶炼厂（905 厂）
1969 年 09 月	沈阳中捷人民友谊厂	银川长城机床铸造厂
1969 年 10 月	瓦房店轴承厂	西北轴承厂
1969 年 10 月	天津红旗仪表厂	吴忠微型试验仪器厂
1970 年 04 月	淄博 724 厂	胜利阀门厂（兴庆机械厂）
1970 年 09 月	张家口煤矿机械厂	西北煤矿机械一厂
1970 年 09 月	淮南煤矿机械厂	西北煤矿机械二厂

通过表 9–1，我们可以看出，迁建和援建企业主要来自东北、京津和华北地

①《当代宁夏史通鉴》，当代中国出版社，2004，第 264 页。

区,并且以装备制造业、冶金工业、化学工业为主,还有少数军工企业。如长城机床厂、大河机床厂、长城机床铸造厂、青山试验机厂、起重机器厂、银河仪表厂、吴忠仪表厂、有色金属冶炼厂、西北轴承厂、西北煤矿机械总厂及一二三厂、石嘴山钢铁厂、银川橡胶厂、宁夏制药厂、清河机械厂、宁光电工厂等。石嘴山矿务局、石炭井矿务局、青铜峡水电站和许多电厂事实上也是援建对象。上述企业中的许多企业现在依然是现代宁夏工业中的骨干企业。

1965—1966 年是迁建企业的第一个高潮期,中间因“文化大革命”初期的干扰破坏而出现暂时停顿;1969—1970 年随着社会政局的相对稳定和经济秩序的恢复,迁建企业又掀起了第二个高潮。这些以机械工业为主的企业,有较雄厚的技术力量和较先进的经营管理能力,而且迁宁后仍与老厂在生产技术上保持着密切联系,从而使这些企业能够得到不断进步。

20 世纪 70 年代初,迁建、援建企业工程大体完成,大部分企业相继进入正常生产阶段,但是随着国际环境的进一步恶化,国家在制定的“四五”计划中对全国经济发展提出了更高和更迫切的要求,新的一轮投资又为宁夏的工业经济发展提供了强大的推动力。因此宁夏回族自治区内开始进入到“小三线”建设的发展阶段,以逐步建立各有特点、各自为战、分工协作的工业体系和国民经济体系。同时,内迁企业的大量涌入,使原有工业构成发生急剧变化,特别是地方小工业的崛起,将宁夏工业建设推向了自治区成立以来的第三次高潮。从1970年起,在国家的支持下,宁夏各级党委和政府便把地方工业建设,特别是“五小”工业(小钢铁、小化肥、小水泥、小机械、小煤矿、小水电等小工业的统称)放到了工业发展的突出地位, 同时采取了相应的政策措施加以扶植。在这一时期,宁夏的工业总产值从 1965 年的 2.03 亿元猛增到 1978 年的 13.8 亿元, 平均每年增长 16.9%,大大超过了同期全国工业产值的增长速度。但是在农业方面,宁夏全区农业增长长期处于缓慢增长阶段,从 1970 年开始,宁夏由过去的粮食调出省变为调入省,南部山区大部分农户的温饱问题都没有得到解决,农村多种经营停滞不前,城市居民在肉、蛋、禽、奶等食品方面也供不应求,人民生活改善缓慢。

因此,可以看出,在计划经济体制下,受国家政策和发展大战略的影响,宁夏经济发展的历程几经波折,既有发展高潮,又有低谷,在不断调整中前行,又继续发展，特别是经过第二次经济建设的高潮，宁夏的现代工业基础也逐步建立起来。

第二节 现代工业基础初步奠定

1958年宁夏回族自治区成立以后，国家对宁夏经济建设的投资迅速增加，一批骨干企业和许多现代工业门类从无到有、从少到多，不断发展建立起来，彻底改变了宁夏直至新中国成立之时几乎没有近代工业的落后面貌，整体经济发展实现了质的飞跃。

一、宁夏现代工业投资建设概述

新中国成立后的经济恢复时期和宁夏省建制撤销后的8年间，即1950年至1957年间，宁夏基本建设投资一共只有6 929万元。1958年自治区成立后，基建投资猛增至9 287万元，1959年和1960年更达到1.92亿元和2.44亿元。其中，工业投资1958年为3 747万元，1959年为9 136万元，1960年则达到10 972万元，三年的总和数相当于前8年的12.6倍。同时，国家对宁夏的财政补助也大幅度增加，1958年为10 703万元，1959年为13 190万元，1960年为22 168万元，分别为1957年167万元的64倍、79倍和133倍。[①]

1960年与1957年相比，宁夏工业企业数由310个猛增到783个，增加1.52倍。工业总产值由4 217万元增加到20 267万元，增长3.8倍，年均递增68.8%，并第一次超过农业总产值，同时全民所有制企业职工数由5 649人增加到59 879人，增长9.6倍。[②]此外，工业结构也得到了初步改善，特别是铁路运输以及现代机械制造、化学、建材、冶金等新的工业部门从无到有，不断涌现，填补了宁夏经济发展史上许多空白，电力、煤炭等工业也有了质的飞跃，从而初步实现了宁夏工业由传统工业向现代工业的转变，由小规模工业向大规模工业的转变，自给性工业向全国性工业的转变。

①徐安伦、杨旭东：《宁夏经济史》，宁夏人民出版社，1998，第281页。

②同上书，第283页。

这一时期，宁夏新建乡及乡以上工业企业共365个，其中大中型企业29个，到1976年，宁夏工业企业数已增加到918个，另有数千家村办企业。总产值、就业人数、资金及利税等占全部工业相应指标的45%—70%，从而突出地形成了以大中型企业为主导的企业结构。在普遍高速增长的工业中，增长最快的是能源、机械、化学和冶金工业。与1965年相比，能源工业（电力、煤炭、石油）产值增长3.5倍，机械工业产值增长7.4倍，化学工业产值增长49.9倍，冶金工业产值增长5.4倍（与1966年相比）。这4个行业在工业总产值中所占比重也从1965年的59%提高到1976年的76.1%，形成了较为符合宁夏实际的、有自身特色的工业增长结构。①此外，这一时期工业的增长还填补了石油开采业及加工业、有色金属冶炼业及加工业、烟草工业、橡胶制品业、塑料制品业、交通运输设备制造业、电子工业、仪器仪表制造业等许多行业的空白，以及水电、原油及其制品、电解铝、轮胎、硫酸、合成氧、农用化肥、自动化仪表、交流电机、手扶拖拉机、塑料制品以及毛线、呢绒等众多产品的空白，使得工业内部结构特别是重工业结构更趋合理和高级化，从而极大地提高了宁夏工业在全国工业中的地位。

二、以煤炭为主的能源工业的建立与发展

新中国成立后，宁夏回族自治区人民政府接管煤矿，对煤矿进行民主改革，变窑主私人经营为公私合营，废除封建把头制度，实行民主管理。自此以煤炭为主的能源工业开始逐步建立与发展。

20世纪50年代初国民经济恢复时期，宁夏在改造旧煤窑生产条件的同时，改进了煤矿工人作业环境，使原始落后的旧煤窑面貌焕然一新，全省煤炭产量逐年提高，1950年全省煤炭产量达2.8万吨。1956年1月煤炭工业部决定开发宁夏贺兰山北段煤田的石嘴山、石炭井矿区。国家先后从陕西、甘肃、山西、山东、安徽、江苏、辽宁、黑龙江等省调来大批土建、矿建、机电等基建队伍和干部、工程技术人员、复员转业军人。1957年10月，石嘴山矿区在“土法上马，先土后洋”“先生产后生活”等方针的指导下开始建设。1958年通过贯彻“全民办矿”“以煤保钢”“大中小并举”“两条腿走路”等方针，自治区除加快在建矿井建设进

①郑震、张廉：《建设富裕宁夏——产业支撑转型发展》，国家行政学院出版社，2014，第61页。

度外，各市、县、社、队开办的小煤窑在各煤田遍地开花，宁夏煤炭产量由1957年的36.7万吨一跃达到了128.6万吨。之后，为了解决包钢[包头钢铁(集团)有限公司]、酒钢[酒泉钢铁(集团)有限责任公司]对焦煤的需要和满足包兰铁路机车用煤，国家决定开发建设石炭井矿区，1959年元月，石炭井矿区在条件更加困难，渺无人烟的荒山秃岭、海拔1500—1800米的贺兰山中土法上马，用钢钎、大锤、大筐、架子车，开山平谷修路，沙沟挖坑找水，用两年零七个月的时间完成了矿区的公路、铁路全线通车和临时发电机组的安装。1960年7月石嘴山矿区建成一矿、二矿共四对斜井，建成设计能力为195万吨现代化大型矿井，结束了宁夏煤炭开采原始落后的历史。到1966年9月，设计能力各为90万吨的现代化矿井石炭井一矿、二矿建成投产。该矿区的三矿、四矿，呼鲁斯太矿区的乌兰矿及汝箕沟矿区的白芨沟煤矿、大峰露天煤矿都于1966—1970年在“先生产后生活”和“边设计、边建设、边生产”等方针政策指导下相继开工建设，1968—1975年先后建成投产。同时还相应地建成了年入洗能力300万吨的大五口洗煤厂等一批煤炭重点工程，基本形成了包括地质勘探、煤炭设计、基本建设、煤炭生产、洗选加工、煤机制造、火攻建材、科研教育、卫生及农场在内基本配套的贺兰山煤炭工业基地。至此，形成了银川以北的石嘴山、石炭井、呼鲁斯太、汝箕沟四大矿区。

除大型煤矿外，这一时期宁夏还大力提倡群众性的地方煤矿和小煤窑开发建设。到20世纪70年代中期，自治区已建成和投入生产的煤矿、小煤窑有200多处。其中市、县属以上厂矿130多个，使煤炭工业总产值比“文化大革命”前增长了3倍以上。

1976年，宁夏煤炭产量达到800万吨，不仅带动了自治区电力工业和高耗能工业的迅速发展，同时有50%—70%的煤炭通过铁路调往外省，成为当时西北地区唯一调出煤炭的省区，有力地支援了国家的国民经济建设。1976年5月，拥有4个煤田(石嘴山、石炭井、汝箕沟、呼鲁斯太)和较完整煤炭工业体系的贺兰山煤炭工业基地已经建成，这一切的发展使得宁夏正式成为全国重点煤炭生产基地之一。

三、高耗能的冶金和化工业的建立与发展

自治区成立之前，宁夏的冶金工业一直是空白。1958 年在“以钢为纲”“全民大办钢铁运动”的形式下，1958 年 5 月 8 日冶金部下达文件，要求在宁夏的第二个五年计划的制定与实施中，安排建设年产 10 万—20 万吨规模的钢铁厂建厂方案，并委托包头黑色冶金设计院承担设计任务。

1958 年 12 月，包头黑色冶金设计院编制完成石嘴山钢铁厂 5 万吨钢铁规模的冶金工厂施工图及说明书。1959 年 6 月 16 日自治区计委以〔59〕宁计马字 266 号文批复石嘴山钢铁厂一期工程，其设计规模为生铁 8 万吨、钢 5 万吨、小型钢材 4 万吨、焦炭 15 万吨、矿石 40 万吨、耐火材料 2.5 万吨，拟在石嘴山钢铁厂建成一个小钢铁联合企业。宁夏回族自治区希望通过这些小钢铁联合企业的建立，逐步建立起以石嘴山钢铁厂为代表的一批冶金企业，带动全区的经济发展。但是由于在建设过程中，因 1962 年国家压缩基本建设战线，特别是控制钢铁工业的发展速度，对长期亏损而短期内不能扭转的企业，区别不同情况，实行“关、停、并、转”，这使已经初具规模的宁夏冶金和化工企业受到了严重影响。宁夏境内大小十几个冶金企业、项目工程全部下马停产、停建。与此同时，由于石嘴山钢铁厂缺乏原料来源，摊子铺得太大，战线拉得过长，加之工程质量差，设备简陋、不配套，工艺不过关，技术素质差，4 年的石嘴山钢铁厂建设，共耗资 2 655 万元，却以仅产出生铁 5 243 吨，转炉钢 410 吨、电炉钢 886 吨、钢材 820 吨、焦炭 28 652 吨、耐火材料 303 吨而告终。宁夏的冶金和化工业的发展进入了低潮。在进入 1964 年以后，受国际国内政治和军事环境的影响，国家在“准备打仗”的指导思想下，提出了工业建设要“靠山、分散、隐蔽”，沿海经济发达省份重点企业向内地转移，大搞三线建设。1964 年 9 月 27 日，冶金部高扬文部长到石嘴山钢铁厂观察，对利用原厂址、安排新厂建设提出初步方案，决定成立石嘴山金属制品厂，代号为“冶金部五四厂”。列入冶金部当年 40 个重点工程上报国家，后经国家计委、经委党组批准，同意从鞍山钢铁公司、天津钢铁厂、天津线材公司、湘潭钢铁公司、唐山钢铁公司和太原钢铁公司等单位搬迁部分设备和生产能力，成建制地调动并支援部分管理、技术和生产骨干人员，在原石嘴山钢铁厂基础上，建成了宁夏石嘴山钢铁厂（五四厂），同时，冶金部决定由兰

江冶炼厂负责宁夏青铜峡铝厂的筹建任务，选定青铜峡市境内卡子庙作为建厂厂址，其厂代号为“冶金部三〇四厂”，建设规模为年产电解铝3万吨，建成后划归中国铝业总公司领导。同时冶金部又决定把北京有色金属研究总院的部分室、所搬迁到宁夏，选定在石嘴山市大武口区原冶金部宁夏汝箕沟选煤厂旧厂址上建设“冶金部九〇五厂”和第三有色金属研究所，拟进行钽铌铍的研究和生产。随着冶金部的三大骨干企业在宁夏的落户，基本形成了宁夏计划经济时代的冶金工业格局，奠定了宁夏冶金工业发展的基础。

20世纪70年代初期，宁夏回族自治区各市县也陆续恢复、扩建和新建了石嘴山市炼铁厂、石嘴山市碳素厂、平罗炼焦厂、贺兰山耐火材料厂、银川铁合金厂、中卫铁厂、中卫铁矿和阿左旗炼铁厂等8个小型冶金企业。全自治区形成了一定规模冶金产品的生产能力，拥有一大批具有较高技术素质和文化素质的冶金工人队伍、技术人才和管理人才。同时，这也使得宁夏的高耗能冶金、化工业得到了十足的建立与发展。

四、“三线”建设推进了机械制造业的建立

20世纪60年代初，国际形势风云变幻，美苏两个超级大国都加紧对中国进行军事威胁，国际形势一片严峻，党和国家开始把经济工作重心转移到战备问题上来。1964年5月15日—6月17日中共中央在北京召开工作会议，中心议题之一就是研究经济工作中的“三线建设”问题。国家在调整全国工业建设布局时，国务院有关部门决定在宁夏安排一批列入“三线建设”范围的重点建设项目。从1964年秋冬开始，全国上下广泛深入地进行了“三线建设”的动员和部署，实际上又开始了新形势下对国民经济的再次大调整。

1965年下半年，一批被列为国家或国务院有关部委重点企业的大中型骨干企业，在宁夏各地陆续建成投产，包括由石家庄拖拉机配件厂迁建的吴忠配件厂，在吴忠县建成投产、由北京仪器厂迁建的青山试验机厂，在青铜峡县建成投产、由大连起重机器厂迁建的银川起重机机器厂，在银川建成投产，此外还包括中卫县的大河机床厂，银川橡胶厂，由北京有色金属研究总院435室、436室、215室合并迁建的全国最大钽、铌、铍生产科研基地和全国唯一的铍材料研究中心的宁夏有色金属冶炼厂，在石嘴山市大武口建成投产等。1966年，由大

连仪表厂迁建的银河仪表厂在银川建成投产。上海自动化仪表七厂迁建的吴忠仪表厂,在吴忠县投产,是国内规模最大的调节阀生产厂家。自经历了"文化大革命"中"打倒一切""全面内乱"最严重的1966年夏到1968年秋的激烈动荡局势后,1969年9月,沈阳中捷人民友谊厂迁建的生产机床铸件为主的长城机床铸造厂,在银川建成投产。由辽宁瓦房店轴承厂迁建的西北轴承厂在平罗县大水沟基本建成投产。1970年,由山东732迁建的以生产军用配套设备为主的兴庆机械厂,在银川建成投产。同年,分别由张家口煤矿机械厂、淮南煤矿机械厂、抚顺煤矿机械厂迁建的生产各类防爆电机为主的西北煤矿机械一厂、二厂、三厂,在石嘴山市大武口建成投产。1976年,由吉林省524厂等迁建的清河机械厂,在固原县建成投产。

这批"三线建设"中陆续建成投产的企业,为宁夏填补了机械制造工业的空白、改善了工业布局、壮大了工业基础,增强了经济实力,为宁夏的经济发展做出了重大贡献。由于上述企业原本就是我国机械工业的骨干,这些企业的迁宁建厂并投产使得宁夏以制造业为主的加工工业水平有了显著的提高,其不仅改善了宁夏的工业结构水平,也提高了全区的工业化水平,而且实现了宁夏回族自治区工业发展的质的飞跃。另外,随着迁宁企业的建设,也提高了宁夏工业在全国工业中的战略地位。1965年以前,宁夏机械工业不仅规模小、产品少、技术落后,而且较为封闭,基本上只具有地方市场的性质。但在经过了"三线建设"的浪潮之后,宁夏的煤炭机械制造业、机床制造业、轴承制造业、起重设备制造业、材料试验机制造业以及自动化仪器仪表制造业,无论在生产条件、技术装备、技术水平方面,还是在品种、产量、质量以及市场占有率方面,都各有特殊的比较优势,有些在全国同行业中还处于骨干的、举足轻重的地位。如长城机床厂和大河机床厂生产的立钻和液压仿形车床产量占全国的一半左右,珩磨机质量居全国第一,品种占全国的40%、产量占20%左右。又如吴忠仪表厂作为全国生产自动调节阀的重点企业,产品品种约占全国的70%,产量约占10%,在国内享有较高声誉。在"三线"建设总体战略布局中,宁夏主要就是以"机床和仪器仪表工业区"而备受全国重视的。①

①徐安伦、杨旭东:《宁夏经济史》,宁夏人民出版社,1998,第333页。

在大批企业迁宁的同时，在国家的组织协调下，全国许多企业还以“援建”（在相当程度上是人力、物力的搬迁）的形式帮助宁夏工业建设。在这一过程中，原有的在20世纪60年代初经济调整时期下马的许多企业经过改建、扩建，纷纷恢复了生机和活力，而且新建了许多大中型企业。石嘴山钢铁厂始建于1958年，1963年因原料缺乏和经济效益差而关闭。1965年在“三线”建设的热潮中，该厂恢复建设。鞍山钢铁公司、天津钢厂、天津线材公司、湘潭钢铁厂、本溪钢铁厂为此支援了大批干部、技术人员和机器设备。1970年该厂与石嘴山五四厂合并，建立了“宁夏石嘴山钢铁厂”，成为宁夏唯一的一家集耐火材料、炼焦、炼铁、炼钢、轮钢、金属制品等功能于一身的钢铁联合企业。1966年5月，随着青铜块水电站建设进度加快，停建6年之久的青铜块铝厂又重新上马，投资7 088万元，设计生产能力3.5万吨，于1970年启动投产。这一时期，由沈阳橡胶三厂和青岛橡胶二厂部分搬迁企业与原银川橡胶厂合并扩建的银川橡胶厂，由吉林、甘肃、河北等省有关企业援建的银川氮肥厂，由中国医药工业公司西安分公司援建的宁夏制药厂，由黑龙江、陕西省援助扩建的银川棉纺厂以及由哈尔滨亚麻纺织厂援助重建的银川亚麻纺织厂等许多企业也相继开工、投产。援建企业着重促进了宁夏冶金工业，特别是有色金属冶炼工业和化学工业的大发展。①

正是国家的战略部署和倾全国之力的投入建设，使得宁夏的机械制造业的发展从无到有、从少到多，取得了质的飞跃，发展水平领先全国，这为宁夏回族自治区的经济发展奠定了坚实的基础，也使得宁夏回族自治区成为全国经济建设和战备储备的大后方，宁夏回族自治区的战略地位得到了显著的提高。

五、乡镇企业（社队企业）的建立和发展

宁夏乡镇企业的发展源头可以追溯到20世纪50年代的农业合作化时期。从所有制形式来看，此时的乡镇企业实为社队企业②，当时被视为社队集体经济的“副业”，主要从事小农具制造、生活用具制造、农机维修、粮油加工、烧制砖瓦及短途运输等。由于这些产业处于“副业”地位，加之历次政治运动均将此视为“资本主义倾向”进行批判，因此乡镇企业发展长期处于停滞状态，其产值在农

①徐安伦、杨旭东：《宁夏经济史》，宁夏人民出版社，1998，第334页。

②文中基于表述方便不做区分。

业总产值中所占的比重,20 世纪 50 年代至 1965 年,一直在 5%左右徘徊。绝对值除个别年份外,均在 2 000 万元左右,在国民经济,乃至农村经济中都几乎微不足道。

20 世纪 70 年代以后,乡镇企业才有了较大发展,这主要得益于三点,一是在 1970 年召开的全区计划工作会议上,提出了到"四五"末期让"五小"工业遍地开花、使"小土群"星罗棋布的奋斗目标。不仅要加强"大三线"建设,而且也要求各省区内部要开展"小三线"建设,以建立各自独立的、比较完整的工业体系,特别是轻工业要做到基本自给,从而把地方工业和小工业建设提到了一个新的战略高度。二是自 1971 年以后,国家把农业发展放在了经济工作的首位,农业机械化的发展变得尤为重要, 这也为乡镇企业的发展提供了较大的生存空间。三是自 20 世纪 70 年代以后,农村剩余劳动力逐渐增多,农业机械化和现代化发展所需资金日益增大,而乡镇企业的发展为这些问题的解决提供了一条可行的道路。正是在这种背景下,从 20 世纪 70 年代初起,宁夏的乡镇企业才取得了"合法"地位,得到了真正重视,从而才开始了真正的起步。

为了促进乡镇企业的发展,从 1970 年起,宁夏回族自治区在财政上每年都安排一部分资金用于社队企业设备购置补助和技术改造补助,同时在税收上对于新建企业和暂时发生亏损的企业,给予一定期限的减免税照顾,同时还对产品交由商业部门收购的企业按较低纳税率征税,对加工、修配、修理、服务业务和交通运输所得收入实行免税等。同时,政府在信贷资金、技术服务、生产协作等方面也给予了较为积极的支持。在这种条件下,乡镇企业有了较大的发展。到 1972 年,宁夏乡镇企业产值(工副业产值)突破了 4 000 万元大关,达4 354.8 万元,分别比 1965 年和 1971 年增长了 38.7%和 29%,在农村社会总产值中所占比重提高到 8.35%,分别比 1965 年和 1970 年增长 31.5%和 27.1%。以后社队工副业产值又突破 5 000 万元大关,到 1976 年,社队工副业产值达到这一时期的顶峰,为 5 880.1 万元,占农村社会总产值比重也提高到 11.3%。1976 年,宁夏共有社队企业 2 604 个,其中社办企业 478 个,队办企业 2 126 个,主要从事粮油加工、短途运输、磷肥、砖瓦、石灰、生活用品和农具生产与维修。特别是农机修造,构成了社队企业的骨干,基本做到了"小修不出队,中修不出社,大修不出县”,对这一时期农业机械化做出了突出贡献。①

第三节 政治运动导致农业低效发展

在计划经济体制下,宁夏的农业发展除了受到自然地理环境影响外,持续不断的各种政治运动亦影响极大,特别是“大跃进”和“人民公社化运动”的失误,对农业经济的发展产生了许多恶劣影响,导致宁夏的农业发展一直处于低产低效状态。尽管作为宁夏农业发展的重要区域——引黄灌区的农田水利建设一直都在稳步推进,农业发展或多或少地取得了一定成效,但是,全区农业发展的总体趋势是低效、曲折的。

一、“大跃进”及“人民公社化运动”的影响

1958—1960年,“大跃进”和“人民公社化运动”在全国掀起了建设社会主义高潮,在此期间,国家和宁夏都投入了大量人力、物力、财力,宁夏农业经济取得了一定发展,有些方面甚至取得了不小的进步。但是,与全国各地一样,农业生产也受到了急躁冒进行为的影响,出现了高指标、高征购和强迫命令、浮夸风、“共产风”、“大锅饭”等错误倾向,农民生产积极性受到了严重挫伤,农业生产力遭到破坏,以致于国民经济严重失调。

在此期间,水利建设方面的高指标及群众运动在固原地区最为显著。山区各县在1957年冬至1958年春曾安排每人3亩水田基本建设任务,组织了10万农民大搞水利,宣布兴建了40万亩水浇地,同时提出1958年再修120万亩水浇地和“三年改变全州干旱面貌”的指标,而后又提出要在1958—1959年“苦战一冬春,一年实现水利化”的目标要求,当时山区各县都制订了“水利跃进”计划,并投入了大量人力、物力。最终,南部山区水库建设实现了质的飞跃,共建了沈家河、苋麻河、寺口子、店洼、石峡口、马莲川六座中型水库、两座小水库,改善了固原地区的干旱状况,使水田面积增加了1倍。

①徐安伦、杨旭东:《宁夏经济史》,宁夏人民出版社,1998,第327页。

而农业生产的“浮夸风”则始于夏粮收获季节。受全国“浮夸风”影响，宁夏一些地方也大放“高产卫星”，中卫县先声农业社“创造”了小麦亩产5 810斤的“高产纪录”，同心喊叫水农业社也“创造”了山区小麦亩产4 029斤的纪录。到秋粮上场时节，“浮夸风”更趋严重，这表现在盐池县上报秋粮作物亩产300斤，总产比上年翻四番；固原地区上报亩产270斤，总产突破10亿斤；吴忠市宣布水稻亩产1 030斤，实产1 030斤，实现“千斤稻市”等。而放“卫星”数量最高的中卫县先声农业社宣称水稻亩产7 062斤，同心喊叫水农业社宣称糜子亩产7 140斤、谷子亩产4 606斤，全自治区则宣布夏秋粮食总产为27亿斤，比1957年“增长”1倍以上。实际上宁夏1958年粮食产量只有13.38亿斤，虚报将近1倍。浮夸的直接恶果，是造成了1958年粮食的高征购(每个农业人口平均由1957年的224斤增加到264斤)和来年更高产量指标和征购指标的提出，同时对政府以后的决策也产生了严重误导。比如，为实现来年50亿斤粮食的指标，全自治区于1958年秋后开展了大规模的肥土群众运动。于是，21万大军投入造肥运动，截至1959年1月中旬，已积肥1 600多亿斤，造肥3.64万斤。通过30万大军投入土地深翻运动，截至11月封冻前，宣布共翻地760万亩，其中翻1尺以上的有271万亩，有些社翻地深度竟达到6尺。肥土运动一直持续到来年春播前。肥土运动虽反映了高产丰产的愿望，但事实上却是违背科学规律的、劳民伤财的主观冒进。[①]

此时，农村掀起的“共产风”则体现在三个方面：一是收回自留地，社员个人喂养的禽畜又都归生产队公有。二是将1959年几近解体的公共食堂又恢复起来，并将其视为“人民公社的心脏”。三是“一平二调”重新抬头，截至1960年底，仅查出的公社向大队平调的羊就达6.72万只，1959年冬至1960年春，平调到水利战线上的劳动力平均16万个，最高时达到22万个。此外，农业上的高指标仍继续存在。如1959年规定粮食产量要达到40亿斤，为此，政府决定停止开荒，适当缩小耕地面积，种好600万亩基本农田，使平均亩产2 000斤以上，其中30%的丰产田要高出平均亩产的1倍，高额丰产田要高出5—10倍。到1960年则规定粮食产量指标为41.4亿斤，并且劳动生产率要提高30%以上[②]。这种不

①徐安伦、杨旭东：《宁夏经济史》，宁夏人民出版社，1998，第287页。
②同上书，第292页。

切实际的高指标计划,极大地挫伤了农民的生产积极性。

在此发展背景下,宁夏的农业生产连年下降,农业发展低效运行。此时期又逢新中国成立后最为严重的三年困难时期,尤其1959—1960年还遭遇了有史以来极为严重的自然灾害。1960年夏,正当农田需水时,黄河水量较往年少一半到2/3,南部地区在大旱之后,也连遭冰雹、风沙、雨涝和冻灾袭击。这一年宁夏夏秋两季累计受灾面积达460万亩,约占全部播种面积的30%。在自然灾害和错误倾向的双重影响下,宁夏农业生产直线下降。1960年全区粮食总产量比1957年减少了16.7%。到1962年,全区农业总产值仅为1950年的31%,比1957年下降了16.2%,平均每年递减3.1%。①

此时期,随着农业的连续减产,全区农业与工业生产之间比例严重失调。与1958年相比,1960年宁夏的农业总产值从22 367万元下降到18 768万元,下降幅度达16.1%。而同期工业总产值则从8 471万元上升到22 902万元,增加2.7倍,工业与农业的产值比例由27.5:72.5剧变为55:45。农业基础地位受到严重损伤之后,更加突显了宁夏工业超出农业承载力的畸形发展特性,并加速了整体经济全面危机的出现。

二、国民经济调整期中农业发展获得生机

1960年之后,国家进入经济发展战略大调整阶段,宁夏面对"大跃进"以来的经济发展困境亦不得不展开对整个国民经济发展的调整。1962年是新中国成立后宁夏农业发展的又一个重要分水岭,在贯彻执行中央"调整、巩固、充实、提高"方针的同时,对人民公社体制和相关政策进行了调整。此后,宁夏的农业经济发展条件得到了一定的改善。

首先是调整了人民公社管理体制,改公社核算为"三级所有,队为基础"。强调按劳分配,允许社员种自留地、搞家庭副业,开放了集市贸易。因此,农业生产力又得到迅速恢复和发展,国民经济明显好转,农业生产回升既快又稳。1965年农业总产值比调整前的1962年增长55.9%,三年平均递增16.0%,同时粮食总产量达到83.3万吨,比1962年增长72.2%,平均递增19.9%,此外油料、大牲

①《宁夏区情》,宁夏人民出版社,1988,第149页。

畜、造林等也都出现了大幅增长。这是宁夏农业经济继初级社以来的第二个发展时期。

在粮食生产方面，主要是加强了农田基本建设，强调建立高产稳产田。1964年1月全国水利工作会议发出扩大旱涝保收、稳产高产基本农田建设的号召以后，宁夏在以往平田整地的基础上，逐渐开展了以改土治水为中心的农田基本建设，按渠、沟、田、路、林、村统一规划，综合治理，每年主要利用冬春农闲季节组织劳力加以实施。其间，银南地区进行了青干排水沟、南干沟排水沟等较大规模的水利建设，使十几万亩农田在防治盐渍化上取得了明显收效。而南部山区则每年有20多万劳动力修田整地，先后治理水土流失面积达791平方千米，为保证农业生产的发展，农业技术推广工作得到了加强，一些新的生产技术、方法和手段，如稻旱三段倒茬轮作技术，水稻育秧插秧技术，化肥使用、苦水灌溉技术，多种防治盐渍化技术和多种旱作农业技术以及新的小麦、水稻品种等，在这一时期得到了推广或普及。为此全宁夏还建立了299个、面积达33.62万亩的高产稳产的“样板田”，对开展科学种田加以示范、引导。

过去曾长期被忽视的林业生产建设，在这一时期开始得到高度重视。宁夏是多风地区，本来就稀少的森林及草原植被，新中国成立后还不断遭到破坏，从而造成水土流失和风沙危害加重，影响农业生产的发展。1964年1月，自治区在批转的林业工作会议纪要中，提出“有必要大抓一下林业工作”，要求争取在不太长的时期里搞好宁夏的绿化。为此，决定当年的造林面积由原计划的6.2万亩增加到7.1万亩，还提出宜林荒地划给生产队、国有林分片包给生产队、社员庭院种植树木归个人所有等政策性意见。由于政策正确，措施得力，林业建设有了较快的发展，到1965年，宁夏共有国营林场32个，六盘山成立了森林管理局(管辖15个林场)。各县也纷纷办起了地方林场。仅中宁县1965年就建社办林场8个、大队办林场34个、林业专业组13个，固定林业人员450多人，造林面积1.6万多亩。全自治区该年造林达25万亩，比1963年增长4倍。此外，1965年，中卫县固沙林场在包兰铁路通过的腾格里沙漠上试种1.6万亩沙生灌木的成功，在宁夏造林史上也写下了光辉的一页。

这一时期，畜牧业生产由于继续实行和完善大牲畜包产到户、猪羊以私养为主和鼓励群众饲养家禽等政策，因而也有了长足发展。财政支农强度进一步加强,3年累计为5.6亿元,占全部财政支出的比重平均达18.4%(其中1964年高达22%),比"二五"时期平均13.8%的水平高出4.6个百分点。

综上所述,1958—1960年的"大跃进"和"人民公社化运动"对农业生产的严重破坏,到1962年之后的全面调整,宁夏的农业经济在曲折中前进,在教训中吸取经验,虽然走了很多弯路,但也取得了一定的发展。

三、"文化大革命"时期农业在逆势中有所发展

"文化大革命"期间,宁夏国民经济尤其是农业生产遭受了严重破坏,"文化大革命" 动乱最甚的1968年,全区粮食总产量73万吨,比1965年下降了12.4%。"三五"计划末的1970年,粮食总产量比1965年减少22.6万吨,下降了27.1%。至1974—1975年期间,得益于邓小平主持中央工作的正确领导,以及广大人民对"四人帮"极"左"路线的抵制,宁夏粮食生产得以发展,总产量超过百万吨,创历史最高纪录。1976年,在"批邓、反击右倾翻案风"的影响下,加之严重低温冷害,全区粮食总产量降至75.6万吨,比1975年减产31%。[①]在此期间,尽管全国上下都深陷"十年动乱"的历史性灾难之中,但宁夏的农业还是在逆势之中取得了一定的发展,主要表现在以下4个方面。

(一)农田水利基本建设得到长足发展

在经历了20世纪60年代初期农业发展困境给社会造成的深重灾难之后,宁夏开始了新一轮的农业建设。以农田水利建设为主的农业建设,为宁夏农业发展提供了基础设施建设上的保障。这一时期农田水利建设有两个主要特点:一是机电排水发展十分迅速。宁夏在银川北部及银川低洼地区使用机电排水始于1961年,至1966年,仅有10余座电排站。"文化大革命"期间,电排站迅速增多,仅银川北部地区就建有90多座,排水面积达50万亩左右。同时,还修建了数千眼排水竖井。这些对于排除地面积水、控制地下水位和防治土壤盐碱化都起了十分重要的作用。二是提水灌溉工程有了质的飞跃。宁夏提水灌溉始于1956年,此后,在灌区外围的高部位渠道边缘建立了一些小型电灌站,"文化大革命"期间,电灌站开始朝大型化方向发展。在完善排灌系统的同时,与农业机

---

①宁夏国史编审委员会、宁夏国史学会:《当代宁夏史通鉴》,当代中国出版社,2004,第217页。

械化发展相适应，引黄灌区还进行了大规模的农田基本建设，即以机耕条田为中心，渠、沟、田、林、路、村统筹规划，综合整治，使原来高低不平、大小不一的耕地，逐步变成整齐划一的机耕条田或小畦园田，既有利于排灌，又有利于耕作。到1975年，引黄灌区共开挖支干沟渠4万多条，修建沟渠配套建筑物2.5万多座，新增灌溉面积30多万亩，为高产稳产创造了有利条件。

（二）农业机械化水平有了极大提高

1959年，宁夏主要农用机械为进口的大中型拖拉机444台（无小型拖拉机），联合收割机14台，载重汽车32辆，排灌机械227.5万瓦特。到1965年，上述主要农用机械拥有量才分别达到692台、15台、33台、96辆和1 110万瓦特。而且这些机械主要集中在10个国营农场，广大农村基本上还是以传统的手工劳动为主，辅之以少量新式的半机械化工具（如人力水稻插秧机、人力脱粒机、胶轮大车和手推车、畜力播种机等）。

表9–2　宁夏主要农业机械增长状况[①]

年份	大中型拖拉机	小型拖拉机	联合收割机	载重汽车	排灌机械
	数量（台）	数量（台）	数量（台）	数量（辆）	功率（万瓦特）
1959	444	0	14	32	227.5
1965	692	15	33	96	1 110.1
1970	1 451	500	46	128	917.8
1976	3 822	6 850	110	409	10 425.2

1966年3月，毛泽东就中共湖北省委《关于逐步实现农业机械化的设想》的报告，给中共中央写了一封信，指出要充分发挥地方的积极性，逐步实现农业现代化。此后，全国开始重视农业机械化问题。同时，技术的进步也使工业为农业提供大量的机械装备成为可能。特别是1970年初制定的国家“四五”计划，要求大力发展农业，加速农业现代化的进程。为此，该年8月召开的全国北方地区农业会议，对加快北方缺粮地区农业发展、大搞农田水利基本建设和提高耕作机械化水平做了具体指标规定，同时制定了多种扶植政策。1974年全国四届人大提出在较短时间内实现农业机械化，则更起了推动作用。宁夏的农业机

①《宁夏区情》，宁夏人民出版社，1988，第768页。

械化水平正是在上述背景下得到加速提高的。从机械类型上看，增长最快的是拖拉机（特别是小型拖拉机）和排灌机械，从而标志着农业机械的使用范围已经开始由国营农场逐渐向广大农村扩散。随着农业机械数量的增加，宁夏农业的现代化水平也迅速提高。1976年，机耕面积从1965年的19.7%提高到32.9%（机播面积、机收面积也大幅度提高），有效灌溉面积从1969年的22.2%提高到26.9%，每亩耕地施用化肥从1970年的2.9千克增加到16千克，而每亩耕地用电量从1970年的2.6千瓦时增加到5.9千瓦时。数据表明，在此期间宁夏农业机械化水平有了较大提高。

（三）农业科学技术推广有了新的发展

1964年，在全国农业科学技术会议精神基础上，宁夏曾拟定了全区农业科学技术发展规划纲要，但在“文化大革命”政治运动之中化为泡影。然而，在农业科技工作者的努力下，在“以粮为纲”方针的客观需要下，宁夏农业科技工作还是取得了不少成就。20世纪70年代以后，在“文化大革命”初期被撤销的自治区级科技机构相继恢复，并新成立了一批专门科研机构，各县也恢复了农科所和农技站，建立起了四级农科网（自治区、地区、县、公社），同时在全区农村开展了广泛的群众性科技活动，各地普遍建立了“三结合”的科学实验小组，从而推动了农业科技一定程度的进步。

除了在农业科研方面成立了众多机构和科研小组，当时自治区还组织农民在农作物生产技术上不断提高素质、技能。在种植业方面，加强对粮食作物的种子更新和栽培技术改进。例如，引黄灌区用“斗地1号”取代了过去的当家品种“阿勃”，实现了第三次品种更新，1975年小麦良种面积达到种植面积的70%以上，小麦亩产提高到220千克以上。水稻良种“京引39号”也取代了公交系水稻而得到普遍推广。在耕作制度上，以小麦套种玉米的耕作制代替了传统的小麦复秧糜子耕作制，使亩产提高100—150千克。同时积极推广化肥及其使用技术，推广各类高效低毒低残留农药以代替传统的“六六六”等高效高毒农药，20世纪70年代中期开始，又大力推广使用各种除草剂，有效地控制了各种病虫草对农业的危害。[①]此外，林业上的树木引种、固沙造林、建造农田防护林

①徐安伦、杨旭东：《宁夏经济史》，宁夏人民出版社，1998，第325页。

等技术和牧业上的兽疫防治、草原建设、畜禽繁育良种等技术也有了长足进步。

(四)粮食产量有了较大提高

此时期，宁夏农业发展取得的成效在粮食生产方面表现得较为明显。1963—1965年的“三年调整”时期宁夏的粮食年产量为76.32万吨，1966—1970年的“三五”时期为78.57万吨，1971—1975年的“四五”时期为96.23万吨；单产也从“三年调整”时期的68千克提高到“四五”时期的84.2千克。以引黄灌区为例，1975年，粮食亩产在400—500千克的公社、大队和生产队，分别由1972年的5个、37个和364个增加到31个、214个和1 434个，亩产在501—750千克的也分别达到6个、76个和667个，还有7个生产队亩产超过750千克。

然而，此期间农民的劳动生产率和经济效益依然低下，据统计，农民人均纯收入1965年为69.3元，1976年仅为42.9元，[①]农村居民人均粮食、食用植物油、肉类和布匹的占有量均绝对下降。从1968年起，宁夏由粮食输出省变为输入省，对农村的救济费从以前的年均182万元上升到1972年以后的年均275万元。加之“文化大革命”期间，农村家庭副业和集市贸易相继被作为“资本主义尾巴”砍掉，流通渠道从此被堵塞，商品经济难以发展。副业产值的比重由1965年的1.42%下降到1976年的1.01%，为1960年以来的最低水平。此外，在“以粮为纲”的方针指导下，又大搞“过黄河”“跨长江”等脱离实际的虚夸作法，结果是增产不增收，出现了许多高产穷队。农业生产发展全面下滑，1976年农业总产值比11年前的1965年减少0.7%，粮食产量减少9.2%，平均递降0.9%；油料减少28.9%，平均递减3.1%；农民收入显著下降，1976年农民人均年纯收入只有40元，比1963年减少了34.6%，每个劳动力日值只有0.32元，是1963年的一半。

总的来看，尽管影响农业生产发展的因素既有自然因素，也有社会因素。但是，造成这一时期宁夏农业发展问题重重的主要原因还是以社会因素为主，尤其各种政治运动直接导致农业经济各个方面的发展建设处于极不稳定状态，以致于即便是旱涝保收的引黄灌区，其农业发展亦不能尽如人意。而且，即使农业生产能取得一些进步也是充满艰难的。

---

①徐安伦，杨旭东：《宁夏经济史》，宁夏人民出版社，1998，第331页。

第四节　计划经济体制制约商业经济发展

1958 年,随着自治区的成立,自治区级商业经营管理机构也相继成立,并设立了二级批发站,进一步加强了国营商业的主导地位。但从“大跃进”以后,在“左”的思想影响下,急于向全民所有制过渡,把供销社商业和国营商业合并,变集体为全民所有制,把分散的小商贩集中经营,使商业、饮食、服务业网点大为减少,甚至采取了关闭集市贸易等做法,阻碍了商品生产和流通,给人民生活带来不便。尤其是在“三年困难”时期,市场供应异常紧张,物价上涨,在对主要消费品实行凭票证定量供应的同时,还对少数商品实行高价政策,以调节市场供求关系。1961 年,在党的八届九中全会上通过了《关于商业工作问题的决定》,重新肯定了国营商业、供销社、集市贸易为现阶段商品流通的 3 条渠道。1965 年,除粮、油、棉布还定量供应外,其余商品均敞开供应,宁夏的城乡市场呈现一派繁荣景象。然而,进入 1966—1976 年的“文化大革命”时期,动荡不安的政治环境给宁夏城乡市场发展带来严重灾难,商品短缺、供应紧张的被动局面严重影响着全区正常的生产与生活。

一、“一家独大”的商业管理体制特点

在计划经济体制下,与全国各地一样,宁夏商业管理体制虽然经历了多次变化,但始终保持国营商业企业“一家独大”的总体特点。比如,1960 年开始,宁夏认真贯彻中央调整方针和有关规定,恢复供销社和合作商店,开放集市贸易,对农副产品减少统购派购任务,实行奖售换购,提高收购价格。对工业品改进工商作价办法和收购办法,三类小商品实行订购选购,并组织工业品下乡,促进工农业生产。为了安排好市场,保障人民基本生活,采取措施稳定 18 种主要商品价格,继续扩大凭票证定量供应商品的品种。随着国民经济的恢复发展,市场供应情况发生了根本变化,物价趋于稳定,人民生活改善。然而,1966 年“文化大革命”开始之后,又逐步变成国营商业独家经营,市场上吃、穿、用、烧商品供应全面紧张,不得不再次扩大凭票证供应商品和统购包销的范围,特别是在

极“左”路线的指导下，国营商业产品品种少、服务差、企业管理能力差，经济效果不突出，单一所有制使国营商业发展道路变得越来越窄。

这种“一家独大”的商业管理体制，在经营管理上，权力过分集中，产供销、人财物均受制约，地方和企业缺乏自主权和经济责任制，灵活性差，难于调动地方和企业的积极性；在商品流通渠道上，国营企业独家经营，缺乏市场竞争机制，商品流通不畅；而在商品经营上，则实行统购包销，上拨下卖，制约了商品经济的发展；在商品经营环节上，按行政区划组织商品流通，造成迂回运输，商品流向不合理，周转环节多，资金周转慢，在分配上，吃“大锅饭”，难以调动企业和职工的积极性。因此，尽管宁夏具有很好的商业文化传统，而且以回族为代表的各民族群众亦不乏善于进行商贸活动的能人，但是计划经济体制下，宁夏的商业经济发展并不活跃。

二、商业发展状况整体水平较低

新中国成立之初，和全国各地一样，在面临着市场货物短缺、物价飞涨等一系列严重问题之下，宁夏为了稳定物价，开展物资交流，促进生产发展，建立起了国营商业；并通过政府力量积极组织货源，全力打击投机倒把，稳定市场，国营商业也在此过程中得到长足发展。“一五”计划期间，宁夏政府对主要农副产品实行预购、派购和统购，并调整了农副产品的收购价格；对工业品通过扩大加工订货、统购包销等办法掌握货源，并在此基础上逐步取代私营批发商，通过各种形式逐步改造了资本主义零售商业。至 1956 年全行业公私合营后，对资本主义商业的社会主义改造基本完成，国营商业与国营粮食商业、供销合作社一起共同形成了社会主义统一市场。①

在计划体制下，我国的国营商业一直是国内贸易的主体。1958 年由于受到“左”的思想情绪的错误指导，宁夏国营商业发展也开始了“大跃进”，即大步向全民所有制过渡，主要体现在将供销社并入国营商业，合作商店、合作小组也“升级”为国营，同时关闭城乡集市贸易，使商品流通渠道单一化。当时，商业部门还开展“大购大销”运动，提出“生产什么，收购什么；生产多少，收购多少”的

①《当代中国》丛书编辑部编《当代中国的宁夏》，中国社会科学出版社，1990，第 435 页。

口号，不讲核算，不问销路，结果造成大量产品积压损失，使工农业生产连续下降，市场供应情况紧张。

1955—1977 年是供销合作社商业曲折发展时期，宁夏供销合作社商业发展缓慢，机构几经变迁。1958 年，中共宁夏工作委员会设立商业组，统一管理商业、供销社和外贸工作。各县（市）供销社并入当地商业局，基层社改为国营基层商店，供销社全部由集体所有制转为全民所有制。从此，农村商品流通渠道由原来的国营商业、供销社、集市贸易 3 条渠道变为国营商业单一渠道。1962 年供销合作社开始恢复，经过清股扩股，发展社员，到 1962 年底，有社员267 598 人，社员股金 66.1 万元。但这仅是恢复了基层供销社的集体所有制性质，县以上的供销社仍为全民所有制单位，形成了“上官下民”的格局。“文化大革命”期间，供销社商业受到严重冲击，供销社的民主管理制度和民主管理机构再度被取消。1968 年自治区供销社撤销，其业务由生产指挥部贸易组接管，县（市）供销社并入国营商业部门，直到 1976 年后才始得恢复，但其所有制仍为“上官下民”。1977 年，基层供销社再次全部转为全民所有制，农村社员陆续退社。

集市贸易作为宁夏国营和集体商业的必要补充，对促进农村商品生产发展、沟通城乡物资交流、增加农民收入、方便城镇居民生活都发挥了一定的作用。1953 年以后，随着第一个五年计划的实施和社会主义改造事业的进展，逐渐出现了限制集市贸易发展的情况，从而阻碍了农副业生产的发展，又给城乡居民生活带来不便。1958 年后，在公社化运动的影响下，集市贸易再次受到限制，甚至被关闭。经过几次挫折，使集市贸易的成交额，由 1952 年的 885 万元下降为 1953 年的 685 万元，再降为 1957 年的 484 万元和 1959 年的 225 万元。[①]由于农村商品流通渠道被堵塞，影响了农副产品生产，上市商品减少，市场价格上涨。1960 年党中央和国务院做出了明确指示，提出恢复和组织农村集市贸易是现阶段我国商品流通中不可缺少的渠道，是国营商业和供销社商业的必要补充，规定了自留地长期不变，允许和鼓励社员发展家庭副业，有领导、有计划地组织集市贸易。从此，集市贸易又得到了恢复和发展，自治区各市县也先后恢复了集市。集市贸易的发展有力地调动了农民发展家庭副业的积极性，促进了农

①《宁夏区情》，宁夏人民出版社，1988，第 384 页。

业生产的发展,集市价格也随之大幅度下降。

至“文化大革命”期间,宁夏商业发展受到了严重的阻碍和限制,首先是集市被视为产生资本主义的土壤而被铲除,集市贸易这条联系城乡人民生产生活的商品流通渠道被破坏了, 给城乡人民的生活带来不便和损失。与此同时,供销合作商业也从集体转为全民所有制。由于城乡商品流通渠道单一,国营商业“超负荷运转”,顾此失彼,很难担负起整个城乡市场的商品供求重任,加之生产停滞不前,造成一些主要生活消费品短缺,居民生活消费需求难以充分保障。

三、物资供应部门从无到有但供应不足

在计划经济体制下, 国家依靠行政手段对工业生产资料进行统一管理,并由上自下按照全部工业生产资料的三大类型——包括 “统配物质”“部管物质”和“地方管理物质”,设立中央、部委和地方物质管理体系。在此背景之下,宁夏物资供应部门实现了从无到有、从小到大的发展,为保证全区生产建设的顺利进行做出了较大贡献。

1958 年宁夏回族自治区成立后, 相继成立了自治区计委物资局及其下设的几个专业物资公司,自此宁夏有了专门的物资分配管理机构。1960 年,根据中央中共关于加强物资工作的文件精神,自治区计委物资局从自治区计委分出来,于 1960 年 9 月成立了自治区物资局,下设几个公司,并建立了物资仓库。各市县也相继成立了物资局,在全自治区建成了以计划分配调拨为主体的物资供应机制。宁夏物资供应的主要特点是工业发展速度快但基础差,特别是原材料工业不发达,物资自给率低,生产建设所需的原材料、机电设备等 80%以上需要从全国各地调进,唯煤炭资源丰富,不仅保证全区发展需要,还可以支援兄弟省市和供出口;低标号水泥自给有余,高标号水泥资源不足;钢材、木材、生铁、硫酸、烧碱、纯碱、有色金属等原材料资源短缺,自给率很低,有的区内根本不生产。除此之外,机电设备(产品)生产的品种很少,二次能源产品汽油、柴油、煤油等也主要依靠从区外调进。这种“输入型”的物资流通特点,决定了宁夏的物质管理部门主要以物质供应为重,其中心环节就是为了保障经济发展需要而组织各类物资。

综上,在国家政策和大环境的影响下,宁夏商业发展的总体进程是缓慢的,

虽然国营商业和供销合作商业在一定程度上保障了区内商品的流通，改善了人民的生活水平，但是对整个商业贸易市场的繁荣贡献甚小。

第五节　滞后的城市化及城乡发展关系

1957年之前，经过土地改革和农业合作化，农村生产力得到解放，广大农民生活水平逐步提高，乡村住房条件和村镇面貌初步得到改善，乡村发展与城市发展几近同步。随着计划经济体制的建立，几次经济建设高潮推进着宁夏现代化进程，宁夏在现代工业建设大规模展开的同时，农村经济虽实现了一定程度的发展，但现代化进程并未启动，传统农业生产方式居主导地位，城乡发展差距悬殊。从整体发展水平来看，此时期宁夏的城市化进程远远滞后于工业化，城乡居民收入水平与经济增长速度呈现出明显的不同步性，而且尤以农村经济发展落后。

一、城市化滞后于工业化进程

在此期间，随着经济高潮推进下的城市发展以及“三线建设”工厂的迁入，宁夏逐步加快了城市基础设施建设。其中，以解决城市防洪、供水、排水以及处理城市废水等所进行的城市水利工作最为艰巨而复杂，其发展的好坏直接影响着各类生产发展和人民生活质量，亦标志着城市化的水平。当时，宁夏城市公共供水和单位自备水同时发展，但却缺乏排水设施，市镇污水任其自流。以1959年为例，全区建成城市下水管道7.7千米，只有约10%的污水通过下水道排泄，给生产生活造成了诸多不良影响。换言之，如前所述，在国家政策支持、倾斜和兄弟省份的大力支援下，宁夏工业化取得了突飞猛进的发展成效，但是，城市基础设施建设却未能跟上现代工业的发展步伐。

在1958年开始的“大跃进”和“人民公社化运动”中，宁夏各级政府在“左”的指导思想下，盲目冒进，急于求成，把村镇建设也引向了“一大二公”的轨道，严重挫伤了群众建设家园的积极性，造成村镇建设基本处于停滞状态。在此期间，全区各地普遍进行了脱离经济条件、片面追求“大而全”的居民点规划，加之

1960年开始的自然灾害，人民生活更加困苦，城市建设的步伐几乎停滞甚至退步。

经过1962年到1965年的国民经济调整，村镇建设逐步恢复并有了新的发展。引黄灌区农村基本形成各社、镇的村镇体系和以生产大队为中心、以生产队为基层聚居点的村庄网络，大部分公社所在地相应地建起了一些银行、信用社、供销社、粮店、卫生院、学校等公共设施，城镇面貌有了一定的改观。1964年以后的“农业学大寨”活动，在发展生产的基础上虽然调整了一些不同规模的居民点，对村镇建设起到了一定的积极作用，但是在“左”的思想影响下，特别是在“文化大革命”期间，片面推行大寨大队“先治坡、后治窝”的经验，村镇建设进入低落阶段，即使一些经济条件较好的地方，也未及时解决群众的住房问题，并且把农民自己建房、家庭副业、集市贸易都看成是“资本主义尾巴”“自发势力”加以批判，从而束缚了农民群众建设住宅、改变村庄面貌的热情，无形中加重了集体建房的经济负担，使村镇缺房问题日趋严重，农村人均住房面积下降到1952年前的水平。[①]从总体上说，在计划经济体制下，由于受到国家经济发展战略布局的影响，宁夏将大量的人力、物力、财力都投入到了工业经济建设当中，工业化与农村人口城市化脱节严重，这也导致了宁夏城乡发展差距巨大，城乡二元经济结构特征明显。

二、城乡发展水平差距悬殊

新中国成立之后，受国家经济发展战略向西部倾斜的直接影响，宁夏的工业生产得到了长足发展。但是，由于宁夏许多现代工业企业都是由国家直接搬迁或投资建设的，因此，与区内原有的传统经济发展互为分立，结构性效益差。主要表现为工业化与农业现代化相互脱节；城市化进程远远落后于工业化进程；城乡发展分离，差距悬殊。

1958年，宁夏回族自治区刚刚成立就进入“大跃进”和“人民公社化运动”时期，一系列政策失误使得农业生产遭到严重破坏，加上连续几年自然灾害，农业连年歉收，农民收入微薄。1961年后，中共中央出台了人民公社“六十条”，及时采取“调整、巩固、充实、提高”的八字方针，宁夏积极贯彻党的方针政策，调整

①《当代中国》丛书编辑部编《当代中国的宁夏》，中国社会科学出版社，1990，第488页。

管理体制，强调按劳分配，允许社员搞少量自留地和家庭副业，农业生产迅速恢复。经过三年调整时期，农村经济又有新的发展。“文化大革命”时期，使刚刚恢复的农业生产再次遭遇挫折。在此期间，由于农村经济发展波动很大，而且长期处于低效发展状态，农村经济力量弱小，村镇建设一直处于自发状态，人居环境较差，缺乏整体发展的管理与规划。这与工业化推进下的城市化进程加快形成鲜明对比。以省会城市银川市为例，1949 年城市面积仅 3 平方千米，几乎没有任何的市政公用设施。至 1958 年自治区成立时，市内仅有解放街为沥青路面，其余均为碎石路面。之后，在经济建设热潮的推进下，城市道路建设很快结束了黄土筑路、碎石铺路的历史而进入了现代城市建设阶段。据宁夏政府政策研究室的研究资料显示，此时期除了城市道路建设水平提升外，城市公共交通业也有了很大的发展。1965 年银川市开通了第一条市内公共汽车运营线路，并开通了城市管道供水，市容市貌发生了很大变化，为银川市成为全区的政治、经济、文化中心奠定了基础。

从城乡居民的收入水平的差距来看，宁夏在经历了新中国成立之后的“三年恢复”和三大改造后，国民经济得到迅速发展，劳动就业人数迅速增加，1957 年，城镇居民人均可支配收入 216.36 元，每一个城市就业者负担约 3.6 人，人均年消费支出 204.72 元，比 1949 年增加了 95 元，人均月生活费收入提高到18.03 元，比 1949 年增长 44.5%，年均递增 6.71%。1958 年以后，由于一系列的历史性政策失误，加之严重的自然灾害，造成国民经济比例失调，居民收入增长缓慢，人民生活受到严重影响。1965 年，城镇居民人均可支配收入 244.1 元，人均年消费支出 236.4 元，比 1957 年增加 31.68 元。对比而言，此时期由于深受农业“增产不增收”的直接影响，农民收入有减无增。据统计，农民人均纯收入 1965 年为 69.3 元，1975 年和 1976 年则分别下降到 65.9 元和 42.9 元；农村人均储蓄额 1965 年为 2 元，1975 年和 1976 年也才分别为 3.3 元和 3.4 元。[①]可见，计划经济时期宁夏城乡收入差距悬殊，农民始终处于贫困状态。

①徐安伦、杨旭东：《宁夏经济史》，宁夏人民出版社，1998，第 331 页。

第十章　改革开放的积极实践与探索

汲取新中国成立至“文化大革命”时期宁夏在社会主义经济建设中的经验教训，改革开放以来宁夏积极投入到经济体制改革与经济调整的工作中来，逐步开展了以农村为主体的经济体制改革、国有工业企业的改革，并在此基础上大力促进了非公有制经济与企业发展，活跃了经济发展活动，扩展了经济发展所有制内涵，并逐渐开始了探索全面深化改革的发展方式与机制。此外，宁夏传统引黄灌区农业与农村经济发展活跃，农民不断扩展增收渠道，宁夏的农业与农村发展也迈上新的台阶。

第一节　经济调整与经济体制的初步改革

1978 年 12 月召开的十一届三中全会确定了工作重点转移到社会主义现代化建设上来，并要求按照客观经济规律办事，初步提出了调整、改革的任务和措施，预示着国民经济发展即将摆脱困境、进入新的不断探索发展道路的时期。1979 年 4 月，中共中央工作会议正式提出“调整、改革、整顿、提高”的方针（新八字方针），并从这一年开始对国民经济进行调整。同时提出从 1979 年起要用 3 年时间进行调整，坚决把各方面严重失调的比例关系基本上调整过来，继续整顿好现有企业，积极、稳妥地改革工业管理和经济管理体制，使整个国民经济真正纳入有计划、按比例健康发展的轨道。从此，经济体制改革与调整开始成为改革开放的核心与主线，宁夏也顺应了全国经济体制改革与调整的浪潮，开始了改革开放以来以农村、国有工业企业、非公有制企业等为主的经济体制改革与调整，经济与社会发展发生了翻天覆地的变化，市场经济改革、西部大开发、丝绸之路经济带建设等都为宁夏经济体制改革提供了契机。

一、宁夏经济发展的历史新起点

1978 年第五届全国人大第一次会议通过了《十年规划纲要》，《十年规划纲要》规定了“五五”和“六五”期间的国民经济发展的奋斗目标，要在 1980 年建成中国独立的比较完整的工业体系和国民经济体系，到 1985 年进一步完善全国的经济体系，各个部门的主要环节基本掌握现代先进技术，在全国基本建成六个大区不同水平、各有特点、各自为战、大力协同、农轻重比较协调发展的经济体系。其规定了国民经济发展的重点，主要是农业、燃料、动力、原材料工业等，但是《十年规划纲要》中很多内容没有实施。

宁夏十年长远规划的编制是从 1974 年 8 月开始的，1974 年 8 月 31 日，自治区计委编写了《宁夏回族自治区关于 1976—1985 年国民经济发展规划的初步设想》汇报提纲。1977 年 7—9 月，对规划纲要又进行修订，对“五五”计划后三年的经济发展指标以及十年规划的预期目标都进行了调整。①

宁夏“五五”计划主要包括工农业生产发展、交通邮电、城市建设、地质勘探、科学技术、商业、基本建设人口等，具体如表 10-1 所示。但是“五五”计划实施效果与完成情况并不理想，大部分经济指标与产品产量均未完成计划。

表 10-1 宁夏“五五”计划主要改革内容②

提要	主要内容
农业	贯彻“以粮为纲，全面发展”方针，农业机械化
工业	轻工业、冶金、煤炭、化学、机械电子、电力、国防工业
交通邮电	完善公路网布局、平战结合的邮电通讯网
城市建设	重点发展银川新市区
地质勘探	铁矿石矿产资源、水文地质工作
科学技术	新型科学技术、工业科技革新

①李锦平、汪建敏：《宁夏经济发展与改革》，宁夏人民出版社，2005，第 93 页。

②宁夏回族自治区计委，《宁夏回族自治区关于 1976—1985 年国民经济发展规划的初步设想》，1974 年 8 月 31 日。

续表

提要	主要内容
商业	城乡物资交流、对外贸易
基本建设	在建项目建成投产
人口和劳动力	计划生育、提高劳动生产率

资料来源:《宁夏回族自治区第五个五年计划》。

宁夏十年长远规划的“六五”计划仍然按照中央提出的“调整、改革、整顿、提高”的方针,提出经济建设要在战略目标、发展方式、经济模型等方面有一个大的转变,走出一条投资少、积累率不高、效益好、人民可以得到更多实惠的新道路,主要完成国民经济的调整任务,逐步实现经济结构、企业组织结构的合理化,并进行经济体制的局部改革。

其改革内容主要包括:一是努力争取农业持续增产,加强轻工业原料基地建设;二是大力发展消费品生产,使轻纺工业生产有一个比较大的增长;三是工业生产的增长主要依靠发挥现有企业的潜力,在整顿和改组现有企业的基础上,推进技术革新和改造,加强和改善经营管理,增加适销对路品种,提高产品质量和效果;四是大力发展集体所有制、劳动密集型企业和个体经济,尽可能多安排城镇待业青壮年就业;五是进一步改善市场供应,使消费品供应同社会购买力的增长大体相适应,保持物价基本稳定;六是基本建设要量入为出,量力而行,注意处理好生产与生活、“骨头”与“肉”的关系;七是加强财政金融工作,努力增收节支,争取尽可能大的经济效果;八是重视智力开发,加快专业人才特别是少数民族干部的培养和提高;九是搞好计划生育工作,尽可能把人口的增长速度降下来;十是在发展生产的基础上,使人民生活水平适当提高,特别要采取有效措施,解决回族聚居的西海固地区和整个南部山区的温饱问题。这些内容仍集中在农业、工业、基本建设、财政金融等方面,值得注意的是关注了集体所有制、劳动密集型企业和个体经济的发展以及促进市场经济改革等方面的内容,值得注意的是宁夏“六五”计划的工农业总产值、财政、基本建设等主要经济指标均超额完成,农业生产与农村经济也得到了快速发展。

这是改革开放以来,宁夏经济体制改革的启动与改革内容探索的起点,其改革的主要内容主要包括农村改革、国有企业改革等,这就为之后宁夏社会主义市场经济体制的建立与完善奠定了坚实的基础。

二、国民经济的调整与再调整

改革开放之前，宁夏国民经济发展的单薄以及改革开放之后政策与改革的漏洞和比例失调矛盾等使得宁夏国民经济面临着调整与再调整的局面。在调整与再调整之际，宁夏又对生产力与生产关系进行了改革，推动市场经济体制逐渐代替计划经济体制，逐渐发挥市场资源配置的基础性作用、决定性作用，调动各行各业的生产积极性，继续促进农村改革、国有企业改革、文化体制改革与生态环境等方面不断改善，逐渐使国民经济走上符合宁夏经济长期可持续发展的道路上来，促进宁夏经济与社会发展的动力与功能不断完善与提升。

从 1978 年到 2014 年，宁夏国内生产总值由 13 亿元提升到 2 752.1 亿元，按可比价格计算(下同)，年均增长 9.9%，其中第一产业年均增长 5.7%，第二产业年均增长 11.1%，第三产业年均增长 10.8%。人均 GDP 由 370 元增加到41 834 元，翻了几十番，地方财政收入从 3.16 亿增加到 339.86 亿元，平均每年增长 13.9%。[①]GDP 以及 GDP 增长率具体如图 10-1、图 10-2 所示。

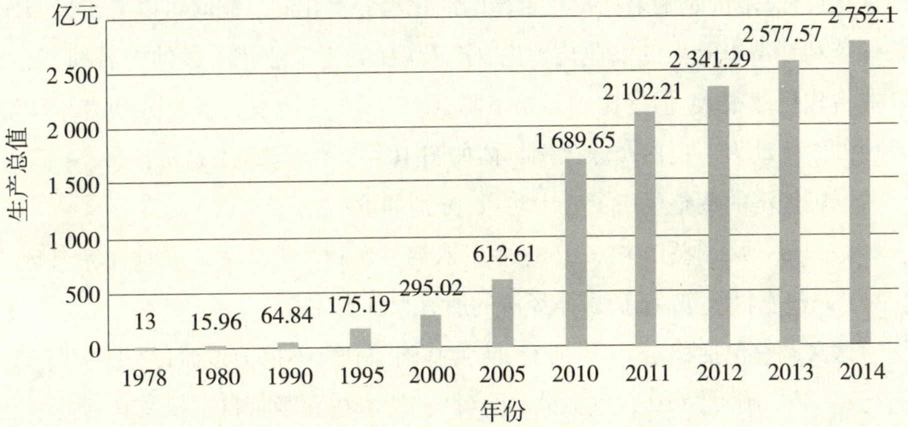

图 10-1　1978—2014 年宁夏 GDP 增长趋势图

数据来源：《宁夏统计年鉴 2015》。

---

①宁夏回族自治区统计局、国家统计局宁夏调查总队，《宁夏回族自治区 2014 年国民经济和社会发展统计公报》，2015 年 4 月。

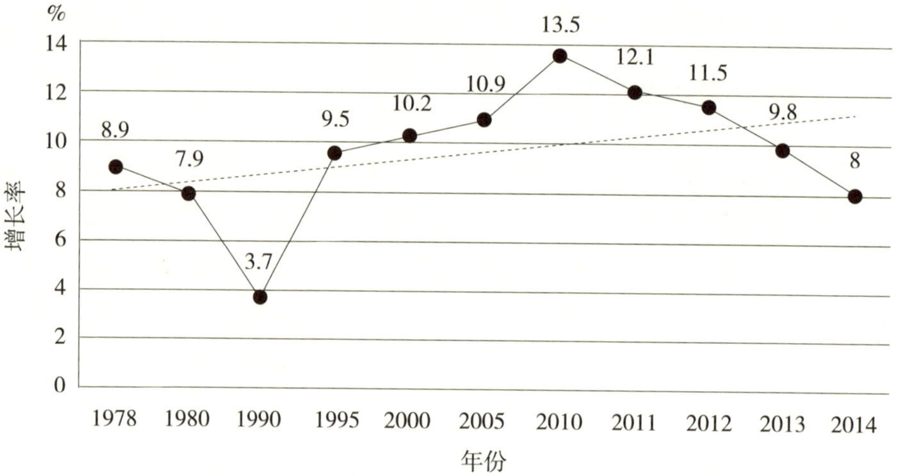

图 10-2 1978—2014 年宁夏 GDP 增长趋势图

数据来源:《宁夏统计年鉴 2015》。

其中最为明显的是三次产业比例实现了飞跃，三次产业比例由 1978 年的 23.6:50.8:25.6 变为 2014 年的 7.9:48.7:43.4[①],农业所占比例逐渐降低、工业水平基本没变、第三产业得到长足发展,这说明产业结构的不断调整、社会分工的不断深化过程,是按照配第克拉克定律的演化趋势变化的。同时可以看出按照库兹涅茨和钱纳里等人的工业化理论,宁夏现在处于工业化阶段的中后期,第二产业占比仍然很大,但是比例开始下降;第三产业逐渐成为吸收劳动力与经济发展的主要动力。三次产业比例具体如图 10—3 所示。

国民经济的调整经历了若干阶段,分别如下:

(一)第一次调整(1979—1985 年):以调整农村政策为主的农村经济调整

1.调整农村政策,维护集体经济的所有权和自主权

这次调整包括稳定“三级所有、队为基础”制度,不搞穷过渡;禁止对生产队进行“一平二调”;保障公社、大队、生产队的所有权和经营自主权及其利益不受侵犯;保障社员家庭副业和自留地;恢复发展农村集市贸易,坚持按劳分配原则,反对平均主义。按照因地制宜、发挥优势的原则指导农业生产,调整农业结

①宁夏回族自治区统计局、国家统计局宁夏调查总队,《宁夏回族自治区 2014 年国民经济和社会发展统计公报》,2015 年 4 月。

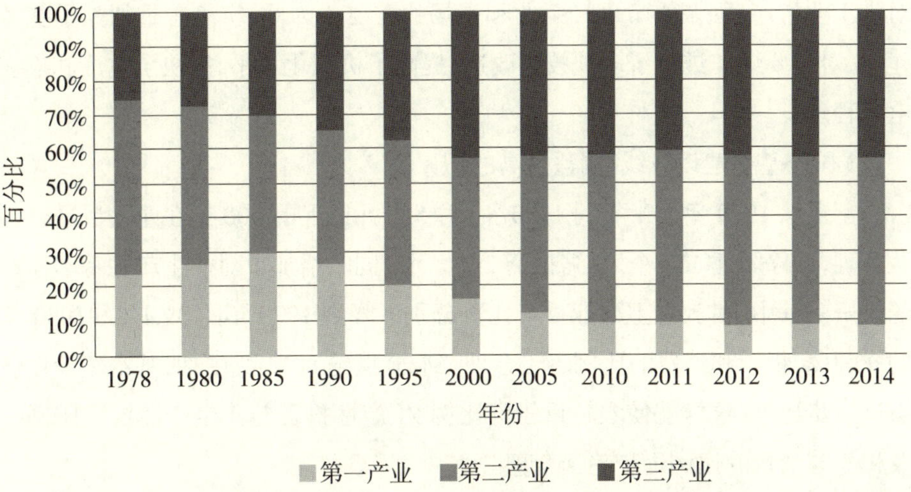

图 10-3 1978—2014 年宁夏三次产业比例关系图

数据来源:《宁夏统计年鉴 2015》。

构。这一调整,主要是通过调整地区农业结构实现的。引黄灌区生产条件优越,因而以种植业为主,其中政府确定了 70 个乡作为商品粮生产基地加以重点建设,同时增加经济作物的播种面积,此外对南部山区生产结构做了重大调整,提出宁南山区要在"大力种树种草,兴牧促农,因地制宜,农林牧副渔全面发展"的方针指导下尽快建成林产品、畜产品和油料生产基地的结构调整战略,增加对农业的投入,继续加强农田基本建设。这样就进一步放宽了农村经济政策,使得各种形式的生产责任制得以推广,促进了农村经济的发展。这些措施不仅直接使农民得以休养生息,而且实际上是对工业与农业、积累和消费,以及国家、集体、个人三者利益的一次大调整。

2.调整工业内部比例关系,着重促进轻工业发展

改善轻工业的发展条件,对轻工业采取了增加贷款和保证原料、燃料供应等措施。同时规定企业在保证完成国家计划和供货合同的前提下,可以根据社会需要自主安排补充生产计划,并实行自产自销。大力支持集体企业的发展,强调对集体所有制企业实行保护,其财产不得侵犯、平调,要求注意解决这些企业职工的政治、经济待遇问题。此外,政府还强调轻工业生产工作重点要从抓产值、产量转到抓质量、品种上来,要求截长补短,增加适销对路产品的生产。

对重工业生产，强调要考虑轻工业和市场的需要。为此，宁夏着重加强了能源建设，对主要煤矿进行了多项技术改造，提高了机械化水平，加快了电厂和输变电工程建设。

3.压缩基本建设战线，调整过高的积累率

宁夏从1979年下半年到1980年，对5万元以上的500个在建项目进行排队清理，共停缓建117个，压缩投资2.2亿元。同时增加了对非生产性基本建设的投资。其中，科教文卫事业投资比重分别下降到1979年的39.4%和1980年的32.3%，积累和消费的比例趋于合理。到20世纪80年代中期，基本建设投资被进一步压缩，这样就使农轻重投资比例、生产性投资与非生产性投资比例以及积累与消费的比例逐步趋于合理。

4.发展个体经济

城镇个体经济得到重视，政府开始有意识地扶持其发展。经过三年两次调整，宁夏国民经济的结构矛盾得到很大缓解，为以后均衡、稳定、协调发展和“六五”计划的完成奠定了基础。

5.努力提高人民生活水平

过去的高积累和为生产而生产的倾向，对人民生活欠账过多。在农村，通过提高农副产品收购价格、降低农用生产资料价格、减免税收以及保护自留地和家庭副业等政策，使农民的利益得到增加。

以上情况表明，1979—1985年的国民经济的调整是有成效的。国民经济的初步调整虽然取得了很大成绩，但由于长期形成的国民经济比例失调现象很难在短时期内完全纠正过来，特别是经济工作中的传统思想观念和做法更是难以在短时期内改变。同时这些调整本身也带来了一些新的问题①。

（二）第二次调整阶段（1986—1995年）：以调整优化产业结构为主的产业调整

第一次调整之后，全国经济体制改革到了重要时期，即“七五”时期。宁夏经济体制改革也进入了再调整阶段。宁夏的经济和社会发展坚持把改革放在首位，使改革与建设互相适应，互相促进；坚持把提高经济效益特别是提高产品

①徐安伦、杨旭东：《宁夏经济史》，宁夏人民出版社，1998，第351页。

质量放在十分突出的位置上来，正确处理好效益和速度、质量和数量的关系；坚持适应社会需求结构的变化和发挥地区优势的要求，进一步合理调整产业结构；坚持把建设重点转到现有企业的技术改造、改建扩建上来，走内涵型为主的扩大再生产的路子；坚持把发展科学、教育事业放在重要的地位上，促进科技进步、加快智力开发；坚持进一步对外开放，更好地把自治区经济建设同扩大对外经济技术合作特别是对伊斯兰国家的经济合作结合起来，同时大力发展区内外各种形式的横向经济联合；坚持在宁夏经济发展与改革、发展生产和提高劳动生产率的基础上，进一步改善城乡人民的物质文化生活；坚持在推进物质文明建设的同时，大力加强社会主义精神文明建设等。具体改革内容如下。

1.合理调整产业结构

农业要继续贯彻“决不放松粮食生产，积极开展多种经营”的方针，在稳定增加粮食生产的前提下，加快发展经济作物以及林、牧、副、渔业和乡镇企业，使农业内部结构相互协调。工业要提高本区优势资源就地深度加工的行业和产品的比重，为此必须加快发展农业—轻工业、能源—高耗能原材料工业和非金属矿产—建材工业，逐步提高轻工业在工业总产值中的比重，缓解工业重型结构加剧的态势，同时对传统的机械、电子工业要继续引进吸收消化国内外先进技术，更新老产品，开发新产品，提高产品质量和市场竞争力。加快发展建筑业，使它逐步成为促进整个国民经济和社会发展的重要产业。大力发展交通、邮电、商业外贸、金融、科学教育等第三产业，使第三产业同第一、第二产业之间的比例关系有较明显改善。积极扶持南部山区经济发展和国土开发整治。南部山区面积占全区国土面积的2/3，人口占全区的43.3%，回族人口占全区回族人口的63.4%。因此，加快南部山区经济发展，尽快改变其贫困面貌，对实现“宁夏要先翻身”的目标和“七五”计划的各项指标都具有重要意义。

2.加快科技事业发展

大力推广效果好、见效快的科技成果，引进、消化、吸收国内外先进适用技术，改造传统产业。围绕经济社会发展中提出的关键技术，集中力量组织攻关，大力开发和推广“短、平、快”的适用配套技术，有选择地开展计算机、生物、核辐射等新兴技术的应用推广，加强软科学研究，为振兴地方经济服务。

3.大力发展教育事业，提高劳动者的文化素质，培养各类专门人才

普及小学教育，提高山区入学和升学率。努力办好普通高等教育，培养专门人才，大力发展职业技术教育和成人教育，提高职工的文化技术素质。

4.进一步扩大对外开放

加强对外经济贸易和技术交流，积极引进、利用外资。开发宁夏丰富的旅游资源，大力发展旅游产业，促进各国人民之间的友好往来，增加外汇收入。

5.调整固定资产投资结构

在保持适当的固定资产投资总规模的前提下，政府加大了现有企业技术改造和改建扩建的资金投入，提高了农业、能源和交通、科学和教育的投资比重。进一步增强了国有大中型企业活力，使其成为相对独立、自主经营、自负盈亏的社会主义商品的生产者和经营者，同时进一步发展社会主义有计划的商品市场，逐步完善市场体系，其次国家对企业的管理逐步由直接控制为主转向间接控制为主，主要运用经济手段和法律手段来控制和调节经济运行。[①]

宁夏“八五”计划纲要提出了要以提高经济效益为中心，保证全区经济的适当增长速度。同时调整经济结构，促进农、林、牧、副、渔业的协调发展，加快发展轻纺工业，使产品品种、质量适应市场需求的变化，使地区经济趋同倾向得到抑制，另外立足现有基础，充分挖掘潜力，实施重点企业产值、利税“双倍增”计划，力争“八五”期间工业产值的增长有70%左右来源于现有企业的挖潜、改造、扩建。此外进一步推动科技、教育事业发展，积极实施“231”工程，在此基础上更有效地开展对外贸易，引进国外资金、技术和人才，加强与兄弟省区的横向经济技术协作，以搞活国营大中型企业、健全企业合理的经营机制为中心，协调配套地进行价格、财政、计划、投资、外贸等体制改革，促使社会主义商品经济新体制的形成，最后努力促进社会全面发展和进步，严格控制人口过快增长，进一步改善人民生活，加强社会主义精神文明建设等。

（三）第三次调整阶段（1996—2013年）：以发展市场经济为主的全面推进体制改革阶段

第二次调整之后，宁夏继续推行经济体制改革，促进经济体制调整的全面

①李锦平、汪建敏：《宁夏经济发展与改革》，宁夏人民出版社，2005，第111页。

推进,即开始加快推进社会主义市场经济体制,促进市场经济的形成、完善与深化,国民经济得到了进一步调整。这一阶段,国民经济调整主要面向两个目标:一是经济体制逐渐从计划经济体制转向市场经济体制,二是经济发展方式由粗放型向集约型转变。具体内容如下。

1.加快调整经济结构,转变经济增长方式

经济结构调整主要包括重点加强第一产业, 大力调整和提高第二产业,积极发展第三产业。具体来讲,首先,农村经济发展要以促进农民增收为中心,对农业和农村经济结构进行战略性调整,积极推进农业产业化经营,全面发展农村社会化服务体系,稳定农村基本政策,增加农业投入;稳定粮、油、糖等作物种植面积,建设商品生产基地;加强以水利为重点的农业基础设施建设;强调科技兴农,重点抓好种子工程;积极发展林、牧、渔业和乡镇企业;另外要巩固和加强农业的基础地位,保证农业在提高整体素质和效益的基础上持续稳定发展。其次,要振兴支柱产业与调整改造加工工业,抓好工业改组改造和优化升级,着力培育绿色食品产业、生物医药产业、天然气化工产业、新材料产业等优势特色产业。政府通过改造化工、冶金、煤炭、机电、轻纺、建材等传统产业,以兼并、联合、重组等形式,促进生产要素向优势企业集中,培育了一批主业突出、品牌著名、技术先进、管理科学的大型企业。最后,积极发展第三产业,第三产业的发展要以促进第一产业、第二产业发展和服务于人民生活为前提,大力发展了旅游业、房地产业、公共服务业等第三产业,改造提升传统流通业;此外,政府还积极推进国民经济和社会信息化建设,有重点地发展信息产业,更好地为经济社会发展提供信息服务。最终促进经济增长方式转变,促进产业、产品和企业组织结构更趋合理,完善特色优势产业体系。

2.加强基础设施建设、健全社会保障体系

宁夏立足能源优势,以电带煤,以煤促电,加快煤电就地转化。同时适度加强水利、交通、能源、城市等基础设施建设。水利建设方面,政府全力抓好国家西部大开发重点工程——沙坡头水利枢纽工程建设,使之尽快发挥效益;同时全面完成了扶贫扬黄灌溉工程的水利、供电、通信骨干工程建设,加快了实施引黄灌区续建配套和节水改造、黄河防洪工程,加固南部山区病险水库,加快黄河大柳树水利枢纽工程前期工程。交通建设方面,建成了石嘴山至郝家集、银川至王圈梁高速公路；开工桃山口至固原、中宁至营盘水高速公路，完善区内“三纵六横”的公路网络，加强县级公路建设。能源建设方面，完成了石嘴山等电厂的扩建。交通运输业则完善了以“三纵五横”干线为骨架，国道、省道及县乡公路协调发展、合理布局、干支衔接、覆盖面宽的公路交通网。邮电通信业以增强全网综合通信能力、提高网络技术水平为重点，大力发展电话网、移动通信网、数据网、智能网。加强城市基础设施建设，全面实施了银川、石嘴山、吴忠市等集污处理及集中供热供气工程等。

3.实施科教兴宁战略

全面落实科学技术是第一生产力的思想，把科技教育放在优先发展的地位，以科技为先导，以教育为基础，提高各族人民的科技素质，稳定科技人才队伍，提高经济的科技含量。科技发展要紧紧围绕经济社会发展的总体目标，集中力量解决经济社会发展中的重大关键技术。教育发展重点是普及义务教育，继续巩固教育的战略地位，大力发展教育事业，形成全社会重视教育、发展教育的良好势头，政府实现了全区人口 80%的地区普及小学阶段义务教育，在全区普及初中阶段义务教育。积极发展职业教育、成人教育、民族教育和特殊教育，注重提高教学质量和办学效益。另外，政府以农业科技进步、传统工业改造升级、高新技术产业化为重点，优先发展教育。要在提高基础教育质量的前提下，力争 2002 年基本实现普及初等义务教育目标和基本扫盲目标。同时加快高等教育的发展步伐，重点把宁夏大学建成全国同类地方院校中处于中上水平的综合性大学。此外，积极发展各类职业教育、成人教育。

坚持自主创新、重点跨越、支撑发展、引领未来的科技发展方针，深度实施“科教兴宁”战略。坚持技术引进和自主创新相结合，以引进技术再创新和优势产业、技术领域的集成创新为重点，实施自主创新工程。同时紧紧围绕新型工业化、城市化和农业产业化中的共性和关键问题组织科技攻关，力争在若干领域取得重点突破，加速科技成果向现实生产力的转化。

4.促进经济协调发展和生态保护

按照统筹规划、因地制宜、发挥优势、分工合作、协调发展的原则，政府正确处理山区与川区相结合的地区综合开发战略。南部山区要以消除绝对贫困为基本目标，动员全区各方面力量，形成扶贫攻坚合力，使山区抵御自然灾害的能力显著增强,并为远期进一步发展打下稳固基础,在此基础上进一步促进城乡协调发展,加快社会主义新农村建设,把农村人口的产业转移和空间转移提到战略的高度,有序推进农村人口城镇化。同时,加快制度创新和政策调整,形成有利于农村人口转化为城市人口的制度和机制,促进城乡一体化发展。此外通过促进生态建设,认真组织实施退耕还林还草、天然林保护、"三北"防护林四期等国家重点生态建设工程,实现区域生态环境的明显改善。重视水资源的合理利用与保护。引黄灌区以推广节水灌溉技术为中心,大力发展节水农业,南部山区应以充分利用降水资源、治理水土流失为中心, 大力发展旱作节水农业。政府还加强了北部地区水资源管理和合理开发,以节水、高效、防污为目标,继续实施引黄灌区续建配套和节水改造工程。矿产资源的开发利用,一方面要研究煤炭资源的深加工技术,另一方面要加速银川盆地、灵盐台地、卫宁地区、六盘山盆地的石油、天然气、煤层气的勘查开发步伐。最后,全面实行土地用途管理制度、基本农田保护区制度,加大城市环保治理力度、增加资金投入,严格执行总量控制和达标排放的规定等。

5.扩大对外开放,推进社会事业全面发展

一方面,要进一步深化对外开放,发展对外贸易,大力引进国外资金、技术和人才,扩大同兄弟省区的横向经济技术协作。通过全面扩大对外开放,促进经济社会发展,同时积极合理有效地利用外资。另一方面,按照"保持社会稳定,推动社会进步,促进社会公正、安全、文明、健康发展"的总体要求,在发展国民经济的同时,注重物质文明和精神文明建设,加强民族团结,把社会进步提高到重要的战略地位,努力促进经济和社会的协调可持续发展。另外要充实社会公共服务,在重点城市兴建一批公共体育设施,努力增加居民收入,促进居民消费,改善居民生活质量和环境,要继续控制人口增长,积极扩大劳动就业,强化社区建设和服务。同时,要健全社会保障体系,尽快完善以养老保险、失业保险、医疗保险为重点的社会保障体系。增加对农业和农村的投入,确保财政用于农业的投入增长高于财政经常性收入的增长,改善农村的公共设施条件。

经过这三次调整, 宁夏国民经济发展不断优化, 市场经济发育不断完善。站在新的历史起点,宁夏也逐渐进入了全面深化改革阶段,国民经济调整也不断深入,宁夏的经济社会改革与调整也不断从国有资产管理改革、农村改革、城镇化改革、社会保障体制改革、金融改革、文化体制改革等方面不断开展，同时继续对全区产业发展、重点工作和重大项目进展情况进行落实，使扶贫开发、教育、科技、文化、医疗卫生、社会管理、民族宗教等各项工作都进入了全面深化阶段。

三、农村经济体制改革

农村经济体制改革是改革开放以来具有划时代意义的改革内容，其主要囊括了家庭联产承包责任制与农村土地制度改革、农村组织体制与农产品流通、农村社会保障体系、乡镇经济发展和农村综合配套改革等改革措施。

（一）推行家庭联产承包责任制，实行农村土地管理制度改革

十一届三中全会以后，国家放宽了农村经济政策，通过实行联产承包责任制，扩大了家庭饲养。国家先后调整了各类畜产品收购价格，改革了统派购制度，扩大了粮食议购议销，增加畜牧业投资，扶持畜禽养殖业的发展，调动了农民发展农业生产的积极性。

1982年中共中央批转了《全国农村工作会议纪要》，5月宁夏下发了《关于进一步认真学习和贯彻执行〈全国农村工作会议纪要〉的通知》。在全国农村改革大形势推动下，宁夏农村生产责任制发展很快，广大农民在实践中通过比较和鉴别，根据多数人的意愿选择生产责任制形式，90%以上的生产队选择了家庭联产承包责任制。家庭联产承包责任制以土地承包到户、长期经营为显著特征。其具体内容是：土地仍归集体所有，承包给农户长期使用，土地经营由农户自主安排，乡村及集体组织不再对劳动力进行统一安排，公益事业所需要的用工、义务工都通过合同形式下达到各承包户，农户按合同规定出工或出资（以资代劳）予以完成；在分配上，联产计酬代替了工分计酬，收益在完成国家的（税收），交够集体的（三项提留，五项统筹）以后，剩下全是农户自己的。家庭联产承包制的建立，是继土改之后农民的第二次解放，对充分调动农民的生产积极性、创造性，促进农业生产力提高和农村经济繁荣，起到巨大作用。①

从1995年起，全区各地又陆续开始新一轮土地承包，以稳定原来已到期的

①李锦平、汪建敏：《宁夏经济发展与改革》，宁夏人民出版社，2005，第62页。

承包合同关系。1998 年，针对土地使用中存在无证用地、集体土地登记发证滞后、土地变更监督管理机制缺失、国有土地家底不清等问题，为了认真贯彻落实《中共中央、国务院关于进一步加强土地管理切实保护耕地的通知》精神，自治区人民政府于 1997 年 5 月 7 日批转自治区土地局《关于开展全区土地产权清理整顿工作意见》，对清理整顿的目的、范围和内容、方法、步骤等做了具体规定。2000 年 3 月 6 日，自治区人民政府办公厅转发自治区农牧厅《关于全面完成新一轮土地承包工作，进一步稳定和完善土地承包关系的意见》，意见要求：进一步提高对稳定和完善土地承包关系重要性和紧迫性的认识，严格把握政策界限，切实解决土地承包工作中的遗留问题，同时加强管理，稳定承包关系，依法引导和指导土地使用权的合理流转和有序流动，建立健全土地承包流转机制，进一步完善农村集体经济承包合同管理法规。

（二）农村组织体制改革与农产品流通体制改革

其一，废除人民公社，实行乡社分开。1983 年 12 月，自治区政社分开试点工作结束，全面部署试点工作，将政社分开的工作责成自治区民政厅办理，撤销农村人民公社体制改革领导小组。1984 年 7 月，全区政社分开，建立乡人民政府的工作全部结束，农村组织体制改革工作顺利完成。其二，进行行政区划调整。进入新的世纪，为了全面贯彻党的十六大提出的“全面繁荣农村经济，加快城镇化进程”的精神，着力推进城市化，促进农村经济快速发展，自治区人民政府按照结构调优、产业调大、人员调强、效益调高的原则，对全区乡镇行政区划进行了大幅调整。

在农副产品流通体制改革方面，自治区党委和政府发出《关于大力发展和保护农村专业户的若干规定》《贯彻执行中共中央〔1985〕1 号文件的十项政策规定》，取消了长达 30 年之久的农产品统派购制度，农产品自由上市，自由贸易，鼓励农民进入流通领域，搞活农产品流通，农村集市贸易迅速发展。1986 全区农村工作会议要求保护和调动农民种粮售粮积极性，改革农产品统购派购制度，逐步缩小合同定购的比重，扩大市场议购的范围。在农村商品流通中，国营、集体和个体多种经济成分、多渠道流通体制逐步活跃；供销合作社改“官办”为“民办”，吸收农民股金，改善经营方式，扩大经营范围，拓宽服务领域。

20 世纪 90 年代以来，自治区把推进农业产业化作为农村改革的重要方面,并先后培植了吴忠市利通区的奶牛业、银川市郊区的蔬菜业、中卫县的养鸡业、平罗县的脱水蔬菜、中宁县的枸杞深加工、西吉县的马铃薯淀粉加工业、海原县的苜蓿草加工业以及农垦系统的葡萄酒业、甜菜制糖业、啤酒原料加工等一批产加销一条龙、基地加农户,产业化程度较高的行业。1998 年自治区制订了《宁夏 1998—2002 年农业产业化发展规划纲要》,确定加快粮食、肉奶、皮毛绒、葡萄酿酒、生物制药和水产果菜等六大产业的产业化经营并着力发展各种产业化服务组织。

(三)农村社会保障制度改革

1992 年 3 月 7 日,自治区人民政府办公厅转发区民政厅《关于在我区部分县(市、区)开展农村社会养老保险试点的意见》。1997 年 7 月 5 日,自治区人民政府召开全区农村合作医疗会议,要求各地、市、县切实加强农村合作医疗工作,下大决心、花大力气办好这项"民心工程"。之后,自治区党委、自治区人民政府下达《贯彻(中共中央、国务院关于卫生改革和发展的决定)的意见》,切实加强农村卫生工作,实现"2000 年人人享有初级卫生保健"的战略目标,自治区人民政府发出《关于发展和完善农村合作医疗制度的决定》,决定提出分试点、推行、提高三个阶段发展和完善农村合作医疗制度。1999 年 1 月 27 日,为了妥善解决宁夏农村无劳动能力者的生活保障问题,加快农村社会保险体系建设,自治区人民政府发出《关于建立全区农村最低生活救助制度的通知》,决定在全区建立全区农村最低生活救助制度,并要求要高度重视农村最低生活救助制度的建立和实施,正确把握其基本原则,严格掌握救助范围,合理确定救助标准,认真落实救助资金,切实加强组织领导等。

2005 年 11 月 17 日,全区农村公共卫生体系建设启动并对做好农村公共卫生体系建设工作提出具体要求。为了解决"看病贵"问题,从 1995 年开始,宁夏在全国率先试行医疗机构药品统一招标、统一价格、统一配送的"三统一"工作,这是为缓解人民群众看病贵、看病难问题走出的新路子。①

(四)乡村集体经济和乡镇企业改革

政府通过加强对乡镇企业工作的领导,实行适应宁夏经济发展的产业政策

①杨国林:《宁夏经济体制改革 30 年 1978—2008》,宁夏人民出版社,2008,第 27 页。

和组织形式，实行优惠政策，为乡镇企业发展创造宽松的外部环境，同时鼓励和支持各类人员走上乡镇企业主战场，同时促进各行业通力合作，建立宁夏乡镇企业区级工业小区的目的和原则、条件和程序、组织和管理、政策和措施，为促进宁夏乡镇企业发展做出贡献。此外，政府不断壮大农产品加工龙头企业，推动农业产业化经营，这样就带动了农村产业结构的调整，促进农村工业化和城镇化发展。

（五）农村税费改革和综合配套改革

自治区党委、政府于2000年发布的《关于进行农村税费改革试点工作的通知》，决定进行农村税费改革试点工作。之后进一步规范了农村税费制度，完善试点方案，深化配套改革，从根本上治理对农民的乱收费，促进农村经济健康发展和农村社会长期稳定。2003年自治区为进一步总结经验，完善政策，巩固成果，防止农民负担反弹，实行正确处理各方面关系，努力做到“三个确保”；推进配套改革、力争推进农业税收征管机制改革；推进化解乡村两级债务试点。经过全区上下共同努力，改革试点工作总体运行平稳，取得了明显进展成效，农民负担实实在在得到减轻。农村税费改革试点已经取得了重要的阶段性成效。农民负担明显减轻，干群关系出现积极变化，为全面深化农村改革奠定了基础。

宁夏探索加快特色农业发展的新机制，表现在积极探索“龙头企业+合作组织+农户”等经营模式，推动企业与农民实现“双赢”，积极推进基层农业技术推广体系改革。认真贯彻实施自治区党委、政府2006年出台的《关于加快基层农业科技服务体系改革和建设的意见》和《关于推进兽医体制改革的实施意见》，全面启动了宁夏基层农业科技服务体系改革工作，认真做好竞聘上岗、分流人员、检查验收、巩固提高等重点工作，率先在全国完成了基层农业科技推广服务体系改革任务。同时发挥基层农业科技推广中心（站）及其科技人员的服务职能，为现代农业发展和新农村建设提供技术支撑创造了有利条件。继续推进兽医管理体制改革，调整了自治区畜牧兽医机构设置，增加了总兽医师领导职数，建立健全兽医工作体系。另一方面健全农民负担监测、信访举报、监督检查、案件查处等监督管理制度，切实维护了农民的利益。进一步加大面向农村的公共服务体系的投入和建设力度，不断激发农村发展的活力，促进了社会主义新农村建设。①

2007年的农村综合配套改革主要完善了农村土地制度。按照协商、自愿、有偿、依法的原则，积极探索引导农村土地经营权合理流转，进一步推进土地承包管理的规范化、制度化和法制化建设。强化土地承包管理，之后加强对土地承包纠纷的调处。此外，通过围绕农村土地突出问题开展专项治理，纠正和查处了一批典型案件，解决农村土地延包遗留问题取得了突破性进展，一些地方与中央政策不符的缩短承包期的做法得到了坚决纠正。另一方面，政府加强了对村级征地补偿费分配使用情况的监督检查，征地补偿费专户管理制度和专项审计制度进一步完善，健全了侵害农民土地承包经营权案件的报告、查处机制，土地承包信访分级负责制度进一步强化。

第二节 国有工业企业的改革

1978年以来的宁夏工业体制与企业改革大致经历了扩权让利、承包责任制、制度创新、改革深化四个阶段，改革开放极大地推动了宁夏工业发展，也促进了宁夏国有工业企业的改革与发展。宁夏的国有工业企业改革是从企业扩权开始的，其次还包括企业承包经营责任制、企业内部经营体制、现代企业制度、扭亏脱困、深化改革等六个方面。

一、逐步扩大企业权益

1979年国务院下达了改革国营工业企业管理体制的文件，之后宁夏也下发了关于企业扩权等方面的规定，在银川橡胶厂、西北煤机总厂、银川通用机械厂、银川电表厂、灵武绒线厂、青铜峡造纸厂、青铜峡水泥厂、宁夏电力局等8个企业进行扩大企业自主权试点，内容是改变以往按工资总额提取企业基金的办法，转变为按比例实行基数利润留成加增长利润留成的办法，并对各工业局实行“利润包干、超额分成”办法。对亏损企业，实行定额补贴，计划控制，超亏不

①杨国林：《宁夏经济体制改革30年1978—2008》，宁夏人民出版社，2008，第32页。

补，减亏留用。1980 年，宁夏决定在大河机床厂、银川毛纺厂试行“独立核算、国家征税、自负盈亏”的办法，扩大企业在计划、销售方面的自主权，允许企业按市场需要自主安排生产计划和承接加工订货等。到 1981 年底全区实行盈亏包干、超利润分成、减亏分成或留用形式的国营企业增加到 245 个，都取得了较好的效果。

二、实施经营承包责任制

1983 年 3 月银川市 24 个国营工业企业开始实行经营承包责任制，从此揭开了宁夏国营企业推行经营承包责任制的序幕。1987 年 10 月，大河机床厂、长城机床厂、银川汽车运输公司等企业与政府签订了保上缴利润，保技术改造任务，实行工资总额同经济效益挂钩浮动的第一轮经营承包责任制合同。1987—1989 年政府发布了《宁夏回族自治区全民所有制工业企业承包经营责任制暂行规定》《宁夏回族自治区关于全民所有制工业企业实行招标承包经营的试行办法》等一系列规定办法，使国营工业企业承包经营责任制进一步完善，并在全区国有工业企业中全面推广。这一轮承包使国家、企业和职工利益关系得到合理调整，提高了企业经营效益，但由于企业领导和管理方面的约束机制和监督机制尚不健全，出现了企业上交国家利润水平低于企业经济效益增长水平，一些企业承包人收入过快增长，还有的企业出现了吃老本、拼设备的短期行为等问题。

在总结第一轮企业承包经验教训的基础上，1990 年政府出台了《关于完善企业承包经营责任制的意见》，对新一轮承包经营的原则和办法做了明确规定。之后《全面推行新一轮企业承包经营责任制的若干意见》促使新一轮企业承包经营体制全面铺开，多数企业以保上缴利润，保技术改造任务，实行工资总额同经济效益挂钩浮动为内容，实行上缴利润递增承包超收分成、基数承包超收分成或利润递增承包形式，少数企业实行“切块分包”、“长包短定”、企业认标承包、顺延承包或招标承包等办法。新一轮承包吸取第一轮承包经验，坚持了“包死基数、确保上交、超收多留、歉收自补”原则，加强民主管理、民主监督等措施，进展顺利，成效显著。

三、完善企业内部经营机制

建立和完善企业内部经营机制包括以下三个方面。

（一）实行厂长（经理）负责制

1984年银川橡胶厂、石嘴山钢铁厂等5户企业进行了试点，1985年扩大范围试点，1986年全面铺开。实行厂长（经理）负责制的企业绝大多数同时实行了厂长（经理）任期目标责任制和任期终结审计制，这使得厂长（经理）的中心作用得到加强，企业党政不分的状况开始改变，决策办事效率有所提高。

（二）普遍推行了多种形式的经济责任制

经济责任制体现在50%的大中型企业划小核算单位，实行分权分级管理，多数小型企业则将各项指标分解，实行内部层层承包，其次运用经济手段调动车间、班组的生产积极性，这都在一定程度上提高了经济效益。

（三）改革内部分配制度

分配制度实行浮动工资制、计件工资制、记分计奖制和超基数联销计奖等办法，使职工个人收入多少同劳动贡献大小、企业经营好坏挂起钩来，这样就初步克服了平均主义现象，调动了职工的工作积极性。

四、建立现代企业制度

1992年宁夏制定了《宁夏回族自治区全民所有制工业企业转换经营机制实施办法》，国有企业改革逐步由搞活大中型企业转向以建立现代企业制度为重点。1995年政府确定在石嘴山钢铁厂、宁夏电机总厂、宁夏第二建筑工程公司、银川第二毛纺织厂、宁夏水泥厂等5个自治区属企业和六盘山水泥厂、石嘴山铁合金厂、吴忠市化工厂、贺兰县造纸厂、中卫造纸厂等5个地市县属企业进行建立现代企业制度试点。至1995年底，其中6户改制为国有独资的集团公司，其生产主体部分改制为股份有限公司或有限责任公司，其余4户改制为多元股东持股的股份有限公司。“八五”期间，全区陆续组建了454户股份制企业，“九五”期间，自治区以产权多元化为核心，以股份合作制为主要形式的国企改革全面展开。到2000年，列入改革范围的89户国有大中型企业中，已实行改制的有68户，占76.4%，其中改为股份有限公司的15户，改为有限责任公司的

29户，改为股份合作制等其他形式的24户。列入改革范围的535户小型企业，已实行各种改制的497户，占92.9%。2000年全区登记注册的工商、建筑企业32 532户中，有限责任公司200户，股份有限公司41户，股份合作企业123户，现代企业集团22个。

随着国有企业经济体制改革深入发展，1994年6月17日，广夏（银川）实业股份有限公司在深圳证券交易所挂牌上市，成为宁夏第一家上市公司。1996年4月19日西北轴承股份有限公司股票上市，之后又有宁夏民族化工股份有限公司、银川新华百货商店股份有限公司、宁夏美利纸业股份有限公司、宁夏恒力钢丝绳股份有限公司、宁夏吴忠仪表股份有限公司、宁夏圣雪绒股份有限公司、宁夏东方钽业股份有限公司、宁夏大元炼油化工股份有限公司、新华百货等共14家企业A股股票发行上市，募集资金几十亿元。

五、国有企业改革脱困

2000年宁夏经贸委发布《关于进一步抓好国有及国有控股工业企业扭亏脱困工作的意见》与《关于分解下达全区扭亏脱困任务意见》，以"分解表"的形式做了具体工作要求。之后的经贸工作会议强调要坚定信心，再接再厉，采取积极有效的措施，打好国有企业改革脱困的攻坚战，始终保持经济发展的良好势头，维护改革、稳定的大局。企业破产的重要问题就是企业职工安置，因此为实现国有企业改革与脱困目标，维护社会稳定，政府出台了《关于自治区属国有工业破产企业职工安置意见》，对安置好国有工业破产企业职工工作做了具体规定，保证全区国有企业下岗职工基本生活保障与再就业工作，工业企业改革与脱困座谈会也强调了各地区、部门及企业要进一步解放思想、转变观念、明确目标、共同努力，确保国有企业3年改革与脱困目标的全面完成，因此政府下发了《关于自治区属国有企业改革需要明确的有关问题的通知》，就股份合作制改革中国有资产剥离、扣除及国有职工身份置换标准、企业产权变动资产收益两大问题做了明确规定，这就为国有工业企业改革与脱困奠定了坚实的基础。之后政府于2003年召开了工业化进程工作会议，强调要以加快工业结构调整优化、培育壮大特色产品、打造企业核心竞争力为重点，重塑工业新优势，实现宁夏经济发展新跨越。①

六、进一步深化国有企业改革

2001年自治区政府在《关于深化工业改革强化企业管理提高经济效益的若干意见》的通知中提出要进一步建立健全法人治理结构,放开搞活中小企业和深化国有企业内部人事、劳动、分配制度改革等措施,促进企业改革向纵深方向发展。②2007年国有企业改革迈出新步伐:一是完善公司法人治理结构,继续推进现代企业制度建设。积极推进宁夏东方有色金属集团公司与中国有色矿业集团公司等6户大型地方企业与中央企业的重组。二是加快产权结构改革,实现了产权多元化。三是主辅分离,资产质量提高。四是依法履行出资人职责,加快完善国有资产监督管理体系。到2010年,宁夏继续把加快推进国企改革作为增强国有企业内在活力、提高发展质量和效益的重要途径,优化调整了全区经济结构,理顺了国有资产管理体制,规范了国资监管方式。

2014年根据中央深化改革的要求,宁夏出台了《关于进一步深化国有企业改革的意见》,明确了下一步深化国企改革的方向和“路线图”。把改革重点锁定在了改革顶层设计、国企功能界定、发展混合所有制、提高国有资本证券化率、深化内部制度改革等五大领域,全区国有工业企业改革迈入不断深化的新进程。

第三节 非公有制企业的发展

新中国成立以后,随着宁夏全境解放,通过没收官僚资本和对手工业、资本主义工商业的社会主义改造,建立了全民所有制经济和集体所有制经济即公有制经济;在农村则进行土地改革,实行农业合作化,建立了农村集体所有制经济。宁夏经济所有制结构自1957年形成以公有制占绝对优势的局面,直至改

---

①杨国林:《宁夏经济体制改革30年1978—2008》,宁夏人民出版社,2008,第38页。

②李晋红:《宁夏工业体制改革与工业发展前景分析》,《宁夏党校学报》2009年第1期,第75—78页。

革开放前,宁夏非公有制经济和全国一样,基本处于消失阶段。改革开放以后,随着国家对非公有制经济政策的逐渐放开,宁夏的非公有制经济与民营企业发展从个体经济开始,逐渐从无到有,日益壮大起来。

一、以个体经营户为主要形式的非公有制经济发展(1979—1992 年)

1982 年农村普遍实行家庭联产承包责任制后,大批农村剩余劳动力开始从事手工业、商业、农机、运输业等个体经营,出现了专业户、重点户、个体运销户、长途贩运户、小商店等。随后又有乡镇企业的快速发展,使农村中从事商业、工业、运输业、畜禽养殖业的个体经营者纷纷出现。1984 年以后,城市经济体制改革逐步深入,普遍推行了企业经营承包,并有部分下岗分流人员出现,政府积极支持自谋职业。在允许个体、私营企业适当发展政策指导下,个体餐饮业、零售商业在城镇也很快发展起来。这一时段非公有制经济发展以个体户经营为主要形式。其特点是个数多、网点多、规模小,并且绝大多数集中在零售商业、餐饮业和规模以下工业方面。随着对外开放窗口的打开,外商和港澳台商也开始进入,宁夏中外合资企业也不断建立起来。到 1992 年,宁夏商业、工业企业所有制状况如下。

商业:批发贸易仍全部由国有和集体商业控制,零售贸易方面个体商业发展较快。在全区 32 344 个零售贸易机构中,有个体商业 27 183 个,从业人员 34 955 人,占零售贸易从业人员总数的 45.78%。在全区社会消费品零售总额中,全民的零售额占 47.9%,集体的零售额占 25.4%,个体的零售额占 15.2%,其他(主要是农民直接向非农业居民销售)占 11.5%,个体商业已成为零售贸易的一支重要力量。餐饮业方面,个体经营发展迅速,在全区 8 668 个餐饮业机构中,个体 8 100 个,从业人员 15 497 人,占餐饮业从业人员总数的 71.32%,个体已成为餐饮业的主力军。

工业:1992 年全区有工业企业 27 882 个,其中国有企业 514 个,集体企业 1 352 个,个体企业 24 864 个,港澳台企业 7 个,外资企业 2 个。在全区工业总产值中,国有企业产值占 78.6%,集体企业产值占 16.4%,个体企业产值占 4.4%,港澳台资和外资企业产值占 0.6%。

二、市场经济体制下多种经济成分的较快发展(1993—2000 年)

1992 年党和国家在总结十四年改革开放经验的基础上，提出了建立社会主义市场经济体制的任务,在所有制结构上明确提出“以公有制包括全民所有制和集体所有制经济为主体,个体经济、私营经济、外资经济为补充,多种经济成分长期共同发展,不同经济成分还可以自愿实行多种形式的联合经营”的方针。从此,宁夏非公有制经济得到较快发展,涉及范围也扩大到第一、二、三产业的各个方面。

在商业方面,从 1993 年开始,私营和个体经济进入批发贸易业,同时零售贸易、餐饮业、服务业的个体经济有了较快发展。在工业方面,在规模以上工业企业中,1993 年开始出现联营企业、私营工业企业和股份制企业。国有企业逐步进行股份制改造，到 2000 年私营企业和股份制企业工业总产值已分别占规模以上工业总产值的 7.7%和 35.7%。在规模以下工业企业中,私营和个体工业企业已逐渐成为主体,私有工业企业(私营和个体)总产值已占规模以下工业总产值的 80.2%。在建筑业方面,1993 年以后,农村建筑企业逐步减少,国有和集体建筑业继续发展并进行了部分改制，到 2000 年，股份制建筑企业已达到96 个,其总产值已占建筑业总产值的 22.3%。2000 年商业、工业、建筑业多种经济成分共同发展的格局基本形成。①

据统计,2000 年宁夏非公有制经济单位发展到 13 万户，从业人员共计 55 万人,占全区从业人员总数的 52%(不包括从事纯农业生产的人员),其中安排下岗职工 5 万人;资产总额 272 亿元,占全区企业资产总额的 32.5%,比 1995 年增长 11 倍,完成增加值 86 亿元,占全区企业增加值的 32.5%,五年间资产及增加值年均增长分别为 16%和 14.3%。“九五”期间全区 GDP 年均增长 9%,其中非公有制经济拉动 6—7 个百分点,贡献率达 70%以上。②

①李锦平、汪建敏:《宁夏经济发展与改革》,宁夏人民出版社,2005,第 77 页。

②孙秀英:《宁夏非公有制经济发展初探》,《农村金融与市场经济》2002 年第 5 期,第 20—23 页。

三、进一步深化改革推进下的非公有制经济发展(2001—2014年)

进入新世纪以来,宁夏继续高度关注和支持非公有制经济发展。随着西部大开发战略的深入实施,宁夏非公有制经济发展进入快速阶段,特别是沿黄城市经济带、大县城建设和现代生态农业、全民创业等战略的实施,都有力推动了宁夏城镇化、工业化、信息化与农业现代化进程,这使得宁夏非公经济总量不断攀升,经营领域不断拓展,活力和创造力不断增强,非公有制已成为宁夏加快发展的主力军,成为宁夏新型城镇化、工业化与农业现代化的主要推动力量,非公有制经济在规模上、经济增长、创新与就业中的作用得到不断加强。①

具体来讲,2003年出台了《关于进一步加快非公有制经济发展的意见》,2010年颁布了《促进中小企业发展条例》,2013年初,召开全区发展非公有制经济大会,出台了《关于加快非公有制经济发展的若干意见》,在放宽投资领域、放宽准入条件、创新金融服务、加大财政扶持、减轻税费负担、健全服务体系等方面拿出了新举措。2014年在政府机构改革中又组建了自治区非公经济服务局,7月又出台了《加快非公经济发展行动计划(2014—2017年)》,对非公经济发展目标、主要任务、改革重点、政策保障进行了部署。同时,在支持人才引进和培育、加快资本市场建设、完善社会服务体系等方面也出台了相关政策。各类政策相得益彰,形成较为完善的政策保障体系。宁夏在全面深化改革、激发非公经济活力,以及促进经济转型升级方面做了有益的探索和实践,为非公有制经济发展注入了强大动力。②

"十二五"以来,全区非公经济增加值年增速均在13%以上,2012年突破千亿元大关,2013年达1 246.6亿元,同比增长10.23%,占全区生产总值的48.6%,经济增长贡献率50.5%。2014年1—6月,全区非公经济实现增加值527亿元,同比增长8%,占全区地区生产总值的48.8%,经济增长贡献率达54.3%。总之,在进一步深化改革的推进下,非公有制经济实现了蓬勃发展,在宁夏经济

①《宁夏非公经济撑起半壁江山》,《宁夏画报(时政版)》2014年第3期,第24—31页。

②徐树雄、申进湘:《长风破浪会有时——宁夏非公有制经济发展纪略》,《共产党人》2014年第19期,第33—35页。

总量中，非公有制经济占比已经超过一半。[①]全区非公有制企业为社会经济发展贡献了超过50%的经济总量,60%的固定资产投资,70%的财税收入和科技创新,80%的劳动就业,占据90%以上的市场主体份额。

第四节 农村经济由传统向现代转型

随着农村经济改革的不断深化，宁夏农村产业结构发生了巨大的变化,传统农业生产方式向现代农业生产方式转变,传统自给自足的农业经济向现代商品经济转变,传统农业的单一经营向现代综合经营转变。不仅引黄灌区农业发展活跃,而且新型农业发展与新农村建设亦取得了显著成效。

一、引黄灌区农业大发展

宁夏是唯一全境属于黄河流域的省区,黄河由南向北从中卫南长滩入境到石嘴山麻黄沟出境,穿过4市10个县区,流程397千米。全区经济社会发展利用黄河水量占水资源利用总量的93%以上，黄河水是宁夏经济社会发展的命脉,更直接决定着引黄灌区农业经济发展的命运。宁夏引黄灌区位于黄河上游下河沿—石嘴山两水文站之间,沿黄河两岸地形呈“J”形带状分布。灌区涉及青铜峡市、永宁县、银川市、贺兰县、平罗县、陶乐县、惠农县、石嘴山市及中卫县、中宁县、吴忠市、灵武市等4个县(市)的引黄灌溉部分,计12个县(市)和20多个国营农、林、牧场。该区以青铜峡水利枢纽为界,分为上游的卫宁灌区和下游的青铜峡灌区。作为我国古老大型灌区之一,宁夏引黄灌区具有悠久的灌溉历史,已有2300多年的灌溉农业历史。素有“塞上江南”之美誉,是宁夏主要粮棉油产区,也是全国12个商品粮基地之一。

新中国成立后,特别是1958年宁夏回族自治区成立以来,宁夏对引黄灌区进行了大规模改造和扩建，建设了青铜峡水利枢纽和沙坡头水利枢纽工程,结束了宁夏引黄灌区无坝引水的历史,在中部干旱带建设了固海、盐环定、红寺堡

①张学斌:《转变政府职能推动宁夏非公有制经济发展》,《中国中小企业》2014年第1期,第76—77页。

和固扩等四大扬黄灌溉工程,在南部山区发展库井灌区、建设了一大批水土保持项目。在黄河母亲河的哺育下,沃野千里的宁夏平原旱涝无虞,古老的塞上江南发生了翻天覆地的变化，宁夏引黄灌区粮食产量多年保持在全区总量的70%以上,是宁夏经济和社会发展的核心区域,也是我国西部重要的粮食主产区和生态屏障区。

宁夏平原——美称“塞上江南”的宝地

由于宁夏引黄灌区农业开发历史早,传统农业经营较为成熟,加之土地资源相对丰富,光热资源充足,非常适合无公害、绿色、有机农产品的综合开发,因而有利于集中建设各类农产品生产基地，推进农业现代化。改革开放以来,该区不仅在20世纪80年代启动实施了新灌区开发工程，扩大了引黄灌区面积,促成了引黄灌区作为宁夏大农业商品生产基地的建设,包括城市副食品生产、糖料生产、草食动物饲养、油料生产、药材生产等各类基地建设,而且进入21世纪以来,灌区内各市(县)特色产业发展速度较快,综合开发、生产能力日益增强。比如:中宁县,枸杞产业形成了以中宁为主体,以贺兰山东麓和清水河为两翼的“一体两翼产业带”,为把宁夏打造成世界枸杞之都奠定了基础;硒砂瓜享誉国内外,产品远销全国各地20多个省区30多个城市,并出口到香港、澳门、新加坡、蒙古和俄罗斯等地区和国家,成为环香山地区干旱带农民脱贫致富增收减灾的绿色产业。吴忠市利用自身民族特色和资源优势,着力发展清真牛羊肉产业和奶产业,重点培育一批带有民族地域文化特点的知名品牌,如涝河桥清真牛羊肉、夏进乳业、“沙漠王子”休闲食品等，为吴忠市大力发展“清真食品”产业打造出新的城市名片。而平罗县，在发展特色产业中紧紧围绕优质粮食、清真羊肉、设施农业、制种、适水产业、枸杞六大产业，利用自身优势和地域特点培育壮大比较优势突出且特色鲜明的乡镇板块经济。

宁夏乳业发展已步入转型升级（摄于“夏进乳业”乳品加工车间）

同时，引黄灌区的各市（县）围绕着推进农业由产品向商品市场转变，由数量向质量效益转变，由自然向生态可持续转变，由一家一户分散经营向规模化、集约化经营转变，由传统种（养）产业向产加销、农工贸一体化现代农业转变，实现“农村发展、农业增效、农民增收”的战略举措和重要措施，农业产业化推进速度日益加快，初步形成了区域化布局、专业化生产、集约化经营的基本格局；龙头企业不断增强实力、提升水平，涌现出了一批起点高、发展快、规模大的龙头企业和发展项目；标准化、专业化养殖场和规模化种植基地成为当地提升农业生产质量安全的根本取向；农民专业合作组织与龙头企业对接、与市场对接，已成为农民实现增收的基本手段。在农业产业化推进过程中，作为宁夏三个国家级现代农业示范区之一的贺兰县，在建设特色农业产业化开发模式上取得了突出成效，比如，建立了以土地入股，“支部＋协会＋农户”的兰光模式、稻田养蟹生态立体化种养的京星模式、主打蔬菜产业发展“一村一品”的银河模式、政府主导发展设施农业的新平模式、“合作社＋农户” 推动番茄产业发展的双桂模式、“企业＋基地＋农户”拓展牛羊养殖加工产业链条的伊顺园模式等15种发展模式。贺兰县农业产业化开发的探索与实践模式不仅具有实践上的示范效应，而且也代表了引黄灌区现代农业的发展方向。

总之，改革开放以来宁夏引黄灌区农业发展活跃，现代农业、特色农业发展趋势明显。

二、农业增收、农民收入稳步增长

随着农村经济现代化水平的不断提高，宁夏农业增收成效明显。2014 年统计公报显示，宁夏完成农林牧渔业总产值 444.49 亿元，比上年增长 5.9%。其中，种植业产值 274.80 亿元，增长 4.4%；林业产值 9.50 亿元，下降 3.4%；畜牧业产值 125.96 亿元，增长 9.2%；渔业产值 14.43 亿元，增长 9.3%；农林牧渔服务业产值 19.80 亿元，增长 8.4%。全区优势特色农业产值 380.9 亿元，占农林牧渔业总产值的比重达到 85.7%。全年粮食播种面积 1 157.0 万亩，比上年减少 45.4 万亩，减少 3.8%。粮食总产量 377.9 万吨，比上年增长 1.2%，实现连续 11 年丰收。油料播种面积 120.23 万亩，减少 2.4%。瓜菜种植面积 315.2 万亩，增长 5.3%。葡萄种植面积 51.1 万亩，增长 2.1%。[①]

到 2014 年年底，宁夏共有乡镇 193 个，村委会 2 269 个，农村从业人员 216.17 万人，农村人口 306.89 万人，城镇化率已由 2000 年的 32.5%提升至 2014 年的 53.6%。数据显示，2 000 年以来的 14 年间，宁夏农民人均纯收入稳步提高，从人均纯收入 1 742 元升至 7 673 元（注：2014 年宁夏农村居民人均可支配收入 8 410 元，农民人均纯收入为 7 673 元），涨幅达 3.4 倍，年均递增 11.2%。2014 年，宁夏农民人均纯收入低于全国平均水平，在全国排名第 24 位；比上年增额则排名第 28 位，比贵州、云南、甘肃略高，在 5 个民族自治区中基本居中；在西部 12 省份中居第 5 位。

改革开放以来，宁夏农民收入结构变化中，收入增长的主要因素是家庭经营收入的不断增加，但工资性收入亦越来越成为重要影响因素，前者与农村经济的综合发展以及农业的市场化、专业化经营有关，后者则与城市化进程中农业劳动力向非农产业转移加快密不可分。统计数据显示，2014 年在构成家庭纯

①宁夏回族自治区统计局、国家统计局宁夏调查总队，《宁夏回族自治区 2014 年国民经济和社会发展统计公报》，2015 年 4 月。

收入的三项因素中，工资性收入与经营收入已经基本相当，分别占44.2%和47.5%，与2000年分别占28.1%和65.0%的结构发生了明显变化。①

三、新农村建设促进农村全面发展

2005年10月8日，中国共产党十六届五中全会通过《十一五规划纲要建议》，提出要按照“生产发展、生活宽裕、乡风文明、村容整洁、管理民主”的要求，扎实推进社会主义新农村建设。这是在我国总体上进入以工促农、以城带乡的发展新阶段后面临的崭新课题，是时代发展和构建和谐社会的必然要求。按照中央农村工作的统一部署，宁夏迅速启动了新农村建设，积极广泛地开展了新农村建设的探索与实践，并取得了可喜的成效。

（一）农村基础建设成效显著

围绕“两大工程”的实施，一批与群众生活密切相关的乡村道路联网工程、“十万农民饮用水改造”工程、“两双”工程等基础设施项目基本完成。农村特色主导产业、农民专业合作和现代家庭工业、农村休闲旅游等产业得到长足发展和提升。多数创建村的农村面貌焕然一新。自治区住建厅把“塞上农民新居”建设和农村危房改造作为解决农村群众基本居住安全的着力点，建成了一批布局合理、特色鲜明、环境优美的示范村。农村住房质量和抗震防灾能力显著提高，两大工程已成为全国、全区的亮点。宁夏回族自治区被列为全国农村住房建设示范省区和建材下乡示范省区。

（二）各项生态建设工程实施卓有成效

一是生态林业工程。全区森林资源总量快速增长，森林覆盖率由2000年的8.4%增长到2013年13.6%。二是退耕还林工程。自治区把退耕还林等重点林业工程与山区综合治理、农田基本建设、扶贫开发相结合，提高了农业综合生产能力。三是资源管护工作。湿地保护走在全国前列。到2014年，全区湿地总面积约400万亩，约占全区地域总面积的5%，比全国平均水平高出1.2个百分点。四是全国防沙治沙综合示范区建设。防沙治沙走在全国前列，率先在全国以省为单位全面实行禁牧封育，天然草原全部承包到户，并采取工程措施和生物措

①雷小武：《宁夏农民收入增长比较及趋势的简要分析》，《中国统计》2015年第8期，第22—24页。

施相结合的举措来加强荒漠化防治，是全国最早实现人进沙退的省区。

(三)人居环境明显改善

宁夏加大了对环境基础薄弱村庄的建设力度，对沿黄经济区和中南部地区320个村实施农村环境连片整治。作为全国首批8个农村连片整治试点省区，围绕农村生态文明建设主题，宁夏着力打好农村环保建设这张底牌。至2014年，宁夏共投入11亿元，高规格推进农村连片整治，在1 040个村建成了一大批环保设施，创建国家级生态乡镇20个，生态村14个。这些环保设施为建设美丽乡村打下了坚实的基础，提高了农村环境质量和农民的幸福指数。此外，《宁夏农村环境保护条例》的出台，以法规形式完善农村环保地方技术标准规范体系，加快推进宁夏农村环保进程。

第十一章　市场体系的建立与成就

随着1978年12月十一届三中全会的召开，改革开放成为中国特色社会主义建设的主旋律。在全国进行经济体制改革的浪潮下，宁夏也逐渐开始改变旧的落后发展理念，开始注重市场在资源配置中的基础作用，逐步建立社会主义市场经济体系，取得了丰硕的发展成果。

第一节　宁夏市场体系建设的历程

改革开放以来，宁夏在市场体系建设方面大体经过了三个发展阶段，分别是：商品市场体系建设阶段（1978—1987年）、要素市场建设阶段（1988—1997年）、市场体系完善阶段（1998年至今）。

一、1978—1987年：以商品市场体系建设为主要内容的发展阶段

党的十一届三中全会指出："集市贸易是社会主义经济的必要补充，任何人不得乱加干涉。"这就强调了集市贸易的地位。此后，政府采取了一系列促进集市贸易发展的政策，比如恢复城乡个体小商贩的经营权利，开放农副产品的交易，缩小对农副产品的统购范围等。党的十一届三中全会以后，随着农村经济体制改革的不断推进，集市贸易和个体经营首先被放开，消费品市场最先得到较快的发展并带动了生存资料的萌芽与发展。

1984年10月，党的十二届三中全会通过了《中共中央关于经济体制改革的决定》，确认了我国经济是计划的商品经济，确认了生产资料也是商品，生产

资料开始进入市场。1985 年中央 1 号文件决定对农副产品进一步实行开放政策。1984 年、1985 年,国家调整了生产资料购销政策,工业生产资料价格开始实行双轨制,即计划调拨部分实行政府定价,自主交易部分实行市场调节价格,生存资料市场开始建立和发展起来。1986 年,国家批准在上海、沈阳、天津、武汉、重庆、西安六个城市建立钢材市场,带动了整个生产资料市场的发展。

在这种大背景下,宁夏市场体系建设以商品市场为主要内容,也开始进入恢复发展时期。具体举措是:一是改革单一流通渠道。恢复农村集市贸易,放宽交易范围,增加交易主体,允许多种交易方式存在。二是疏通流通渠道,减少流通环节。原来属于商业部的一级批发站和自治区二级批发站下放到各市县,各种形式的贸易中心纷纷出现,到 1978 年宁夏已经建立工业品贸易中心 13 个,批发零售也不再受制于行政级别的政府部门。三是改革供销社体制。1984 年以后,供销社退出政府序列,并全部由全民所有制恢复成农民合作商业性质,主要承担农副产品的购销、农用生产资料的供应和日用工业品下乡等具体工作。1986 年宁夏回族自治区发布《供销社深化改革意见》后,供销社逐渐成为供销、加工、仓储、运输为一体的为农民提供综合服务的组织,推动了宁夏经济的市场化进程。四是改革物资流通体制,从分配调拨型向经营服务型转变。压缩计划管理物资的品种,改革物资供应办法或者按照建设和生产进度核实供应,或者凭借票据供应,或者试行包工包料;对重点建设工程开展物资配套承包供应;此外,开展门市供应、批零兼营、预约订购、联购联运等多种购销形式的服务。五是改革农副产品购销体制。1979 年大幅度提高农副产品收购价格,恢复粮油等农副产品的议购议销;从 1980 年起,逐步缩小一、二类统购派购的产品的种类,增加市场自由流通的品种和数量;从 1985 年起取消统购派购的制度,改为实行合同定购和市场收购,农民对定购以外的农产品和副食品可自由上市交易。六是建立和发展多种类型的市场。1985 年以后,宁夏大力发展了城乡农贸市场和城市工业品贸易中心,相继建立了机电交易中心、粮油贸易中心、物资贸易中心、钢材市场、木材市场等。在此阶段中,重点是以发展商品经济为主线,以搞活集贸市场、城市消费品市场和生产资料市场为主要内容进行宁夏市场体系建设和市场管理体制的改革。

二、1988—1997年：以要素市场建设为主要内容的发展阶段

1987年9月，党的十三大报告提出了“社会主义市场体系”的概念和实行“国家调节市场、市场引导企业”的运行机制，各类市场包括生产要素市场进入“快车道”，金融、房地产、劳动力、技术、信息等市场迅速起步和发展，生产要素价格开始显露并开始了市场化的进程。1992年10月，党的十四大确立了社会主义市场经济体制的改革目标，强调了市场对资源配置的基础性作用。随后在1993年11月，党的十四届三中全会通过的《关于建立社会主义市场经济体制若干问题的决定》，第一次明确提出要培育和发展“劳动力市场”，并把十四大提出的经济体制改革的目标和基本原则加以具体化，制定了社会主义市场经济体制的总体规划，提出建立全国统一开放的市场体系已实现城乡市场紧密结合，国内市场与国际市场相互衔接，促进实现资源优化配置的目标。1991年上海证券交易所、1992年深圳证券交易所和中国证监会的成立，标志着我国资本市场的初步形成。1994年外汇体制改革后，形成了全国统一的外汇市场。1997年全国银行间债券市场的建立，成为资本市场发展的重要转折点，这一系列举措都进一步有力地推动了市场体系的建设。

根据党的十三大、十四大和十四届三中全会确立的培育发展市场体系的基本目标，宁夏市场体系建设紧紧围绕建立社会主义市场经济体制，通过改革，加快了以生产要素市场建设为主要内容的市场体系建设的步伐，市场体系建设开始由培育商品市场进入培育和发展包括各类要素市场在内的市场体系上来，要素市场和中介机构真正开始全面发展起来。1988年以后，宁夏相继建立了劳务市场、国库券转让市场、资金市场、融资公司等多家省（区）级和地（市）级的要素市场，还召开过多次全区性的技术信息市场交易会、完善建筑工程招标机制、加强商品房的开发等。1991年成立了宁夏金融市场；1992年相继成立了四家地、市级金融市场和中国建设银行、中国工商银行系统内融资网络，拆借业务发展十分迅速。这一系列举措，在把宁夏经济向市场化方向发展上大大推进了一步。

三、1998年至今：市场体系全面发展及体制不断完善阶段

1997年9月，党的十五大报告提出，加快国民经济市场化进程，要充分发

挥市场机制作用,健全宏观调控体系,继续发展各类市场,进一步发挥市场对资源配置的基础性作用,有利地推进了我国经济的市场化进程。2002年,党的十六大报告指出,要健全现代市场体系。党的十六届三中全会通过的《中共中央关于完善社会主义市场经济体制若干问题的决定》中,再一次强调完善社会主义市场经济体制的主要任务之一是建设统一开放竞争有序的现代市场体系。建立现代市场体系有助于进一步完善以公有制为主体、多种经济成分共同发展的基本经济制度,还有助于形成城乡经济、区域经济协调发展的良好机制,有助于完善宏观调控体系,有助于市场机制作用的充分发挥等。2007年,党的十七大报告进一步指出要加快形成统一开放竞争有序的现代市场体系, 发展各类生产要素市场,完善反映市场供求关系、资源稀缺程度、环境损害成本的生产要素和资源价格形成的机制,规范发展行业协会和市场中介组织,健全社会信用体系。

根据中共中央这一系列方针政策和宁夏发展形势的要求,宁夏进一步加强了市场体系建设和改革工作,先后修正和出台了《宁夏回族自治区商品交易市场管理条例》《宁夏回族自治区劳动力市场管理条例》和《关于加快推进资本市场改革与发展的意见》等制度规范,全区市场体系建设进入了全面发展完善的重要阶段。在此期间,宁夏市场体制改革和建设的任务:一是大力规范商品市场交易,促进商品市场的进一步发展。二是加大企业改革力度,造就合格的市场主体,促进要素市场和中介机构的发展。三是加速建设完整、规范、高效的资本市场,促进企业产权流动。四是改革户籍管理制度,促进统一规范的城乡劳动力市场和人才市场的形成。五是进一步完善市场中介机构的功能,发挥中介机构的作用。六是加快技术和信息市场建设,推进技术资本化和信息市场化。七是积极探索生产要素参与收益分配办法,加快生产要素市场化、资本化的步伐。

2012年,党的十八大报告将科学发展观作为中国特色社会主义体系建设的最新成果,明确指示各个省(区)及地方进行市场经济体制建设务必坚持科学发展观,以小康社会为发展终极目标,在推动市场经济体制改革与发展的同时转变经济发展方式,使经济得到可持续健康发展,在市场经济体制的地方改革方向上实施创新驱动发展战略,将科技创新摆在国际发展全局的核心位置,实现科技创新、制度创新、市场经济体制的整体创新。同时政府进一步强调审核经济体制改革,推进经济结构战略性调整,全面提高开放型经济水平,以推进城镇化为重点,着力解决制约经济持续健康发展的重大结构性问题。处理好政府和市场的关系，更好发挥政府作用。坚持出口和进口并重，提高利用外资综合优势和总体效益，加快走出去步伐，统筹双边、多边、区域次区域开放合作，提高抵御国际经济风险能力。在新时期里，宁夏主要围绕着国家的宏观战略目标，积极推动市场经济体制深化改革，扶持并加大力度进行企业改革，培育市场主体，搭建中国和阿拉伯国家经济与贸易合作平台，促进本地区市场经济体系建设与国际市场接轨。

第二节　宁夏市场体系建设取得的主要成绩

从1978年改革开放开始到现在，宁夏在市场体系建设和市场经济发展方面，不断改变传统观念，依循市场经济规律，不断健全市场机制和完善市场体系，为宁夏经济的快速发展营造良好的市场环境。同时，政府也不断放开发展思路，在产品市场和要素市场两个市场上不断完善价格机制、供求机制、风险机制和竞争机制，并逐步完善各项市场管理条例和政策体系。

一、价格市场形成机制的基本确立

以市场为基础的价格形成机制是现代市场体系的核心，也是市场配置资源的中心环节。从宁夏市场体系的建设总体来看，价格市场形成机制已经基本确立。在商品市场上，随着工业生产资料价格双轨制合并为市场价格单轨制和进一步放开消费品价格和服务价格，市场除少数重要商品以外，绝大多数商品和服务的价格均由市场决定，基本实现了由政府定价体制向市场价格体制的转轨。例如：到2015年，宁夏零售商品总额的95.6%、农副产品收购总额的97.7%、生产资料销售总额的91.9%已由市场决定。

同时政府价格管理体制的改革也在不断深化，通过积极推进垄断行业价格形成机制改革，特别是公共服务与基础设施领域的价格改革引入了竞争机制，普遍采取价格听证制度，增加价格信息公开性，让群众参与监督，如冬季采暖费、水电费等价格的确定，都实行了听证制度。生产要素的价格的市场化改革也取得了明显进展，资本、土地、技术、劳动力等要素的价格形成由市场决定。在房地产市场上，商品房价格和二级市场的房价完全由市场供求决定。土地一级市场也引入了市场化招投标制度。市场价格作为市场信号系统和传导机制，通过引导和调节资源的流动，使价值规律发挥作用，增强了市场在资源配置中的基础性作用。

二、市场主体多元化的格局基本形成

经过 30 多年的改革发展，宁夏国有企业"一家独大"的局面有了较大改变，私营、个体、外资等企业不断参与市场竞争，并不断取得更多的市场份额，一个以公有制为主体，多种经济成分并存的流通主体格局已基本形成。1978 年，全区社会消费品零售总额中，国有、集体等公有制经济所占比重是 98.8%，到 2007 年这一比例下降到 12.5%；而非公有制经济的比重则由 1.2%上升到87.5%。全区个体、私营经济实现社会消费品零售额 178.26 亿元，是 1978 年的2 870.5 倍；2007 年个体、私营经济零售额占全区社会消费品零售总额的比重为76.4%，比 2006 年提高 11.4%。

三、市场发展不断加快，市场体系日趋完善

宁夏市场体系由商品市场、要素市场以及市场中介机构三部分组成，改革开放 30 多年来整个市场体系日益完善，不断成长。

(一)商品市场迅速发展

改革开放以来，随着地区经济总量不断增长和城乡居民消费结构的快速提升，全区商品市场呈现良好发展的势头，已形成了多种经济成分、多种市场流通渠道、多种经营方式并存的商品市场格局和遍布城乡的流通网络。截至 2007 年底，全区实现社会消费品零售总额 233.32 亿元，是 1978 年的 5.04 亿元的 46.3 倍；批发零售业实现社会消费品零售总额由 1978 年的 4.52 亿元增加到 2007 年的 190.91 元，增长了 42.2 倍；餐饮业实现社会消费品零售总额由 1978 年的 0.15 亿元增加到 2007 年的 39.62 亿元，增长了 264.1 倍；进出口贸易总额由 1978 年的 0.30 亿美元增加到 2006 年的 15.86 亿美元，增长了 52.7 倍。

(二)要素市场规范发展

宁夏要素市场的规范发展主要体现在金融市场、劳动力市场、技术市场和

房地产市场等方面。

1.金融市场稳步发展

改革开放30多年以来,宁夏在金融基础设施、交易规模、机构数量和金融产品创新方面均取得了长足的进步,初步形成了以中央银行为领导,以政策性银行、国有商业银行和地方商业银行为主体,多种金融机构并存的金融组织体系,各类金融机构较为齐全,遍布全区。2007年宁夏拥有各类金融机构1146个,其中政策性银行2家,16个机构;国有银行5家,502个基层机构;地方商业银行35个机构,城市信用社1家、14个机构,农村信用社411家,邮政储蓄170家;全部从业人员15 070人。初步形成了以银川市为中心,辐射各地(市、县)的金融市场网络。金融运行总体平稳,金融机构存贷款额持续增长。2007年年底,全区金融机构本、外币各项存款额1 288.19亿元,其中,企业存款额410.32亿元,居民储蓄存款额613.96亿元。全自治区金融机构本、外币各项贷款额1 190.54亿元,其中人民币各项贷款额1 184.57亿元。证券市场和外汇市场也迅速发展,2007年宁夏有12个证券营业部,5个证券服务部,2个期货营业部;证券、期货投资者13.27万户,全年累计股票、基金交易额1 134.35亿元。保险业有了长足发展。2007年宁夏有10家保险公司省级分公司及20家分支机构,总资产规模近20亿元,其中,财产保险公司5家,人寿保险公司5家。保险中介机构从无到有,达到12家;有364家保险兼业代理机构,下设网点近千家;宁夏保险从业人员达到11 745人。一个多种经营方式共存、相互竞争、共同发展、遍布城乡的保险服务网络已经初步形成。

2.劳动力市场快速发展,效果显著

劳动力市场快速发展体现在:一是就业渠道日趋多元化,市场导向就业机制初步形成。许多新的职业不断形成壮大,就业形式日趋灵活多样,非全日制、临时性、季节性、钟点工、弹性工作等各种就业形式迅速兴起。二是就业结构逐步改善。第三产业已经成为扩大就业的主要渠道,例如,从1995年到2006年的10年间,第三产业从工业人员所占比重从20.9%提高到31.1%。三是公共就业服务体系基本形成。各类职业介绍机构成长迅速,各市(县)都建立了自己的劳动力市场,各类劳务咨询服务机构、人才测评机构、人力资源培训公司相继建立。2007年宁夏共有各类职业介绍机构274所,其中劳动保障部门开办196所

(县区以上26所、街道办59所、乡镇办111所),其他组织开办6所,个人开办72所。全年登记求职人数50.28万人次,介绍成功44.15万人次。初步形成了区市县三级劳动部门职业介绍机构与社会职业介绍组织相联系的一条龙服务的职业介绍网络。四是农业剩余劳动力向非农业产业转移加快。劳动力在城乡之间和地区之间的转移,有比较快的发展。2007年全自治区劳务输出人数77.18万人,实现劳务总收入36.44亿元。劳动力市场科学化、规范化、现代化的"三化"建设取得较快进展,基本实现网络化管理,对促进劳动力资源合理配置和职业培训事业的发展起到了引导作用。

3.技术市场迅速发展,交易额逐步增长

随着知识型经济的推进,技术成果转化和技术贸易增长更为迅猛。以2006年为例,全区已建立技术研发机构1 104个,从事技术研发活动的工程技术人员13 368人。2007年全区共获得自治区科技成果154项,共受理专利申请838件,授权专利296件。技术市场更加活跃,全年认定技术合同400多项,成交金额6 641万元,比2006年增长24.2%。

4.房地产市场化进程加快,房地产开发蓬勃、平稳发展

随着城镇住房制度改革的深化,特别是停止住房实物分配、实行住房货币化购买这一历史性突破,以市场配置资源为主的住房体制已初步形成,城镇职工也成为房地产市场的主体。同时政府开放住房二级市场,健全市场体系。2007年,全区完成房地产开发投资93.11亿元,比2006年增长21.0%。其中,住宅投资67.33亿元,增长20.7%;商业营业房投资17.47亿元,增长19.8%。商品房施工面积1 234.78万平方米,竣工面积501.2万平方米。

(三)市场中介机构快速发展

伴随着宁夏市场机制的逐渐完善以及市场环境的不断优化,从事市场中介业务的组织机构不断发展发育起来,在市场体系中发挥着巨大的促进作用。宁夏已初步建立了以律师事务所、会计师事务所、资产评估机构、计量检测机构、质量检验机构、公证处等为主的市场中介组织。另外,广告经营单位、工程咨询机构、专利事务所、价格事务所、消费者协会、各种商会、拍卖行、经纪人等中介机构应运而生并逐步发展,有效地发挥了其服务、沟通、公正、监督的作用。截止到2007年,宁夏全区共有各类社会中介组织7 170个,其中社会团体4 004

个,非社会团体中介组织 3 166 个,初步形成了门类齐全、层次多样以及覆盖领域广的社会中介组织体系。例如,2007 年全区就有行业协会多达 525 个,比 2005 年增长 1.8 倍, 民办非企业单位从 2005 年的 570 个增加到 2007 年的739 个,涉及社会领域包括教育培训、医疗卫生、劳动就业、社会福利、文化体育等领域。另外各类基金会逐步涌现,在市场投融资机制中发挥着越来越重要的作用。全区非社团中介组织中,独立会计审计机构 149 个,资产、土地、工程等评估机构 58 个,工程监督管理机构 92 个,律师事务所 62 个,信息、技术等咨询机构 1 607 个,除此以外还有检验检测机构、公证认证机构、职业人才介绍机构等。这些中介机构在活跃市场气氛,承担专业职能、服务社会运行等方面具有不可替代的作用,是宁夏社会主义市场经济建设的重要内容。

第三节　回族传统商贸经济在市场体系建设中获得发展

回族善于经商, 是从回族先民时期就开始谱写的一段史话。唐宋时期,回族先民便是举世闻名的“丝绸之路”和“香料之路”的开拓者和践行者。元代是回族商业经济兴盛的重要时期。明清时期经历了曲折的发展过程,至民国时期,回族商业经济发展地域较为广阔,遍及城乡各地,商品经营种类丰富,经营方式自成一体,民间商业资本实力日趋壮大。至新中国成立之前,宁夏回族商贸经济的发展历程与全国回族商贸经济的发展基本一致, 但是因所处区域的特殊性以及宁夏经济发展历程的独特性,其商贸发展不论在经营方式、经营内容上还是影响范围、空间分布上都有其特色。新中国成立以后,1956 年末宁夏基本实现了对私营商业和小商贩的社会主义改造,形成了以国营商业为主体的,包括供销社、合作商店、公私合营商业和个体商贩及集市贸易等多种经济成分组成的社会主义商业体系[1],在计划经济体制下,高度统一而单一的社会主义公有制基本取缔了各种市场经济活动。直至 1978 年改革开放,尤其是社会主义市场体系建立之后,回族商贸经济从低谷走向兴盛,在宁夏经济现代化进程中发挥着越来越大的作用。

---

①宁夏回族自治区统计局:《宁夏四十年 1949—1989》,中国统计出版社,1989,第 59 页。

一、宁夏回族商贸活动的历史概括

自元代以后，宁夏地区回族人口数量不断增加，逐步形成了回族的主要聚居区。随着回族人口的增加，其商业活动不断扩大，经营辐射范围也越来越广，从宁夏山川遍及西北的甘肃、青海、陕西以及内蒙古各地，有的甚至达到西南地区的四川。到清末，华北地区也成为其商贸往来的重要区域。民国时期，宁夏地区回族商贸物资主要由陆上和水上两条通道运输，在山区以陆上为主，川区的水上运输更为活跃。

(一)回族商贸活动路线的主要历史变迁

宁夏回族商贸活动路线，在不同历史时期具有不同的分布状况。古代，在北宋时期宁夏地区为西夏王朝统治之时以及元朝期间，回族先民主要依托“丝绸之路”开展商贸活动，活跃在宁夏的山川之间。在山区形成以原州为中心、川区形成以灵州为中心的两个商贸汇聚点，并由此扩展到平凉、长安、河西走廊乃至天山南北的许多地区。明清时期，由于国内的经济文化中心向南转移，加之西北及北方频繁出现的战乱，虽使回族商贸发展受到影响，但商贸活动仍主要依靠“丝绸之路”。

近代，尤其民国时期，宁夏回族商贸活动范围进一步扩大，不仅活跃于西北的几个主要大城市，而且在其附近地区形成了许多城镇商贸网点。由于交通情况大大改善，所以商贸路线也趋于多样化，主要有：一是以石嘴山为中心形成的羊毛、羊皮商贸路线。西面从乌鲁木齐，经哈密、酒泉、张掖、武威、西宁、河州、兰州，再抵达石嘴山；西北面有阿拉善、额济纳旗依靠“沙漠之舟”骆驼经平凉到石嘴山；南面从三营、韦州、吴忠，以驼队马帮的形式运至石嘴山。羊毛、羊皮经上述三条商贸路线运抵石嘴山后，再用大木船经一周左右的时间运到包头，然后改用马车、汽车或火车装运，经呼和浩特、张家口，最后到达天津。二是以吴忠堡为中心的商贸路线。其商贸路线为水陆两条：水上，西有兰州—中宁—吴忠一线；东有吴忠—石嘴山—包头一线。陆上，南面有天水—平凉—固原—韦州—吴忠一线；东面有绥德—米脂—衡山—安边—吴忠一线；北面有包头—五原—磴口—石嘴山—吴忠一线。三是以三营为中心而形成了商贸路线。由三营过韦州北到吴忠；由三营经李旺—海城镇—西安州—靖远—兰州以西；从三营—固原—平凉—天水各地。

(二)从古代到近代,回族商业经营内容日趋丰富

元明清时期,宁夏农业经济较为发达,回族商业活动十分活跃,在传统经营商品的基础上经营范围逐渐扩大。此时期,在银川、吴忠、灵州、永宁等回族主要聚居地区,回族商业经营的主要是传统的丝绸、香料、首饰、药材、清真食品等,其他商品如皮毛、布匹、粮食、山货也占有一定的份额。但整体经营规模不大,商贸活动影响范围有限。

近代,特别是进入民国以后,宁夏回族经营的商贸内容,无论从数量和范围上都有了重大发展,并出现了许多有名的商号和商人。例如,吴忠李凤藻家族的"天成和商号",灵州何义江家族的"义顺源货栈",马振邦家族的"振永兴商号"以及马汉武的"福顺安"、马舜的"宣德堂"、马月坡的"复兴魁"、丁述祖的"庆盛魁"、王兆瑞的"兴盛魁",等等。①山区马元章家族的商业活动和同心县海子儒家族的商业经营也颇具名气,商号遍及吴忠、包头、兰州、天津等地。此时期,回族商贸发展在宁夏南部山区和北部川区分别形成固原、吴忠两大中心,南部市场交易的物品有当地的皮毛、油料、土碱、食盐、山货、米糖、柳编、木制农具、药材、活畜以及从西安、天水、平凉、兰州等地输入的土布、砖茶、糖、小五金等;北部市场除经营传统回族商品外,皮毛、皮革、小五金、粮食、山货、日用百货等占有较大份额。此外,宁夏各地市场上,回族都经销诸如白帽、盖头、白布、汤瓶、拜毯等各种回民生活特需用品。

二、改革开放促进了回族传统商贸中心的发展

如前所述,历史上,宁夏回族商贸发展形成了两大中心,其中南部山区的商贸中心固原,随着近现代区域经济重心以及经济通道的转移而衰落。而北部川区形成的商贸中心吴忠,却一直以"水旱码头""塞上江南"的美誉保持着传统回族商贸的经济中心地位。尽管在计划经济时期,吴忠也和全国各地一样,城乡集市贸易关闭,传统的回族商贸活动基本为国家统一的少数民族特需商品供应和少数民族地区农牧土特产品收购等所替代。但是,改革开放后,尤其在市场

①宁夏百科全书编纂委员会主编《宁夏百科全书》,宁夏人民出版社,1998,第246页。

体制改革的大力推进下，在鼓励多种经济成分并存的基础上，吴忠商业流通领域的竞争局面很快得以恢复，包括个体回商经营方式在内的多种经营方式共同发展，城乡集市贸易全面放开，陷于发展谷底的回商经济迅速活跃起来，并不断做大做强，在宁夏经济对外开放中发挥日益重要的作用。

改革开放30余年来，作为“塞上江南”的鱼米之乡，吴忠凭借着肥沃的土地，丰饶的物产，以及活跃的商品流通市场，发展成为宁夏的商品粮、清真牛羊肉、奶牛、滩羊、精细蔬菜等产业基地。而且，在现代产业化的推进下，丰富的农副产品作为清真食品的上乘选料，已开发培育出“涝河桥清真牛羊肉”“沙漠王子清真肉食品”“夏进乳品”“珍珠贡米”“雄鹰裘皮”“伊盛达清真粮油”“万绨尼民族服饰”“杞叶青饮品”等一批成长性品牌。作为历史上闻名遐迩的“水旱码头”，吴忠为宁夏地区东进西出、南下北上的必经之地，悠久的商业发展史和回族群众传统的经商意识，不仅创出了吴忠回商“有胆识、能吃苦、善经营”的名气，而且锤炼了一大批从事商业贸易的能人和企业家。全市现有被农业部确定为国家定点市场的涝河桥清真牛羊肉市场，被农业部命名的东郊蔬菜批发市场等各类市场100多个。

畜牧业逐步实现传统向现代转型（摄于吴忠市涝河桥清真牛羊肉养殖基地）

随着国家市场经济体系与发展体制的不断完善，吴忠已成为宁夏乃至全中国极具影响力的清真食品和穆斯林用品加工集散地。为了进一步促进以及规范商业活动，吴忠成立了清真食品和穆斯林用品产业发展办公室，制定了《进一步加快清真食品和穆斯林用品产业发展的决定》及清真食品和穆斯林用品产业发展规划，明确发展目标、方向、重点及政策措施，有计划、有步骤、有重点地推进清真食品产业。政府主要以企业为主体，支持企业成立清真食品和穆斯林用品研发中心，筹建清真食品和穆斯林用品行业协会。规划建设自治区级穆斯林用品企业信息网，尽快使吴忠成为全国各地获取清真食品和穆斯林用品企业及产品等信息的重要平台。在市区繁华街区规划建设穆斯林用品商业区，设立清真食品和穆斯林用品展示厅，面向全国各地穆斯林聚居区、清真食品和穆斯林用品开发、生产、加工与营销企业，挖掘整理和集中展示具有地方特色与民族特色的清真寺食品和穆斯林用品，吸引客商进入、从事穆斯林用品的流通、批发，促进穆斯林用品在吴忠的大进大出，为培育发展清真食品、穆斯林用品生产加工和大规模的批发集散创造条件。

始建于明朝末年的银川南关清真寺——宁夏最大的清真寺

从吴忠这一传统回族商贸经济中心的现代成长史来看，在改革开放的推进下，回族商贸经济发展正步入由传统向现代的转型之中，一方面传统的经营方式将为现代互联网、物联网所取代，另一方面，经济全球化的发展趋势将促使回族商贸活动开拓更为广阔的发展空间。

第十二章　转型升级为先导的工业体系

自1958年自治区成立以来,宁夏工业发展从几乎空白的基础起步,逐步建立起了以能源、煤炭、电力、化工、冶金、机械、轻纺、建材、医药等为主体,门类比较齐全的具有区域特色的工业体系。进入21世纪以来,宁夏深入实施西部大开发战略,坚持走新型工业化道路,以科学发展为主题,以转变发展方式为主线,以提高工业经济增长的质量和可持续性为重点,以改革开放和技术创新为动力,实施"培育发展战略性新兴产业、改造提升传统产业、壮大做强优势特色产业"等工程,把工业发展建立在创新驱动、集约高效、环境友好、惠及民生、内生增长的基础上,促进产业之间联动发展和协调发展,增强区域自主创新能力,努力构建富有竞争力的现代工业体系。

第一节　优势主导产业的壮大

围绕经济发展全面转型的战略部署,宁夏充分利用国内外各种机遇,不断深化改革,加快转变经济增长方式,实施产业结构优化升级,持续推进新型工业化进程。主要实效体现在:一方面壮大做强优势主导产业和特色产业,重点支持影响宁夏长远发展、符合国家规划和产业政策的煤炭、煤化工、电力以及地方特色优势产业。另一方面,不断改造传统产业,通过多种途径进行技术改造和资金募集,促进了传统产业优化升级和产业更新换代。

一、打造国际级现代化煤化工基地

煤炭工业是宁夏最具有发展优势的产业，一直是全区经济发展的中坚力量,也有力地支援了兄弟省市的经济建设。宁夏煤炭预测储量 2 027 亿吨,居全国第 5 位,探明储量 315.6 亿吨,居全国第 6 位,人均占有量居全国第一位。[①]因此,为了实现资源优势向经济优势的转化,宁夏做出了加快推进煤炭工业做大做强的战略规划,即依托龙头骨干企业,进一步拓宽领域、深挖潜能、提高质量、扩大效益,重点支持宁夏煤炭、煤化工、电力等优势产业加快发展,迅速提升实力,打造国际级现代煤化工基地。

宁夏重点推进的是宁东大型煤炭基地建设。位于宁夏东部的宁东煤田包括灵武、鸳鸯湖、横城、马家滩、积家井、萌城、韦州和石沟驿八个勘探区,南北长 130 千米,东西宽 50 千米,含煤面积约 5 300 平方千米,煤炭探明储量 274 亿吨,占全区煤炭资源已查明资源量的 86.8%,远景预测资源量 1 394 亿吨。[②]主要煤种为不黏结煤、炼焦煤和无烟煤,是优质化工用煤和动力用煤。该基地建设规划为:通过大力推进煤炭资源深度加工与转化,重点发展煤制油、煤制烯烃、煤制天然气等新型煤化工产业,以宁东能源化工基地为依托,建设具有国际先进水平的大型煤化工基地，形成了各种煤化工产品和清洁能源系列产品为主导、具有国内领先乃至国际先进水平的新型煤化工产业集群。

2003 年宁夏回族自治区政府制定的《宁东能源重化工基地总体规划与建设纲要》中明确指出:宁东能源化工基地“是宁夏全面实现小康社会的重大举措。基地建成后将形成巨大的直接效益,强有力地辐射带动区域经济发展,对宁夏回族自治区加快发展和全面建设小康社会,无疑将发挥巨大作用。”2005 年宁夏回族自治区将宁东能源化工基地确定为到 2020 年实现全面建成小康社会目标的“一号工程”。2008 年 9 月出台的《国务院关于进一步促进宁夏经济社会发展的若干意见》把宁东上升为“国家级重点开发区”,确定了宁东“国家三大基地、一个示范区”的战略定位:要求“把宁东建设成为国家重要的大型煤炭基地、

---

①王俭、李玉民:《宁东特大型煤炭基地高效开发及深加工利用》,西安交通大学出版社,2014,第 1 页。

②同上。

煤化工产业基地、'西电东送'的火电基地和循环经济示范区”。2009年2月16日,国家发改委正式批复《宁东能源化工基地开发总体规划》,要求将宁东建设成国家重要的大型煤炭基地、煤化工基地、“西电东送”的火电基地和循环经济示范区。宁东能源化工基地分为3个基地:宁东煤炭基地、宁东火电基地、宁东煤化工基地。根据宁东地区矿产、水、交通资源以及产业分布及发展情况,总体布局为“两轴”“两个中心”和“五大功能区”,即围绕太中银铁路正线和银川联络线两大发展轴线,建设北部能源化工产业中心和南部能源材料产业中心,逐步形成资源开发区、主体产业发展区、城镇配套服务区、生态治理区、农林保护区5个功能区。

为了促进宁夏传统优势主导产业的转型升级,发挥规模效应、安全高效生产,一方面,宁东煤炭基地建设遵循煤炭高效综合利用及循环经济的思想,重点将煤炭产业链向煤化工和炭基地材料制备两个方向拓展,实现副产品及废弃物的综合循环利用。另一方面,煤炭是一种应用广泛、开发潜力巨大的基础原料,通过大力开发煤炭制备活性炭、绿硅、石墨等高端煤炭产品,极大丰富煤炭的应用领域,提高资源利用价值。宁东能源化工基地经过8—10年的建设,要形成产业优势突出、技术先进、功能设施完善、环境优良、生态友好的“能源—化工—材料产业一体化”的具有国际先进水平的能源化工产业集群。同时构筑以化工产业为核心,以采掘、电力、建材、环保及装备制造等为补充的产业共生系统,建设经济效益、生态效益、社会效益三者高度统一的国家级能源化工生态产业基地。宁东基地将成为名副其实的国家级大型煤炭基地、大型火电基地、大型煤化工基地和国家级循环经济示范区。宁东基地的开发建设是宁夏推进传统优势主导产业转型升级的必要途径,也是宁夏与全国同步实现经济发展全面转型的战略举措。

专栏12-1　承担宁东煤炭基地建设的神华宁夏煤业集团有限责任公司

神华宁夏煤业集团有限责任公司(以下简称神华宁煤集团)是神华集团控股子公司,宁夏回族自治区国有骨干企业,承担着国家重点工程——宁东煤炭基地、煤化工基地和碳基材料循环经济示范区三大建设任务。自从其前身宁夏煤业集团有限责任公司2002年底成立以来,立足宁夏煤炭资源条件、区位特点和土地、水资源条件，致力于煤炭安全、高效、绿色开发开采和资源转化利用，经过10年的探索创新和建设发展，基本建成了产业集群布局、资源转化利用、环境友好发展，世界一流的两个大型现代化基地、一个示范区——宁东煤炭生产基地、宁东煤化工基地和碳基材料循环经济示范区。集成创新了复杂的条件矿区千万吨级矿井群建设、开采和安全保障系列技术，实现了特大型国家级亿吨煤炭基地煤炭资源规模化开发和安全、高效、绿色开采，保证了基地内火电基地、煤化工基地和循环经济示范区近距离深加工转化利用的快速、大量用煤需求；在引进、消化国外现代煤化工技术的前提下，实现了干煤粉气化、合成变换技术的首次规模工业化应用，进行了工业化工艺技术改造和MTP催化剂国产化研发等关键技术创新。形成了国家级煤化工基地的工业化生产规模和能力；立足煤炭精细化洗选提纯技术，研究开发了绿质碳化硅、石墨化无烟煤、复合纳米活性炭、富勒烯等系列煤基新型碳材料，并实现了部分产品的工业化生产，形成了循环经济示范区的规划规模。通过技术集成创新，打通了基于产业链的循环经济模式，实现了煤炭高效开采和深加工转化过程中形成的副产品及废弃物的综合利用，构建了资源节约、绿色生态、可持续发展的综合型能源化工基地。

二、建设国家级生态纺织产业示范基地

纺织工业既是宁夏的传统特色优势产业，也是重要的民生产业。加快纺织工业发展，对于繁荣城乡市场、促进城乡居民增收、增加劳动就业和支撑新型城镇化建设具有重要意义。“十二五”规划实施以来，宁夏纺织工业不断加大结构调整力度，推进产业升级，在巩固发展传统羊绒产业的同时，自治区积极承接东部省区先进纺织产业转移，重点打造宁夏生态纺织产业示范园灵武园区、贺兰园区和以恒丰纺织为代表的利通区毛纺织产业园区3个重要的增长极，高标准建设宁夏生态纺织产业示范园，推动产品向深加工、高附加值方向发展，大力发展同心、中宁两个特色园区来加快自治区纺织工业转型升级。

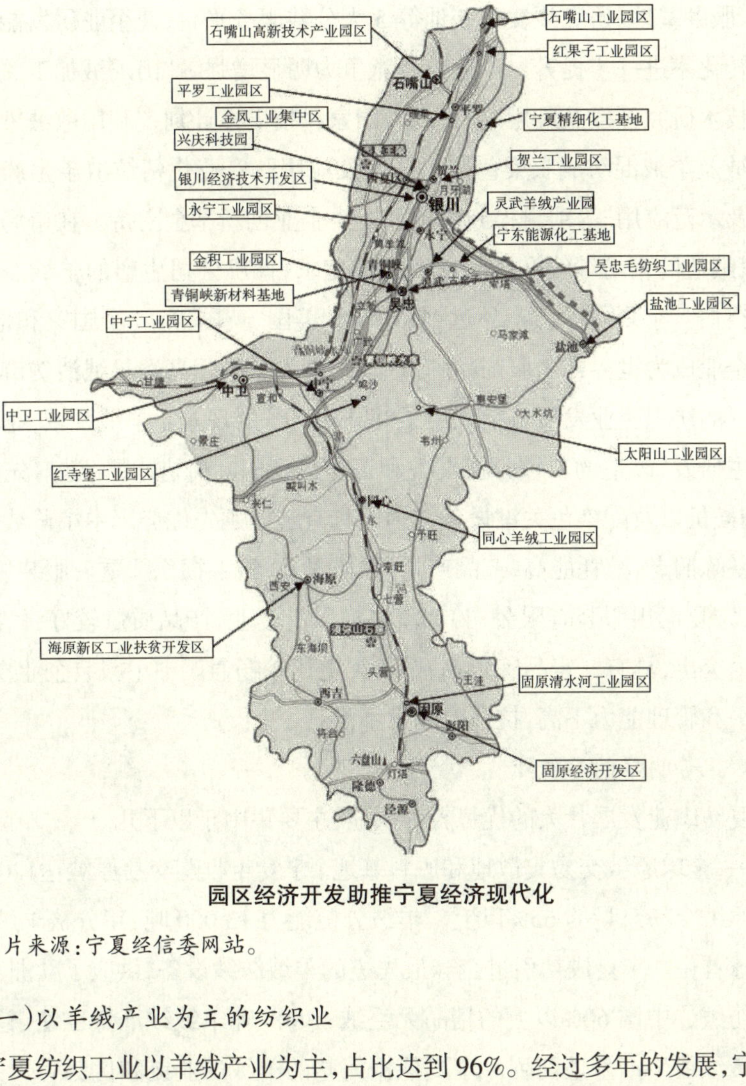

园区经济开发助推宁夏经济现代化

图片来源：宁夏经信委网站。

(一)以羊绒产业为主的纺织业

宁夏纺织工业以羊绒产业为主，占比达到96%。经过多年的发展，宁夏的羊绒产业由小到大，由弱变强，在国内外羊绒行业中占据了重要位置，赢得了“世界羊绒看中国、中国羊绒看宁夏”的赞誉，年流通原绒约占世界的50%、中国的60%。

全区羊绒产业以灵武羊绒园区、同心羊绒园区、宁夏生态纺织产业示范园为依托，以中银、嘉源、荣昌、德海、马斯特等骨干企业为支撑，初步形成了特色明显、优势互补、布局合理的羊绒产业集群。在技术支撑方面，自治区纺织服装公共服务平台建设已初具规模，已经建设了国家级羊绒制品检测中心、国家地方联合工程实验室等8个研发中心以及宁夏羊绒产业技术创新联盟、产学研基地、专家服务基地、研究生实习基地等5大公共服务平台，使企业研发能力和科技成果转化率进一步提升，产业核心竞争力明显增强。“山羊绒加工关键设备与关键技术研究开发及应用”项目列入国家科技支撑计划，“利用散绒染色设备实现羊绒及羊绒混纺成衣染色技术开发及应用”“专业化精纺绒条生产线装备的改造及示范应用”等项目得到科技型中小企业创新基金支持。在市场需求方面，中银绒业的精纺纱线在国际市场供不应求，德泓公司生产的羊绒面料填补了国内空白。宁夏的羊绒产品远销意大利、美国、英国等43个国家和地区，部分龙头企业成为世界知名服饰品牌供应商，打入了国际高端羊绒消费市场。但是自治区的纺织企业发展也呈现出了“两极分化”的现象。羊绒领域，龙头骨干企业自主研发、改造的羊绒分梳设备和工艺达到国际先进水平，进口先进的纺纱、电脑横机以及配染色关键设备在国内具有装备领先优势。中小羊绒分梳企业的设备陈旧老化、耗能高，产品产量低、质量差、绒毛损伤严重。服装领域，仅有汇川（宁夏汇川服装有限公司）一家规模以上企业，产品质量较好，民族服饰设计能力突出，具有一定品牌影响，销售渠道比较畅通。中小服装企业规模小，技术水平和管理能力不高，抗风险能力不足。

（二）优势明显的纺织业

宁夏纺织业发展壮大的优势较为明显，主要集中于以下几点。

第一，全球原绒交易集散地和原料基地。宁夏年收购交易原绒达12000吨，占全球原绒交易总量的65%以上。羊绒分梳能力13 000吨，年分梳羊绒8 000吨居全球首位。宁夏成功引进全球最先进的羊绒纺纱设备，供应了欧洲70%以上的精纺绒、中国60%以上的精品无毛绒，1 900吨羊绒纱产量也使宁夏跻身全国羊绒纱线生产基地前列。宁夏依据完整的羊绒产业链和优势骨干龙头企业，已形成原绒购销—洗绒梳绒—绒条—纺纱—面料—服装的完整产业链条。

第二，区内纺织业政策优势突出。宁夏是国家批复的承接产业转移（生态纺织）示范区，自治区确立纺织产业为宁夏的特色优势产业，从土地、能源、资金等各方面都给予政策扶持。尤其是银川综合保税区的封关运行，通过保税区加工贸易出口再进口，为消除国内外纺织原料“剪刀差”提供了便利，免除了棉花和部分化纤原料多重税收，对投资企业具有较大的吸引力。

第三，具有煤化工优势，有向化纤产业延伸的潜力。宁夏煤炭资源丰富，通过煤化工产业中的煤制甲醇，可以向下延伸出烯烃类和芳烃类的化工产品，为进一步生产制造合成纤维提供原料资源。火力发电为除尘袋等产业用纺织提供了广阔市场，能够带动聚酯及涤纶工业丝的需求。

第四，具有承载和发展穆斯林服饰文化的独特优势。全球穆斯林人口已突破16亿，中国穆斯林人口超过2 000万，其中回族人口超过900万，可见需求市场潜力巨大。作为回族自治区，宁夏在承载和发展穆斯林服饰上具有不可比拟的民族文化优势以及传统技艺优势，拥有开拓国内外特别是国际穆斯林服饰出口市场的发展潜力。

（三）宁夏纺织业发展规划

作为宁夏特色优势产业，以宁夏纺织产业发展布局为依托，政府将重点打造宁夏生态纺织产业示范园灵武园区、贺兰园区和以恒丰纺织为代表的利通区毛纺织产业园区3个重要的增长极，大力发展同心、中宁两个特色园区，形成共同发展的产业集群。

宁夏生态纺织示范园贺兰园区围绕山东如意投资建设项目形成的产业基础，按照棉纺、色织、面料、针织成衣、衬衫、西服等产业链构成，积极招商引资，快速扩大产业规模。宁夏生态纺织示范园灵武园区依托龙头企业和羊绒资源优势，提高羊绒精深加工比重，大力发展亚麻、丝织等高端天然纤维研发和制造，试点建设羊绒质量分级制度和国际羊绒交易市场，进一步扩大服装服饰的设计研发和加工能力，使园区成为宁夏传统优势特色产业和服装文化创意产业中心。利通区毛纺织园按照梭织面料和毛衫产业的需要，大力发展以绵羊毛分梳、羊绒纱、高档植物纤维面料、家用纺织品为主的产品，形成与宁夏高端天然纤维基地相匹配的毛纺织配套能力。同心羊绒产业园站在吸纳整合全球羊绒原料资源的角度，针对以进口为主要原料渠道的羊绒分梳产业，大幅提高分梳质量和效率，成为进口羊绒贸易加工基地；并与羊绒质量分级制度接轨，逐步进入国际羊绒交易市场，引导全球羊绒原料产业按照中国标准体系进行产出和加工。中宁恩和毛纺织园依托地毯纱、地毯织造以及毛毯等产业基础，抓住国内地毯产业发展的有利时机，积极提升改造，形成以地毯产业链为核心的粗纺和半精纺纱线生产能力，以及以民族特色为主的地毯、毛毯产业，打造细分市场优势的特色毛纺织产业集群。

依托现有的产业集聚区，如灵武精品羊绒，灵武、贺兰生态纺织等，继续强化产业特色，扩大区域产品知名度，引导企业树立集群区域品牌意识，维护区域品牌形象。鼓励集聚区内企业以区域品牌为标志，开展各种推广和宣传活动，鼓励企业组团参加国际性展会。加大对区域品牌建设的宣传力度，提高认知度。发挥展会、节会等综合平台功能，鼓励企业积极参加各类展会、节会，在中阿博览会期间举办国际穆斯林时尚论坛，为全球穆斯林特色服装设计制造提供一个展示时尚文化和交流文化产业的平台，并筹建宁夏国际穆斯林纺织服装设计研发和文化创意中心。宁夏回族自治区适时举办高端天然纤维纱线、面料辅料及各类配套洽谈会以及国际穆斯林服装和家居产品流行趋势发布会等，扩大展会规模、提升展会影响。支持企业参加国家和国际相关组织举办的高水平的展览展会，充分发挥各类展会、节会的作用。

第二节　传统支柱产业的提升

2008 年之后，在国内外经济复苏和产业转型升级的背景下，宁夏回族自治区开始对传统产业实施改造提升计划，通过项目建设、技术改造、合资合作等多种方式，用新技术、新工艺、新材料、新设备对传统产业进行大规模的技术改造，促进传统产业优化升级和产品更新换代，有效提升传统产业新优势。化工、冶金、建材、造纸、汽车等传统产业技术装备达到国内同行业先进水平，形成一批区域性行业龙头企业。

一、化工行业加速转型

化工工业是能源和原材料工业的重要组成部分，其产品广泛用于工业、农业、国防科技和人民生活等各个领域。宁夏化工工业经过几十年的发展，已经成为全区工业经济中规模最大的行业，奠定了进一步发展的物质基础。宁夏化工工业已在煤炭化工、大型氮肥生产、橡胶轮胎、石油采炼、以电石为龙头的高耗能产业链、氯碱化工六大产业领域形成了一定的产业规模。

为促进化工行业的加速转型，一方面，宁夏回族自治区政府积极引进新技术、新设备，尤其是在石油炼制能力和水平上，已建成两套500万吨炼化一体化项目，精细石油化工产品产值占全部石油加工产品的比重已达到20%以上，生产水平领先全国。另一方面，提高电石化工技术装备水平，重点发展31 500千伏安以上大型密闭型电石炉，发展电石炉尾气综合利用，采用离子膜烧碱等先进技术，延伸电石—氯碱—树脂深加工产业链，提高产品附加值。还要调整化肥产品结构，提高高浓度高效化肥比重，碳铵比重下降到10%，高浓度化肥比重达到85%以上。在轮胎产品的生产结构上，也积极推进300万套特种轮胎项目建设，促进轮胎产品结构调整和升级换代。

自治区政府更是坚持发挥自身优势，结合国内国际环境，明确目标，建设国内最先进的现代煤化工基地和全区产业升级的领头羊，加快实施煤制油、煤制烯烃及下游产业项目，形成新型煤化工完整产业链。通过充分利用石油化工产业投入产出比高、能耗低的特点和宁夏地处陕甘宁蒙能源金三角地带及中阿博览会平台的优势，实现石油化工与煤化工融合、互补发展，使石油化工产业成为宁夏工业重要的增长极，并稀释煤化工能耗。深化区域务实合作，围绕能源“金三角”开发，与内蒙古上海庙联合共建烯烃项目，实现水资源、煤炭资源和上下游产业融合发展，并推动疆煤、蒙煤进行深加工，建立区域化循环经济发展模式。同时，加强国际能源合作，引进巴斯夫（巴斯夫欧洲公司）、沙比克（沙特基础工业公司）等国际化工巨头，共同建设具有国际领先水平的新型煤化工项目，引领煤化工产业链向高端化、集群化方向发展。

国家重点开发区——宁东化工基地

二、冶金行业优化升级

冶金行业包括非金属矿物制品业、黑色金属冶炼及压延加工业、有色金属冶炼及压延加工业、金属制品业四个部门。宁夏回族自治区在现有的冶金产业布局中,重点推进有色金属、钢铁、铁合金、碳化硅等产业优化升级。在“十二五”期间,自治区的钢铁行业加快完成了区内钢铁企业联合、重组,积极培育了1家年产500万吨以上的龙头骨干企业;积极调整钢铁工业结构,加快发展关键钢材品种,大力研发高性能预应力钢丝、低松弛预应力钢绞线及特种钢丝绳,把宁夏恒力(宁夏恒力钢丝绳股份有限公司)培育成全国钢铁制品的龙头企业。铁合金行业推进大型化、密闭化和自动化,推广烟气余热发电等先进生产工艺和技术,使自治区的冶炼电耗指标和其他物耗指标继续保持国内先进水平。引导和推动焦化行业生产企业开展以资产、资金、资源和市场为纽带的多种形式的重组兼并和联合,重点培育年产量300万吨以上行业骨干企业,彻底淘汰土焦、改良焦生产能力。此外,碳化硅行业在科技创新、新产品开发方面实现新突破,推广“串联式炉芯生产碳化硅”技术,加快碳化硅耐火材料等新产品的规模化、产业化进程,推进碳化硅工业向大炉型、高科技、延伸产业链方向发展。

三、建材行业稳定发展

水泥产业的持续发展,是保障宁夏建材行业稳定发展的基础,因此自治区政府大力推进水泥粉磨、混凝土搅拌一体化进程,鼓励和支持水泥窑协同处置城市垃圾、污泥。同时又积极培育混凝土、预拌砂浆、高档石膏制品、浮法玻璃、化学建材等新的经济增长点。大力发展节能环保、防火抗震的新型墙体材料。在积极承接烯烃、聚氯乙烯等化工行业的下游产业的同时,注重产业链的建设,大力发展优质塑料型材、塑材管材,已卓有成效地建成西北地区重要的化学建材基地。另外,宁夏依托优质的石膏资源,振兴石膏产业,鼓励和支持脱硫石膏等工业副产石膏资源综合利用,大力发展石膏深加工产业。这些举措都有效地促进了宁夏建材行业的高效节能发展,为宁夏工业转型升级做出了不可或缺的贡献。

四、汽车行业着重推进

自“三线”建设时期开始，机械制造业一直是宁夏最具优势的传统产业，在生产工程运输类、作业类等专用汽车上具有得天独厚的技术优势和资源优势。因此宁夏回族自治区政府大力支持发展专用车零部件配套协作与加工，积极促进落后产能退出，推动企业资本和人力资源向专用汽车制造业转移，扩大产业规模，增强配套能力，逐步形成卡车、客车和改装车为主的整车生产体系。

在宁夏回族自治区，化工行业、冶金行业、建材行业和汽车及机械制造业是传统支柱行业的重中之重，其行业的优化升级和稳步提升是关系到宁夏工业经济转型升级成功实现的关键。因此，宁夏回族自治区政府高度重视传统产业的生存和发展问题，积极探索高效新型的发展道路，在不断延长产业链，增加其产品的附加值的同时，进行技术革新和改造，在转型升级为先导的作用下，增强宁夏回族自治区的经济实力。

第三节　战略性新兴产业的培育

进入新世纪以来，新能源、新材料、先进装备制造、生物技术、节能环保、智能制造、信息网络技术领域正在全球范围内掀起新一轮产业技术创新浪潮。尽管发达国家凭借雄厚的技术人才优势和健全的市场机制，在产业和科技制高点争夺中仍具有较大的话语权和控制力。但是，我国制造业基于多年发展所形成的产业基础和技术积累，已具备了在局部领域实现跨越的可能，加上新一轮区域开发开放合作的战略，如国家西部大开发战略向纵深推进，沿黄经济区、“呼包银经济区”、“宁东、鄂尔多斯、榆林能源化工金三角”的开发建设、内陆开放型经济区建设特别是面向阿拉伯国家的开放战略、“一带一路”战略等，更是为诸如宁夏这类后发地区加快转变经济发展方式、构建现代产业体系、实现资源优势向经济优势转化带来了新机遇。结合区情，“十二五”期间宁夏开始实施战略性新兴产业发展规划[①],瞄准未来产业发展的制高点,选择潜在市场大、带动能力强、吸收就业多、综合效益好的新能源、新材料、先进装备制造业和信息产业作为自治区的战略性新兴产业,集中力量,重点培育,成为引领宁夏工业经济抢占新一轮发展先机的重要支撑。

一、新能源产业异军突起

新能源产业是朝阳产业,是宁夏经济发展规划中节能减排、保护环境的重要突破口。新能源产业包括风能、太阳能、生物质能等,具有污染少、储量大的特点,世界主要经济体都十分重视新能源产业的发展,我国也先后出台了一系列促进新能源产业发展的支持政策,着力发展新能源产业。

宁夏新能源资源分布及外部建设条件优越,风能和太阳能的资源开发潜力较大。风能资源利用重点布局在贺兰山、青铜峡、宁东、长山头、太阳山、石嘴山等地,在上述地区建设大型风电场,风电装机容量达到650万千瓦,风机制造能力达到300万千瓦,风电零部件本地化率达到70%。[②]此外,风电领域以风机整机生产为龙头,带动轮毂、底座、叶片塔筒轴承、齿轮箱等配套产品生产快速发展。光伏电站重点布局在石嘴山、青铜峡、吴忠、中卫等地,建设光伏发电站,推广建筑一体化、光伏种养殖立体大棚及屋顶分布式光伏发电,建设太阳能热与燃气联合发电示范工程,光伏装机容量达到250万千瓦,组件制造能力达到1 200万千瓦。在光伏领域配套产业方面,正逐步形成“硅石—工业硅—高纯硅—多晶硅—晶体加工—多晶硅电池—电池组件—光伏发电”系列太阳能光伏材料产品链和“多硅晶铸锭炉、单晶炉、碳化硅半导体材料切割韧料、硅片精密切割机”系列太阳能光伏设备制造产品链。建设哈纳斯盐池高沙窝太阳能—燃气联合示范电站、宁夏鑫星新能源电力开发有限公司40×10兆瓦固态蓄能动能发电示范项目、安能生物质发电有限公司2×15兆瓦生物质热点联产等项目。之后,通过探索发展沼气发电和生物质能发电,积极推进煤层气开发及煤炭清洁利用,

---

①2013年2月宁夏人民政府办公厅颁布了《宁夏回族自治区战略性新兴产业发展“十二五”规划》。

②郑震、张廉:《建设富裕宁夏——产业支撑转型发展》,国家行政学院出版社,2014,第115页。

加快了风机制造和配套产业发展,实现风电开发与配套产业协调发展。

充分利用风能资源——21 世纪宁夏新能源产业开发的重要标志

宁夏新能源产业的蓬勃发展,不仅对自治区的工业转型升级提供了新的目标和方向,而且也为自治区战略性新兴产业的发展打下了坚实的基础。

二、新材料产业前景光明

新材料产业是宁夏最具优势和发展前景的特色优势产业。宁夏在新材料领域已经形成了以钽、铌、铍稀有金属,铝、镁合金有色轻金属,碳基材料为主的具有区域特色的新材料产业群,发展了一批技术含量高、有发展前景的新材料产品,其中钽铌铍及其制品、金属镁、电解铝、铁合金、碳化硅、碳素制品、煤基活性炭等新材料产品在全国乃至世界已有一定地位,形成了较好的经济和技术基础。

其中,石嘴山市以河滨工业园和大武口工业园为核心区,发展成为钽铌铍等稀有金属材料及深加工、镁及镁合金冶炼与加工、碳化硅粉体和陶瓷、多晶硅、高档活性炭与制品的重要产业化基地。以石嘴山高新技术产业园为核心,建设石嘴山—银川—青铜峡—太阳山—中宁—固原新材料产业带,重点发展钽、铌、铍、钛稀有金属材料及深加工、铝镁合金等轻金属材料及深加工、碳基材料等,提升产业科技含量,提高产品附加值,建成具有世界影响力的钽铌铍钛产业核心技术研发和生产基地。进一步促进铝镁合金产业链向下游高端产业延伸，建设宁东—青铜峡—太阳山—中宁铝镁材料基地、非金属新材料和银川交通工具轻型化材料制造基地。

稀有金属材料企业目前有4家，以宁夏东方有色金属有限公司为主。该公司是我国最大的钽铌铍科研生产一体化的高科技企业，是我国唯一的国际钽铌铍研究中心成员单位，国家科技部、中科院认定的国家级重点高新技术企业。钽系列高科技产品的开发和生产技术达到国际先进水平，钽粉具有国际先进水平，片式钽电容器生产技术装备水平达到国际先进水平，铌粉、铌丝的研究与生产技术可望处于国际领先水平。通过依托宁夏东方有色金属有限公司的高科技水平，石嘴山、银川和吴忠要形成一条新材料产业发展带。铝、镁合金有色轻金属在宁夏已有一定的产业基础。此外，电解铝生产企业主要有2家，其中青铜峡铝业集团是我国大型综合铝冶炼企业，全国520家重点企业之一，全国三大电解铝企业之一。宁夏是国内外主要的金属镁生产基地，已被国家确定为金属镁及合金材料产业化基地，皮江法金属镁生产技术、镁合金生产技术居于国内先进水平。

碳基材料主要包括碳素制品、煤基活性炭等煤基材料和铁合金、碳化硅等高耗能材料。电力资源，以及硅石、煤、铁组合是发展铁合金、碳化硅产业的基础。加之宁夏独有的“太西煤”具有低灰、低硫和高化学活性的特点，使生产煤基材料由资源优势转化成了产业优势。宁夏的碳基材料通过科技创新延伸产业链，使资源开发走上了一条深加工、高质化、可持续发展的道路，也使资源优势转化为产业优势，进而转化为经济优势。

新材料产业不仅成为宁夏的优势特色产业，而且也已发展成为国家新材料产业示范基地。充分发挥国家金属新材料产业示范基地对宁夏的辐射和带动作用，努力创造条件促进新材料产业的快速发展，力争将新材料产业培育成宁夏经济新的增长点。

三、汽车与机械装备制造业整体推进

宁夏的机械装备业主要以20世纪60年代从沿海整建制搬迁来宁夏的企业为主，经过多年的发展，在产业结构、产品结构、技术力量等方面形成了一定

的特色和比较优势。宁夏将努力振兴机械装备制造业,形成以银川经济技术开发区为核心,以石嘴山矿山机械装备、汽车整车及零部件制造、吴忠自动化仪器仪表、中卫数控机床、固原大型风电装备和高端输变电设备为支撑的装备产业布局。宁夏小巨人机床公司是我国首家智能化机床生产企业,生产的加工中心已达到国际水平。长城机床厂生产的数控机床,部分达到国际先进水平,国产品牌销量居国内同行业第一位。同时大河机床厂生产的加工中心处于国内同行业中高档水平,立式转床、珩磨机床代表国内发展水平。长城须崎铸造有限公司的机床铸件生产能力居全国第一位。

宁夏先进制造业已成为全区的特色优势产业之一，以工业自动化仪表,铁路牵引变压器,精密、高速轴承,智能化数控车床、立卧式加工中心,大型铸件、重型和超重型煤矿机械等为代表的机电一体化产品在国内同行业中具有较强的竞争优势,再制造业已开始起步。一些产品在全国同行业中具有一定的优势和特色,市场占有率和知名度比较高,呈现出良好的发展前景。以银川经济技术开发区为中心,向北延伸到石嘴山工业园,向南延伸到吴忠市、中卫市,形成一个南北纵向的、具有较强配套能力的先进制造业集群。

总之,宁夏回族自治区正在逐步完善以主机制造为核心、关键零部件为配套的产业体系。重点发展成套矿山机械、高档数控机床、智能仪器仪表、大型风电装备、高端输变电设备、高端基础件等行业,积极发展通用航空产业。现代制造业的整体推进对宁夏工业经济的转型升级发展具有长足的促进作用。

四、电子信息技术产业快速发展

为实现宁夏未来的科学发展,必须依靠更多的知识密集型和技术密集型新兴产业带动传统产业改造提升，加速现代产业体系的构建和产业结构的调整。信息技术等战略性新兴产业在银川经济技术开发区、石嘴山市、吴忠市等区域初步形成了集聚发展的态势。其中银川经济技术国家级开发区基础设施条件良好,建设了宁夏高新技术创业服务中心、留学人员创业园、软件园、新能源研究院、宁夏中小企业创业基地、银川动漫基地等一批创新创业平台。宁夏在发展战略性新兴产业方面具有一定的比较优势和产业基础，但与东中部地区相比,受区位优势不足和生态环境脆弱等因素制约,战略性新兴产业发展尚处于初级阶段,资源依赖性强,产业规模小、链条短,产品附加值不高,科研机构和高端人才严重不足,企业融资困难、自主创新能力弱,重点产业综合发展实力不强。“十二五”时期,要跟上全国的经济发展形势,切实转变经济发展方式,宁夏必须抢抓机遇、创新机制、整合资源,加快培育和发展战略性新兴产业,实现高端转型和跨越式发展。

宁夏“十二五”时期着重发展各类宽带新技术,一是建成和完善有线和无线多种传输方式相结合、覆盖全区城乡的高速宽带信息网络,实现宽带网络的无缝衔接、紧密互补,构建“随时随地随需”的沿黄经济区信息网络体系,提升城市管理与运行效率。在政务、经济、民生、城乡统筹等方面建成多项宽带网络应用平台和应用体系。二是加快下一代信息网络基础设施建设。建设城市光网、无线宽带城市、宽带骨干网三个基础网络项目,以及宽带网络业务应用平台、网络与信息安全防护平台、公共信息服务平台三大系统,夯实宽带宁夏基础。加快下一代宽带无线网、下一代互联网、云计算、物联网等关键技术的引进和推广应用。通过发展新一代宽带无线移动通信, 推进 3G 网络 (第三代网络技术)向 LTE(长期演进技术)发展演进,进一步完善网络覆盖。另外,以 IPTV(网络协定电视)和手机电视为突破口,加快推进三网融合进程。三是推动物联网的示范应用。面向经济社会发展的重大战略需求,以重点行业、重点领域的物联网先导应用和示范为引领,充分利用国内外市场和研发资源,带动产业发展和技术突破,实现产学研用一体化协同快速发展。四是推动数字动漫、软件等产业发展。大力发展数字动漫、影视制作、网络游戏和多媒体数字产品等基于新一代信息技术的文化创意产业,开发面向新闻出版、文化体育、医疗卫生、科技教育等公共文化领域的数字内容产品。同时通过支持软件企业加强现代信息技术研发,突破关键共性技术,做大做强嵌入式软件、行业应用软件和软件外包,不断提高软件业的研发技术水平、自主创新能力、系统集成能力和产业化程度。

五、生物医药产业潜力巨大

生物医药产业是宁夏工业经济中起步较晚、发展较快、效益最好的产业之一,但经济总量较小,生物医药产业产值仅占全区工业产值的 1.6%,依然是宁夏的一个小产业。但是宁夏的生物医药领域在提高抗生素、维生素等菌种远育,微生物发酵化学合成等工艺技术方面取得了进展，成为其重要的特色优势产业。四环素、硫氰酸红霉素、泰乐菌素、维生素 B_{12} 等原料药的发酵指数、染菌率、总收率达到全国先进水平。

依托宁夏医药资源优势和已经形成的产业优势，尽快将宁夏建设成为特色医药基地，是生物医药产业后发展的目标。推动涵盖贺兰县、平罗县、青铜峡市、吴忠市利通区、石嘴山市惠农区等县（市、区）在内的生物发酵产业基地建设。建立生物产业创新专项，积极发展氨基酸类、酶制剂等系列功能发酵产品，推动企业研发中心和实验室的升级和功能完善，鼓励企业与区内外的各类科技单位开展产业化研发合作，积极承接生物制造创新成果的转化，开展国家级研究平台建设。推动优势原料药的升级换代，壮大化学制药制剂等高端产品生产，培育生物技术应用及研发；限制低水平原料药和生物制造产品生产。

从宁夏医药产业发展来看，特色医药是今后一个时期具有发展潜力的行业。宁夏医药工业有两大优势：一是宁夏四环素原料药在国内外地位突出，在世界市场上的占有率为 65%，生产工艺领先于全国水平，具有较强的规模和竞争优势。做大做强原料药，将宁夏建成抗生素生产基地。加快维生素及抗生素类系列化学原料药发展，鼓励企业积极开发硫氰酸红霉素等抗生素类原料药产品的衍生物，研发制剂产品，延长产业链，提高附加值。二是中医药产品区域特色明显。宁夏药用植物资源较为丰富，苦豆子系列、枸杞系列、甘草系列、麻黄系列、羊胎素系列产品已形成一定优势。

因此发挥资源优势，加快对宁夏特色中药材为原料的新药研究与开发，推进枸杞、甘草、肉苁蓉、秦艽深加工产业化，加大苦豆子等系列产品的开发力度，是实现宁夏回族自治区资源优势向经济优势转化，新兴产业发展壮大的重要一环。

六、节能环保产业效益明显

节能环保产业以石嘴山高新技术产业开发区、石嘴山生态经济开发区、宁东能源化工基地、宁夏固原经济技术开发区为主，并围绕煤炭、化工、冶金等三废排放严重超标的高耗能产业进行节能环保技术开发应用，在重点节能减排领域大力推广应用节能新技术和新工艺、实施高压电机系统节能改造、铁合金矿热炉节能改造、电解铝能量系统优化改造等项目。通过实施风机制造，太阳能设备制造，大型节能设备、节能机电和除尘等环保设备及装置制造项目，促进了高载能企业向大炉型、节能降耗、清洁生产、排放达标的方向转型，打造了节能环保产业。此外，重点发展资源综合利用、节能环保装备制造及推广、节能和环保产品生产及推广、高效节能和环保技术服务等节能环保产业，也逐步形成了技术先进、功能齐全、市场竞争力强的节能环保产业体系。[①]

总之，宁夏进入21世纪后以转型升级为先导的工业发展具体体现在优势主导产业的发展壮大、传统支柱产业的提升和战略性新兴产业的培育等方面，未来新型工业化将在更加节能环保高效的道路上大步迈进。

①郑震、张廉：《建设富裕宁夏——产业支撑转型发展》，国家行政学院出版社，2014，第117页。

第十三章　独树一帜的特色优势产业

进入2006年以后，宁夏将发展特色优势产业作为经济结构调整的重点，在总结以往发展经验的基础上，遵从经济规律，立足区域资源禀赋，进一步提出在全区重点培育枸杞、清真产业、奶牛、马铃薯、瓜菜五大战略性优势产业，加快发展优质粮食、淡水鱼、葡萄、红枣、优质牧草、农作物制种六大区域性特色优势产业。2013年，为进一步扩大特色优势产业规模，提升特色产业的质量和效益，宁夏针对枸杞、清真牛羊肉、奶产业、马铃薯、园艺、优质粮食、适水产业、葡萄产业、种业、红枣、牧草、苹果、道地中药材等13个优势特色产业，建立专门指导小组，主抓特色优势产业的发展。截至2015年末，宁夏的特色优势产业发展迅速，特色优势产业占农业总产值比重达到86.1%，农民特色优势产业纯收入占到总收入的43%，农产品加工转化率达到60%，全产业链规模初步形成。宁夏的特色优势产业主要以农业为主，各优势产业形成历史悠久，具有较好的产业基础，其中以清真产业、枸杞产业、羊绒产业和葡萄酒产业为主的特色优势产业最具代表性。

第一节　走向国际的清真产业

宁夏回族自治区作为中国具有代表性的穆斯林聚居区之一，伊斯兰教民俗文化和特殊的地理环境使宁夏发展清真产业具有得天独厚的人文与区位优势。同时宁夏平原引黄灌区是全国小麦、水稻等优质粮食产区，盐池—灵武—同心—海原轴线区域干旱少雨、日照充足的自然环境为发展高产、优质、高效的畜牧业提供了条件。宁夏平原引黄灌区是全国十大牧区资源基地之一，饲草品质绿色无污染，这里生产的牛羊肉以其色泽鲜红、肉质鲜嫩、无膻味、无污染、味道鲜美、脂肪适中、营养丰富而著名，在此区域内已开发清真产业品种上百个，包括冷鲜、冷冻牛羊肉，肉类调味品等，其品质被国内外消费者所认可。另外宁夏地处东亚大陆和中国北部几何中心，处在国际航路开辟中东、欧洲和非洲空中通道的理想节点上，是中阿经贸物流的低成本通道。发展清真产业，宁夏具有明显的区位优势，兼具独特的民族文化特色以及潜力巨大清真品牌市场。

一、宁夏清真产业发展历程

改革开放以来，宁夏的回族及其他信仰伊斯兰教的少数民族都逐步形成了具有自身特色的经济实体，清真产业发展日益繁盛，随着宁夏地区国际贸易的发展，宁夏与中东一些伊斯兰国家的经济社会交往日益密切，为使宁夏清真产业朝着健康有序的方向发展，以适应国外清真食品市场的需求，2002年宁夏出台了《宁夏回族自治区清真食品管理条例》，2004年成立了宁夏回族自治区清真食品管理办公室，建立了清真食品管理网络。

2008年国务院下发《关于进一步促进宁夏经济社会发展的若干意见》，其中对宁夏的区情做了全面、深刻的阐述："宁夏是我国少数民族之一，也是革命老区和集中连片贫困地区。宁夏既有煤炭、农业、旅游等方面的资源优势，又明显受到水资源短缺和生态脆弱的制约；既有宁东和河套灌区等发展基础较好的地区，又面临中部干旱和南部山区脱贫致富的繁重任务；既有实现城乡经济社会协调发展的有利条件，又存在基础设施薄弱、市场发育程度较低、人才匮乏等突出问题。"面对宁夏经济社会发展的实际情况，宁夏以清真产业作为经济发展的切入点，意将宁夏清真产业打造成西部地区乃至全国具有重要影响力和知名度的品牌产业。

宁夏第十次党代会报告中将做大做强清真产业作为经济结构调整的重点，指出："坚持把培育壮大特色优势产业作为转变经济增长方式的重要途径，着力发展以枸杞制品、乳品、清真牛羊肉等为主的特色农产品加工业。"由于打开了宁夏特色优势产业发展的新局面，清真牛羊肉、乳制品产品的产业发展成为地区经济重要的组成部分。

2009年，宁夏政府工作报告中进一步明确：强力推进特色和设施农业，制定五年规划，重点发展枸杞、马铃薯、清真牛羊肉、牛奶等13个优势特色产业。2013年，出台了《宁夏回族自治区清真食品认证工作规划(暂行)》，保障宁夏清真食品认证工作规范运行。

2014年，宁夏清真产业在迈向国际市场的道路取得了突破性进展，主要标志体现为：一是2014年6月，宁夏依托银川国际航空港和银川综合保税区，成为中国西北地区首家获批的进口肉类指定口岸。二是2014年9月，国家认监委批准宁夏成立了清真食品国际贸易认证中心，成为国内首家清真食品认证机构，其在开展全国性清真食品认证工作的同时，将进一步加速宁夏清真产业和穆斯林用品产业的发展。三是2014年12月，自治区政府出台了《宁夏清真产业中长期发展规划(2014—2020年)》。规划提出建立四大核心产业发展带，以“国家重要的清真食品穆斯林用品产业集聚区”为目标定位，做大做强清真食品与穆斯林用品制造业，力争到2017年，宁夏清真食品和穆斯林用品制造业总产值达到600亿元。

二、宁夏清真产业发展特点

宁夏借助向西开放的契机，把大力发展清真产业作为自治区发展的重大战略之一，不断推进清真产业的发展。宁夏清真产业已初步形成以清真肉制品、乳品、粮油等为主体，加工层次多样化、具有一定市场竞争能力的清真食品产业体系；以回族服饰、回族建筑装饰用品为主的穆斯林用品产业体系。2014年宁夏清真食品和穆斯林用品产值达390亿元，同比增长15.6%以上，高于宁夏工业平均增速7.3个百分点。清真产业已经成为宁夏回族自治区的特色优势产业，其产业发展的特点为：龙头企业快速崛起，市场集聚效应显现，清真认证不断完善。

(一)龙头企业快速崛起

宁夏依托自身得天独厚的清真文化以及清真产品资源，逐渐吸引和培育了一批清真龙头企业。截至2013年，宁夏清真产业企业达到760家，其中清真食品企业670家，穆斯林用品企业90家。清真食品方面，形成以宝迪集团、贺兰山清真牛羊产业集团等为龙头的清真肉制品产业；以内蒙古伊利集团、夏进乳业等为龙头的清真乳制品产业。穆斯林用品方面,形成了以伊佳民族服饰为龙头的穆斯林服饰产业。龙头企业不断延伸自身发展优势，加大投入和技术创新，推广宁夏清真品牌,形成对产业的带动作用。

(二)市场集聚效应显现

宁夏政府不断整合清真产业资源,形成以清真产业园为主要载体的发展模式,市场聚集效应明显,截止到2014年,宁夏培育建设了16个工业园区和“园中园”。其中,吴忠清真产业园是宁夏发展清真食品和穆斯林用品产业的核心,目前园区规划发展面积已达63平方千米,入园企业218家,清真产品共有10大系列592个品种。德胜清真工业园不断引进塞尚、伊顺、泰丰科技、万利食品等乳制品、肉制品、休闲保健及饮品等清真食品加工企业,产值突破20亿元。

清真食品加工走向现代化(摄于吴忠市德富胜粮油食品有限公司生产车间)

(三)清真认证不断完善

穆斯林人群作为清真产品主要消费群体，在食品方面有着严格的规定,清真产品必须要符合Halal[①]标准。宁夏率先在国内制定了清真食品认证标准,并

①Halal,本意是“合法的”,中文译为“清真”,即符合穆斯林生活习惯和需求的食品、药品、化妆品以及食品、药品、化妆品添加剂。

于2013年3月1日，由宁夏、甘肃、青海、陕西、云南5省区共同制定了《清真食品认证通则》，填补了我国清真食品认证空白，从“入口”处拉近了中国与阿拉伯国家的距离。目前宁夏已与马来西亚、沙特、埃及、卡塔尔等12个国家15家机构实现了标准互认。与俄罗斯、新加坡等国的清真食品认证机构签署了标准互认合作备忘录。

三、清真产业在宁夏经济中的作用

清真产业是宁夏经济的重要组成部分，也是回族经济中发展最快的产业之一，清真产业属于资源密集型和劳动密集型产业，加快发展清真产业，可以更好地发挥民族地区的资源优势，拓宽少数民族群众的就业渠道，促进增收致富目的实现，加快当地工业化的进程。

(一)促进产业结构优化

清真产业在经济发展的过程中，纵联生产、加工、销售，横跨一、二、三产业，进而有很强的产业关联效应，在促进宁夏产业结构不断优化调整中发挥着积极作用。以银川市为例，2008年，银川伊斯兰国际经济友好促进会与泰国中华总商会、马来西亚吉隆坡马来商会、巴基斯坦伊斯兰堡市商会、平及市商会建立了友好合作关系。2014年，银川已经开通直飞哈斯克斯坦的国际货运包机。同时银川坚持以阿联酋、马来西亚等中东和东南亚市场为重点，通过开拓国际市场，清真食品在马来西亚等国家销售量逐步扩大。此外，宁夏清真食品、穆斯林用品又在埃及、阿联酋、沙特分别设立营销联络处，其中安优布公司在埃及开罗，大泉硕鼎公司在阿联酋迪拜，亿庞公司在沙特吉达市均已设立销售点，进一步开拓了国际市场。清真产业中，清真餐饮业在宁夏餐饮服务业中已确立了举足轻重的地位，清真食品消费主导着宁夏绝大部分食品消费市场。以2015年为例，银川市从事餐饮行业的企业、个体经营户约有6 452家，年营业收入15.3亿元，其中从事清真餐饮的企业和经营户约有4 963家，具有独立法人资格的公司58家，获取清真许可证的有1 985家；在清真餐饮行业中，营业面积在300平方米以上的约有500多家，固定资产达45 820万元，资产总额85 720万元。[①]

①马学永：《发展银川特色清真餐饮业的思考》，《中共银川市委党校学报》2007年9月，第26页。

（二）提高城市知名度及竞争力

宁夏清真食品的顾客消费心理存在两层含义：一是清真食品专有人群的消费品；二是令其他消费者放心食用且好吃的清真食品。清真食品的专有和高品质的品牌形象是宁夏清真食品产业发展壮大的消费者口碑基石，随着宁夏清真食品企业及其产品的知名度的日益提高，宁夏清真食品品牌价值日益增高、知名度享誉海内外。清真食品产业是拉动宁夏城市经济发展的重要产业部门，促进清真食品产业向地区经济优势转化，对于激发民族地区城市经济的活力有着重要的现实意义。

（三）弘扬回商文化

回商是回族在中华民族大家庭中参与和贡献社会经济发展的有生力量，也是回族经济发展中最具开拓精神和拼搏创业精神的商贸经济实践群体。回商文化秉承了注重经营现世、重视商贸的优良传统，通过自己的辛劳和智慧获得正当合理的财富，公平经营、诚信为先是成功之本，也是完美自身信仰和实践的具体体现。回族相应的社会义务和责任是接济社会上无助的孤寡老人、贫困交加者、残疾人等弱势群体，同时无论顺境、逆境，回商都能忍辱负重、顽强拼搏。回商在漫长的生产实践和商贸经济活动中，积累了深厚的文化底蕴和文化内涵，客观而全面准确地总结回商文化的内涵、意义和时代特色，并在新的历史条件下进一步发扬光大具有重大意义。

四、以国际市场为目标的宁夏清真产业

从世界范围来看，全世界穆斯林人口有16亿之多，全世界食用清真食品、需要穆斯林用品的人口大概在20亿，且呈快速增长之势。庞大的穆斯林人口，为宁夏清真产业发展提供了前所未有的市场机遇。相对于世界主要的清真产业类系列产品的出口国，如马来西亚、美国、加拿大等发达国家，宁夏具有相对低廉的人力成本、土地租金、资源利用费等优势，使得国际市场清真产业类系列产品的原材料（如牛羊肉、鸡鸭、面粉等）在宁夏供给具有同类产品的价格优势。另外，单从产品角度来说，因为宁夏具有部分价格较低的清真系列产品原材料，如果能选择运用中国东部制造业成熟的技术和管理机制，在技术支持和组织生产理想的情况下，宁夏的清真系列产品同样具有价格优势。这是宁夏清真产品

在世界市场中具有的核心竞争力之一，可以有效支持宁夏清真产业的发展，也是立足宁夏区域资源禀赋、合理利用资源的选择之一。

自2014年起，清真产业每年贸易额超过3万亿元，仅清真食品就达到了5 000亿美元。我国清真产业分布较为分散，难以形成规模，并且由于清真产业存在认证问题，清真产品出口占全球的比例不超过1‰。随着国家经济进入新常态，“一带一路”战略受到国家及相关省份的重视。“一带一路”沿线聚集了世界最多的穆斯林人口，清真产品市场潜力巨大。尽管长期以来其肉食市场被欧美等国把持，但近几年来，由于受到欧美疯牛病、口蹄疫以及政治环境的影响，许多中东国家已大大减少了羊牛肉食品从欧美的进口，转而从中国进口。宁夏清真食品、穆斯林用品种类多，品质逐渐提高，生产日益规模化、标准化，已形成了一定的产业集群和规模效应。由于清真食品产业链具有很强的关联作用，能够带动周边地区其他经济资源的重新配置和有效发挥。宁夏清真认证走在全国的前列，拥有国内首个清真认证中心，作为全国内陆开放口岸，是我国清真产业通向世界的突破点。

随着我国西部与偏远地区人民生活水平的不断提高，穆斯林以及其他少数民族的物质文化需求也显著提升，清真产品市场前景广阔。由于清真食品必须严格按照伊斯兰饮食规范制作，故无论是个人卫生、原料卫生，还是原料质量、进货渠道都能做到货真价实、质优量足，能够满足人们对健康食品的新需求，越来越多的清真食品流向非穆斯林餐桌，清真食品的需求量进一步提升。按照全国穆斯林人口的分布来看，宁夏处于我国穆斯林人口分布的几何中心，在穆斯林清真产业的发展中处于承东启西的重要位置。作为回族聚居区，宁夏在清真产业的生产、加工、包装、运输等各环节的操作素来规范性强、管理严格，长期得到广大穆斯林消费者的信任。而且，随着清真产业的快速发展，国内外影响力亦不断扩大。在《宁夏回族自治区清真食品认证通则》(DB64/T543—2009)的基础上，经与陕西、甘肃、青海、云南协商，制定了清真食品认证通则五省区地方联盟标准，宁夏成为国内清真产业标准制定的主导力量；国际上，则通过加大对外交流与合作，与马来西亚、沙特等九个国家和地区达成清真认证标准互认协议。

未来，宁夏清真产业将以“国家重要的清真食品穆斯林用品产业集聚区”为目标，做大做强清真食品与穆斯林用品制造业，带动相关服务业繁荣发展，形成相互支持、充满活力的清真产业生态经济圈；同时未来将宁夏建设成为中国清真产业的研发设计、生产加工、检测认证、交流展示和经贸物流中心，建设成为具有全球影响力的清真产业集聚区与产品集散地。

专栏 13–1　中国（吴忠）清真产业园

中国（吴忠）清真产业园的前身为宁夏吴忠金积工业园区，吴忠金积工业园区成立于2006年，是宁夏政府批准、国家发改委审核公告的省级工业园区，也是宁夏唯一的"清真食品穆斯林用品产业园"。2012年底，为加快宁夏内陆开放型经济试验区、银川综合保税区建设，扩大向西开放的规模和影响，宁夏决定依托吴忠金积工业园区清真食品穆斯林用品产业园规划建设中国（吴忠）清真产业园。按照"高起点规划、大手笔谋划、大企业入驻"的要求，中国（吴忠）清真产业园规划占地63平方千米，分为清真产业建成区、基础配套区、仓储物流区、高新产业发展区、国际合作区和穆斯林用品加工区等7个功能区及伊斯兰文化创意园、自动化装备制造园两个特色园。

吴忠市回族人口占52.6%，是全国回族人口比例最高的地级市，具有发展清真食品和穆斯林用品产业的独特优势。2015年，宁夏出台的《关于促进中国（吴忠）清真产业园发展的意见》中明确中国（吴忠）清真产业重点发展清真乳制品、清真肉制品、清真粮油制品、清真功能饮品、清真调味品、清真休闲食品、清真营养食品、清真保健品以及穆斯林服饰、日用生活品和工艺品等产业。围绕清真产品认证研发、生产加工、展示交易等功能定位，建设完善的清真产业公共服务体系，打造立足宁夏、面向全国、走向世界的清真产业发展高地。同时充分利用中阿博览会平台，搭乘陆上、网上和空中丝绸之路，拓展中阿清真产业务实合作新空间，不断开拓我区清真产业大市场。以阿拉伯国家和穆斯林地区为主要目标市场，引导企业开展对阿经贸交流合作，借助阿方营销体系扩大市场销售，促进产业国际化。

第二节　名扬四海的枸杞产业

枸杞位居宁夏五宝之首,是宁夏最负盛名的特色产品。宁夏枸杞以其极高的滋补及药用等功效深受海内外消费者喜爱,别名枸杞果,又被誉为“红宝”。枸杞产业是宁夏回族自治区的特色优势产业之一,是带动农民增收致富、促进区域经济发展最具有潜力的主导产业。随着枸杞产业化的快速发展,枸杞以其独特的产业发展优势成为宁夏经济形象的一张靓丽“名片”。

一、宁夏枸杞历史悠久

枸杞在宁夏已有千余年的栽培历史,是宁夏久负盛名的特产,深受中外消费者的青睐,被誉为“红宝”,是珍贵的中药材和高级滋补品。2003 年宁夏枸杞获得国家原产地域保护。枸杞作为药食同源的重要和保健食品自古为人们所喜爱,近代、现代医学对枸杞药理成分的深入研究以及人们对健康的新认识,使枸杞的消费量迅速增加,也带动了产业的迅猛发展。宁夏是人工栽培枸杞的原创地,在世界上,素有“世界枸杞在中国,中国枸杞在宁夏,宁夏枸杞在中宁”之说。枸杞野生利用始于殷商,人工种植明确早于唐代,兴盛于清明,发展于当代。在《诗经》中对枸杞更是有多次吟咏。宁夏博物馆原馆长周兴华统计,《诗经》中出现“杞”字的诗至少有 7 首:《国风》中有 1 首,《小雅》中有 6 首。“无折我树杞”句,说明当时枸杞野生种植已有一定规模,开始被人工利用。在《小雅·北山》中就有“陟坡北山,言采其杞”。

从古至今,涉猎枸杞种植的古籍较多,都能雄辩证明枸杞的种植历史至少在千年以上。其中涉及种植枸杞的书,有唐孙思邈的《千金翼方》、郭橐驼的《种树书》,北宋科学家沈括的《梦溪笔谈》,南宋崇安人陈元靓的《博闻录》,元朝维吾尔族农学家鲁明善的《农桑衣食撮要》,徐光启的《农政全书》等。在这些历史文籍中,多次提到枸杞种植方法,和现在的枸杞栽培方法极为一致。其中唐代孙思邈的《千金翼方·种造药》第六章《种枸杞法》所记载的枸杞的育苗、栽培、浇灌方法与现在枸杞的栽培方法极为相同;唐郭橐驼撰写的《种树书》所载枸杞的枝条扦插、用种子播种地草桲上的两种方法和孙思邈的《种枸杞法》所载种枸杞法相同，与现在枸杞的种植方法基本相同。

宁夏枸杞被人关注始于唐宋，兴盛于明、清。北宋沈括在《梦溪笔谈》中写到“枸杞陕西极边（经考证为宁夏中宁、中卫一带）生者，高丈余，大可柱，叶长数寸，无刺，根皮如厚朴，甘美异于他处者。”到了明弘治年间，宁夏枸杞因其“皮薄、肉厚、籽少、味甘”而享誉全国，被皇宫列为贡品。乾隆年间，宁夏枸杞在宁夏种植有了一定的规模，并初步形成了垄断地位，乾隆《中卫县志》记“宁安（今中宁县城）一带家种杞园，各省入药甘枸杞，皆宁产也”，这也充分说明宁夏是中国枸杞的地道产区。

新中国成立后，党和人民政府对宁夏枸杞给予了高度重视，组织科研人员对枸杞开展了深入细致的研究。20 世纪 60 年代初，将宁夏枸杞在白僵地、盐碱地引种成功，从而拓宽了宁夏枸杞的种植区域，实现了宁夏枸杞种植史上的第一次飞跃。到了 80 年代，宁夏农林科学院枸杞研究所研究人员成功地培育出宁杞 1 号枸杞新品种，实现了宁夏枸杞的第二次飞跃。进入 90 年代后，随着科技的发展，宁夏枸杞由原来的单一药材逐步向食品业、医药加工业、化工业、旅游业等诸多行业渗透，形成了一个以宁夏枸杞为主体，研究、种植、加工、流通共同参与的宁夏枸杞经济。至此，宁夏枸杞产业已初现端倪。

2005 年以来，国家十分注重宁夏枸杞业的发展，出台了很多相关政策，尤其在枸杞产品的科技创新方面加大了扶持力度，宁夏的科研院所加大科研力度，取得了一系列成果，在枸杞的生产加工方面有了极大的突破。以枸杞为加工原料的企业迅速崛起，开发了品种丰富的各类产品，极大地满足了消费者多样化的需求。宁夏枸杞产业发展势头强劲，在种植规模、加工企业规模、营销网络完善度以及市场占有率等各个领域均实现突破性发展，综合能力居全国首位，综合效益日益显现。从种植规模和经济收益上来看，2010 年宁夏枸杞种植总面积达到 4.67 万公倾，总产量达 8 万吨，分别占全国的 30%和60%。

截至 2015 年，宁夏枸杞种植面积和产量覆盖了全国枸杞市场的一半以上，具有绝对的竞争优势，宁夏各类枸杞加工、营销企业已达 200 多家，宁夏最大枸杞深加工企业为宁夏绿创生物工程发展有限公司，国家级重点龙头企业为宁夏中宁早康枸杞开发有限公司，宁夏乃至全国最大的富硒枸杞种植基地为宁夏枸

绿色健康、琳琅满目的枸杞产品畅销市场

杞企业集团公司等。在龙头企业的带动下,各类中小型枸杞深加工企业蓬勃发展, 宁夏枸杞深加工产品多达 50 多种。宁夏中宁枸杞营销网络遍布全国大中城市,已有稳定的销售网点 141 个,枸杞营销人员 1.2 万人,专业合作组织 16 家,营销龙头企业 68 家,取得独立出口权企业 14 家,正在实践一条"以点带线,逐级包围,多层次、多渠道、大规模发展"的营销路线。中宁县启动建设的国际枸杞交易中心是全球最大的枸杞交易市场,并配套建设枸杞商业一条街和专卖区, 中国枸杞加工城的兴建吸引了各区企业入园投资置业。在 2010 年第一季度,宁夏成为全国枸杞第一出口大省,取代广东省的地位,实现巨大突破,产品出口市场涉及东南亚地区、欧洲、美国等。可以说,宁夏枸杞产业已成为全国枸杞产业的领头羊。

二、枸杞产业成长历程

作为宁夏具有自然优势的传统特色产品,枸杞的产业开发具有其他省区乃至国外都无可比拟的资源优势。改革开放以后, 特别是在 21 世纪以来农业产业化的直接推动下,通过政府、企业、种植户等多方的共同努力,宁夏枸杞在品牌、产品质量、生产、加工和流通上狠下功夫，使得“宁夏枸杞”品牌知名度不断提升，产品质量全面提高，种植面积大幅增加，枸杞产品流通和深加工企业飞速成长，枸杞产业已经成为宁夏经济的支柱产业，对于农村产业结构调整、农民增收致富、农村经济协调稳定发展起着重要作用。

纵观宁夏枸杞产业的成长过程，主要经历了以下几个重要阶段。

（一）新中国成立前：以散户种植为主，处于产业雏形培育期

宁夏枸杞历史悠久，经过历史的沉淀和发展，逐步由个体散户小规模种植转向产业化发展。在新中国成立以前，宁夏枸杞产业的发展可分为5个阶段。第一阶段为野生采摘阶段，枸杞千年之前就存在，原始社会的枸杞多以野生采摘食用为主，众史书对此均有记载；第二阶段为人工种植阶段，西周时期已开始总结枸杞的种植经验，是枸杞采摘和人工种植的历史开端，并逐步形成私业；第三阶段为园圃栽培阶段，汉唐宋元期间，劳动人民对枸杞的药理作用和保健作用不断加深认识，枸杞需求量随之增大，野生枸杞数量已经很难满足社会需要，人工园圃栽培开始盛行；第四阶段为规模化经营阶段，明清时期，枸杞作为中卫当地特产已被列入宁夏四大贡品之一，中宁枸杞的优质品质被世人公认，成为各省入药枸杞的主要来源；第五阶段为产业雏形培育阶段，民国年间，宁夏枸杞种植主要集中在中宁县，种植面积和产量逐渐增大，销售量逐渐增大，出口远至海外。

（二）新中国成立后至20世纪末期：枸杞产业形成并快速发展

新中国成立后，随着人民生活水平的提高，市场需求不断扩大，枸杞产业得到迅速发展。这一阶段，枸杞产业的发展又可分为三个时期。第一个时期是1949年至1981年。宁夏境内大规模推广中宁传统的栽培经验，种植的苗木全部为种子繁殖的苗木和根孽苗，科技含量较低，产量上升缓慢。第二个时期是1982年至1998年。在经营管理方面，家庭联产承包责任制的实行，调动了广大农民的生产积极性。由于国营农林场逐步实施职工承包，枸杞的产量与质量均大幅提升。在枸杞品种方面，宁夏农林科学院培育了新品种宁杞1号、宁杞2号等。第三个时期是1999年至2000年。科技创新成果丰硕，带动了枸杞产业的较快发展。这一时期，宁夏农林科学院、西北农林科技大学等机构不断培育新品种，研究新的栽培、烘干、萃取等技术，先后取得国家和省部级科技成果40

余项。这些科研成果不仅满足了顾客对无公害和绿色食品枸杞的需求，而且有利于枸杞产业的纵深发展，有利于提高枸杞产业的经济效益。

（三）21世纪以来：现代化的枸杞产业初步显现

进入21世纪后，枸杞产量与质量的大幅度提升，种植面积的扩大直接带动了枸杞加工业的发展，逐步形成宁夏枸杞品牌优势，区内拥有了百瑞源、宁夏红、杞王、圣杞乐、沃福百瑞等一批名优企业。宁夏形成了以中宁、银川两大市场为核心的枸杞生产加工销售商圈，有550多家枸杞加工企业围绕着这个销售商圈蓬勃发展，形成了各色各样的枸杞加工产品。其中以枸杞为原料的保健食品，已得到市场认可，主要产品包括枸杞汁（以枸杞为主要原料，同时适当加入其他的果汁与营养成分）、枸杞酒（分为配置型与发酵型枸杞酒两种，均以新鲜枸杞作为主要原料）、枸杞茶（以枸杞叶、果与果柄为原料，经科学配方和加工，作为具有天然保健功效的枸杞茶）、枸杞籽油（用枸杞种子作为原料，经过现代科学萃取技术精制而成枸杞籽油）、枸杞乳酸发酵饮料（保留枸杞饮品本身丰富的有效成分，增加了乳酸菌特有的功能）、枸杞软糖（以白砂糖、淀粉糖浆等辅料与枸杞混合加工而成，具有保健作用）。枸杞的加工转化率约为15%，其中枸杞干果占总产量的85%、果酒占5%、枸杞籽油占2%、果汁类占5%、其他占3%。除了将枸杞作为主要原料加工成保健食品外，还可以用来作为配料生产多种复合食品。这些食品主要有：果茶、果酱、清汁饮料、含枸杞乳饮料、固体饮料等。

三、枸杞产业发展规模

作为宁夏独具特色的乡土树种，被誉为“红宝”的枸杞在卫宁引黄灌区的人工种植历史已逾千年，以悠久的种植历史和丰富的栽培经验所形成的“中宁枸杞种植系统”2015年入选《国家重要农业文化遗产名录》，属于我国重要的文化资源。随着宁夏枸杞“原产地保护”地理标识的确定，以及《宁夏优势特色农产品区域布局发展规划》中枸杞被列为战略性主导产业而规划发展，枸杞主产区由卫宁灌区延伸到了宁南山区的清水河畔和贺兰山东麓的银川平原，形成了优势产业带，整体产业经营规模不断扩大。

2000年，宁夏枸杞产业的种植总面积为10.83万亩，到2013年初种植总面积达70.52万亩，为2000年的6.51倍。随着科技的进步和种植技术的发展，宁夏枸杞的产量也在不断增长，2000 年宁夏枸杞总产量为 0.65 万吨，2013 年初总产量达到 8.33 万吨，为 2000 年的 12.82 倍。作为宁夏经济发展的重要产业，2000 年枸杞产业的总产值为 9 675.84 万元，2013 年初产值达 314 198.70 万元，为 2000 年的 32.47 倍。截至 2013 年年底，宁夏枸杞种植面积为 85.7 万亩，干果总产量达 13 万吨，综合产值超过 50 亿元。

2013 年宁夏出口枸杞及其制品价值为 3 586 万美元，枸杞出口量位居全国第一名，占全国一半以上。2014 年 1—10 月，宁夏共出口枸杞 4 166.8 吨，创汇 4 085.7 万美元，比上年同期增长 66.9%、80.1%。出口市场主要为美国、欧盟各国以及巴西、俄罗斯、澳大利亚、日本等国，美国成为出口货值第一的国家，出口 5 382 吨，创汇 812.3 万美元，每吨均价 1.5 万美元。区内生产企业及贸易公司直接出口批次占总出口批次首次突破 50%，达到 50.3%。宁夏企业在开拓国际市场、深入参与国家贸易方面取得了显著进步，特别是中宁县的杞乡、乐杞、华宝、通洋等企业基本全是直接对国外客户出口。

专栏 13–2　中宁—宁夏枸杞产业的重点区域

中宁枸杞是宁夏枸杞中之上品。中宁枸杞之所以名甲天下，其一得益于当地适于枸杞生长的土壤和昼夜温差大的气候；其二是利用黄河水与含有各种矿物质的清水河苦水混灌。其特定条件决定了中宁枸杞的与众不同，中宁枸杞色艳、粒大、皮薄、肉厚、籽少、甘甜，品质超群，是唯一被载入新中国药典的枸杞品种，国家医药管理局将宁夏定为全国唯一的药用枸杞产地，引入全国十大药材生产基地之一。明代杰出医药学家李时珍所著《本草纲目》中，将宁夏枸杞列为本经上品，称“全国入药杞子，皆宁产也”。长期以来，中宁枸杞子一直以品质纯正、产量丰盈而居全国之冠。据史籍载，中宁栽培枸杞至少已有 500 年的历史，明弘治年间即被列为“贡果”。《中卫县志》称：“宁安一带（今宁夏中宁县）家种杞园，各省入药甘枸杞皆宁产也”。时人曾赋诗赞曰：“六月杞园树树红，宁安药果擅寰中。千钱一斗矜时价，绝胜腴田岁早丰。”《朔方道志》中也有“枸杞宁安堡者佳”的记载。唐朝著名诗人刘禹锡曾赞誉枸杞“枝繁本是仙人杖，根老新成瑞犬形。上品功能甘露味，还知一勺可延龄”。中宁枸杞通常每年开花两次，夏采者称

"夏果",秋采者谓"秋果"。鲜枸杞子色泽艳红,似纺锤形,壮如枣核。经传统工艺加工后,干枸杞子,久贮不腐。

2015 年第三批中国重要农业文化遗产名单公布，中宁枸杞种植系统与全国其他 22 个传统农业系统名列其中。近年来,为确保中宁枸杞传统栽培技术及文化得到保护与传承,中宁县在规划建设中宁枸杞传统栽培种植保护区的同时,积极开展申报中国重要农业文化遗产工作,此次中宁枸杞成功入围第三批中国重要农业文化遗产名单,堪称品牌建设、保护进程上的重要里程碑,为启动全球重要农业文化遗产申报打下了坚实基础。中宁通过不断深化与中科院、西北农林大学等科研院校的合作共建,开发生产枸杞果酒、籽油、花蜜等 6 大类 30 多个枸杞精深加工产品,全县枸杞深加工企业已发展到 24 家（其中国家级龙头企业 3 家，自治区级龙头企业 4 家),投资 7.8 亿元建设了占地 600 亩的中国枸杞加工城,16 家企业已入园投产;投资 10 亿元建设了中宁县新水农产品加工园区,顺元堂等 8 家企业入驻。目前,占地 569 亩的中宁枸杞科技园正在有序推进,建成后中宁枸杞的加工转换率将得以大幅提升。近年来,中宁县委、县政府紧紧抓住我国加快农业发展方式转变的有利时机,成立了推进中宁枸杞现代化发展转型升级规划工作领导小组,坚持以科学规划为龙头,编制完成了《中宁枸杞产业发展"十三五"规划》,通过顶层设计凝聚共识、指导实践、推动工作,从生产、加工、销售诸环节上一步步提升中宁枸杞品质。规划中明确中宁枸杞产业的发展目标,到 2020 年末,中宁枸杞种植面积发展到 20 万亩以上,年产枸杞干果 6 万吨,干果产值由目前的 18 亿元提高到 48 亿元,改造提升 10 万亩,创建出口枸杞基地 10 万亩,枸杞良种苗木繁育量由目前的年产 1 000 万株发展到年产 3 000 万株。

第三节　优势明显的羊绒产业

进入 21 世纪以来,宁夏羊绒产业"异军突出",已发展成为全国重要的羊绒集散地和加工基地。截至"十二五"末,宁夏羊绒产业形成了以贺兰山东麓、中卫香山、灵武等地为中心的山羊绒生产基地。同时，灵武、同心两地也在羊绒企业的基础上形成了产业群，羊绒产业已成为宁夏的特色优势产业之一。

一、宁夏羊绒产业发展的历史过程

宁夏绒毛产业发展起步于20世纪50年代，农民在绒毛贩运和交易过程中得知梳毛生产无毛绒有明显的增值效果，纷纷建厂梳绒，逐步扩大生产能力。从贩绒、卖绒再到加工制成品，近3万人的收绒队伍已然和宁夏羊绒产业的发展紧紧地绑在了一起。20世纪80年代初，借着改革开放的春风，一批不甘贫穷的回族农民自发走出困守多年的黄土地，发挥穆斯林擅长经商的传统做起了绒毛生意。凭借着地理位置和语言优势，他们走村串户收购羊绒，从牧农手中收购羊绒后，再转手卖给国内外的一些生产商家，从中赚取差价，足迹遍布新疆、内蒙古等13个省区以及巴基斯坦、阿富汗、俄罗斯等周边9个国家。1988年，宁夏绒毛产业步入鼎盛阶段，仅同心县参与绒毛经营的就多达1万余人，绒毛吞吐量高达2 000余吨，成为全国最大的绒毛集散地，一时间出现“家家贩绒，户户梳绒”的红火局面。同时一些有远见的收绒者动起了脑筋，开始办起了家庭式加工小作坊，向产业下游进军。

21世纪初，自治区党委、区政府决定优化经济环境，重振羊绒产业雄风。2002年，自治区政府成立了羊绒产业协调小组，分别在灵武、同心建起了羊绒

发展中的羊绒产业——宁夏新兴出口创汇特色产业

工业园区。2003年,宁夏商务厅牵头成立了宁夏羊绒协会,到清河等地招商引资,动员宁夏人回乡投资办厂。2006年9月,为提高宁夏羊绒的知名度,宁夏举办了首届中国宁夏国际羊绒博览会,展会虽然只有两天,但签订内外销合同贸易金额达22亿元。从这一年起,每隔两年举行一次,2012年9月举行了第四届博览会。这是自治区政府为促进羊绒产业的又一重要举措,搭建起宣传推介、技术交流、招商引资的大平台。2007年,为了进一步营造良好的环境,自治区政府出台了《关于加快羊绒产业发展的意见》,营造出良好的政策环境,凡是在灵武、同心羊绒工业园区投资建厂,项目投资总额超过1亿元的,宁夏政府一次性补助300万元,并设立促进羊绒产业发展专项资金和羊绒贷款担保机构风险抵押金。在一系列利好政策和政府的推动下,宁夏羊绒产业再度苏醒,一批思乡情切的宁夏羊绒"老人"带着企业和经验重返故土,其中仅从河北清河回归的宁夏羊绒企业就多达15家。

截至2010年,宁夏境内共有绒业公司300多家,其中像中银、盛源、圣雪绒、双维、马斯特等规模以上企业就有19家,庞大的产业集群不但解决了8 000多人就业,更形成一个年产值55亿元的大产业。同时,宁夏羊绒凭借规模效应在全国以及世界占据了领先地位。以2009年灵武为例,灵武境内就流通原绒7 300余吨,约占世界的44%,占全国的60%;生产无毛绒4 700吨,约占世界的58%,占全国的70%;羊绒条500吨,占全国的65%;羊绒纱750吨,占全国的15%,而宁夏全区的羊绒总产量则占中国的70%、世界的60%。随后,宁夏纺织工业承担着产业转型升级的重任,产业持续增长。经过2010—2015年的5年发展历程,羊绒产业由小到大,由弱变强,在国内外羊绒行业中占据了重要位置,赢得"世界羊绒看中国,中国羊绒看宁夏"的赞誉,2015年流通原绒约占世界的50%、中国的60%。羊绒产品远销意大利、美国、英国等43个国家,部分龙头企业成为世界知名服饰品牌的供应商,打入国际高端羊绒消费市场。圣雪绒在法国布局建设了多家专营店,中银绒业在美国纽约百老汇大街设立直销网点、在柬埔寨建设羊绒针织厂,荣昌绒业在美国注册成立羊绒销售公司,对推动产业国际化起到了重要的示范引领作用。

至2015年,宁夏羊绒产业形成以灵武羊绒园区、同心羊绒园区、宁夏生态纺织产业示范园为依托,以中银、嘉源、荣昌、德海、马斯特等骨干企业为支撑,初步形成了特色明显、优势互补、布局合理的羊绒产业集群。

二、宁夏羊绒产业发展的基础条件

宁夏羊绒产业相对中国内蒙古、河北等地起步较晚，成为中国羊绒产业的“后起之秀”，发展势头同内蒙古、河北两地相比，有过之而无不及。之所以羊绒产业成为宁夏的特色优势产业，支撑其发展的有利条件主要有以下几个方面。

第一，毗邻地区原料充足。宁夏本地羊绒产量不大，但宁夏周边地区如内蒙古、甘肃、陕西以及西部的新疆、西藏都是中国的羊绒主产区。世界上公认的羊绒珍品——中国白中白羊绒，以及紫绒、青绒均产自以上地区。

第二，宁夏人收购羊绒经验丰富。回族素有经商传统，特别是宁夏羊绒企业经营者的98%都是回族人，他们在做加工企业之前都长期从事羊绒原料的经销，积累了丰富的羊绒收购经验。特别是同心、灵武的回族群众具有很强的羊绒收购能力，他们与各地饲养绒山羊的农牧民保持长期合作关系，建立起除本区外，周边辐射内蒙古、新疆、青海、西藏、甘肃等省（区）和蒙古国、阿富汗、伊朗、俄罗斯、吉尔吉斯斯坦、哈萨克斯坦等国家的羊绒收购网络。每年在收购原绒季节，都能将大批上好的原绒集中购进。

第三，良好的行业基础及政策环境。宁夏毛纺织工业起步于20世纪50年代，形成了较为完整的工业体系，培养出一大批纺织管理人员和工程技术人员，为新兴羊绒纺织业的发展提供了基础。同时，宁夏政府对加快发展羊绒产业十分重视，自治区和产业集中的市（县）都制定出台了多项措施，优惠的政策、宽松的环境、良好的服务，吸引了国内外相关企业大量的投资和合作项目，促进宁夏羊绒产业不断迈上新的台阶。

三、宁夏羊绒产业的发展规模与特点

宁夏羊绒纺织加工是在原绒流通贸易形成一定的规模之后才开始发展的，20世纪90年代中期，宁夏开始有分梳企业，但规模较小。快速发展是在2000年之中，2002年宁夏羊绒产业完成工业总产值12亿元、2003年完成工业总产值20亿元、2004年完成工业总产值30亿元、2005年完成工业总产值39亿元、2006年完成工业总产值51亿元、2007年完成工业总产值70亿元。从2011年起羊绒产业工业总产值上百亿元，逐渐成为当地优势特色产业和支柱产业之一。同时，宁夏羊绒企业在生产工艺、设计研发水平提升的情况下，开始了自主品牌创建之路，并将触角延伸到国际羊绒产品高端市场。宁夏羊绒企业的“领头羊”宁夏中银绒业集团，于2009年成功收购英国百年老店道森贸易下属的邓肯纱厂后，销售网络已覆盖欧洲、美国、日本等20多个国家和地区。宁夏羊绒产业在形成规模经济的同时，具有不同于其他地区羊绒产业发展的独特的特点。主要表现在以下几个方面。

(一)原料及产品远进远出

宁夏羊绒产业两头在外，即原绒近95%以上外购，羊绒制品90%外销。宁夏不是羊绒主产区，羊绒数量少，原绒主要靠庞大的收购队伍从内蒙古、陕西、甘肃、青海、新疆等省(区)，以及蒙古、中亚等周边7个国家的原绒产区购得。由于收购能力强，形成了羊绒资源在宁夏高度集中，原料在宁夏集散，大部分经加工出口到欧洲、美国、日本、韩国等发达国家和地区，其中无毛绒80%出口欧洲市场。2004年、2005年连续两年羊绒位列宁夏第二大出口商品；2006年，羊绒成为宁夏第一大出口商品。

(二)特色园区产业集群效应凸显

宁夏境内共有大大小小羊绒企业300家左右，主要集中在南部的同心县和中部的灵武市，以此形成了两大产业集群。同心定位于全国羊绒集散地，经销原绒约占全国产绒量的1/2、世界产绒量的1/3。2014年全县有1.5万人从事羊绒收购，常年活跃于全国乃至世界羊绒产区和羊绒流通市场，因其丰富的收购经验和较强的鉴别能力，被羊绒界誉为“世界上最庞大、最优秀的羊绒购销队伍”。灵武则定位于羊绒产品精深加工和出口创汇基地，主要生产加工无毛绒、羊绒条、羊绒纱和羊绒衫等，2014年羊绒出口额达到1亿美元以上。同心与灵武在羊绒产业上的明确定位，避免了两大集群的同质竞争，同时形成了在全国同行业中具有影响力的羊绒产业集群——灵武市羊绒工业园区和同心县羊绒工业园区。2011年灵武羊绒产业园升级为国家级高新技术区，成为促进宁夏羊绒产业技术进步和增强企业自主创新能力的重要平台，也成为推动羊绒产业发展的前沿阵地。

(三)龙头企业带动力强

随着羊绒产业的迅速发展,宁夏衍生出以中银绒业集团、嘉源绒业集团、荣昌绒业集团、马斯特集团、海德集团、圣雪绒集团、生海集团等为代表的羊绒骨干企业,这些企业已成为宁夏羊绒产业的龙头支柱企业。同时这些龙头企业通过不断的技术创新和技术改造项目实施大企业、大项目,为宁夏羊绒产业不断注入新鲜"血液",带动宁夏羊绒产业的迅速发展。以 1998 年成立的中银绒业为例,其现已发展成为全球最大最优的羊绒制品生产商,羊绒原料收购量位居世界第一,羊绒纱线与制品出口量位居国内第一,拥有多个产品品牌,客户遍及中国、北美、欧洲、日韩等主要羊绒制品消费地。

专栏 13-3 灵武羊绒产业园区

宁夏灵武羊绒产业园区是主要依托灵武原有羊绒企业和紧邻国内羊绒主产区的优势,为提高产业聚合效应、优化投资环境、解决社会就业而建立的劳动密集型特色产业园区,于 2003 年 4 月开工建设。灵武羊绒产业园区是灵武市为提高产业聚合效应、优化投资环境、解决社会就业而建立的劳动密集型特色产业园区。2007 年 4 月,成功组建了宁夏中银国际绒业集团、宁夏嘉源绒业集团、宁夏荣昌绒业集团三大产业集团,集团内部分别成立担保中心和销售公司,集团间产业发展各有重点,形成了集团之间分工协作、竞争发展的局面。2007 年 9 月,经国家证券委批准,宁夏中银国际绒业集团顺利重组圣雪绒集团,成功上市,标志着灵武羊绒产业航母正式启动。2008 年,全市境内流通原绒 7 000 余吨,生产无毛绒 3 600 吨,羊绒条 350 吨,羊绒纱 700 吨,羊绒衫等制品 360 万件,产值达到 45 亿元,出口创汇近 1 亿美元,解决就业累计达 7 400 余人。2009 年全市无毛绒产量达到 3 800 吨,羊绒条 500 吨,羊绒纱 1 000 吨以上,羊绒面料 30万米,羊绒衫 300 万件,披肩、围巾等制品 130 万件,产值达到 55 亿元以上。

灵武市先后被国家有关部委授予"中国精品羊绒产业名城""中国灵武优质山羊绒分梳基地""国家火炬计划灵武羊绒产业基地""中国产业集群品牌 50 强""中国灵武国际精品羊绒之都""全国百佳科学发展示范园区""加工贸易梯度转移重点承接地"等称号,并列入中国纺织产业集群试点地区。

“世界羊绒看中国,精品羊绒在灵武。”灵武羊绒园区已初步形成羊绒分梳、绒条、纺纱、制衫、面料为一体的生产加工产业链。现有千堆雪、菲洛索菲、绒典、灵州雪、帕雪阑等自主品牌,其中,绒典和帕雪阑被评为自治区级知名品牌,今后将重点发展羊绒精深加工,加快品牌建设,进一步发挥羊绒产业研发基地作用,争创灵武羊绒产品设计国际一流、生产工艺国际一流、产品销售国际一流,努力将灵武羊绒产业园区打造成全球原绒集聚区和加工中心、精品羊绒制品研发和生产中心、精品羊绒交易中心、羊绒制品流行趋势发布中心、羊绒产品品牌基地和一流羊绒企业聚集区。

第四节　方兴未艾的葡萄酒产业

葡萄酒是一种世界性的饮料酒,其文化历史源远流长,由于葡萄酒酒精含量低,营养价值高,是饮料酒中主要发展的酒种。宁夏葡萄酒发展壮大得益于宁夏生态移民工程,在宁夏南部山区,由于土地贫瘠,一亩地年收入只有三四百元,为了让南部山区农民脱贫,2011 年宁夏决定从中南部山区向贺兰山东麓的银川平原等地移民 35 万人, 这成为宁夏历史上规模最大的移民搬迁工程。而移民所定居的贺兰山东麓土地以荒滩地为主,没有交通优势,没有产业基础,但土质以淡灰钙土为主,特别适合葡萄生长。2011 年,全国第一个省级葡萄产业规划——《中国(宁夏)贺兰山东麓葡萄文化长廊发展总体规划》出台,明确提出到 2020 年规划葡萄种植面积 100 万亩,形成农民脱贫致富、经济转型升级的新增长极。

一、宁夏开发葡萄酒产业的独特优势

宁夏贺兰山东麓地区是我国著名的优质葡萄产区之一,葡萄酒产业具有较好的生产条件、生产基础和发展前景。贺兰山东麓洪积平原和银川平原腹地沙漠是自治区规划的特色生态经济产业区, 也是中国的酿酒葡萄最佳生态区之一。2015 年,宁夏已建成以贺兰山东麓地区为主的优质酿酒葡萄基地,总面积

70 056 亩，占全国葡萄种植总面积 72 万亩的 9.7%，贺兰山东麓产区已经成为全国九大优质葡萄产区之一，总产量 23 002 吨，其中红色品种产量 20 002 吨，白色品种产量 3 000 吨。建成了以广夏、西夏王、御马等酒厂为龙头的加工企业 14 家，加工能力达到 4.88 万吨。

宁夏与发达省区相比，总体经济实力弱、科技人才少，而与有着近代葡萄酒生产历史的烟台、青岛、北京、通化、长白山等地相比，发展现代葡萄酒产业的技术条件及人力资源条件等则更为薄弱。但是，却有着适宜葡萄酒业发展的得天独厚的自然资源优势，即发展葡萄酒产业的潜在优势很大。首先是具有酿酒葡萄生长所需的理想的气候条件和丰富的优质闲置土地资源。贺兰山东麓地区昼夜温差大，积温高，作为横亘于内蒙古大漠与黄河绿洲之间的天然屏障，贺兰山有效地阻挡着冬春南下的风沙和寒流对东麓地区的侵害；而且，贺兰山东麓大约有 240 多万亩荒地，土壤以淡灰钙土为主，其中沙砾分布均匀，透气性好，干燥且富含各种矿物质，有机质含量在 0.4%—1.0%之间，各项污染物的含量低于国家 NY/T391—2000 的绿色食品产地环境质量标准限值①，非常适宜葡萄生长。其次是拥有良好的生态环境。贺兰山东麓无工业污染，完全符合绿色食品生产对生态环境的要求，被国内外专家公认为是最具代表性的优质酿酒葡萄生态区，属于世界优质酿酒葡萄种植的“黄金地带”。作为得天独厚的无公害葡萄生产基地，贺兰山东麓是继河北昌黎、山东烟台之后，第三个被国家认定为葡萄酒原产地保护认证的产区，也是国际国内公认的酿酒葡萄最佳产区之一。再次是宁夏发展葡萄酒产业可以借力西部大开发之产业政策优势。宁夏葡萄酒业在很短的时间里能够迅速成长，恰恰诠释了这些潜在优势的市场开发价值。

二、宁夏葡萄酒产业起步晚发展快

宁夏酿酒葡萄产业始于 20 世纪 80 年代初期，90 年代后期得到迅速发展，进入 21 世纪以来产业规模不断扩大，市场竞争力不断增强，步入稳定发展的新时期。宁夏属内陆半干旱气候，温度适宜，光照强度大而充足，干旱少雨，昼夜温差大，在一些评价酿酒葡萄生态区的指标上，甚至优于一些世界著名的酿酒葡

①NY/T 391—2000 绿色食品产地环境质量标准于 2014 年 4 月 1 日被 NY/T 391—2013 绿色食品产地环境质量取代。

萄生态区。宁夏大多数酿酒葡萄基地建在贺兰山东麓地区，该地区土壤沙质，通水透气性好，富含钙，适宜大多数酿酒葡萄的生长。在这种生态条件下生长发育的酿酒葡萄含糖量高，含酸适中，香味、风味物质充足而均衡，可生产出优质的葡萄酒。同时由于气候干旱，病虫害较少，一般年份可少喷药或不喷药，这样可生产出真正意义上的"绿色"葡萄酒。

宁夏葡萄酒产业始于20世纪80年代初，1984年在贺兰山东麓地区的玉泉建立起宁夏有史以来的第一家葡萄酒厂——玉泉葡萄酒厂（现西夏王酒业有限公司），这家企业的发展历程代表着宁夏葡萄酒业发展历程，它是宁夏葡萄酒产业发展历程的一个缩影。随后广夏（银川）贺兰山葡萄酿酒有限公司（简称银广夏）、御马大型葡萄酒厂及贺东葡萄庄园、鹤泉、类人首、顺有、巴格斯等中小型酒厂相继建厂，从而使宁夏跃居为全国独具特色的九大葡萄产地之一，在全国酿酒葡萄产业中占有重要一席。经过10余年的发展，1997年宁夏政府将葡萄酒列为宁夏六大支柱产业之一，以此为契机，宁夏的葡萄酒产业走上了规模化、现代化和产业化的道路，同时银广夏葡萄酒公司开创了在宁夏荒漠沙丘上种植酿酒葡萄的先河。1999年宁夏农科院与民族化工集团联手在芦花台园林场定植超过了400公顷的酿酒葡萄。同年，上海新慧彬公司、维邦公司、大武口贺东葡萄庄园、香山集团及青铜峡甘城子老果区、御马公司等都陆续在此建园，承担这绿色希望的重任落在了贺兰山东麓地区这片广阔而特异的土地上。

进入21世纪以来，宁夏葡萄酒产业发展规模不断扩大，连年取得新发展。2001年宁夏葡萄栽培面积达到8.5万亩，其中，酿酒葡萄栽培面积6.5万亩，占全国酿酒葡萄栽培总面积38万亩的17%，在全国九大葡萄产区中名列第四。同年12月，宁夏葡萄产业协会成立。2003年4月11日，国家质量监督检验检疫总局公告批准对贺兰山东麓葡萄酒实施原产地域产品保护，总面积133 000公顷。酿酒葡萄产业被自治区党委和区政府列入重点支持的支柱产业之一，成为宁夏产业化发展的热点。对提升宁夏葡萄酒产品质量和市场竞争力具有重要作用。2004年春，宁夏科冕实业开始在吴忠市红寺堡开发区开荒建园，1 333公顷良种酿酒葡萄基地拔地而起，成为宁夏继贺兰山东麓之外又一个集中连片的新兴酿酒葡萄基地。2006年中国最大的葡萄酒公司"张裕葡萄酒公司"到黄羊滩农场种植了约666.7公顷酿酒葡萄。依据国家的发展计划，2008年自治区党委、区政府审时度势，做出了相应的酿酒葡萄规划，在正式启动的六个百万亩工程中将贺兰山东麓发展酿酒葡萄产业列入其中，并初步制定了《宁夏葡萄产业发展规划》。2008 年 8 月由澳门金龙集团和泰国德盛集团联手启动建设贺兰山东麓约 6 667 公顷酿酒葡萄基地。截至 2008 年，宁夏酿酒葡萄栽培面积 0.8 万公顷，结果面积约 0.5 万公顷，产量 6 万吨，葡萄酒生产企业发展到 20 家，加工能力 6 万吨以上。至 2015 年，贺兰山东麓冲积与洪积平原上建立了 4 667 公顷酿酒葡萄基地，约占同期全国发展酿酒葡萄面积的 15%。

据宁夏回族自治区林业部门数据显示，截至 2015 年，全区葡萄种植面积达到 59 万亩，其中酿酒葡萄 51 万亩，葡萄产量 20 万吨；已建成投产酒厂 72 家，加工能力近 27 万吨。另外，还有 58 家酒庄正在建设中。如今，宁夏葡萄产业综合产值已达 65 亿元。总之，通过短短几十年的发展，作为中国十大葡萄酒产区之一的宁夏贺兰山东麓葡萄酒业，无愧于“后起之秀”的美名。

贺兰山东麓葡萄酒业向国际化、高端化、品牌化酒庄酒发展

（摄于银川市高新技术产业开发区的宁夏张裕摩塞尔十五世酒庄）

第十四章　别具一格的旅游产业

宁夏特殊的自然地理环境、历史遗迹资源和回乡民族文化孕育了丰富多彩的旅游资源，在全国10大类95种旅游资源的基本类型中，宁夏就拥有8大类46种旅游资源，其中既有壮观雄浑的大漠世界，又有秀丽富饶的"塞上江南"，还有浓郁淳朴的回族风情。宁夏旅游业兴起于20世纪80年代中后期，经过几十年的发展，基础设施基本得到改善，旅游资源得到充分的挖掘开发，大量的旅游景点、景区已经建成，游客吸纳能力和产业产值逐年增加，旅游业已经成为宁夏国民经济重要的组成部分，是宁夏发展速度最快的产业之一。据宁夏回族自治区统计局和宁夏回族自治区旅游局发布的统计公报显示，2014年，宁夏旅游收入实现142.70亿元，同比增长14.7%，占GDP比重5.18%。其中接待国内外游客1 674.99万人次，同比增长9.0%。2015年上半年，接待游客685.8万人次，实现旅游总收入60.58亿元，接待入境游客1.4万人次，实现外汇收入682.32万美元，旅游各项指标保持高位增长。宁夏在发展旅游业的过程中，不仅仅取得了量的高速增长，也非常注重质的提升，其主要表现就是依托宁夏本地得天独厚的特色旅游资源，形成了别具一格的旅游产业。尤为值得一提的是，"黄河水上游""山湖生态游""沙漠探险游""西夏秘境游""回乡体验游"等特色旅游资源开发更是成为宁夏极具市场竞争优势的旅游精品。

第一节　以治沙奇迹为特色的沙漠旅游

沙漠，曾一度被认为是远离人类生活区域的荒漠，随着人类社会文明的不断进步而演变成为一种别具人文地理特色的旅游资源。沙漠地区以壮观的自然环境和人文环境为独特优势，巨大的地貌特征差异和文化内涵差异对旅游者逐渐增强的回归大自然的需求构成很大的吸引力。沙漠旅游因其高情趣和刺激性特征逐渐成为世界最为时尚的探险旅游类型之一。20 世纪 90 年代，世界上沙漠资源非常丰富的国家埃及就推出了面向全球旅游者的沙漠游，吸引了众多的旅游爱好者。随着人们对沙漠旅游的不断接受，目前世界上拥有沙漠戈壁地域的国家如埃及、沙特、阿尔及利亚、美国等建立了依托沙漠资源的各种类型的沙漠公园和博物馆，开辟了沙漠旅游专线，并与地域民俗文化相结合，推出了各种旅游项目。我国的沙漠旅游兴起于 20 世纪 80 年代，宁夏、甘肃、新疆、内蒙古等具有丰富沙漠景观的省（区）都相继推出沙漠旅游线路，开辟了多个沙漠旅游景区。

宁夏回族自治区地处气候干燥的西北地区，西、北、东三面分别被腾格里、乌兰布和毛乌素三大沙漠包围，土地荒漠化十分严重。为了改善生态和生存状态，勤奋老实的宁夏人做到了沙退人进，实现了沙里淘金的治沙奇迹。在此基础上，宁夏积极推进生态环境建设，实现了治理速度大于扩展速度的历史性转变，成为全国防沙治沙战线上的一面旗帜，同时也探索出收益丰厚的沙产业发展模式。宁夏在防沙治沙与开发沙产业中的成功经验得到了国际的广泛认可，并被邀请到世界各地推广其经验和做法。最具发展成效的是，宁夏根据国家的生态建设政策，探索出了前景广阔、收益丰厚的沙产业发展模式。其中包括贺兰山国际狩猎项目，中国防沙治沙大学治沙博览园项目，贺兰山东麓国际葡萄酒庄，哈巴湖生态旅游区，众所周知的沙湖、沙坡头等，形成了以治沙奇迹为特色的沙漠旅游。

一、以治沙工程奇迹为特色的沙漠旅游

中国的沙漠地区主要分布在北方，面积达 130 多万平方千米，沙漠化已经成为我国面临的一个非常严重的环境问题。但是沙漠地区也蕴含着丰富的自然资源如热能、太阳能、风能以及绿洲等生态资源，只要变害为利，就可以在防治沙漠化的同时实现经济利益的开发。而宁夏的沙漠旅游业就是充分变害为利的一个典型做法。可以说宁夏的沙漠旅游业就是与宁夏的治沙工程奇迹相

伴随而产生的。宁夏是我国北方重要的沙区之一，长期受到风沙的侵害，全区荒漠化面积达 118 万公顷。在宁夏众多沙漠危害中，沙尘暴无疑是经常出现的一种灾害性天气现象，这种主要发生在春冬季节的黄沙漫天、昏天暗日的天气对生活在宁夏地区的人们的生产生活造成了严重影响。例如 2000 年至 2004 年间，根据沙尘天气年鉴统计资料显示，宁夏地区共发生沙尘暴 28 次，扬尘天气 22 次，其中强沙尘暴 8 次。宁夏地区的生态系统非常脆弱，不恰当的工程开发会造成更为严重的荒漠化，导致生态灾难。同时，荒漠化与贫困化又互为转化，制约了宁夏地区社会经济的可持续发展。为了实现荒漠化治理与社会经济发展的双赢目的，我国著名科学家钱学森于 1984 年提出了“沙产业”这一概念。沙产业，即充分利用戈壁荒漠中的太阳能、风能、气候等资源条件，大力发展现代生态农业、能源产业、旅游产业等，构建环境友好型和资源节约型社会。

在治理荒漠的长期实践中，宁夏开创了“政府引导、工程带动、企业牵头、群众参与、多元化投资”的防沙治沙机制，形成了多主体参与的防沙治沙格局，创造了草方格固沙、生物工程治沙等技术，形成了沙区生态经济林、沙区药材、沙区生态农业、沙料建材工业、沙区新能源和沙漠旅游休闲等主导沙产业。多年来在荒漠化土地上大规模进行人工植树、飞机播种灌草，并围栏、封育改良正逐渐沙化的草场，目前已累计造林 2.67 万公顷，建设草场 5.33 万公顷。在长期治沙实践中，宁夏创造了许多独特而有效的沙漠化防治技术，如用麦草设置方格状沙障固沙造林技术，乔木、灌木、草木结合固沙技术，杨柳树的钻孔深栽造林技术，干旱、半干旱流动沙地飞机播种技术等。宁夏沙区在封沙育林育草、栽植固沙植物、修建人工沙障防护林等生物治沙方面取得了成效。例如宁夏中卫沙坡头地区，此处曾经是区内沙害最严重的地区之一，为了保护包兰铁路的顺利畅通，中卫在铁路两旁建立了麦草方格沙障。在成功抵御了沙漠侵害的同时，也形成了壮观的治沙工程奇景，目前，中卫沙坡头已经成为景色优美的国家 AAAAA 级旅游景区。沙坡头是由治沙工程而发展成为著名沙漠旅游景区的典型代表。

另外一个典型的例子就是白芨滩。已有近半个世纪历史的白芨滩林场位于灵武市东部荒漠沙区，是一个以防风固沙、保护生态环境为主的国有林场。在长期的治沙工作中，林场因地制宜，形成了一套科学有效的治沙办法。目前，该林场经营面积 1.73 万公顷，其中有林地面积 1.1 万公顷，已在毛乌素沙漠深处营造了一条东西长 42 千米、南北宽 10 千米的绿色屏障，有效控制流沙 0.8 万公顷，林木资源也不断增加。白芨滩林场被国务院批准为国家级自然保护区，这是目前全国最大的沙生植物保护区。如今生机盎然的沙漠绿洲里，生长着 262 种荒漠植物，也是 115 种脊椎动物的栖息地。

根据 2014 年宁夏回族自治区发布的统计公报显示，宁夏回族自治区现有旅游景区（点）近百家，在年接待量超过 20 万人次的 21 家景区中，以沙漠旅游为主打产品或者含有沙漠旅游项目的景区就包括沙坡头、沙湖、黄沙古渡、吴忠黄河生态园、黄河楼、金沙岛、通湖旅游区等在内的超过 10 家景区。另外在统计中还显示，游客对宁夏感兴趣的旅游资源中，对大漠黄河感兴趣的占36%。

传统浮桥在沟通黄河两岸经济中发挥着重要作用（摄于石嘴山市）

经过长期的努力奋战，宁夏创造了各种治理沙漠的工程奇迹，这些治沙工程在发挥抵御荒漠化效益的同时，也逐渐显现出其巨大的经济价值，最重要的就是沙漠旅游产业的兴起。治沙工程为宁夏地区沙漠旅游的兴起与发展提供了丰富的旅游资源，为各类沙漠旅游景点、景区的建立奠定了基本的前提，其表现出的宁夏人民与大自然灾害的抗争精神也赋予了宁夏沙漠旅游壮丽的人文内涵。另外，治沙工程在改善宁夏地区整体旅游业所需要的基础设施，尤其是铁路和公路运输的同时，也同样孕育出了多种形态的旅游样式，如农业生态游、沙漠乡村游等。更进一步，盛产各种沙漠特色农副产品的沙产业为宁夏沙漠旅游业产业链的打造和延伸提供了条件。总之，宁夏沙漠旅游的兴起是伴随宁夏劳动人民群众在抵抗荒漠危害而创造的治沙工程奇迹的产生而产生的，这也成为宁夏旅游业中的一个特色。

二、宁夏发展沙漠旅游的优势

宁夏自秦汉以来就依靠黄河水形成了自然地灌溉区，天下黄河富宁夏，到现在为止已经形成了上万平方千米的绿洲。宁夏沙漠资源比较有代表性的有沙漠风光、鸣沙山、沙漠疗养、沙漠动植物、沙漠奇观、沙漠遗址等几类。宁夏沙漠面积广大，潜在开发或已经开发的沙漠景区有很多，呈现出多样化和生态化的趋势。如备受关注的沙坡头、沙水结合的沙湖、西夏王陵、独具魅力的金沙湾、古老的金沙古渡等景区和正开发的中卫沙漠风情牧场、沙漠湿地、沙漠博物馆等项目，都已经建成并向游客开放。宁夏根据自身沙漠特色所开展的一系列旅游景点和项目深受广大群众的喜爱，成为宁夏旅游项目必去景点。宁夏在发展沙漠旅游中得益于以下几方面优势。

第一是交通优势和地域优势。宁夏沙漠地交通区地域优势大。背靠的腾格里沙漠的地理特点非常突出，有中国第一条沙漠铁路——包兰铁路贯穿整个沙波头景区，在全国也是沙漠中是唯一同时靠近公路和铁路的景区，唯一可以实现短、中、长途沙漠观光、探险旅游的独特沙漠景区，而且现在也建起了各种多样性沙漠旅游景区路线。很多沙漠旅游在开发景区发展过程中，大多都会遇到沙漠距离和交通较远的障碍，相比之下，宁夏地理位置优越，在开展沙漠旅游上占有绝对优势。

第二是沙漠旅游资源多样化。宁夏在得益于自然条件的同时，开发者别出心裁地将广袤无垠的沙漠与水结合到一起，以宁夏 2 000 多年的黄河灌溉历史文化为独特背景，形成了塞上水乡与大漠风光交织的雄浑壮丽之景。腾格里沙漠与黄河、沙地与沙湖就是沙水合一的天然杰作，让前来游览的游客赏心悦目。旅游资源所包含的自然景观、文化遗存、治沙奇迹等组合优、品位高、类型多、数量大，特点突出且具有非常强的鲜明性。例如，沙坡头沙漠旅游开发由沙漠边缘地带向沙漠中心地带延伸，已经开展的宿营、探险、沙漠篝火等特色旅游活动不胜枚举。多样化的沙漠旅游资源，不仅为宁夏沙漠旅游开发奠定了坚实的基础，而且为宁夏的旅游发展提供了更广阔的发展空间。沙坡头旅游区其他的后备资源也非常丰富，其古渡在历史上是很重要的渡口。南部香山产煤使得“炭火夜照”成了中卫市八景之一。

第三是自然景观优势。随着旅游市场多样化，人们对旅游的需求也逐渐多样化，传统的城市旅游、山川旅游、古迹旅游、生态旅游等旅游线路已经难以满足人们的需要。很多人趋向于大漠、荒山野岭、冰川等“非现代”“原始性”的旅游路线。而沙漠旅游正好可以满足这种需求。宁夏地理位置刚好处于自然区域交汇地带，独特的沙湖奇观，起伏的沙丘，九曲十八弯的黄河，以及治沙所造的植被长城，成为宁夏沙漠旅游的独特景观。

第四，也即独具特色的民族文化优势。如前古代篇中所述，早在春秋战国时期，历史上就已经有关于羌、戎和匈奴等少数民族先后在宁夏地区聚居生活的相关记载，游牧文化与农耕文化曾在这里交融相汇。宁夏作为全国回族人口的重要聚居区，是回族文化产业开发最全面、最开阔的地区，宁夏小吃在融合西北饮食特色的基础上更是增加了自身当地特色，手抓羊肉、羊排小揪面都是游客来到宁夏不可不尝的美食。这些文化资源与旅游资源互补互促，成为宁夏沙漠旅游的特色模式。

三、宁夏沙漠旅游开发状况

宁夏在沙漠旅游开发中依据资源分布特征和地域组合特点，制定了整体战略规划，形成了由点到线再到面的总体开发格局和三大沙漠旅游圈带，并依据旅游市场的需求设计了层次丰富的旅游产品。

（一）由点到线到面的总体开发布局

根据宁夏沙漠旅游资源的分布特征和地域组合特点，宁夏沙漠旅游开发的整体布局是以沙漠地貌为依托，以建设“世界沙漠公园”为主题和红线，充分体现宁夏地区的沙漠风光、回族风情和黄河文化三大特色，构建了银川旅游圈、中卫旅游圈以及河东旅游带为基本格局的“两圈一带”。2016 年已初步形成了以银川、中卫、石嘴山、灵武为依托城市，以沙湖、沙坡头、金水等沙漠景区为主要资源中心，以黄河为沙漠景观走廊，以包兰铁路为发展轴线，以国主干道 GZ25、GZ35，国道 211 线、110 线、109 线以及省道 201、203 为基本网络的全面开发局面。2016年宁夏在发展沙漠旅游方面共建成了七大旅游景区和四大精品工程。七大旅游景区包括沙湖旅游区、沙坡头旅游区、金水旅游区、鹤泉湖旅游区、兵沟旅游区、水洞沟旅游区、盐池生态治沙旅游区。四大精品工程包括沙湖生态观光旅游精品工程、沙坡头大漠黄河探险旅游精品工程、金水“黄金海岸”度假旅游精品工程、盐池生态治沙精品工程。此外,宁夏在沙漠旅游开发上还开拓性地发展了六条旅游精品线路,包括大漠观光游、沙漠探险游、大漠生态游、大漠黄河游、大漠文化游、大漠风情游。

这些沙漠景区发挥了巨大的经济带动效应,显示出了强大的发展活力和发展潜力。以国家AAAAA级景区宁夏沙湖生态旅游区为例,该景区2009年共接待游客78.3万次,产生并带动的直接经济收入达8 951.5万元。2010年该景区接待海内外游客85万人次,总收入达1.58亿元,同比增长30%。除了经济效益,宁夏沙漠旅游还产生了巨大的生态环境效益和文化传承效益,它对宁夏地区整体国民经济的发展具有巨大的意义,不但是宁夏新的经济增长点的重要组成部分,更是新型产业的重要组成力量。

(二)各具特色的三大沙漠旅游圈带

依据宁夏地区的地理地貌特征和沙漠资源分布状况,宁夏沙漠旅游在开发中形成了三个基本旅游圈带:银川旅游圈、中卫旅游圈和河东旅游带。这个三个旅游圈带各具特点,分别依托各自沙漠旅游资源禀赋,发展了具有不同内容、互不冲突、互不争夺游客资源的沙漠旅游样式,而且在一定程度上形成了互补互带效应,丰富了宁夏沙漠旅游的整体品质和内容。

1.银川旅游圈

银川旅游圈主要以银川市为中心城,以沙湖旅游区为主要带动点,将银川市周围的银川植物园、三沙园、鹤泉湖旅游区、艾克斯星谷串联起来,以沙漠、湖泊、沙漠植物为主要旅游观光内容,以沙漠生态观光与沙漠运动为旅游主题。

2.中卫旅游圈

中卫旅游圈主要以腾格里沙漠为依托,以沙坡头景区为中心,主要包括腾格里大漠景区、通湖水稍子生态旅游区、沙都度假村等。这个旅游圈以大漠、黄河、草原等自然景观为主要旅游资源,并突出回族风情、蒙古族风情和丝绸之路等文化旅游功能,将这个旅游圈的功能定位于沙漠探险和沙漠度假。

3.河东旅游带

河东旅游带位于宁夏区内黄河东岸，毛乌素沙漠西侧，以金水旅游区为中心，旅游圈内还包括金陶乐生态旅游区、兵沟、沙泉寨、金水园、白芨滩自然保护区、盐池生态治沙区、黄沙古渡等景点。这个旅游圈与银川和中卫旅游圈不同，它以沙漠和黄河为依托，重点突出黄河、长城汉墓葬、旧石器文化遗址、昭君故道、西夏风情与蒙古族风情等文化功能，更加偏重旅游景区的文化内涵，因此这个旅游圈的功能定位侧重于沙漠文化和生态教育。

（三）层次多样的沙漠旅游产品

为了满足来自海内外的旅游观光者与消费者的消费需求，宁夏在发展沙漠旅游时设计和开发出了层次多样的沙漠旅游产品和衍生消费品。宁夏沙漠旅游产品非常注重开发质量，尤其是文化内涵的挖掘。宁夏结合本地域传统的农耕畜牧文化、黄河流域文化、丝绸之路文化、历史文化遗迹、西夏文化、生态文化等资源，在景区设计和打造中通过多种方式塑造文化载体，不但增强了沙漠旅游的体验价值，更提升了宁夏沙漠旅游的人文内涵，使旅游者真正感受到宁夏地区沙漠的壮丽景色和沙漠文化的悠久精深。

为了满足不同旅游消费者的需求，宁夏沙漠旅游产品具有丰富的类型。宁夏沙漠旅游产品以大众型观光旅游产品为主，主要旅游项目以沙漠、湖泊、长城、黄河、墓葬等为主。与观光旅游相辅助的还有休闲度假、民族风情、疗养保健、节庆旅游、生态旅游、野营旅游、民族体育等旅游产品。滑沙、漂流、沙漠冲浪、回乡、沙雕、沙画、毛皮、奇石、宿营等均成为消费者非常青睐的旅游项目。其目标市场涵盖了海内外、中青年儿童、男女、专业与业余爱好、修身养性与会议考察等多个细分市场，基本满足了各类消费者的不同需求。因此，从旅游产品设计上就可以看出，宁夏在发展沙漠旅游上的最终战略——打造“世界沙漠公园”的愿景，并不是无稽之谈。

四、变沙漠为宝的成功经验

宁夏孕育着丰富的旅游资源，其发生、发展、演化与自然环境、人文环境密切相关，为旅游业的发展提供了资源支持。宁夏沙漠旅游资源的开发，不仅可以保护沙漠地区的生物物种多样性，保护黄河中上游地区的生态环境，而且有利于促进宁夏区域中心城市的辐射和吸引能力，增强历史文化内涵，提升对外交流形象。作为国家 AAAAA 级景区，沙坡头每年接待的游客络绎不绝，在这里既可以体验到沙漠中的乐趣，同时还可骑马骑骆驼，做羊皮筏子，体验滑沙的乐趣，每年沙坡头为宁夏创造的旅游收入超亿元，据有关报道①的数据显示，2013年沙坡头所在的中卫市共接待游客 297 万人次，旅游收入 18.08 亿元，占宁夏全区旅游市场份额的三成左右，真正实现了变不利为有利。归纳起来，宁夏开发沙漠旅游的成功之举集中体现于以下几点。

第一，挖掘丝绸之路中的旅游价值。宁夏作为古代中原地区通往西域各国的主要要道，是古丝绸之路的必经之地，也是现代丝绸之路通往国际的必经之路。近年来随着国家“一带一路”政策的推行，开发丝绸之路的价值不断得到提升。沿古丝绸之路可探寻的沙漠旅游资源有很多，如古茶道、沙关古道、边关烽火遗迹、盐道等。因此要把握好国家提出的建设丝路经济带的战略时机，把宁夏作为丝绸之路经济带的战略发展支点，使其发挥更大的推动作用。

第二，与沙结合，走生态旅游发展之路。宁夏正确全面地认识了沙漠与旅游的深层关系，寻找出了正确的沙漠旅游经济发展方向，发挥了生态旅游对经济、社会、环境等效益的积极意义。同时，非常重视深层次的旅游开发方式，将沙漠治理和沙漠旅游有机结合在一起。与沙结合，走生态旅游发展之路，宁夏将沙漠旅游与产业相结合，充分利用沙漠地区的物理资源和生态资源，勇于创新旅游产业形态，实现了沙漠和旅游的可持续发展。

第三，融入鲜明的文化内涵。文化是旅游的灵魂，是旅游的精髓。随着社会文明的进步，旅游更加注重精神追求和文化享受。宁夏留存了大量丰富的古文化遗存，西夏王陵、岩画、文字回族文化都堪称宁夏垄断性文化资源。宁夏在沙漠旅游开发中非常注重自然景致与人文内涵的呼应，将宁夏独有的文化内涵巧妙嵌入沙漠旅游之中，增强了沙漠旅游的体验价值。

---

①宁夏沙坡头旅游金字招牌背后的“中卫经验”，http://news.163.com/14/0629/18/9VU71U4600014JB5.html。

第二节　以历史遗迹为特色的文化旅游

宁夏是华夏文明的发祥地之一，在中华文明的历史进程中具有特殊的地位。正如古代篇中所提及，在远古人类活动时期到新旧石器时代，再到秦朝建立统一的封建王朝之前，生活在宁夏地区的居民就创造了灿烂的历史文明，水洞沟文明就是典型的代表。宁夏自战国时期建立县治开始，先后经历了秦汉时期、魏晋南北朝、隋唐时期、宋辽金西夏时期、元明清等长期的历史发展和多元文化的积淀。在这个漫长的历史时期内，宁夏地区既经历了民族之间的多次分裂与融合，也经历了多个民族政权的交替统治，再加上宁夏位处丝绸之路，无论是在国内各民族的文化交融还是在国际的文化交流方面都发展出了多种多样的文化样式，为后世留下了宝贵丰富的文化遗产。据考古统计，宁夏回族自治区目前共发现古代文化遗迹 3 000 多处，这些珍贵的文物遗存是生活在宁夏地区的先民们留给后代的宝贵财富。这些遗迹如佛塔、墓葬、清真寺等已经成为宁夏发展文化旅游的重要资源，很多地域都已经被开发为世界著名的旅游胜地，发挥着巨大的社会效益和经济效益。以历史遗迹为特色的文化旅游已经成为宁夏旅游业中的一颗明星。

一、以墓葬、寺塔、长城遗址等为特色的历史遗迹旅游资源

宁夏的历史遗迹是生活在宁夏地区的先民们遗留下来的痕迹，涵盖的种类非常多，包括政治、军事、宗教、居住、娱乐、生活、劳动、教育、经济等多个领域。这些丰富的文物遗存是宁夏地区各族人民互相融合团结和古代文明的象征，不但具有巨大的历史价值和文物价值，也具有丰富的经济价值。它们构成了宁夏地区文化旅游业的重要旅游资源，是海内外人士了解宁夏历史文明底蕴的窗口和载体。截止到 2006 年，宁夏有 19 个全国重点文物保护单位和 104 个自治区重点文物保护单位，有的已经被开发为全国知名的旅游胜地，如佛塔、清真寺遗迹、墓葬等。宁夏历史遗留下来的历史遗迹无论类型还是数量都相当多，是每个历史时期特定社会文化背景的产物。

(一)先秦时期以新旧石器时代文化遗址与岩画为主要代表

宁夏是我国境内早期远古居民重要的活动区域之一,是中华文明的重要发祥地之一。早在3万年前的旧石器时代时期,远古人类就已经在宁夏这块土地上繁衍生息,留下了非常珍稀的文化遗存。此历史时期留存至今的文化遗址就有水洞沟旧石器遗址、鸽子山新石器遗址、菜园新石器遗址、周家嘴头新石器遗址、页河子新石器遗址等。另外,岩画也是远古居民留下的珍贵遗产,具有代表性的如贺兰山岩画、大麦地岩画、黄羊湾岩画等。这些遗址和岩画成为了解宁夏地区远古居民生活状况的重要文物,也是宁夏发展文化旅游的重要资源。

珍藏于宁夏博物馆的贺兰山岩画(残片)——承载着宁夏先民的文化记忆

(二)秦汉至隋唐时期以长城汉墓、丝路古城等为代表的多样文化遗存

秦汉至隋唐时期,是宁夏文化发展繁荣的重要历史时期,是特定封建文化的真实写照。这一历史时期,宁夏的经济逐渐得到开发和发展,民族之间不断迁移融合,再加上特殊的军事和外交地位,催生了文化上的多样性。壮观雄伟的秦长城遗址、出土成群的汉墓遗址、巍然屹立的古城遗址、璀璨光辉的丝绸之路文化遗址等都是目前宁夏文化旅游产业重要的资源。仅汉代墓葬就有暖泉、固原、关马湖、兵沟等多个出处,隋唐墓地也在多地发掘出来,如固原、窨子梁等地。保存较为完好的古城遗址有张家场汉代城址、瓦亭古城、七营北嘴古城、黄驿堡古城等。另外照壁山铜矿遗址、白芨沟赭色岩画、海宝塔、须弥山石窟、牛首山寺庙

群、田州塔等具有民族风情、宗教色彩的文化遗址也是目前宁夏非常具有特色的文化旅游景点。

（三）宋元西夏时期以石窟、寺塔、王陵等为主的宗教文化和西夏文化遗址

西夏时期是宁夏地区经历的一个特殊历史时期。在这一历史时期，我国北方的一个少数民族取得了对宁夏地区的封建统治政权。所以，宁夏地区在这段历史时期内衍生出了宗教色彩和少数民族色彩浓厚的文化遗存。石窟文化和寺塔文化是此时期重要的文化遗址。无量山、火石寨、石窑寺、石窑湾、天都山等石窟是石窟文化的典型代表。寺庙和佛塔文化遗址包括拜寺口双塔、承天寺塔、一百零八塔、宏佛塔、鸣沙洲塔、贺兰山石刻塔等遗址。除了这些遗迹，西夏王陵可以说是目前宁夏最具有代表性的文化旅游景点，是宁夏旅游的一张名片。另外，西安州古城、韦州古城、开城遗址等也是重要的古城遗址。吴王渠遗址、凉殿峡遗址也是比较罕见的古代水利工程遗址。

（四）明清时期以古城遗址、鼓楼庙阁等为主的封建文化遗址

继秦代长城之后，明代也在宁夏地区修建了工程巨大的长城，以防御西北地区游牧民族侵犯，因此明长城也就成为西夏的重要旅游资源之一。封建经济、政治与文化在宁夏地区的发展，促进了封建城镇的繁荣和楼宇庙阁的大量出现，为后世留下了丰富的城邦遗址和寺庙楼阁遗存。古城遗址尤为多见，如花马池古城址、铁柱泉古城址、镇北堡古城址等。楼阁庙宇更是遍地林立，如南门楼、银川玉皇阁、中卫鼓楼、中卫高庙、银川市鼓楼、平罗钟鼓楼、文澜阁、董府、武当庙等。寺塔也是数不胜数，如康济寺塔、镇河塔、缨珞宝塔、华严塔、纳家户清真寺、洪岗子道堂、板桥道堂等多种宗教寺塔。

（五）以回族村寨、清真寺和红色革命遗址为主的近现代遗存

近现代时期，宁夏地区的宗教、民族等文化并没有发生太大的历史变迁，其最重大最突出的文化变化就是红色革命的出现，遗留下来非常多的红色革命遗址。陕甘宁地区是我国重要的红色革命根据地，在全国人民寻求民族解放和国家独立的过程中，宁夏人民是重要的革命力量。高庄滩红军西征遗址、豫海县苏维埃旧址、将台堡革命旧址等都是重要的爱国主义教育基地和红色旅游景区。除了红色文化旅游资源，沙沟回教陵园、马月坡寨子、单南清真寺等也都是具有浓厚宗教色彩的文化旅游景点。

红色旅游成为拉动固原市经济发展的新产业

二、文化与旅游不断融合的宁夏文化旅游业

自文化旅游业在宁夏回族自治区兴起以来，宁夏就把发展文化旅游作为未来宁夏旅游业的重点培育对象之一，充分依托宁夏丰富的历史文化遗迹，准确定位，科学规划，宁夏文化旅游整体呈现出高速增长势头。而且宁夏旅游局也非常注重文化旅游业的品质建设，积极促进文化与旅游的不断融合，文化旅游业态不断出现。

（一）整体发展呈井喷式增长

宁夏的文化旅游业是随着宁夏旅游业整体的兴起而发展起来的，最早起步于改革开放初期。凭借宁夏当地得天独厚的文化旅游资源，一大批具有宁夏地域特色、民族风情的文化旅游景点开始建成并对游客开放。进入新世纪以后，宁夏文化旅游业的发展更是上了一个新的台阶。截至 2006 年，国务院先后 6 次批准公布宁夏全国重点文物保护单位 19 处，宁夏回族自治区先后 3 次批准自治区级重点文物保护单位 104 处、市县级文物保护单位 232 处。国家和自治区政府对宁夏地区文物保护的重视促进了宁夏文化旅游资源的开发，在开发中保护成为最基本的原则。尤其是 2000 年以来，宁夏旅游产业在贯彻和落实“建设西部独具特色的国际旅游目的地”的战略目标中，加大了文化旅游业的政策扶持力度，充分发挥宁夏旅游的资源优势和文化底蕴，各种类型的文化旅游景区和景点如雨后春笋般出现，文化旅游业高速发展。例如西夏王陵景区，据统计，2001 年到 2010 年期间，西夏王陵年游客接待量从 19 万人次增加到 30 万人次，实现门票收入从每年的 700 多万元增加到现在的千万元以上；2011 年春节黄金周期间，海宝塔实现门票收入 10.7 万元。西夏文化遗产中，已经发展成为旅游景点或景区的文化遗产单位分别是西夏王陵、海宝塔、一百零八塔、拜寺口双塔等。根据宁夏旅游局统计显示，2010 年之前，宁夏文化旅游业的游客接待量和总收入连续 10 年保持在 10%以上甚至是 20%以上的增速。2015 年上半年的相关统计数据显示，各文化旅游景区景点仍然呈现井喷式增长速度，基本都维持在 15%以上。

另外值得注意的是，宁夏各市(县)也都把发展文化旅游业作为地方重要经济增长点。据不完全统计，为了发展文化旅游业，2010 年宁夏各市(县)在建和拟建的文化旅游项目多达 200 多个，其中总投资超过 1 亿元的就有 70 个左右，超过 5 亿元的有 25 个，超过 20 亿元的有 12 个，占地超过 1 万亩的有 11 个。

从整体发展情况来看，宁夏文化旅游业在实现总量增加的同时，文化旅游品质亦不断提高。根据《2014 年宁夏回族自治区旅游业公报》数据调查显示，在游客感兴趣的旅游资源中，文物古迹资源仅次于民俗风情资源，占39.0%。在总体游客满意度调查中，非常满意和比较满意的游客比重高达58.8%。在年接待量超过 20 万的知名旅游景区中，历史遗迹景区就包括镇贝堡西部影城、水洞沟、黄沙古渡、西夏王陵、西夏城、贺兰山岩画、黄河楼、须弥山石窟、固原博物馆、寺口子旅游区等多个景点，文化旅游品牌的塑造取得了成功。

(二)文化与旅游不断融合、文化旅游业态日益丰富

在“开放宁夏、和谐宁夏、美丽宁夏、富裕宁夏”的导向下，文化资源尤其是历史遗迹资源与旅游业的不断融合发展已经成为当今时代背景下宁夏旅游业发展的一个新趋势。而在这个新趋势中，“丝绸之路”文化则是宁夏文化旅游产业发展布局中的一个支点。根据《2014 年宁夏回族自治区旅游业公报》中关于游客感兴趣的旅游资源调查显示，民俗风情、文物古迹、饮食烹饪、大漠黄河等旅游资源都成为游客最感兴趣的旅游项目，兴趣浓度占到 30%至 50%。当代旅

游消费者需求结构的变化，导致旅游中文化内涵因素的重要性不断提高。随着宁夏旅游产业不断发展，博物馆、演艺产业、知识拓展教育、文化遗存等不断与旅游业融合的文化旅游形态逐渐增加。例如在西夏城、沙坡头等景区的关于历史文化的文艺演出不断增加。另外，以博物馆等为载体的观光、学习、教育游使得文化与旅游有机结合，一系列文化旅游长廊不断形成。文化与旅游的融合，催生了一大批文化旅游项目的投融资。例如2014年银川市就启动了大中旅游类招商引资项目15项，其中以文化内涵为主题的项目就多达七成。

三、宁夏文化旅游业发展中出现的问题

在宁夏文化旅游业蓬勃发展的30年时间里，受自然、经济、文化等多种因素的影响，宁夏文化旅游业整体空间格局呈现非均衡性的散弱特征。此外，其开发出的历史遗迹等旅游产品整体层次偏低，雷同现象较为严重。

（一）旅游资源开发力度不够

宁夏文化旅游产业目前虽然发展迅速，但是却整体面临着资金、人才、模式等方面的诸多瓶颈，由于资金不足、人才匮乏和开发模式落后、产品设计初级等，历史遗迹资源的开发力度远远不够。例如，宁夏是我国古代历朝历代都非常重视的水利工程和军事防御工程的建设区域，遗留至今且仍然在发挥其水利功能的秦渠、汉渠、唐徕渠等，长达1 500多千米的古长城遗迹等，都缺乏精细深层的设计开发以及全面的营销推广。由于旅游资源开发不足，导致很多文化旅游项目产品在市场中遭遇供给与需求的非对称性问题，即旅游产品开发不能充分满足市场需求，与市场需求变化脱节。发展资金的短缺也造成宁夏在发展文化旅游产业上缺乏经济支撑，各地文化古迹的开发力度和开发水平参差不齐。

（二）文化旅游产品开发层次较低

宁夏在挖掘文化历史遗迹旅游资源中虽然开发出了丰富的遗迹观光产品，但是其体验、主题和休闲型旅游产品的设计仍然停留在初级阶段，开发层次较低，很多历史遗迹景点虽然文物内容不同，但是旅游模式和体验过程基本雷同，游客参与性、互动性、文化性、娱乐性产品非常缺乏，很多遗迹资源并没有与无形的文化遗产，如传说、民族工艺、音乐等有机结合起来进行整合开发，旅游产

品和旅游活动之间没有较好的关联和衔接。文化旅游活动的集聚效应和扩散效应没有得到充分发挥。

由此可见,未来宁夏文化旅游产业有望围绕以上问题的突破而展开,推进文化与旅游的深度融合,提升旅游产品设计层次,整合开发文化古迹资源将成为重要的发展举措。

第三节 以回乡文化为特色的民俗旅游

作为回族自治区,宁夏拥有浓郁的回乡民俗特色资源,这是宁夏发展民族文化旅游所拥有的独特优势。在民俗文化旅游成为现代旅游新潮流的大趋势下,回族民俗文化旅游已初步成长为宁夏旅游业在激烈的市场竞争中获得长远发展的新生力量。

宁夏是我国最大的回族聚居区, 回族民俗文化是我国独特的民俗旅游资源。打造“塞上回乡”旅游是《宁夏旅游发展与布局总体规划纲要》中明确提出的四大特色精品之一,是宁夏旅游产品开创自己特色品牌的重要依托。在宁夏约660万人口中,回族人口占总人口的35.7%,回族人口遍布全区,以吴忠市和固原市的回族人口最为密集,以永宁纳家户、银川清真大寺、同心、泾源、青铜峡回乡的洪乐府等处的回乡风情最为浓郁。回族始终以伊斯兰教为核心,其风俗习惯深受伊斯兰教影响,同时在民族大融合的过程中,其他民族的某些习俗也不断融入回族的社会文化中,使回族在宗教、建筑、饮食、礼仪、服饰、文娱以及婚丧习俗等多方面形成了自己独具一格的文化特征。回族人民独特的风俗,多彩的生活,肃穆的清真寺,虔诚的穆斯林信徒,庄严而热烈的传统节日等为宁夏增添了独具特色的塞上风情,为开展民俗文化旅游、开拓国内外穆斯林市场奠定了坚实的基础。

一、多姿多彩的回乡文化

回族风情是宁夏独特的民俗旅游资源。回族婚嫁、节庆、丧葬、饮食、服饰、民间艺术、武术、娱乐文化等具有独特魅力,是吸引异国异地旅游者的特色旅游品牌。美丽的自然风光、厚重的历史文化、多彩的民俗风情是宁夏旅游产业得天独厚的优势。风情万种的宁夏民俗旅游体验大致可分为回族日常生活类、歌舞娱乐类。

（一）回族日常生活习俗

民居的建筑文化。住宅及其他建筑文化在中华大地上往往有着很大的差异，因自然环境和社会环境的不同，民居住宅也有着不同的表现。东南沿海一带的清真寺在建筑风格上以阿拉伯式见长，内地的清真寺主要为汉式庙宇型和汉式宫殿式的建筑，而西北地区尤其是宁夏的清真寺建筑则兼有阿拉伯式和汉式宫殿式及庙宇型的三种建筑风格。这种建筑风格集中反映了伊斯兰文化与中国传统文化相结合的过程，并形成与其他穆斯林地区不同、具有鲜明宁夏回族特点的民俗文化和民族个性。宁夏永宁县纳家户清真大寺是宁夏清真寺建筑风格的代表。“纳家之户，本西域贵胄而实定姓于元。自陕迁宁，蕃然成一大族……”，现位于宁夏回族自治区永宁县，“地处宁夏永宁县城西 109 国道旁，石中高速公路永宁入口处，距离宁夏永宁县城 1 千米，离首府银川市 20 千米，离河东机场只有 50 千米，具有极好的区位优势。纳家户回族人口占当地总人口的 98%，其中纳姓约占 75%，是宁夏引黄灌溉区少有的拥有近 500 年历史的回族集聚村，也是宁夏有名的回族商业发达村”。纳家户人口分布具有“小聚集”的特点，长期过着“围寺而居”式的生活，“沿用并形成了有别于其他民族的传统节日、婚丧嫁娶、饮食起居、民族歌舞、服饰等习俗，成为宁夏最典型的穆斯林村寨”。

民以食为天，穆斯林群众的饮食文化与众不同。回族要严格遵守伊斯兰教经典中规定的食物禁忌。宁夏地处游牧文化和农耕文化的交错地带，宁夏回族的饮食习惯是游牧民族和农耕民族风味的结合，在煎、炒、烩、爆、烤、煮、炸、烧等各种烹调技法上都有自己独树一帜的做法，形成了中国式的穆斯林风味——宁夏清真风味，如宁夏回族民间传统的油炸面点食品油香、馓子，家家必备的八宝盖碗茶等；还有宁夏的名菜黄渠桥羊羔肉、吴忠手抓羊肉、羊肉粉水饺、涮羊肉、黄河鲤鱼、锅盔、燕面揉揉、荞麦饸饹、硬面干烙子、米黄子、黄芪羯羊脖、羊肉枸杞芽、拌凉面皮等，名目繁多、各有特色。

“宁夏五宝”之——红枸杞久负盛誉、名扬四海

（二）回族歌舞娱乐民俗

每个民族都有属于自己本民族的舞蹈，舞蹈是直观表达民族性最有利的载体。宁夏的回族民间舞蹈无论在内容上还是形式上，都表现出了一定的特殊性和复杂性，既有在其他省普遍流传的舞蹈，也有本地区独有的舞蹈。宁夏迄今仍流传有舞蹈120余种，如流传于银南地区中宁县鸣沙乡一带的宴席曲、汤瓶舞、奔放的踏脚舞等。

宁夏回族武术渊源深厚，回族穆斯林把练武尊为“逊尔”，意思是高尚的“圣行”，主要的武术形式有回回十八肘、穆斯林八卦太极拳、伊斯兰汤瓶功、穆斯林拳等。宁夏还有许多地方特色极其浓郁的体育项目，如木球，踏脚等。流传于宁夏民间的回族传统体育有拔腰、大瓦、打砖等。

宁夏南部山区的回族青年喜欢“花儿”，妇女喜欢吹口弦。“花儿”是回族人民喜爱的一种高腔山歌，被公认为最具代表性的回族民歌，被专家们称为“西部民歌的瑰宝”。“花儿”主要表达爱情、农事、仪式、生活等内容，而中心思想则以反映男女之间的爱情为主，表达他们追求爱情的热诚、相爱的快乐、思念的殷切和别离的忧伤等，这些都真实地反映了回族人民的文化生活。宁夏山区的回族妇女喜欢口弦，这是一种衔在嘴边吹奏的小乐器，姑娘们用这种简单小巧的乐器，传情达意，用来表现丰富的文化生活。

二、宁夏回乡民俗旅游的兴起与发展

宁夏现有清真寺2 000多座，遍布山川城乡，为开拓国际国内穆斯林旅游提供了物质载体。宁夏回族人民独特的风俗、多彩的生活，肃穆的清真寺，虔诚的穆斯林，庄严而热烈的各种回族传统节日等，为素有“回族之乡”的宁夏山川增添了独具特色的塞上风情，为开展宁夏民俗风情游奠定了坚实的基础。而宁夏回乡民俗旅游真正得到重视和开发是在改革开放以后，随着全国民族风情旅游的兴起而发展起来的。1984年，宁夏面向伊斯兰世界开放，先后有10多个伊斯兰国家代表团访问了宁夏，自此，拉开了具有浓厚民族风情的回乡民俗旅游的序幕。

回乡民俗旅游整体上属于文化旅游的重要组成部分，其发展历程基本与宁夏文化旅游产业的发展轨迹相同，自改革开放之后兴起，成长很快。宁夏回族民俗风情旅游开发从适应宁夏旅游战略发展和整体布局的需要出发，从国际国内大市场出发，有重点、分步骤、求效益地规划建设，明确功能分区，突出主题，使旅游点、线、面有机结合，逐步形成循序渐进的回族民俗风情专题游立体开发网络。20世纪末，宁夏回族民俗旅游基本形成了先开发银川周边回乡，再往中南部进行开发的基本战略开发次序。

宁夏基本形成了以银川和中南部地区为核心的两大回乡风俗旅游区域。其中，以银川为中心的回乡风情景区主要包括银川伊斯兰首府风光旅游区和永宁纳家户回族风情旅游区。中南部旅游区主要包括吴忠旅游区、同心回族宗教朝拜旅游区、泾源回族山寨风情旅游区和洪乐府宗教文化旅游区。在这些旅游景区内，最具有代表性的是永宁县的中华回乡文化园。

中华回乡文化园位于银川市永宁县纳家户清真大寺北侧，紧临京藏高速公路永宁出口处，依托古老的纳家户清真大寺和回族风情浓郁的纳家户村所建，以展示回族和伊斯兰建筑文化、礼俗文化、饮食文化、宗教文化、农耕与商贸文化为特色，是国家AAAA级旅游景区、国家级文化产业示范基地、全国民族团结进步模范集体、全国红色经典旅游景区。文化园景区始建于2002年，现已累计投入建设资金约5.6亿元，总占地1 000亩，一期300亩于2005年建成开园。目前为游客提供的服务是“回博馆里读历史、礼拜殿中听邦克、阿依莎宫品回宴、曼苏尔宫赏歌舞、纳家户旁逛回街”的一幕幕内涵深刻的文化景象，使你经受中国回族文化的感动。2010 年游客接待量达 25.1 万人次，旅游收入 2 472 万元，总资产达 4.3 亿元。截至 2013 年底已累计接待国内外游客 300 余万人次，党和国家领导人多次参观文化园，对文化园建设给予了高度赞扬。巴基斯坦、伊朗、科威特、沙特、利比亚、阿曼、马来西亚等20 多个国家的驻华使馆大使及其他官员、学者也来园参观。中华回乡文化园已经成为展示中国回族文化、体现民族大团结的文化圣地，成为连接中国和阿拉伯国家伊斯兰文化的重要纽带。

三、回乡民俗旅游发展中存在的问题

尽管宁夏回乡旅游的特色资源已被发掘，而且市场开发价值很高，但是在回乡民俗旅游发展中仍存在着整体规划性不强的问题。回乡民俗旅游规划往往是发现一块开发一块，多头进行，开发缺乏整体规划的连续性，开发设计不具备宏观大局的总体高度和视角，在对待特定服务群体的时候更是缺乏针对性设计。宁夏的山水沙石虽然具有良好的自然资源优势，但在全国并非独一无二，宁夏旅游资源的特色在于以自然为依托，利用其地域与阿拉伯国家相近的宗教和文化，打造具有伊斯兰特色的民族风情旅游。但穆斯林有较多的宗教禁忌，客观上对无信仰或其他宗教信仰的国内外游客存在一定的限制，从而在一定程度上影响了旅游产品对旅游市场的亲和力。

此外，宁夏面向中外伊斯兰游客的旅游配套硬件数量和质量亦均有待提高。首府银川市要承担起世界伊斯兰旅游城市的重任，在航班开通、铁路和公路建设方面仍有待加强。作为西北内陆省份，宁夏的对外交通和大宗物资运输主要依靠铁路。然而，区内铁路仍存在通道不够、速度不快和能力不足等突出问题，连接中东部地区的快速铁路通道尚未形成，铁路复线率不到 10%，铁路运能年均缺口 2 000 万吨以上，这成为制约宁夏作为新丝绸之路上的重要支点，承担国家向西开放重任的“瓶颈”问题。

第十五章　蓬勃兴起的现代物流业

自“十一五”规划以来，宁夏回族自治区对全区物流业发展给予了高度重视。以银川为核心，银北地区和银南地区各级领导都对各地物流业的发展给予了高度重视。2006 年，银川市委、市政府在其通过的《“十一五”发展规划》中率先明确提出要加快现代物流业的发展。同年 12 月，在中共银川市第十二次代表大会上，首次提出银川市“三个中心、一个目的地”(区域性物流配送中心、区域性交通运输中心、区域性现代服务业中心和旅游目的地)的发展战略，其中一个中心就是把银川市建设成为现代区域物流配送中心。2008 年是宁夏现代物流业迅速发展的标志年，正是在这一年，宁夏回族自治区在全区开展现代物流业“百园建设”，以银川市为现代物流业发展的区位核心，联合银南地区、银北地区同步建设现代化不同功能的物流园，实现现代物流业在宁夏回族自治区的快速布点，从而加快宁夏整体现代物流业的发展步伐。“十三五”期间，物流业作为带动第三产业发展重点，列入“十三五”规划纲要中重点发展行业。

第一节　宁夏现代物流业的发展历程与机遇

宁夏现代物流业发展起源于 21 世纪初，经过了 2000—2015 年近 15 年的发展，宁夏物流业市场规模快速扩大，社会物流总额和物流业增加值稳步提升。以公路、铁路航空为主的物流基础设施不断完善，物流企业发展至 2 007 家，银川占整个物流企业的“半壁江山”，现代物流业在宁夏生根发芽，蓬勃发展。

一、物流市场规模快速扩大

"十一五"以来，宁夏在发展现代物流业方面取得的成就首先表现在宁夏物流市场的迅速扩大，主要表现在社会物流总额和物流业增加值逐年增加，社会物流总额构成不断优化，货运量、周转量总体上不断提高，货运与周转能力显著提升。

（一）社会物流总额、物流业增加值

表 15-1　2010—2014年宁夏社会物流总额、物流业增加值情况

年份	社会物流总额		物流业增加值	
	总量（亿元）	同比增长（%）	总量（亿元）	同比增长（%）
2010	2 557	35.2	213	9.3
2011	3 257	27.4	274	28.6
2012	4 052	24.4	320	16.8
2013	4 753	17.3	335	4.7
2014	5 902	24.2	336.5	0.4

数据来源：《中国物流年鉴》。

从上表可以看出，近几年宁夏社会物流总额及物流业增加值都有较大的提升，社会物流总额由 2010 年的 2 557 亿元提高至 2014 年的 5 902 亿元，年均增长率为 23.3%；物流业增加值由 2010 年的 213 亿元增加至 2014 年的 336.5 亿元，年均增长 12.1%。

（二）社会物流总额构成

表 15-2　2010—2014 年宁夏社会物流总额构成

单位：亿元

年份	2010	2011	2012	2013	2014
工业品物流总额	1 860.24	2 376	2 940	3 371	3 544
工业品物流市场份额	72.77%	73.04%	72.65%	71.01%	60.16%
批发业物流总额	600.47	760	975	1 060	1 886
批发业物流市场份额	23.49%	23.36%	24.09%	22.33%	32.02%
进口货物物流总额	52.01	43.31	35.79	40.22	70.84
进口货物物流市场份额	2.03%	1.33%	0.88%	0.85%	1.20%
农产品物流总额	43.77	73.64	96	276	390
农产品物流市场份额	1.71%	2.26%	2.37%	5.81%	6.62%

数据来源：《中国物流年鉴》。

从物流构成来看,2010—2014 年工业品物流市场份额下降明显,批发业物流与农产品物流市场份额持续增长。2014 年，宁夏工业品物流总额完成3 544 亿元，同比增长 3.6%，占全区社会物流总额的比重由 2010 的 72.77%下降到 60.16%;批发业物流总额完成 1 886 亿元,同比增长 5.4%,占比由 2010 年的 23.49%上升至 32.02%;农产品物流总额完成 390 亿元,同比增长 41%,占比由 2010 年的 1.71%上升至 6.62%;进口货物物流总额完成 70.84 亿元,同比增长 76%,物流市场份额先降后升。受电子商务和网络购物的带动,快递业务量整体呈持续快速增长之势,2014 年宁夏完成快递业务量 1 514.07 万件，同比增长 55.6%,较 2010 年增长 218.8%。

(三)货运量及周转量

表 15-3　2010—2014 年宁夏全社会货运量及铁路货运量情况

年份	全社会货运量(万吨)	全社会货运量增长率(%)	铁路货运量(万吨)	铁路货运量增长率(%)	铁路货运量占比(%)
2010	33 598	10.8	6 879	15.1	20.5
2011	38 068	13.3	7 850	14.1	20.6
2012	42 247	11.0	8 486	8.1	20.1
2013	40 915	–3.2	8 412	–0.9	20.6
2014	42 446	3.7	6 990	–16.9	16.5

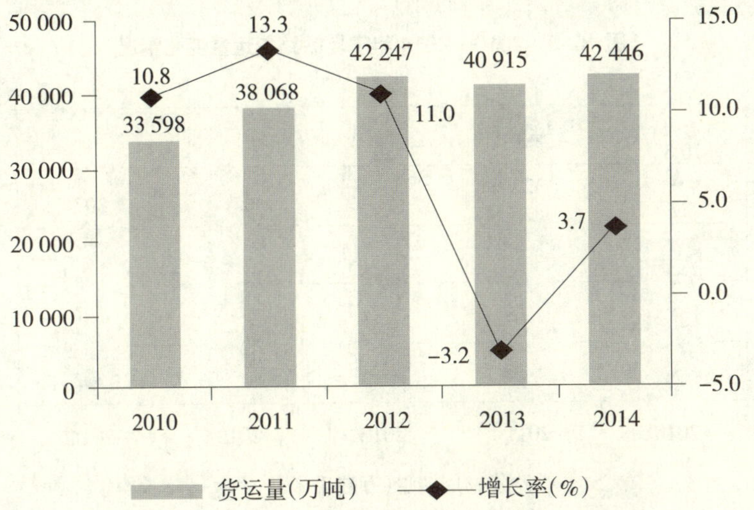

图 15-1　2010—2014 年宁夏全区货运量变化情况

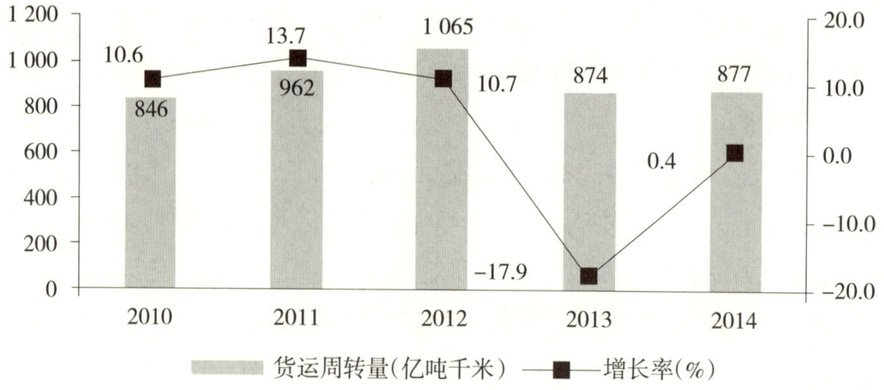

图 15-2　2010—2014 年宁夏全区货物周转量变化情况

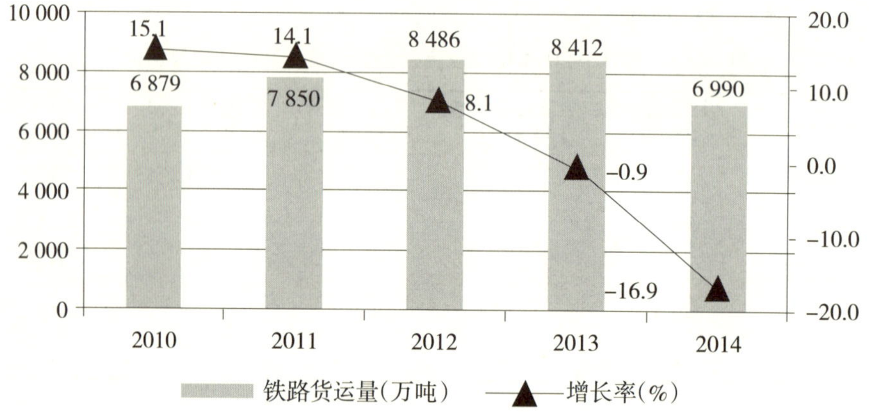

图 15-3　2010—2014 年宁夏铁路货运量变化情况

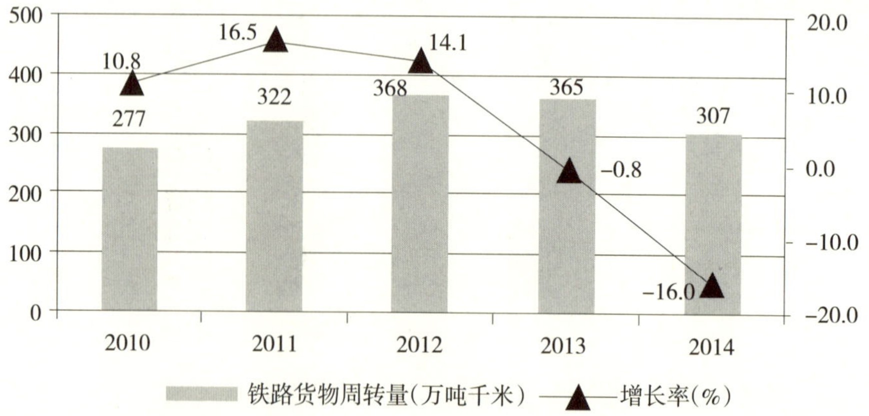

图 15-4　2010—2014 年宁夏铁路货运周转量变化情况

从上图可以看出，受“经济新常态”大环境影响，宁夏全区货运量和货运周转量增长缓慢，在2013年出现了负增长，2014年虽有所回升，但增长乏力。铁路货运量和货运周转量从2012年起持续下跌，2014年分别同比下降16.9%和16.0%，铁路大运量、长距离、经济环保的优势没有得到充分发挥。

二、物流基础设施不断完善

物流基础设施是保障物流业迅速发展的基础，常见的物流基础设施主要分为公路、铁路和航空运输。自“十一五”规划以来，宁夏在公路、铁路以及航空运输等物流基础设施方面，加大投资建设力度，着力打造物流交通运输网络，无论是在通车里程、铁路线路还是民航网络建设方面，均取得较大进步。

（一）公路

表15-4　2010—2014年宁夏公路通车里程

年份	公路		高速公路		二级以上		二级以上占比
	总里程（万千米）	增长率	总里程（千米）	增长率	总里程（万千米）	增长率	
2010	2.12	3.21%	1 159	13.4%	0.44	18.92%	20.7%
2011	2.39	12.74%	1 306	12.7%	0.46	4.55%	19.2%
2012	2.60	8.79%	1 323	1.3%	0.50	8.70%	19.2%
2013	2.86	10.00%	1 344	1.5%	0.53	6.00%	18.5%
2014	3.13	9.44%	1 344	0	0.61	15.09%	19.6%

数据来源：《宁夏统计年鉴》。

从表15-4可以看出，2010—2014年间，宁夏公路总里程由2010年的2.12万千米增加至2014年的3.13万千米，年均增长率为10.23%；高速公路总里程由2010年的1 159千米增加至2014年的1 344千米，年均增长率为3.8%；二级以上公路总里程由2011年的0.44万千米增加至2014年的0.61万千米，年均增长率为8.5%。

（二）铁路

2015年，宁夏全区已投入运营铁路6条，其中包兰、宝中、干武、太中银4条对外铁路构成了宁夏向北、向南、向西、向东连通的铁路干线。截止2014年末，全区铁路营业里程达1 131千米，铁路网密度为155千米/万平方千米。宁夏境内铁路复线率低，仅为15.4%，远低于全国平均水平(46%)和西北地区平均水平(44.9%)，在西北五省中排在最后一位。除太中银铁路外，其他干线铁路建成时间较早，技术标准和设计时速较低。宝中铁路、干武铁路已经严重饱和，包兰铁路的利用率也已经超过80%，铁路运输对经济发展的支撑能力严重不足。

表15-5 宁夏铁路单复线情况

序号	铁路线路名称	单复线	通车年份	线路里程（千米）	设计时速（千米/时）
1	包兰铁路	惠农至银川复线 银川至中卫单线 中卫至干塘复线	1958	102 162 72	60
2	太中银铁路	境内单线	2011	382	160预留200
3	宝中铁路	单线	1994	249	—
4	干武铁路	单线	1961	11	44—60
5	平汝铁路	单线	1995	82	—
6	宁东铁路	单线	1971	71	50—60

（三）民航

航空网络日益壮大，航空门户逐渐形成。石嘴山沙湖机场已获批复，以银川河东国际机场为中心，中卫沙坡头、固原六盘山和石嘴山沙湖支线机场为补充的“一干三支”航空运输服务网络加速形成。

俯瞰壮美黄河的沙坡头——国家级沙漠生态自然保护区

银川河东国际机场飞行区等级为4D级，跑道长3 200米、宽45米，属国内干线机场。银川机场三期扩建工程现已动工建设，计划建设周期3年。河东机场三期扩建跑道延长和机坪扩建项目投运后，飞行区等级提升为4E级，具备保障各类大型飞机起降能力。拥有国内外23家航空公司，包括1家基地航空公司。先后运营国内52个通航城市的59条航线航班，开通首尔、江原道、大阪、香港、台北、曼谷、迪拜、济州岛等8条航线。2014年，银川机场完成运输起降架次4.2万架次、运输旅客466.4万人次、货邮吞吐量3.1万吨。

中卫沙坡头机场为国内4C级支线机场，共有5个机位，占地2 745亩。"十二五"期间，机场实施了站坪扩建，旅客年吞吐量预计达到10万人次，货邮吞吐能力预计达到100吨。2015年，机场已开通北京、西安、成都、海口、西宁直达航线，今年3月开通上海—西安—中卫(固原)航班。机场货站拥有国内先进的货运信息管理系统，能够满足航空公司及货主安全快捷的运输要求。2014年，完成旅客吞吐量达到9.1万人次，货邮吞吐量60.5吨。

固原六盘山机场为国内4C级支线机场，"十二五"期间新增西安—固原—银川、固原—重庆往返航班，西安—固原—杭州航班。2014年，完成旅客吞吐量3.54万余人次，尚未开展航空货物运输。

三、物流市场主体日益壮大

2010—2015年，宁夏物流企业成长迅速，自主培育和引进来成果显著，骨干物流企业数量进一步扩大。从规模来看，宁夏2015年共有各类物流企业2 007家，同时引进了甘肃西部物流、江苏润恒、中铁物流、中远物流、中国物流、华宇物流、顺丰、"三通一达"等国内知名第三方快递物流企业在宁夏设立分公司或办事处，物流服务能力明显增强。宁夏A级物流企业名录如表15-6所示。

从分布来看，银川市是宁夏物流企业的核心集聚区，全市共有物流企业1 300家，占全区物流企业总数的64.8%，集中度与"十一五"末(56.0%)相比进一步提高，石嘴山、吴忠、固原、中卫四地市占比分别为12.4%、14.6%、1.5%和6.7%。全区A级物流企业中，银川市有A级物流企业23家，占全区的62%，吴忠市仅1家"AA级"物流企业、固原市尚无A级物流企业。因此，全区物流企业

表 15-6 宁夏 A 级物流企业名录

A 级标准	企业名称	所在市
AAAA 级	宁夏交通国际物流港	银川市
	宁夏佳奇石化实业有限公司	银川市
	宁夏回族自治区邮政速递物流有限公司	银川市
	宁夏港通国际物流有限公司	银川市
	宁夏银铁平汝实业有限公司	石嘴山市
	中冶美利物流有限公司	中卫市
AAA 级	宁夏领鲜物流有限公司	银川市
	宁夏伊品生物科技股份有限公司	银川市
	宁夏众一物流有限公司	银川市
	宁夏原野物流有限责任公司	银川市
	国药控股宁夏有限公司	银川市
	宁夏恒源同达冷链物流有限公司	银川市
	宁夏中邮物流有限责任公司	银川市
	宁夏天鹰电力物资有限公司	银川市
	宁夏骏富物流有限公司	银川市
	宁夏李旺实业发展有限公司	银川市
	银川长城远通物流有限公司	银川市
	宁夏万马大件运输有限公司	银川市
	银川新华百货东桥电器有限公司	银川市
	宁夏陆港物流有限责任公司	石嘴山市
	石嘴山市骊达工贸有限公司	石嘴山市
	宁夏富海物流有限公司	石嘴山市
	中卫市中杰物流有限公司	中卫市
	中卫市江龙运输有限公司	中卫市
	中卫市元泰物流有限公司	中卫市
	宁夏瑞鑫茂物流有限公司	中卫市
AA 级	银川市天地快运物流	银川市
	宁夏四季青冷链物流有限公司	银川市
	宁夏金桥物流有限公司	银川市
	永宁县新华物流有限公司	银川市
	宁夏吉顺恒通物流有限公司	银川市
	宁夏英力特物流有限责任公司	银川市
	宁夏西部吉运国际物流有限公司	石嘴山市
	石嘴山市顺安隆运输有限公司	石嘴山市
	石嘴山市齐协力运输有限公司	石嘴山市
	海原县昌浩工贸运输有限公司	中卫市
	宁夏盐池县永生物流服务有限公司	吴忠市

数据来源：中国物流与采购联合会官方公式文件统计。

分布与发展实力不平衡。宁夏各市物流企业数量、各市 A 级物流企业情况如表 15-7 和 15-8 所示。

表 15-7 宁夏各市物流企业数量及占比

地市	物流企业数量(个)	占比(%)
银川市	1 300	64.8
石嘴山市	249	12.4
吴忠市	293	14.6
固原市	30	1.5
中卫市	135	6.7
合计	2 007	100

数据来源:各地市政府部门提供。

表 15-8 宁夏各市物流企业数量

单位:个

地市	4A	3A	2A
银川市	4	13	6
石嘴山市	1	3	3
吴忠市	0	0	1
固原市	0	0	0
中卫市	1	4	1
合计	6	20	11

数据来源:中国物流与采购联合会官方公式文件统计。

四、宁夏现代物流业未来发展机遇

现代物流业作为 21 世纪初兴起的产业,发展潜力巨大。随着经济新常态、“一带一路”双向开发战略以及“十三五”期间五大发展理念的提出,同时新型城镇化以及国际国内产业转移为宁夏现代物流业提供了不可多得的发展机遇。

(一)“经济新常态”带来的机遇

当前,世界经济在深度调整中曲折复苏,我国经济发展步入“新常态”,宁夏经济增速明显放缓,质量和效益的提升成为推动经济发展的核心,供给侧结构性改革是稳定经济增长的主要方向。在此大背景下,要求宁夏必须加快物流业加快转型升级，逐步从追求规模速度的粗放式增长转变为质量效益集约式增长,从增量扩能为主转变为调整存量、做优增量并存的深度调整,扩大有效供给,逐渐向价值链高端延伸;经济结构不断优化升级,现代服务业发展迅速,个性化、多样化的物流服务需求更加明显,加快向供应链延伸,面向终端消费者提供专业化、一体化的物流服务;经济发展动力从要素驱动、投资驱动转向创新驱动,加快营造物流领域创新发展环境,着力推进技术创新、组织创新、模式创新、供应链和物流链创新。

(二)"一带一路"双向开放战略带来的机遇

宁夏自古就是古丝绸之路的必经之地和商埠重镇,是东、中部地区进入河西走廊、新疆,通往中亚、欧洲的重要枢纽,是我国回族人口聚集区,具有得天独厚的民族人文比较优势。"一带一路"贯穿亚欧非大陆,一头是活跃的东亚经济圈,一头是发达的欧洲经济圈,中间广大腹地国家经济发展潜力巨大,沿线阿拉伯国家及世界穆斯林地区与我国的多领域合作逐渐步入蓬勃发展期。"一带一路"双向开放战略与西部大开发战略的深入实施,将极大地推动宁夏与阿拉伯国家及世界穆斯林地区在清真产业、信息、能源、基础设施建设、贸易、投资、跨境电商等领域的合作,形成面向中亚、南亚、西亚国家的商贸物流枢纽、重要产业和人文交流基地,成为内陆开放示范区、丝绸之路经济带战略支点和中阿合作先行区。

(三)"五大发展理念"带来的机遇

"五大发展理念"是针对我国发展中存在的突出矛盾和问题,致力于破解发展难题、增强发展动力、厚植发展优势,对于宁夏物流业的发展具有重要的指导意义。创新发展是解决物流发展动力问题,推进技术装备创新、功能模式创新、体制机制创新,成为引领物流发展的主动力;协调发展是解决物流发展不平衡问题,推进布局协调、城乡协调、供需协调、规模质量协调,调整存量、补齐短板、优化结构成为物流协调发展的主方向；绿色发展是解决人与自然和谐问题,推进绿色物流是加快美丽宁夏建设的必然要求;开放发展是解决产业资源受限问题,充分发挥民族人文优势,开发开放国内国际物流市场,破解本土物流需求不足的有效途径;共享发展是解决物流发展的效率问题,推进信息共享、设施共享、人才共享,提高物流效率的重要抓手。

（四）"新型城镇化"快速推进带来的机遇

随着新型城镇化的快速推进，以沿黄城市群为核心的城镇消费群体不断扩大、消费结构不断升级、消费潜力不断被释放，商品流通也更加活跃，区域协同、城乡一体的趋势更加明显，专业化、个性化、多样化的解决方案需求旺盛，将有力推动物流业发展重点从服务于工农业生产向服务于工农业生产和城乡居民生活并重方向转变，确保城市商品流通更为便捷，农资农产品交流更为顺畅，惠民工程更加深入。

（五）"国际国内产业转移"带来的机遇

新时期，国际国内产业分工深刻调整，我国东部地区外向型经济增长乏力，土地、水、电、劳动力等比较优势逐步丧失，传统劳动密集型产业和资源密集型产业加快向中西部地区梯度转移成为大势所趋。宁夏沿黄经济区水、土地、煤、电组合优势良好，并享有民族政策和人口红利，是西部地区重要的承接产业转移基地，重点承接面向阿拉伯国家及世界穆斯林地区市场需求的清真食品精深加工、生态纺织、先进装备制造、电子信息、新材料等国内国外产业，大力发展清真食品和穆斯林用品国际贸易，带动国内外相关产业在宁夏集聚，形成面向阿拉伯国家及世界穆斯林地区的重要商贸物流中心及面向国内大市场的清真食品分拨中心，带来宁夏重点领域专业物流、跨境电商物流、国际物流的新需求。

第二节　宁夏现代物流业发展问题

宁夏物流业虽然得到较快发展，但从整体上看，与发达地区的物流业发展水平还存在一定差距，造成宁夏现代物流业瓶颈式发展的原因主要是在发展过程的一些核心问题未得到妥善解决，从而限制了现代物流业在宁夏的发展。迫使现代物流业的发展在宁夏呈现一个"抛物线"式的发展态势。发展过程中现存主要问题如下。

一、社会物流成本与盈利能力不匹配

社会物流成本核算是一个国家在一定时期内发生的物流总成本，是不同性

质企业微观物流成本的总和,物流成本总额占国内生产总值的比例,已经成为衡量各国物流服务水平和物流发展水平高低的标志。美国、日本等发达国家对物流成本的研究工作非常重视,已经对物流成本持续进行了必要的调查和分析,建立了一套完整的物流成本收集系统,并将各年的资料加以比较,随时掌握国内物流成本变化情况以供企业和政府参考。以此指标衡量,2014 年,宁夏社会物流总费用达到 670 亿元,社会物流总费用与 GDP 的比率为 24.3%,较 2010 年降低了 5.2 个百分点,但仍远高于全国 16.6%的整体水平。

表15-9 2010—2014 年宁夏社会物流总费用与 GDP 比率

年份	社会物流总费用 /GDP(%)
2010	29.5
2011	26.9
2012	25.0
2013	25.3
2014	24.3

数据来源:宁夏现代物流协会发布的《2009—2014 年宁夏社会物流统计报告》。

依据表 15-9 的数据,宁夏物流成本偏高具有持续性特点,究其原因主要是:第一,由于宁夏是以工业为主发展的省份,2015 年宁夏三次产业比重为 8.2:47.4:44.4,宁夏一、二产比重较大,大宗商品对物流需求总量大。同时宁夏产业布局不尽合理,能源资源生产地(如宁东)与消费地逆向分布,致使煤炭、钢铁等大宗商品长距离、大规模运输,导致货物周转量偏高,成本居高不下。第二,发展方式落后,产业存在作业效率低、运输车辆空驶率高、物流集散中心布局不合理、信息化建设水平低、基础设施落后等问题,抬高了总成本。

宁夏大部分物流企业是从原来的储运业转型而来,企业规模偏小,实力不强,业务主要停留在仓储、运输和城市配送等基本物流服务上,利润率普遍较低,而相关的包装、加工、配货、定制服务等增值业务仍处于发展完善阶段,尚不能形成完整的供应链物流体系,导致物流行业整体利润水平偏低。同时宁夏物流企业普遍存在规模较小,物流管理较为分散,物流部门条块分割现象严重等问题,多数物流企业运营方式单一,使货物仓储、货物运输、货物配送等无效作业环节增加。物流速度的降低和物流成本的上升,造成物流环节上的浪费,管理成本加大，导致了宁夏物流业整体利润水平不高。2015 年宁夏物流企业的信息化水平相对来看比较滞后，难以快速有效地掌握物流运作情况，降低了物流运作效率，影响了行业的整体利润水平。2015 年，宁夏物流企业主营业务平均利润额仅为 544 万元，与 2010 年相比降低了 76.9%，物流企业盈利能力明显降低。

二、缺乏龙头物流企业，物流全区同质化竞争严重

宁夏物流企业很多都是物流企业在此设立的办事处、联络点，规模较小，同时，物流企业大多属于小的私营企业，物流市场主体整体呈现"散""小""弱"的特点。根据物流企业的经营状况、资产及设施设备等指标，中国物流与采购联合会自 2005 年开始开展 A 级物流企业综合评估工作，截至 2014 年 3 月，我国共有 4 级物流企业 2 679 家，AAAAA 级物流企业 156 家。受内陆欠发达地区整体经济发展水平的制约，宁夏物流企业的整体规模有限。从区域竞争来看，宁夏 A 级物流企业总数在西北五省及内蒙古中位列第四，多于甘肃和青海，但宁夏是唯一没有 AAAAA 级物流企业的省区，而甘肃和陕西各有 4 个 AAAAA 级物流企业，青海有 1 个，新疆有 2 个，内蒙古有 9 个。

表 15-10 西北五省及内蒙古 A 级物流企业情况

单位：个

省区	AAAAA	AAAA	AAA	AA	A	合计
宁夏	0	6	20	11	0	37
陕西	4	16	26	12	3	61
甘肃	4	6	13	7	1	31
青海	1	6	5	2	0	14
新疆	2	13	20	11	0	46
内蒙古	9	20	13	4	0	46

数据来源：中国物流与采购联合会官方公式文件统计。

部分物流园区盲目建设，与区域经济发展规划衔接不足，对实际物流需求了解不清，导致物流园区数量偏多、功能定位和主导发展方向不明、服务区域重叠、功能雷同、互补性差，同质化、无序竞争现象较严重，已运营物流园区占比不高，极易滋生圈占土地、等待升值的倾向，造成资源闲置和浪费。例如，宁夏交通物流园区、原野物流中心、银古物流中心和众一物流中心集中分布在长约12 千米的

狭长范围内，但其提供的服务功能类似，服务区域重叠，同质化竞争较为严重。

三、物流人才普遍紧缺，物流企业服务能力较弱

2015年物流业正处于产业地位的提升期、现代物流服务体系的形成期和物流强国的建设期。物流业如何主动适应经济发展"新常态"，作为支撑物流产业发展的重要基础，物流人才的多少和优劣直接影响整个行业的发展。《中国职业教育年鉴(2015)》统计，我国物流涉及从业人员约为2 000万人，物流业增加值每增加1个百分点，将增加10万个工作岗位。现代物流业是劳动密集型和技术密集型相结合的产业，随着信息技术、自动仓储技术、包装技术、装卸搬运技术及相应设备大量在物流活动中的应用，物流业的发展需要大批具有一定文化水平并具备一定技能的物流操作人才。比如，在我国物流行业发展较快并且相对领先的地区，如上海和北京，大专以上学历的物流从业人员占第三方物流企业从业人员的比例分别约占21%和19%，其他地区的这一比例更低，具有物流专业教育背景的更是凤毛麟角。宁夏80%以上的物流企业缺少中高层次的管理人才和技术骨干，深谙穆斯林文化的高端物流人才更为紧缺，物流企业留住人才较难。

宁夏多数物流企业只能提供低附加值的干线运输、库房出租、装卸搬运等服务，共同配送、金融物流等新兴业态规模尚小，流通加工、仓配一体、信息服务、全程物流、供应链解决方案等增值服务亟待拓展。

四、基础设施待完善，管理机制不健全

尽管经过多年的基础设施建设，相比2008年全区路网密度不高、技术等级偏低、整体通行能力不足、铁路总体规模偏小、运力缺口较大的发展困境，2015年已取得了一定的成绩。但总体上而言，宁夏还没有形成公、铁、空及管道等不同运输方式合理分工、衔接紧密的综合运输服务体系。已有的物流园区，物流中心等功能较为单一，信息平台建设滞后，对零散物流资源吸纳、整合能力不强，还缺乏功能完备、产业集聚度高、与服务产业高度对接、对外辐射力强的现代化物流产业基地。

与全国现代物流工作部际联席会议对应的自治区级物流工作部门联系机

制尚未建立。2012年，宁夏物流业管理职能由交通厅划归商务厅，而中卫市物流业管理职能仍在交通局，县一级大多数也在交通局，宁夏物流领域影响力最大的宁夏现代物流协会挂靠经信委，行业管理多元分散，部门之间协调不足，体制机制不够健全。物流统计过于粗放，指标体系尚不完善，实施主体还不明确，无法准确真实地监测全区物流业运行状况和发展水平，急需建立一套完善的物流统计制度。

第三节　宁夏重点物流园区的发展

物流园区是物流业发展的基础，宁夏重点物流园区主要有：宁夏众一物流园、宁夏公铁物流园、宁夏交通物流园、润恒冷链物流园、宁夏望远物流园区、宁东能源化工基地物流园区、宁夏西部吉运国际物流园区、太阳山化工物流园区、红寺堡铁路物流园区、中宁物流园区、西兰银综合物流园区等物流园区。

一、宁夏众一物流园

宁夏众一物流有限公司成立于1999年，注册资金3 000万元，是宁夏成立最早的物流公司，隶属于“宁夏众一发展集团有限公司”。经过十几年的发展，已成为集货运代理、仓储配送、城市物流、信息服务、第三方物流服务、电子商务和物流园投资运营为一体的现代化物流公司。公司先后投资建设的宁夏众一物流园和宁夏众一城市配送中心，2015年是宁夏乃至周边货运吞吐量最大、经营理念最新、信息服务功能最全的现代综合型物流园区和大型配送中心。

宁夏众一物流园区位于贺兰山东路，地处银川市国际物流港规划区域内。园区占地总面积288亩，总投资5.2亿元，建筑总面积约26万平方米。园区内设有信息采集发布区、货运配载区、零担集散区、停车区、仓储区、宾馆服务区、汽车修理区、餐饮超市区、商务办公区以及司机之家等十大服务区，是集分拣包装、集疏中转、仓储配送、信息服务、货物配载、业务管理、流通加工等物流服务于一体的现代综合型物流园区。截至2014年底，企业拥有工作人员157人，大专以上学历30人，高级物流师6人，中级物流师25人。资产总额1.9亿元，资产负债率58%。公司年实现各项营业收入4 912万元,净利润1 664万元。现园区日均车流量1 600辆以上，静止停车1 000辆。企业现拥有会员车辆10 200辆,入驻客户包括中国外运、中冶美利、远成物流、邮政速递、长江浪潮、安快物流等439家,已开通国内主要城市地区物流专线60余条,货物流通范围覆盖全国各大中城市,年货运吞吐总量1 100万吨,占宁夏货运总量的7%。2015年已成为银川及宁蒙陕甘毗邻地区方圆300千米规模最大的流通集散地和物流服务聚集功能区。

二、西夏公铁物流园

西夏公铁物流园是2011年经宁夏回族自治区发改委、银川市政府批准建设的大型综合物流园区,规划总占地面积7 800亩,紧邻银川火车站南站综合货场,位于文昌南路以西、桑园沟以北、规划八号路以东、一号路以南,规划总占地7 800亩,其中一期规划占地1 650亩。

西夏国际公铁物流园是国家首批扶持的11个交通枢纽(物流园区)项目之一,是自治区"十二五"现代物流业发展规划项目,是自治区、银川市的重点建设项目之一。该项目与银川火车站南站综合货场优势互补、功能配套,集公路运输、铁路运输和公路铁路联运三种运输方式为一体,重点发展工业产品仓储物流、物流配送服务、冷链物流、集装箱物流、大宗商品及机械产品交易及展示等物流业态,具有库存管理,中转分拨,包装和流通加工,公路铁路信息服务以及各类配套服务,物流技术开发、咨询、培训、系统设计等多重服务功能,覆盖西北、辐射全国的大型综合现代化物流园区。按照产业跟进、产城一体、项目支撑、开放带动要求,园区规划建设铁路货运区、公路货运区、仓储加工区、城市配送区、交易展示区、零担中转分拨区、二手车交易区等主体功能区,并同时建设主题商业街、停车场、行政管理服务中心、居民商住区等综合配套网点。

三、宁夏交通物流园

宁夏交通物流园区占地1 509亩,总投资30亿元,是自治区"十二五规划"确定的"三大口岸九大物流园区"重点项目之一。园区将建成辐射陕甘蒙周边500千米,年货运吞吐量780万吨,入驻600家物流及配套服务企业,成为宁夏规模最大的综合性物流园区，在西北地区乃至全国也居于前列。

立足国内、面向国际的物流产业正在蓬勃兴起

四、润恒冷链物流园

银川市现有的农产品冷链物流企业规模较小，较为分散，市场经营模式落后，不能达到规模化和集约化经营，这不仅与当地农业的发展不相适应，也与区域经济发展不相协调。2015 年宁夏区内能对整个冷藏供应链进行温度控制的物流供应商非常少，绝大多数都是由传统的冷藏运输商演变而来，并不能提供包装、预冷、冷藏运输等“一条龙”的冷链服务，且信息系统和服务网络不够健全，信息设备不够齐全，没有健全的信息网络。由于缺乏准确的信息，往往造成农产品流通的盲目性，导致农产品的保鲜运输只能由农场自行承担，这样既增加了销售成本，又加大了农产品在运输过程中的腐损率。

宁夏润恒农副产品（冷链）物流产业园是江苏润恒集团在银川市投资建设的重点民生工程，整个项目占地 2500 亩，建筑面积约 167 万平方米，计划总投资 60 亿元。主要建设内容有智能化大型多功能冷藏冷冻中心、现代化农副产品展示交易中心、电子结算中心、检验检疫中心、城市中央厨房配送中心、商务金融办公中心以及农副产品电子商务创业园。该物流产业园可提供近 2 万个就业岗位，并推动西北地区食品物流产业升级发展，成为西北地区重要的食品物流基地和交易中心。宁夏润恒农副产品（冷链）物流产业园是一个集专业化、现代化、信息化于一体的大型农副产品冷链物流市场，按照《宁夏空间战略发展规划》《关于加快开放宁夏建设的意见》，抢抓银川列为全国37个重要物流节点城市的机遇，打造面向阿拉伯国家的区域性国际物流中心和西北地区重要的农副产品物流枢纽工程和保障民生的重点“菜篮子”工程。自2015年8月开业以来，园区日均车流量在500辆以上，日均交易额约1 500万元，蔬菜市场日均交易量达4 000吨。

五、宁东能源化工基地物流园区

西北地区发展煤化工具有资源和成本优势，集中了全国41%以上的甲醇生产能力，与之形成鲜明对比的是，东部地区占据了全国近62%的消费市场。从运输成本和安全性等角度考虑，铁路运输是煤化工产品物流的首选，但西部地区铁路运力有限，车皮申请困难，而且铁路运输货物周转的时间长，实际成本也不低。2015年，西部地区煤化工产品运输主要还是依靠公路运输，其速度较快，但价格是铁路运输的3—4倍。以从鄂尔多斯到上海市为例，两地距离约2 000千米，乙二醇公路运输费用约1 000元/吨，而且会给公路造成很大的压力。物流成本高、压力大，已成为制约西部地区煤化工发展的主要瓶颈。另外，由于煤化工产品多为危险品，公路运输受到诸多限制，有的地区甚至不让上高速。京、冀、晋、内蒙古、辽、鲁六省市区还建立了危化品道路运输安全监管联控机制，这些措施在降低危化品运输风险的同时，对煤化工产品公路运输方式也提出了更严苛的要求。

2000年，迎着西部大开发的春风，承载着宁夏实现腾飞跨越梦想和希望的宁东能源化工基地建设全面启动。在党中央、国务院的亲切关怀下，在社会各界的大力支持下，宁东基地的发展日新月异，已成为国务院批准的国家级重点开发区、国家重要的大型煤炭生产基地、西电东送火电基地、煤化工产业基地和国家循环经济示范区，也成为中国能源化工“金三角”（宁东—鄂尔多斯—榆林）的主要支撑。但同西部地区众多煤化工园区一样，之前宁东基地内各企业物流各自为战，尚未形成园区内统一的管网体系。随着宁东基地各产业链的规模化，迫切需要一个庞大高效的物流系统来支撑。为此，宁东基地编制完成了《宁东基地（液体化工品）物流专项规划》，将建设两个物流园区，核心区内原油、成品油、液体和气体化工产品将以管道输送为主。其中，物流园Ⅰ区年运输量为 2 134 万吨，运入的 948 万吨以管道输送为主，运出的 1 186 万吨采用管道、铁路和公路三种运输方式；物流园Ⅱ区年输送量为 5 041.1 万吨，为园区内企业提供一体化物流服务，满足各区、各装置之间的物流互供，提高原料和能源的综合利用效率。

第四节　宁夏物流业发展前景展望

随着我国经济发展的逐步放缓，为进一步加快新一轮对外开放与优化经济发展空间格局，促进我国经济转型升级，“一带一路”“长江经济带”“京津冀一体化”等战略全面推出。国家战略对各区域分别提出了不同的定位和要求，“一带一路”战略提出宁夏回族自治区定位于内陆开放型经济试验区建设，应发挥区域城市间的经济协同效应及中心城市对区域经济的带动作用，从而形成面向中亚、南亚、西亚国家的便捷物流通道，发挥中阿经贸合作“先行区”的优势，打造区域性国际商贸物流枢纽，为宁夏全面建成小康社会提供基础支撑，进一步促进我国全面扩大对外开发开放、推动我国经济全面转型升级。与此同时，在《西部大开发“十二五”规划》的战略部署中，宁夏沿黄地区将重点打造成区域性商贸物流中心。在未来的经济现代化进程中，宁夏商贸物流的发展地位将更为重要。

一、宁夏物流业区位优势明显

宁夏位于新亚欧大陆桥国内段的中间位置，是我国实施向西开放和“一带一路”战略重要的商贸物流枢纽，是与中东、中亚和西亚及蒙古国交通联系的重要通道。处在全国骨干流通网络西北北部流通大通道和西线呼昆流通大通道（联络线）的交汇点上，银川市被确定为国家级流通节点城市。同时，宁夏空域资源优势突出，银川是距离雅布赖航线最近的省会城市，是利用国际航线连接中东、中亚、非洲、欧洲的最优航空路径，拥有空中物流的低成本优势。

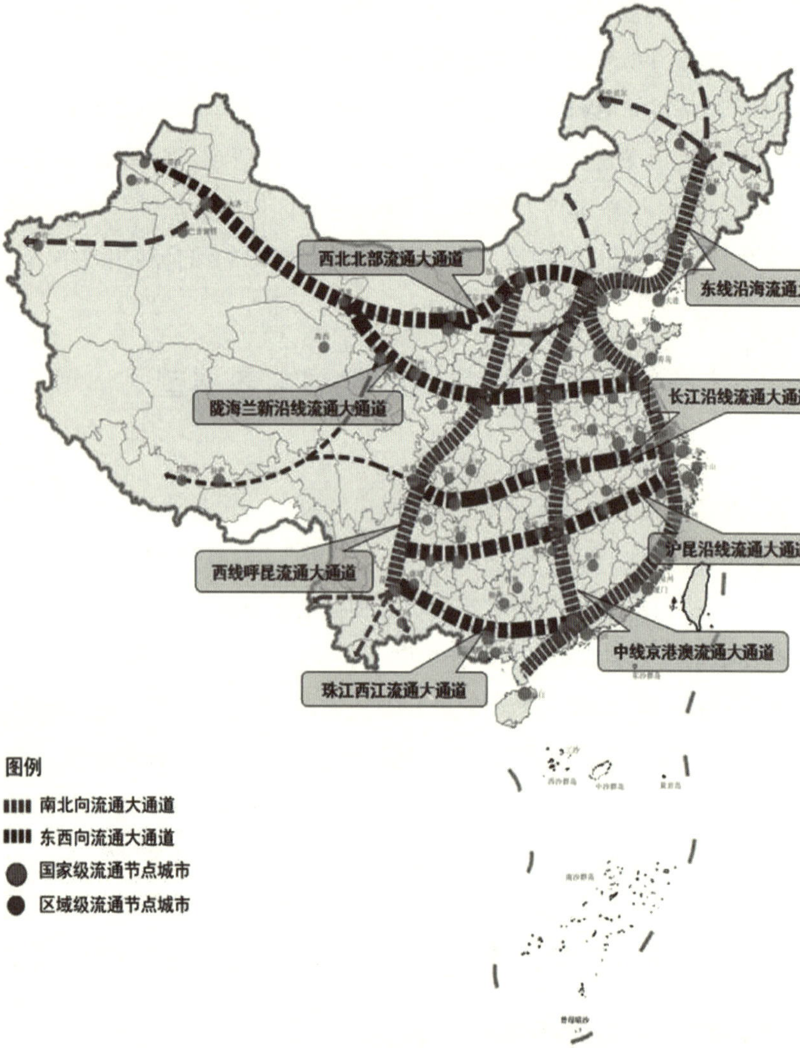

图 15-5　全国骨干流通网络布局示意图①

宁夏隶属沿黄经济区，在国家“两横三纵”城镇化战略格局中处于兰州—西宁地区、关中—天水地区、太原城市群和呼包鄂榆地区的中心地带，随着太中银铁路建成通车，包兰铁路复线改造、干武铁路增建二线和宝中铁路加快筹建，宁夏将成为我国重要的区域性交通枢纽、商贸物流中心和亚欧大陆桥

①出自《宁夏物流业“十三五”规划》。

重要的中转基地。

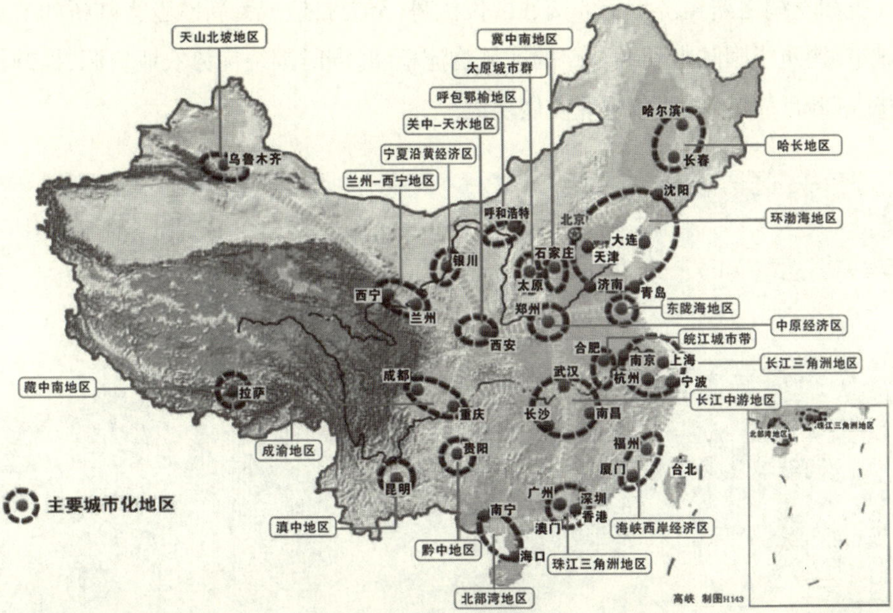

图 15-6 “两横三纵”城市化战略格局示意图①

宁夏回族自治区下辖五市，定位和发展各具特色。依据《宁夏空间发展战略规划》，“一主三副，核心带动”的战略引领，银川市、吴忠市利通区、青铜峡市、宁东能源化工基地和盐池高沙窝镇构成大银川都市区。银川市区以中阿博览会为平台，重点拓展中阿商贸交流，将引发人口的大量集散和面向区域辐射带来商贸交易与货物流通的快速增长；宁东新区定位发展成为国家现代能源化工基地，同时依托综合保税区等服务平台，推进产业间接续互补、融合发展，构建全产业系统，将带动物流业与多产业的融合发展、促进保税物流等兴起；吴忠城区以清真食品和穆斯林用品产业中心、现代制造业基地为核心定位，将强化与银川市区的联动发展，加速贸易和物流的大发展。石嘴山副中心城市打造成为国家级承接产业转移示范区、现代装备制造和新材料产业基地，将进一步发挥在宁北及蒙西地区的中心城市和物流中心的重要作用。固原副中心城市以中药材加工和草畜、马铃薯、冷凉蔬菜、苗木等现代农业发展为特色，随着通道的进一

①出自《宁夏物流业“十三五”规划》。

步打通和完善，专业物流的需求将进一步凸显。中卫副中心城市利用在欧亚大陆桥和丝绸之路经济带上的交通区位优势，努力打造成为新欧亚大陆桥的节点城市，构筑中阿陆上丝绸之路的区域物流枢纽，同时围绕优势农业资源，提升枸杞、硒砂瓜、草畜等特色农业发展层级。

享誉市场的硒砂瓜产业——干旱地区沙地经济开发的重要成果

随着城市定位和发展分工的进一步明确，宁夏物流业发展前景广阔，在特色定位中找出各城市差异化的物流发展方向，形成优势互补、联动发展的物流体系，从而支撑实现宁夏丝绸之路经济带战略支点和中阿合作先行区、国家重要的现代能源化工基地，承接先进技术和产业转移基地，西部新型城镇化和生态宜居示范区的战略目标。

二、形成主辅相宜的物流节点布局

坚持“资源整合、集约发展，填平补齐、转型升级，提质增效、建立生态”的节点布局原则，按照“一圈、三枢、四带”的节点布局思路，未来重点打造“四区、八园、十五中心”的物流节点空间格局，为将宁夏打造成“丝绸之路经济带战略支点和中阿合作先行区"提供强有力的空间基石。

(一)大银川都市物流圈

依托于大银川都市区,充分发挥大银川都市区区位、交通、经济和产业优势,建设以银川市为核心、宁东新区和吴忠市为两翼的"一主两翼"大银川都市物流圈,重点发展航空物流。推进物流基础设施平台、物流公共信息服务平台和物流产业政策支持平台建设,大力整合物流节点,合理划分功能定位,促进物流节点转型升级;优先扶持若干运营条件好的物流企业做大做强,积极培育具有国际竞争力的物流企业,打造本土品牌,发挥引领带动作用;加快形成物流产业集群, 提升物流与供应链一体化服务能力。以大银川都市物流圈为中心,依托高速公路、国道、铁路和河东国际机场,对内联动石嘴山、固原和中卫三大副中心城市,对外协同陕甘青蒙城市群,形成辐射全国及阿拉伯国家和世界穆斯林地区重要的国际物流中心和商贸物流中心。

第一,持续提升银川市国家级物流节点城市功能,围绕服务于银川市新兴产业、商贸业和现代特色农业等产业,完善物流服务体系。依托中阿博览会平台优势,积极推进银川综合保税区、临空经济区、宁夏国际航空物流园建设,打造宁夏航空物流集聚区;依托包兰铁路,发挥公铁运输优势互补,重点发展银川南铁路物流中心、西夏国际公铁物流城和银川陆港物流中心,打造银川铁路物流集聚区;依托银川市区域性经济中心地位,重点发展商贸物流和物流总部经济。加大既有物流园区、物流中心整合力度,引导发展潜力弱的园区(中心)转型升级,吸引物流运营企业、物流服务企业及加工制造企业入驻,构建物流生态体系。重点发展银川综合保税区、宁夏国际航空物流园、银川南铁路物流中心、西夏国际公铁物流城、银川陆港物流中心、宁夏交通物流园区、宁夏望远现代物流园区、宁夏恒润农副产品冷链物流产业园和宁夏海吉星国际农产品物流园。

第二,立足宁东新区,作为宁夏能源化工产业的核心载体,重点打造服务于宁东及周边地区能源化工产业的物流体系。着力打通宁东与内蒙古上海庙、甘肃白银、陕西榆林等煤炭石油富集地区的物流通道,提高宁东在产业协作与组织上的地位。重点续建宁东能源化工基地物流园区,提升园区服务功能,满足大宗商品和危化品的物流需求;续建灵武陆港物流中心,推进多式联运,带动羊绒产业和再生资源循环经济发展。

第三，发挥吴忠市清真食品和穆斯林用品产业中心及现代制造业基地优势，建立健全清真食品和穆斯林用品认证、生产加工、展示交易和集散支撑体系，增进国内清真食品标准认证和国际互认，重点拓展吴忠现代商贸物流园区功能，推进建设中国(吴忠)清真食品穆斯林用品国际贸易物流园和茂兴通物流中心，打造吴忠商贸物流集聚区。加快建设银西高铁物流仓储中心，大力发展高铁经济。推进青铜峡煤炭物流园区、红寺堡铁路物流园区和太阳山化工物流园区建设，拓展增值服务功能，服务周边产业发展，并为宁东能源化工基地发展提供支撑。

(二)三大物流枢纽

石嘴山物流枢纽。立足石嘴山区域性物流节点城市和新型工业城市的发展定位，加强与周边城市的联动发展，以周边50千米范围内八大工业园区为主要服务对象，着力发展新材料、装备制造、电石化工、冶金、新能源、生物医药、新型煤化工等产业物流。以陆港经济区惠农陆路口岸为中心，增建保税物流中心(B型)，集约发展富海物流园区(增建二期)、然尔特煤炭能源物流园和石嘴山铁路物流中心，构建石嘴山陆港物流集聚区。畅通东、西、北向物流通道，强化与周边能源富集城市的合作，推进与沿海港口和沿边口岸的跨区域协作，打造区域性大宗商品转运中心。重点发展惠农陆路口岸、富海物流园区、然尔特煤炭能源物流园、石嘴山铁路物流中心、宁夏西部吉运国际物流园区、惠泉新材料物流园和平罗铁路物流中心。

固原物流枢纽。固原地处宁夏沿黄经济区、兰州—西宁地区和关中—天水经济区的地理轴心，开展区域中转分拨条件较好。应充分发挥地理区位优势和交通枢纽优势，立足自身产业特色，积极开拓三地物流服务市场，做好物流基础设施平台建设，加强物流市场主体培育，开展航空货运服务，强化与周边区域的产业协作，拓展物流服务半径和市场腹地，努力打造面向西兰银三角区域的配套物流服务基地。重点发展西兰银物流园区、西吉综合物流中心、彭阳综合物流中心和海兴开发区物流中心。

中卫物流枢纽。发挥中卫在欧亚大陆桥和丝绸之路经济带上的交通区位优势，重点推进干武铁路二线、太中银铁路复线和宝中铁路二线建设，打通国际货运班列运输通道，积极融入丝绸之路经济带。加强铁路物流节点建设，提升节点服务功能，完善扶持政策，努力推动中卫国际货运班列集结中心项目落地，构筑丝绸之路经济带上的区域性综合交通枢纽。重点发展中宁物流园区、镇罗堡铁路物流中心、中国物流中卫物流园、宁夏星火国际物流园。

（三）四大物流产业带

沿黄物流产业带。以沿黄城市带为依托，充分发挥沿黄经济区经济、产业、交通、政策等多重优势，统筹区域间物流节点布局，畅通物流通道，促进资金融通，将沿黄物流产业带打造成宁夏物流发展制高点，区内服务地方产业发展，区域加强与周边城市群的协作，对外打造向西开放的桥头堡。加强沿黄物流企业的合作与联盟，推动区域物流一体化发展。

清水河物流产业带。以清水河城镇产业带为依托，重点服务于绿色农产品加工、清真食品与穆斯林用品、先进装备制造、新能源等产业，以新型城镇化发展为契机，推进城乡配送发展。

太中银物流产业带。以太中银发展轴为依托，重点建设服务于沿线产业发展的生产性物流和城镇人民生活需求的生活型物流。重点发展红寺堡铁路物流

全国主体功能区规划中的重点开发区域——步入发展快车道的沿黄经济区

园和太阳山化工物流园区,服务于红寺堡工业园区和太阳山工业园区。

银宁盐物流产业带。以银宁盐发展轴为依托,根据沿线城镇及产业点状集聚发展的特点,规划相配套的物流节点布局,发挥太中银铁路银川联络线的优势,以线串点,形成一体化的物流产业带。重点发展宁东能源化工基地物流园区和盐池永生物流中心,服务于宁东能源化工基地和盐池工业园。

三、宁夏物流业未来发展趋势

宁夏物流业发展总趋势为:物流规模持续扩大,物流成本明显降低,物流质量快速提高,物流创新成果显现,物流贡献日益突出。建成陆上丝绸之路、空中丝绸之路和网上丝绸之路,显著提升丝绸之路经济带战略支点和中阿合作先行区战略定位。同时大银川都市区发展成面向阿拉伯国家和世界穆斯林地区的国际航空物流中心和商贸物流中心,石嘴山市发展成区域性大宗商品转运基地,中卫市发展成区域性综合交通枢纽,固原市发展成区域性配套物流服务基地,形成"一个支点强引领,三条纽带齐发展,多维载体共支撑"的现代物流产业格局,构建了内畅外联、集约高效、绿色环保、安全可靠的现代物流产业体系。物流基础设施持续完善,借助银川综合保税区,发展适应国际采购、中转分拨、加工配送、转口贸易业务要求的国际物流。同时借助宁夏回族自治区的民族优势,与中东、东南亚、欧美等国家及地区的清真食品标准互认,创建国际化品牌,建设现代国际清真食品和穆斯林用品产业园,加快发展清真食品和穆斯林用品贸易,引导清真产业产品跨区域集聚,进而促进宁夏民族特色产品物流发展。以供应链管理的思想指导新型煤化工、先进装备制造、新能源、新材料、石油化工、现代纺织、生物医药等产业物流发展,向提供一体化解决方案和供应链集成服务的第四方物流发展。借助中卫云计算基地和银川大数据中心,建立物流信息采集、处理和服务的交换共享机制和智慧物流数据中心,提供精准物流服务。打破地区、部门、行业分割,加快区级物流公共信息平台建设,引导物流园区信息平台、物流企业信息系统与区级物流公共信息平台实现联网。

(一)趋势一:第三方物流普及,供应链应运而生

第三方物流发展并普及第三方物流被认为是物流经营人在相对长期的时间段内按照约定的方式,为客户提供个性化的系列物流服务,也被称为合同物

流。第三方物流公司过去几年发展迅速,一是规模效应明显,成本低;二是在选址、库存管理、精益生产等方面为企业提供更多的灵活性;三是使得公司能够集中于它的核心竞争力。随着下游行业竞争日益激烈、社会分工不断细化,第三方物流公司开始参与到客户更多的业务环节,服务范围逐渐扩展,从合同物流向虚拟生产、物流金融等拓展,升级为第四方物流,即供应链物流。

供应链物流发展优势:一是发展空间巨大。宁夏物流企业参差不齐,物流业处于起步阶段,经济的转型、升级倒逼物流行业快速发展,从第三方物流的渗透率看到,宁夏物流业发展空间巨大。二是赢利点有望增加。2015年,部分物流公司开始涉足物流规划和信息服务,但2015年仅仅是探索阶段,并未给公司带来高额回报。展望未来,信息和规划有望成为供应链公司的两大新增盈利点。未来,宁夏物流业供应链管理能力明显增强,物流一体化运作水平日益提高,社会物流成本持续降低。知名物流园区和大型第三方物流企业(集团),第三方物流比重明显提高,第四方物流得到发展。物流创新能力进一步加强,供应链创新、物流链创新成为发展新引擎,技术创新、组织创新、模式创新、体制创新和政策创新取得新进展。

(二)趋势二:大数据兴起,智慧物流主导产业

智慧物流是信息化及物联网在传统物流业应用的产物,基于大数据、云计算,利用GPS卫星导航定位技术、RFID射频识别技术、传感技术、计算机技术、自动控制技术等,在物流过程中实现信息交换与共享、信息查询、实时车辆定位、运输物品监控、在线调度与配送、在线支付、智能仓储、智能加工等,致力于打造一个自动化、可视化、可控化、智能化、系统化、网络化的物流平台及智能化的物流技术装备。近年来,随着"互联网+"的推动和物流业信息化的发展,物流信息平台受到越来越多的关注。物流信息平台是物流信息子系统相互联系的纽带和中枢,能够为区域内的物流产业提供数字化的平台和信息支撑。作为基础平台,物流信息平台在区域内的物流产业中具有重要的战略地位。

(三)趋势三:规模化、科技化、专业化将是趋势

物流行业既有的粗放增长和简单服务不可持续,也无法在产业结构调整和改变发展方式中发挥基础性作用。物流运送的物品千差万别,这一点在电商推动的物流需求上体现得尤为明显。网络购物有日用百货、食品、酒类饮料、药品、

服装乃至厨房用品、卫生洁具等,不同的商品对配送的要求(如时效、包装等)都不尽相同,物流的服务质量和运输方式也就大相径庭。但是当下物流基本上是小而全,大而全,什么货都接,什么货都运,并没有自己专业化的产品,这样大大增加了运输的难度并大大降低了运输的效率。按照宁夏现代物流业发展规划的总体设计,宁夏未来将形成以大银川都市物流圈,石嘴山、固原、中卫三大物流枢纽及沿黄、清水河、太中银和银宁盐物流产业带,构建"一圈、三枢、四带"的物流节点网络布局。

第十六章　宁夏的现代城市经济发展

新中国成立以来，特别是宁夏回族自治区成立以后，在城市化曲折推进的过程中，宁夏城市经济整体上也不断向前发展。改革开放以来，自治区积极推进了以中心城市建设为主要内容的城市建设工作，积极发挥区域中心城市的辐射作用，进一步完善城乡规划体系，促进了城市经济的繁荣。宁夏城市经济发展与其城市化建设轨迹基本一致，大致经历了两个阶段——1999年之前的稳步发展阶段和2000年至2014年的快速推进阶段，逐渐形成了以省会银川和地级城市为主要构成的城市经济中心，形成了各具特色优势和不同发展定位的城市群。

宁夏的现代城市经济发展主要是以银川经济发展为核心与龙头，随着银川都市圈以及沿黄城市经济带的建设，以银川为核心，以石嘴山、吴忠等为城市群建设和南部区域中心城市固原，小城镇建设等城镇发展体系的逐渐完善，使银川城市经济发展核心地位得到强化，各地级市发展各具特色，城市发展迈入了现代城市成长之路。

第一节　宁夏城市经济整体发展状况

宁夏城市经济整体发展主要体现在城镇化发展、城市建设工作部署，完善了城市规划体系，城市功能逐步增强，城市面貌也焕然一新，城市经济整体状况呈现较为良好的发展态势。宁夏自新中国成立之后就非常重视城镇化建设，在不断完善宁夏行政区划的同时，积极推进以中心城市建设为主要内容的城市建设战略，为宁夏各城市经济的发展营造了优良的社会环境。

一、宁夏城镇化发展概况

新中国成立以来，宁夏的城市化经历了曲折的发展过程。建国初期，宁夏的城镇化率仅为5.9%，自治区成立前夕的城镇化率为8%；“大跃进”时期，城镇非农业人口急剧增长，1960年宁夏城镇化率上升到17.7%，三年经济困难时期，部分城镇人口复归农村，1964年城镇化率降到12.1%。“文化大革命”期间，城镇经济停滞不前，大批城镇知识青年上山下乡，城市化率一直在低位徘徊，直到1978年开始实行改革开放，城市化率才逐步提高，5个地级市城镇化发展水平均有所提升。

到2014年底，宁夏5个地级市城镇化率较高的为银川市、石嘴山市，分别为75.45%、72.25%。其他3个城市城镇化水平较为一般（参见图16-1所示）。

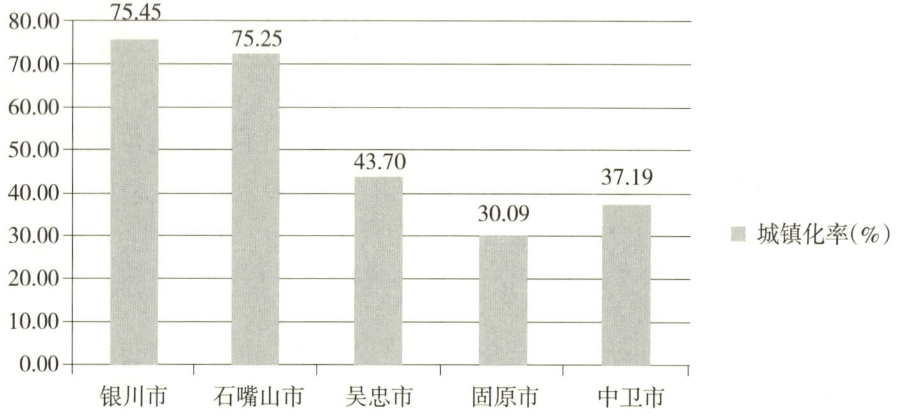

图16-1 2014年宁夏五市城镇化率示意图

数据来源：《宁夏统计年鉴2015》。

改革开放以来，宁夏城镇化大致分为两个阶段。

（一）1979—1999年城镇化稳步发展时期

十一届三中全会将我国的经济运行轨道拉回到了正常路线，开始了伟大的改革开放发展战略，在经济制度愈加完善的情况下，经济得到了井喷式的快速增长，城市经济被盘活，相应的城镇化率就有了显著的提高。特别是随着土地制度的改革，实行家庭联产承包责任制，农村劳动力得到了巨大的解放和发展，乡镇企业兴起，这都进一步推动了我国城镇化的发展。宁夏城镇化发展速度也比较快，尤其是在1983年对永宁、平罗、中宁和中卫四县实行吊庄移民，到1998年已使得28.3万人实现了迁移和聚集，在改善其居住条件的同时，促进了宁夏城镇化的进一步发展。1978年宁夏非农人口为61.07万人，占总人口比重为17%；到1999年非农人口已达到155.39万人，所占总人口比重较1978年提升了12个百分点。其中1994年因迁入人口较多，加之行业收费农转非，城镇非农业人口一年增加13.7万人，非农人口比重从1993年22.8%猛增到25%，即年均增加2.2个百分点。这是宁夏城镇化发展较快的时期，有力地推动了宁夏经济的快速发展。

（二）2000—2014年城镇化快速发展阶段

新世纪以来，主要是西部大开发战略实施以后，经济先行发展的东部地区需要带动西部地区，不断将重要的政策资源和经济资源向西部倾斜，力争能够达到东西部经济的平衡发展。宁夏回族自治区抓住西部大开发这一重要战略机遇期，使本地区城镇化率在短时间内快速突破30%。从2000年到2014年，按照常住人口统计的城镇化率从2000年的33%增长到了2014年的54%。三次产业结构由2005年的11.8:45.9:42.3调整到2014年的6.1:61.6:33.3，[①]城镇面貌明显改善。从2004年起，宁夏开始施行大规模的生态移民，大批农民从生产生活环境恶劣的山区转移到条件较好的川区，在改善人民生活条件的同时也产生了大量农业转移人口，一大批农民进城务工，使城镇的常住人口数量增加，推动了城镇化的发展。可以说，宁夏已基本形成了银川市为中心、以沿黄城市群为依托、以固原市为宁南区域性中心，推进建设特色小城镇的多层次城镇体系。产业发展方面，宁夏不断将工业企业聚集到工业园区中，工业园区建设推进人口和资源的整合，宁夏特色的“五大十特”工业园区和慈善园区已成为转移和扩大就业、提高居民收入、维护稳定的重要基地。社会保障体系方面，宁夏分别在2010年和2011年在全国率先实行了城乡统筹的基本医疗保险制度和社会养老保险制度，为农业转移人口市民化的实现提供了保障条件。因此宁夏城镇化的快速发展推动了生态移民、城市群、工业园建设等多样的城市发展形式。

①宁夏回族自治区统计局、国家统计局宁夏调查总队，《宁夏回族自治区2014年国民经济和社会发展统计公报》，2015年4月。

截至 2015 年 3 月，宁夏行政区域划分为 5 个地级市、9 个市辖区、2 个县级市、11 个县，另外还辖 1 个开发区。5 个地级市分别为银川市、石嘴山市、吴忠市、固原市、中卫市，两个县级市是灵武市、青铜峡市。2014 年宁夏统计公报显示，2014 年末全区常住人口 661.54 万人，比上年末增加 7.35 万人。其中，城镇人口354.65 万人，城镇化率为 53.61%，比上年提高 1.6 个百分点。2000—2014 年宁夏城镇化率如图 16-2 所示，2000 年宁夏城镇化率只有 32.54%，刚刚踏入快速城镇化阶段，到 2014 年城镇化率 53.61%，年均增长 1.4 个百分点。①

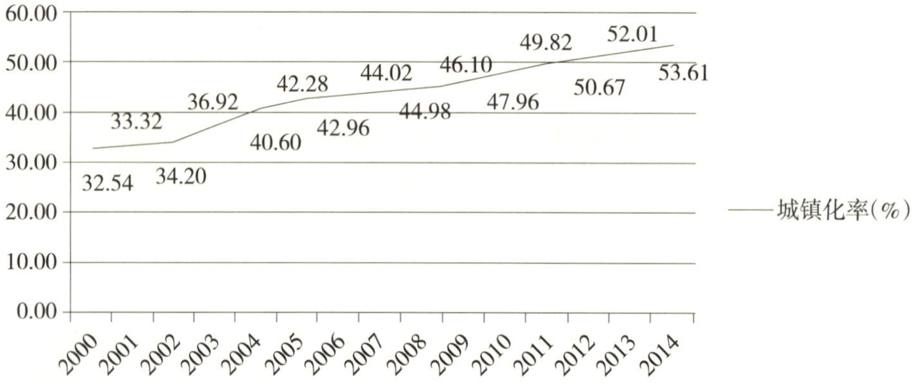

图 16—2 2000—2014 年宁夏城镇化率示意图

数据来源：《宁夏统计年鉴 2015》。

二、以中心城市建设为主的战略部署

改革开放以来，自治区关于城市工作与城市发展出台了一系列工作措施与战略部署，明确了城市发展方向和中心城市发展战略，加快了城镇建设步伐，完善了城乡建设体系等，对于推进宁夏现代城市发展具有重要的现实意义。

（一）明确城市发展方向

自治区党委九届二次全会出台实施现代城市化战略，抓住了宁夏经济社会发展的关键，抓城市建设就是抓经济建设，就是抓社会生产力。现代城市化是现代工业化的载体，是工业化的加速器，两个轮子一齐转，才能相互促进，共同发

①宁夏回族自治区统计局、国家统计局宁夏调查总队，《宁夏回族自治区 2014 年国民经济和社会发展统计公报》，2015 年 4 月，第 114 页。

展。全区广大干部群众认识到了实施现代城市化战略是加快宁夏发展、缩小同发达地区差距的现实选择，全区上下迅速掀起了加快现代城市化建设的热潮。各市县（区）、各部门迅速行动，围绕加快宁夏现代城市化进程提措施，重新审视城市建设对经济社会发展的带动作用。银川市委、市政府迅速确定了建设“大银川”的发展思路和奋斗目标，在自治区党委、区政府的正确领导下，“大银川”的框架已经基本形成，银川的区划调整已经顺利完成，大银川水系正在连通，道路的拓宽改造、城市绿化、广场的建设等工作行动快、工作实。石嘴山、吴忠、固原、中卫以及全区其他市县也在抓紧调整城市规划，按规划要求加快了城镇基础设施建设的步伐。宁夏现代城市经济的发展壮大，辐射带动了农村经济的加速发展，缓解了二元结构矛盾，为破解“三农”问题蹚出了一条光明大道。

（二）实施区域性现代中心城市带动战略，建设“大银川”

自治区党委九届二次全会确立了“实施中心城市带动战略”的重大决策，银川市紧紧抓住这一重大发展机遇，大力推进现代城市化，加速构建“两翼三区一市”①的“大银川”格局，同时确定了明确的现代城市化发展目标，在突出抓好规划的基础上重点加大了对新街区、旧城改造、大小西湖水系、现代城市路网的规划力度，效果明显，全市上下重点加大了对现代城市基础设施建设的投入力度，现代城市建设得热火朝天，基础设施建设也全面提速。可以看出，宁夏的现代城市整体形象继续得到了提升，良好的投资和人居环境不断得到改善，现代城市功能日趋完善，这些都有力地促进了现代城市工业经济运行质量和效益的提高。城乡人民生活水平得到了明显的提高。区党委、区政府提出银川市要成为最适宜企业发展、最适宜人民群众生活居住的目标正在逐渐得到实现。

（三）加快城镇建设步伐，不断增强城镇功能

在推进现代城市化的实践中，城镇是县域经济腾飞的“龙头”。宁夏推进以县城为核心的城镇建设，不断提升城镇品位和形象，引导生产要素尽快向城镇集聚和重组，为第二、三产业的快速发展拓展发展空间。在实践上，各市（县）的城镇建设工作具体为：

---

①“两翼三区一市”是指永宁、贺兰两县——新型卫星城，兴庆区——商贸中心、信息中心和金融中心，金凤区——行政中心、高科技产业聚集区，西夏区——工业基地、教育重地、旅游胜地，灵武市——国家级大型能源重化工基地。

石嘴山市紧紧围绕建设“宁夏北部产业特色鲜明、生态良好、经济发达、城乡协调的新型园林化工业城市”的发展目标，大力实施“产业对接工程”“碧水蓝天工程”等。在实现量的扩张的同时，努力实现质的提升，以工业化、农业产业化和第三产业的发展促进现代城市化。

吴忠市确立了“一城三区、吴青连接、依托黄河、相向发展”的现代城市发展构想和建设以商贸为主的宁夏次现代中心城市、现代化生态城市的宏伟目标，以改造旧城，拓展新区，拉大现代城市框架，完善现代城市功能为重点，采取市场运作、项目带动等方式，突出基础设施、现代城市道路及住宅建设，强化现代城市规划建设管理，加快现代城市化进程。

固原市紧紧围绕构建宁夏南部山区现代化区域中心城市的目标，通过实施积极的现代城市化战略，加快南部山区脱贫致富的步伐，逐步缩小与北部川区的发展差距。例如，彭阳县围绕创建南部山区生态型文明县城这一目标，筹资2 072 万元，对兴彭路进行了彻底改造，投资 400 多万元，对怡园文化广场进行了全面改建，以栖凤山森林公园和“三条绿化带”为主线，城区绿化面积达到 45 万平方米，绿化覆盖率达 33.6%，人均绿地面积 17.9 平方米，县城形象明显改观。

中卫市则以撤县设市为契机，以加快建设生态旅游文化城市为目标，按照“一核两翼”的现代城市发展构想和“近水亲河、南扩东移、生态扩城、道路连城”的现代城市发展总体思路，高品位规划、高速度建设、高水平经营、高效能管理，找准定位、突出重点、整体推进、提速发展，有力地推进了城市现代化发展。

在强化城镇职能的开发建设中，城镇基础设施建设是宁夏现代城市发展中的要务。银川市重点开工建设了亲水大街等南北向城市主干道，建成南环高速公路，开工北环、西环高速公路。建设完成了银川市第三污水厂等，并针对城市供水管线老化，漏损严重，影响供水水质的情况，对总长 41.5 千米，涉及55 条街巷的给水管线进行了改造；石嘴山市围绕建设山水园林城市的目标，确立了城市雕塑、道路、公路、园林、水务、垃圾处理等 10 大项 67 个重点项目；以2004 年为例，吴忠市共安排城市建设项目 213 个，投资 24.4 亿元，加之上年接转的 27 项工程，投资总额达 25.6 亿元；固原市重点加强了新区的道路建设和城市出入口的道路改造，全年共实施城市建设项目 101 个，完成总投资 9.8 亿元；中卫市以开发建设新区、改造提升老区为重点，重点抓了道路、通讯、供排水、供热和污染治理等工作，实现了城市建设的“加速跑”。

（四）进一步完善城乡规划体系

城乡规划体系的完善体现在，一是重视现代城市总体规划的修编。各市都将新一轮现代城市总体规划的修编工作放在首位。建设部已批复银川市编制新一轮城市总体规划，前期工作已全面展开，另外石嘴山、吴忠、固原、中卫四市的总体规划修编和调整工作进展顺利；其中中卫市撤县设市后的现代城市总体规划和吴忠市、石嘴山市的总体规划已经自治区人民政府批准实施。银川市也已经过建设部的批准，启动了总体规划的修编工作。一些县城和重点镇的总体规划已经完成或正在编制中。各市在编制现代城市规划时，能够依据《自治区城镇体系规划》，根据现代城市的功能定位和地区优势，确定发展目标和发展模式，力求建设出独具特色的现代城市风貌和具有发展前景的产业经济，为社会的发展和进步注入活力。二是严格规划审批制度。坚持“规划一张图、审批一支笔、建设一盘棋”的原则，将规划贯穿于项目建设全过程，杜绝乱批乱建、随意修改设计等现象，并加大对违法违章行为的查处力度，维护了规划的权威性和严肃性。三是加强监督检查力度。各市县采取政府监督和社会监督相结合的方式，基本上建立了规划公示制度、听证会制度、群众投诉和来信来访接待处理制度，5 个地级市还设立了规划展示厅，广泛征求公众意见，接受社会各界监督。自治区于 2004 年 5 月成立了城市规划管理委员会，建立了专家委员会，实行规划督察员制度，进一步加强了规划实施过程中的监督检查。

（五）建立多元化投融资体制

投融资体制的多元化体现在：一是深化土地使用制度改革，进一步做好土地收购储备工作，通过经营土地做活现代城市建设全盘棋。二是打造融资平台。中卫市成立了现代城市建设投资经营公司，策划包装现代城市建设项目，集聚区内外有实力的公司参与现代城市建设。固原市成立了城市建设控股公司，密切了银政关系，通过贷款等方式，缓解了城建资金困难的情况。三是激活民间资本，按照谁投资、谁受益的原则，调动社会力量，吸纳民间资本，参与现代城市建设和改造。四是积极争取国债资金和项目支持，加快现代城市道路、供水、供热、城市集污、垃圾处理等基础设施项目和生态环境保护建设，提高现代城市的服务功能。

(六)开展行政区划调整

根据国务院有关精神，自治区人民政府及时开展了行政区划的调整,2004年撤销了中卫县,设立地级中卫市,同时对银川、石嘴山、吴忠等城市的行政区划分别做了相应的调整。至此,全区以银川市为核心都市区,石嘴山、吴忠、固原、中卫四个地级市为区域中心的“一核四级”的城镇结构形态基本形成,也进一步优化了城镇布局,符合已经批复实施的《宁夏城镇体系规划》,为加快推进宁夏现代城市化进程奠定了良好基础。[①]

三、城市经济发展状况

2015年宁夏政府工作报告总结了宁夏城市发展状况。按照优化空间发展的战略需要,宁夏进行了前瞻性布局,开创了城乡统筹推进的新局面。同时编制空间发展战略规划,启动“三规合一”(经济社会发展规划、城乡规划、土地利用规划等规划的相互协调、相互衔接)工作。实施城市重点建设项目439个,完成投资555亿元,改造老旧小区1001万平方米,银川滨河新区、固原西南新区初具规模,银川市荣获“2014亚洲都市景观奖”,石嘴山市跻身国家森林城市,吴忠市荣获“中国人居环境范例奖”,固原市被列为国家新型城镇化综合试点城市,中卫市成功创建国家园林城市。全区城镇化率提高1.6个百分点,增速全国第三。此外,政府积极推动建设美丽小城镇34个、美丽村庄103个、农村公路2 227千米,行政村通客车率达98.3%,主干道路得到了绿化与整治,完成营造林132万亩,扩整湖泊水系7 800亩。同时政府推进环保“三项行动计划”,淘汰燃煤锅炉521台、黄标车和老旧车4.5万辆,严肃处理了一些企业的污染问题,城乡人居环境进一步改善。[②]

政府同时提出了以空间发展战略规划为架构，进一步加快新型城镇化进程,把宁夏作为一个城市规划布局,按照《宁夏空间发展战略规划》,推进规划改革试点工作,优化空间发展新格局。首先,提升沿黄城市带水平。用沿黄城市带把川区城镇串起来,加快基础设施、生态环境、公共服务一体化。其次,完善城

①宋建钢:《宁夏现代城市化研究》,宁夏人民出版社,2006,第125页。

②《宁夏回族自治区政府工作报告》,2015年1月20日。

市大格局。推进银川都市区和石嘴山、中卫等副中心城市组团发展，引导宁东与灵武、大武口与平罗、利通区与青铜峡、沙坡头与中宁等邻近城市相向发展。统筹规划城市及周边园区、乡镇配套设施，实现基本公共服务城乡接轨，不断提升沿黄城市的聚集承载力。再次，健全综合交通体系。发展城际轨道交通，加快永宁、滨河等黄河大桥建设，实施银川至宁东段改扩建等道路工程，增强城市间的互联互通能力。此外，优先发展大公交，改造城区拥堵节点，合理布局停车设施，加强交通运行管理，有效解决行车难、停车难、老百姓出行难等问题。提高城市管理能力。整合治安、城管等信息资源，推进智慧城市综合管理，实施老城区改造项目 115 个，基本消除城中村。此外，实施城市洁净工程，有效整治私搭乱建、乱停乱放、占道经营等顽疾，营造优美文明的宜居环境。

现代黄河大桥——连接宁夏经济发展的通衢（摄于吴忠市）

（一）建设清水河城镇产业带

用清水河城镇产业带把山区城镇统起来，政府编制《清水河城镇产业带总体规划》，实施项目 160 个，完成投资 100 亿元，使之成为支撑中南部发展的重要增长极，同时突出文化元素和地域特色，全面推进固原市国家新型城镇化综合试点，加快建设西南新区，提升固原区域中心城市的辐射带动力。此外还牢固树立绿色理念，巩固扩展大县城建设成果，进一步完善综合配套功能，加强公共服务，带动当地经济社会发展。

（二）推进美丽乡村建设

政府实施“八大工程”，高标准建设20个美丽城镇和100个美丽村庄，逐步形成布局合理、特色鲜明、风格迥异的村镇体系。着力打造现代村镇，完善农村公共基础设施，进村主干道硬化率、农村自来水入户率、垃圾集中收集率均达到80%以上。同时政府着力打造宜居村镇，改造危窑危房4.5万户，开展“五清”专项治理，实现行政村环境综合整治全覆盖。另外，打造文明村镇，统筹社区综合服务，开展送戏下乡等群众性文体活动，营造健康向上的乡村人文环境。

（三）加强生态环境保护

通过强化“绿水青山就是金山银山”的理念，严守生态红线，保护好美丽宁夏的靓丽名片。严格市、县（区）绿化面积和森林覆盖率考核，深入开展大绿化大整治，实施新一轮退耕还林还草等工程，全年新增造林120万亩、治理荒漠化土地50万亩、移民迁出区生态修复78万亩，森林覆盖率达到14.05%。坚持源头严防、过程严管、后果严惩，认真落实环保“三项行动计划”，全面淘汰黄标车和小锅炉，加大重点污染源在线监测，加强大气、水、土壤污染综合治理，为子孙后代保护好蓝天白云、绿水青山。

宁夏全面深化改革的战略也提出要完善城镇化健康发展体制机制。划定城市土地开发建设红线，适当控制城市住宅建设高度，加强城市精细化管理，实现城市健康可持续发展。允许地方政府通过发债等方式拓宽城市建设融资渠道，允许社会资本通过特许经营等方式参与城市基础设施投资和运营，推进智慧城市建设，建立与人口规模、产业发展相适应的、适度超前的城镇基础设施体系。积极推进沿黄城市带同城化发展，继续推进固原区域中心城市和宁南大县城建设，加快中心镇扩容提质，推动产业和城镇融合发展，实现城镇化和新农村建设协调推进。另外，政府通过深化户籍制度等配套改革，全面放开小城市和城镇落户限制，具有自治区农业户口并具有合法稳定住所的人员，均可在当地申请登记城镇户口，有序放宽银川市市区入户限制，对进城农民与城市居民在就业创业、权益保障、子女教育、社会保障等方面实行统一政策。

第二节　宁夏经济的龙头与核心——银川市城市经济

现代城市化是以现代工业、信息与技术革命为推动力，实现传统农业社会向现代工业社会与信息社会的转变，是工业化、城市化、现代化三位一体的文明演变过程。宁夏要在今后的半个世纪里完成这一演变，同步实现物的现代城市化、人的现代城市化和思想观念的现代城市化，必须遵循经济发展的一般规律和世界现代城市化发展的普遍规律，从宁夏的实际出发，采取中心城市突破的发展模式，通过中心城市率先基本实现现代城市发展，推动全区现代城市化进程。银川市作为全区政治、经济、人口、文化、教育中心，是宁夏经济发展的龙头与核心。

一、银川市经济发展状况

2014 年末全市常住总人口 212.89 万人，比上年末增长 2.2%。其中回族人口 53.38 万人，占总人口的比重为 25.1%。城镇人口 160.62 万人，乡村人口 52.27 万人；男性 109.07 万人，女性 103.83 万人。人口出生率为 10.38‰，死亡率为 3.67‰，人口自然增长率为 6.71‰。全年城镇居民人均可支配收入26 118 元，比上年增加 2 178 元，增长 9.1%。城镇居民人均消费性支出 20 401 元，增长 9.4%。其中，支出增幅较大的是：教育文化娱乐服务支出 2 711 元，增长18.6%；医疗保健支出 1 713 元，增长 14.6%；交通和通信支出 2 838 元，增长13.3%。城镇 20%最高收入户人均可支配收入 49 840 元，城镇 20%最低收入户人均可支配收入 11 232 元。城镇居民恩格尔系数 27.0%。全年农民人均可支配收入 10 275 元，比上年增加 934 元，增长 10.0%。农民人均生活消费支出 9 334 元，增长 14.3%。农村居民恩格尔系数 28.3%。

2014 年银川全市实现地区生产总值 1 395.67 亿元，按可比价格计算，同比增长 9.5%。分产业看，第一产业实现增加值 56.66 亿元，同比增长 5.3%；第二产业实现增加值 760.27 亿元，增长 11.6%；第三产业实现增加值 578.74 亿元，增长 7.2%。按常住人口计算，人均地区生产总值 66 277 元。三次产业结构为4.0:

54.5:41.5，对经济增长的贡献率分别为2.3%、66.6%、31.1%。

2014年居民消费价格总水平比上年上涨2.1%，其中娱乐教育文化用品及服务类上涨3.9%，衣着类价格上涨3.1%，食品类价格上涨2.8%，居住类价格上涨1.8%，医疗保健及个人用品类价格上涨1.7%，家庭设备用品及维修服务类价格上涨1.4%，交通和通信类价格下降1.1%，烟酒及用品类价格下降1.2%。工业生产者出厂价格下降2.9%，工业生产者购进价格下降3.0%，新建住宅价格上涨3.8%，商品零售价格上涨0.8%。

2014年完成地方财政收入251.73亿元，比上年增长12.7%。公共财政预算收入153.60亿元，增长14.1%，其中税收收入113.91亿元，增长8.3%，税收占公共财政预算收入的比重为74.2%。全年完成地方财政支出377.72亿元，增长22.6%。公共财政预算支出263.84亿元，增长18.2%。事关民生和可持续发展的重点支出得到较好保障。其中，节能环保支出增长107.5%、医疗卫生支出增长27.9%、社会保障和就业支出增长14.9%、教育支出增长7.4%。[①]

总的来看，银川市人口占全区人口比例的32.18%，GDP占全区的50.46%，地方财政收入占全区的44.55%，所以无论从人口、财政还是经济发展上，银川市都是宁夏的区域中心城市与经济发展的核心与龙头。除此之外，银川市2011年11月被正式授予国家电子商务示范城市，成为西北地区唯一入选城市。2014年1月2日，海关总署批准银川为跨境电子商务试点城市，银川素有“塞上江南”“鱼米之乡”的美誉，这里自然风光秀丽，人文景观独特，区位优势明显，是方圆500千米唯一的区域性中心城市。银川资源富集，具有水、电、煤、土地等资源的组合优势，在工业上形成了“一强四优五新”特色产业；农业上提升“两强四优四新”产业竞争力；服务业上着力打造“三个中心一个目的地”。确立把银川建设成为西北地区最适宜居住、最适宜创业的现代化区域中心城市的发展战略，并取得了显著的阶段性成果。银川市城市综合竞争力已跻身全国百强，荣获全国文明城市、国家节水型城市、国家卫生城市、国家园林城市、国家环保模范城市、中国人居环境范例奖等殊荣，被评为“中国十大新天府”。

①银川市2014年国民经济和社会发展统计公报。

二、“大银川”概念及银川都市圈

“大银川”概念及银川都市圈的提出、建设经历了三个阶段，从市区到市域阶段、从自治区首府到西北的区域中心城市阶段、从银川市到银川都市圈等三个阶段。

(一)第一阶段：从市区到市域

20世纪末编制的《银川市城市总体规划》最早提出“大银川”的概念。规划指出：针对银川市区及周边城镇的发展情况，银川远景不宜只限于市区发展，未来的银川市应该是在市域范围内的银川，简称“大银川”，它把习岗镇、长庆小区、望远镇、杨和镇等三区二县地域均囊括其中。这是银川市现代城市规划指导思想的重大突破。

(二)第二阶段：从自治区首府到西北的区域中心城市

关于银川市的经济腹地(或辐射区域)，有关规划早有论述。1991年编制完成的《宁夏回族自治区国土开发整治总体规划》指出，银川市吸引范围除宁夏全区外，包括内蒙古的乌海市、阿拉善盟和鄂尔多斯的部分地区，陕西的定边、靖边和甘肃的环县等毗邻地区。正处于西安、兰州、包头三大城市的引力平衡点上，具有优越的地理区位，将银川市建设成为现代化区域中心城市，对带动宁夏和毗邻地区经济发展起到重大作用和深远影响。《宁夏回族自治区第十个五年计划城镇化发展重点专项规划》则指出：“突出发展银川市，充分发挥中心城市的龙头作用，成为大西北独具特色的区域性中心城市，逐步建成西北东北部的商贸、科教、高新技术产业和旅游中心，对带动全区和毗邻地区经济社会发展做出更大贡献。”

2002年5月，银川市党委、政府正式宣布建设“大银川”的思路和目标。“大银川”概念的主要内涵就是它不仅是宁夏回族自治区首府，而且是宁夏、内蒙古、陕西、甘肃毗邻区域的中心城市，同时也有市域扩大(除市区外，还有永宁、贺兰两县和新划入的灵武市，市域面积由3 512平方千米增加到7 356平方千米)，人口和经济规模相应增大、统一管理各层次的企业和开发区以及提升现代城市综合竞争力、做大做强做美现代化区域中心城市发展目标等多方面含义。

位于银川市阅海湾中央商务区的特色景观——“中阿之轴”

(三)第三阶段:从银川市到银川都市圈

国家“十五”计划城镇化发展重点专项规划提出,完善城镇体系的基本任务之一,是要“引导城镇密集区有序发展”。所谓城镇密集区亦即城镇群(或城市群),是若干城镇集中发展的地区,是当代城镇空间结构形式之一,也是现代城市化进程发展到一定阶段的产物。由银川市三区、二县、一市及吴忠市利通区、青铜峡市以及石嘴山市、平罗县、惠农区构成的银川城镇群已经初步形成,银川市区与灵武市区、青铜峡市区、吴忠市区的公路里程都在60千米左右,其中大武口市区距银川市区80千米,惠农区市区距银川市区103千米,车程仅半小时至1小时。随着城镇产业结构的优化升级和现代化交通、通信设施的发展,它们之间的分工协作和相互联系将日趋密切。之后将形成西北一个重要的大都市圈,“大银川”亦意味着成长发育中的银川都市圈。之后《宁夏城市化发展纲要》也提出了建设银川都市区即都市圈的构想,但其范围还包括北部的石嘴山市,南部的吴忠市及青铜峡市。①

①宋建钢:《宁夏现代城市化研究》,宁夏人民出版社,2006,第298页。

三、沿黄城市经济带与银川综合保税区

2010年国务院印发了《全国主体功能区规划》，对我国的国土空间开发进行了约束，其中对于我国的城市发展，提出了“两横三纵城市”城市化战略，其中跟宁夏相关的是宁夏沿黄经济区，该区域位于全国“两横三纵”城市化战略格局中包昆通道纵轴的北部，包括宁夏回族自治区以银川为中心的黄河沿岸部分地区。该区域的功能定位是：全国重要的能源化工、新材料基地，清真食品及穆斯林用品和特色农产品加工基地，区域性商贸物流中心。其主要内容包括：

构建以银川—吴忠为核心，以石嘴山和中卫为两翼，以主要交通通道为轴线的空间开发格局。提升银川区域性中心城市地位，完善综合服务功能，培育发展金融、物流、信息等产业，提高产业和人口集聚能力，增强辐射带动作用。壮大石嘴山、吴忠、中卫等节点城市的规模，加强产业分工和城市功能互补。[①]

宁夏“十二五”规划中关于沿黄经济区提出要配套完善城市基础设施。建成西线石嘴山—中宁高速公路，充分利用包兰线、太中银铁路正线和银川联络线建设银川—中卫—定边“闭环式”城际快速通道，开通沿黄城际公交，形成以银川市为中心的“一小时经济圈”、以四个地级市为次中心的“半小时通勤圈”。这就进一步强化了银川作为区域城市群城市的核心地位，并有效发挥集聚、辐射、带动作用。

之后宁夏出台的《关于融入“一带一路”加快开放宁夏建设的意见》中，提出要提升银川综合保税区开放引领作用。具体包括完善银川综合保税区管理体制，扩展综合保税区功能，重点发展保税加工、保税物流、保税服务，鼓励开展研发、配送、采购、结算、融资租赁、境内外维修、跨境电商、转口贸易等业务，培育葡萄酒、现代纺织、清真食品和穆斯林用品、黄金珠宝、生物医药、保税物流等一批产业特色突出、出口规模较大、外向度较高的骨干企业。加快建设进境肉类指定口岸和进境水果、种苗口岸，提高进口牛羊肉保税加工和物流分拨能力，尽快建成国内最大的进口清真牛羊肉加工基地。完善海关、检验检疫监管场所配套设施，统筹规划建设综合保税区配套产业区。根据需要逐步在自治区内增设

①国务院《全国主体功能区规划》，2010年12月。

保税监管区域和场所,增强综合保税区辐射功能。这也是增强银川城市辐射功能的政策,银川城市作为宁夏经济发展的龙头与核心的地位进一步得到加强。

银川综合保税区于2012年9月10日经国务院正式批复设立,这是我区唯一的海关特殊监管区,将为宁夏招商引资、发展外向型经济开启又一重要平台。银川综合保税区是我国现阶段开放层次最高、优惠政策最多、功能最齐全、手续最便捷的特殊开放区域,集保税加工、保税物流、金融服务、进出口贸易、国际中转等功能于一体,企业将享受更多优惠。银川综合保税区的建立,对企业最直接的贸易便利是可以减少其运输、储存成本,入区企业可享受保税加工、保税物流、进出口贸易、采购分销、金融服务、检测维修、展示展览等权利。保税区的优惠政策涵盖了税收、贸易管制、保税监管和外汇管理四大方面。其中,税收政策可概括为"四免、一保、一退"。所谓"四免",即区内生产性的基础设施建设项目所需的机器、设备和建设生产厂房、仓储设施所需的基建物资免征进口关税和进口环节税;区内企业生产所需的机器、设备、模具及其维修用零配件免征进口关税和进口环节税;区内企业和行政管理机构自用合理数量的办公用品免征进口关税和进口环节税;区内企业之间货物交易免征增值税、消费税。"一保"为进口货物入区保税。"一退"为境内(指境内区外)货物入区视同出口实行出口退税。贸易管制政策则是,除法律、行政法规和规章另有规定的外,与境外之间进出的货物,不实行进出口配额、许可证件管理。保税监管政策是,区内保税存储货物不设存储期限,可以自由流转;海关对区内加工企业不实行银行保证金台账管理和合同核销制度,对区内加工贸易货物不实行单耗标准管理;区内企业之间货物可以自由流转。外汇政策是进出境货物不办理外汇核销手续,进出区(境内区外)货物可用外币或人民币结算①。

四、文化产业中心城市

依据宁夏文化产业"十二五"规划的设计,银川市发展定位是宁夏文化产业中心城市,主要的发展策略包括以下内容。

第一,以完善提升文化创意、影视创作、商务旅游、休闲餐饮、文化娱乐功能

①银川综合保税区优惠政策,http://wz.nxnews.cn/jj/gy/cyzc/201303/t20130320_1133738.html。

为主，突出“塞上湖城、西夏古都”文化品牌，把银川建设成为辐射陕甘蒙青毗邻地区、在全国有较大影响力的综合性文化产业功能区和文化服务中心城市。

银川城市建设再现“塞上湖城”生态景观——“城在湖中，湖在城中”

第二，增强历史文化名城底蕴。坚持“保护为主、抢救第一、合理利用、加强管理”的方针，全面加强银川市国家历史文化名城保护，加大对大遗址、文物古迹、古民居等维修保护力度。进一步发掘城市文化资源，推进文化资源的保护性利用，适当恢复历史古迹、“老字号”店铺等，发展特色文化产业，展现历史文化名城风貌，建设特色文化城市。

第三，彰显“塞上湖城”文化休闲功能。对市区及周边湖泊、湿地、水系资源进行综合性保护开发，构筑城市环湖生态圈，建造体现“塞上江南”特色的园林景观、生态公园。重点统筹规划、适度开发艾依河，突出城市特色文化休闲娱乐功能，合理布局建设河道两岸和环湖文化设施，开辟水上旅游路线，发展文化旅游、演艺娱乐等产业，扩大“塞上湖城”品牌效应。

第四，加快文化产业聚集发展。创新文化产业发展模式，重点结合新华街商圈改造建设，整合提升西塔周边古玩字画交易市场，赋予步行街等街区更多文化休憩功能，发展民族民间工艺品、土特产品、回族餐饮、歌舞娱乐等规模经营场所。结合银川新区建设和西夏区工业转型升级、文化闲置土地开发利用，高起点规划建设文化产业示范园区、文化特色示范街区等，集中连片发展文化产业，加快特色文化城市建设。

第五，增强产业辐射能力。大力发展图书报刊、电子音像制品、演出娱乐、工艺美术等各类文化产品市场，建立文化产权交易所等文化要素市场，培育发展文化经纪代理、评估鉴定、担保拍卖等中介服务机构。坚持政府引导、市场化运作，积极策划举办和承办全国重大文化体育活动和赛事，搭建全区文化对外交流合作、招商引资的重要平台，不断增强首府文化发展活力。①

按照上述发展策略，银川市在不断增强城市文化底蕴的同时，通过加强文化产业发展，不断增强文化产业辐射力，最终实现区域内文化中心城市的发展目标。

第三节　地级城市经济发展各具特色

宁夏其他地级市，包括吴忠、石嘴山、固原、中卫四市，城市经济发展各有侧重、各具特色。各个城市在积极培育新的城市经济发展亮点的基础上，共同构成了宁夏现代城市经济发展格局。

一、回乡风情城市吴忠市的经济发展

吴忠市位于宁夏中部，地处宁夏平原腹地，是宁夏沿黄河城市带核心区域，自古就是引黄灌区的精华地段，是中国回族密度最大的地级市，是著名的中华回乡。“天下黄河富宁夏”，九曲黄河穿城而过，造就了吴忠市独特的自然景观和人文景观，素有“塞上江南”“塞上明珠”之美誉。1998 年，地级吴忠市成立后，本地加快推进城市化进程。进入 21 世纪以来，吴忠市的城市面貌发生了翻天覆地的变化，街巷道路宽阔笔直，高楼大厦鳞次栉比，民族建筑风格迥异，楼台亭榭造型别致，居民小区花草相映，市区草木苍翠葱绿。②

（一）吴忠市发展概况

吴忠市工业发展已形成了以能源、电力、新材料、造纸、皮毛绒、建材等产业为主的工业体系，成为宁夏重要的工业基地。吴忠市的农业产业化程度也在不断提高。近年来，吴忠市着重发展培育龙头企业，全面推行“园区 + 企业 +基

①出自《宁夏文化产业“十二五”规划》。

②银川市建设局党委书记、局长蒋光临：《打造城市特色 提升城市品位 增强城市功能》，《宁夏日报》2008 年 6 月 25 日，第 4 版。

“天下黄河富宁夏”——自古引黄灌溉、沃野千里

地 + 农户 + 市场”的产业格局，一批农字号龙头企业，如夏进、御马、天启等带动了全市经济的发展。其中，奶产业中尤以夏进奶最为出名。在国家商务部公布的2006年度最具市场竞争力的企业中，夏进公司跻身前六强，成为全国六大最具竞争力的乳品品牌之一。粮食加工是吴忠市的传统产业，也是发展为龙头产业的目标之一。多年来，吴忠市利用传统产业优势，不断推进产业升级，拓宽市场。吴忠市区粮食加工企业达116家，年实现产值达12.4亿元。近年来，吴忠市立足“回族之乡”和传统“商埠重镇”的优势，规划建设了清真食品穆斯林用品工业园和营销市场。吴忠的清真小吃已有280多个花色品种，其中10个品种被评为中华名小吃，吴忠人在宁夏以外省区主要城市开办的清真餐厅达200多家，闯荡在外的厨师达2 000余人，吴忠市有7家食品生产企业的产品进入中东、马来西亚、新加坡等国家和香港地区。①

统计数据显示，吴忠市2014全年实现地区生产总值383.43亿元，按可比

①马卫东、徐立刚:《回乡吴忠》,《宁夏画报(时政版)》,2008年第4期,第30—33页。

价计算,比上年增长 7.6%。其中,第一产业增加值 53.93 亿元,增长 6%;第二产业增加值 218.71 亿元,增长 10.5%,第三产业增加值 110.8 亿元,增长2.4%。第一产业增加值占全市生产总值的比重为 14%, 第二产业增加值比重为57%,第三产业增加值比重为 29%,三次产业比例为 14:57:29。2014 年吴忠市全市常住人口 135.3 万人,比上年增加 2.2 万人。其中,城镇人口 59.1 万人,增加3.2 万人。城镇化率 43.7%,比上年提高 1.65 个百分点。[①]总体来讲,吴忠市仍是以第二产业为主的工业城市,城镇化发展水平仍较低,但是"十二五"以来,全市经济得到了快速增长,城乡面貌显著变化,人民生活持续改善,社会大局和谐稳定。吴忠市不断发挥区位优势、民族特色和文化特质,以全面建成小康社会为统领,围绕打造"宁夏沿黄经济崛起区、生态文明示范区、城乡统筹发展样板区、民族团结进步模范区、内陆开放型经济和黄河善谷先行区"的目标,大力实施"工业优势再造、'两大任务'引领、重点项目带动、产业园区支撑、城乡一体推进、全面对外开放"六大战略,举全市之力加快中国(吴忠)清真产业园建设,推进产业、生态、城市、文化、旅游、商贸融合式发展,建设小康吴忠、水韵吴忠、慈善吴忠、开放吴忠、和谐吴忠,打造沿黄城市带上最具塞上江南风光和浓郁民族风情,宜居、宜业、宜休闲旅游的滨河生态水韵城市。[②]

(二)"滨河水韵、回族之乡"

2007—2012 年, 历经两次区划调整的吴忠市借着沿黄经济区建设大潮的推动,成为增辉母亲河的金岸明珠城市。自治区第十一次党代会和党的十八大以来,为加快沿黄经济区建设,吴忠市主要围绕滨河新区崛起和老城改造提升两大板块、"路、水、绿、特色、文化、产业"六篇文章,开始了建设新吴忠的攻坚战。"滨河回乡·水韵吴忠"成为特色名片,5 年共实施城乡建设项目 1 518 项,完成投资 733 亿元, 建设面积 2 806 万平方米。城市建成区面积由 2007 年的 50 平方千米扩展到 125 平方千米,城市化率由 39%提高到 49%,城乡建设步入加速期。滨河新区黄河两岸 30 平方千米区域内,两馆一中心、新月广场、教育园区、黄河砌护整治等一批黄河金岸重点项目建成投用,"文化吴忠,金岸美地"品

---

①国家统计局吴忠调查队,《吴忠市 2014 年国民经济和社会发展统计公报》,2015 年 4 月。

②赵永清:《抢抓机遇,让滨河生态水韵吴忠华丽崛起》,《宁夏画报(时政版)》2013 年第 3 期,第 6 页。

牌渐响。5 年来，生态建设投入 31 亿元，森林覆盖率达到 13%，比 2007 年末增加 3 个百分点。城市绿化 6.4 万亩，城市绿地率、绿化覆盖率和人均公园绿地面积分别达到 31%、36%、15 平方米，生态建设群众发动程度、推进力度、投入资金、呈现效果均实现历史性突破。[①]

依据宁夏文化产业“十二五”规划中“建设沿黄文化产业精华区”的发展设计，吴忠市依托黄河金岸中华黄河坛、黄河楼等标志性文化建筑和良好的基础设施条件，建设黄河文化产业园，统筹规划黄河文化主题展览区、黄河慈善文化展示区、滨河养生休闲区、民俗体验互动区、水上运动健身区，使优美景观和文化符号相得益彰、文化产业和慈善事业交相呼应，成为彰显中华民族传统美德和引领沿黄文化产业发展的重要区域。

统计数据显示，吴忠市 2014 年户籍总人口为 143.5 万人，其中回族人口 76.2 万人，占总人口比重的 53.1%，[②]是名副其实的中华回乡，是中国回族主要的聚居地之一，境内有大大小小的清真寺数千座。因此，吴忠市以回乡文化为基础，加快建设了清真食品和穆斯林用品集散地。通过举办宁夏回商大会、中国（吴忠）清真美食节、中国（吴忠）回乡文化旅游节等一系列地域特色鲜明、内容丰富多彩的经贸文化活动，更好地展示回族服饰、民族民间艺术、回族医药、回族饮食、民族体育等文化元素，建设体系完善的清真食品和穆斯林用品生产、流通基地，广泛开展经贸文化交流合作。

其中，最令人注目的是宁夏吴忠回商大会。自 2008 年以来，中国回商大会已成功举办了 6 届，先后邀请到 21 个国家和地区的政要、1 000 多家境内外企业和机构的代表、7 000 多名国内外嘉宾走进吴忠。2015 年第七届中国回商大会以“弘扬丝路精神、展示回商风采、振兴民族经济”为宗旨，主要内容有回商大会开幕大会、中国优质农产品开发服务协会清真产业分会成立大会、第二届中国清真小吃文化节、首届中国（宁夏）露营房车文化节、宁台纺织业发展高端论坛、宁台现代有机休闲观光农业论坛和“一带一路”战略下清真产业国际化发展与投资论坛、2015 第二届中国与阿拉伯国家商品展、2015 中国（宁夏）国际清真食品穆斯林用品交易会和 2015 台湾精品文化交流博览会等“两会两节三论坛

---

①《黄河金岸崛起新吴忠》，《宁夏日报》2013 年 1 月 25 日，第 9 版。

②国家统计局吴忠调查队，《吴忠市 2014 年国民经济和社会发展统计公报》，2015 年 4 月。

欣欣向荣的中华回乡——吴忠市现代城区

三展”等 10 项活动。参展客商 1 800 多人，其中，国外客商 180 人（来自马来西亚、巴基斯坦、土耳其、埃及等 22 个国家和地区），我国台湾省的客商 132 人。展位 672 个，展示展销面积 2.46 万平方米①。吴忠作为中国回商大会的永久举办地，不仅促进了民族经济发展，还展示了回商的风采，扩大了吴忠回乡文化的知名度与影响力，进一步促进了吴忠现代商业、服务业的发展及其他产业的繁荣发展。

（三）数字吴忠与智慧城市建设

2014 年吴忠市连续获得全区效能目标管理考核一等奖，并获得国家级年度“宽带中国”示范城市、信息惠民国家试点城市、国家第四批餐厨废弃物资源化利用和无害化处理试点城市、中国城市公益七星级慈善城市、中国人居环境范例奖、全国小微企业信用体系建设试验区、第二次全国土地调查先进集体、全国计划生育家庭养老照护试点地区、全国创建幸福家庭活动试点市等称号，此外吴忠市还是国家园林城市、创业先进城市等，其中最重要的是宽带中国示范

①贺泽松、李元坤：《走进第七届中国回商大会》，《中国穆斯林》2015 年第 5 期，第 64—66 页。

城市,这与吴忠数字城市与智慧城市建设是分不开的。

2010 年 12 月,国家测绘局、宁夏国土资源厅、吴忠市人民政府共同签署"数字吴忠地理框架建设项目共建共享合作协议",标志着宁夏第一个数字城市"数字吴忠"建设拉开序幕。"数字吴忠"于 2012 年 12 月建设完成,项目内容包括基础地理信息数据库建设;提取交通、居民地等与政务应用和社会化应用紧密相关的要素内容,扩充细化境界、地名地理编码数据,进行面向信息化要求和各部门需求的数据重组,形成覆盖全市域的地理信息公共平台;以及建立土地管理信息系统、城市规划管理信息系统和公众电子地图与城市三维应用示范系统。"数字吴忠"建设将为该市提供准确、及时的地理空间信息服务,为政府在科学决策、公共服务、社会管理、综合监管等方面提供支撑和保障,满足社会各界的地理信息需求①。

2013 年由住房城乡建设部组织召开的智慧城市试点创建工作会议公布了首批国家智慧城市试点共 90 个,其中地级市 37 个,区(县)50 个,镇 3 个,智慧城市是通过综合运用现代科学技术,整合信息资源,统筹业务应用系统,加强城市规划、建设和管理的新模式。试点城市通过智慧城市的实践,从政府和市长角度,促使城市"不得病""少得病"和"快治病",保障城市健康和谐发展;利用智慧城市技术手段,提升企业竞争力,给百姓生活方式带来更好的变化。我国经济形势经历前几轮的大规模投资刺激后,传统项目的边际效益正在迅速下降,因此走新型城镇化道路是党中央、国务院加快新经济模式形成、促进我国经济持续健康发展的重要战略部署,将集约、低碳、生态、智慧等先进理念融合到城镇化的具体过程中是当前新型城镇化建设最紧迫的课题之一。而吴忠市作为首批智慧城市建设试点,具有重要意义。吴忠市已启动包括政务、城市规划、医疗、交通、建设等领域的智慧城市建设,这将极有力地促进吴忠市创新驱动城市发展与经济社会的发展,实现开放吴忠、富裕吴忠、和谐吴忠、美丽吴忠、智慧吴忠。

二、工业城市石嘴山市的经济发展

石嘴山市位于宁夏北部,1960 年设市,下辖大武口区、惠农区和平罗县,总

---

①税玉海:《"数字吴忠"建设拉开帷幕》,《中国国土资源报》2010 年 12 月 21 日,第 2 版。

面积 5 310 平方千米，总人口 77.27 万，城镇化率为 72.25%，2014 年石嘴山全市实现地区生产总值 467.17 亿元，增长 6.7%。其中：第一产业增加值 24.94 亿元，增长 5.3%；第二产业增加值 304.28 亿元，增长 9.1%；第三产业增加值 137.95 亿元，增长 1.4%。三次产业比例为 5.4:65.1:29.5。[①]石嘴山市工业产值占比接近全市总产值的 2/3，可以看出石嘴山市是典型的工业城市。

（一）石嘴山市经济发展概况

20 世纪 80 年代，石嘴山市工业经济总量一度占据宁夏工业经济的40%左右，累计生产原煤 4.85 亿吨，向国家贡献工业产值 2 000 多亿元。[②]在新的发展时期，石嘴山产业经济结构、能源利用效率、减排环境保护和发展方式转型都面临着突出的矛盾和问题，但是随着石嘴山资源型城市转型发展，石嘴山市已经从典型的煤炭工业城市转型为独具特色的山水园林新型工业城市，曾经被列为全国第二批循环经济试点城市、国家第一批资源枯竭城市，先后被评为全国水土保持和生态建设示范城市、中国特色魅力城市，成为西北地区资源型城市转型效果最为明显、环境改善最为显著的城市。

石嘴山市是宁夏工业的摇篮，境内矿产资源丰富，煤炭探明储量 25 亿吨，其中被国际上誉为“煤中之王”的无烟煤——太西煤储量 5.6 亿吨，硅石探明储量 42 亿吨。电力资源丰富，总装机容量达 319 万千瓦，人均发电量居全国地市第一。现有一个国家级经济技术开发区即石嘴山经济技术开发区，三个省级工业园区即石嘴山高新技术产业园区、石嘴山生态经济开发区（平罗工业园区）、宁夏精细化工基地。已形成以机械装备制造、电石化工、特色冶金、碳基材料、新型煤化工、煤炭开采及洗选等传统优势产业和汽车制造及零部件、太阳能及节能环保、有色金属新材料、农产品精深加工、医药等新兴产业快速发展的工业体系，是世界重要的钽铌铍、碳基材料制品生产研发基地、国内重要的镁硅及深加工产品基地和宁夏光伏新材料产业化示范基地。中色（宁夏）东方集团公司位列世界钽铌行业前三强，宁夏恒力公司生产的密封钢丝绳被誉为“亚洲第一绳”，煤机综采设备国内市场占有率达 30%；镁及镁合金产量占国内 20%以上，是全

①石嘴山市统计局，《石嘴山市 2014 年国民经济和社会发展统计公报》，2015 年 5 月。

②李刚、李建新、李徽：《石嘴山光伏产业成经济转型新引擎》，《宁夏日报》2010 年 6 月 29 日，第 6 版。

国金属镁皮江法生产示范基地；煤质活性炭、碳化硅产能占全国30%以上。统筹推进现代农业和现代服务业发展，已形成以清真牛羊肉、蔬菜、枸杞、水产、制种、酿酒葡萄等优势特色产业为主导的现代农业体系，以商贸、物流、旅游为主导的服务业体系。石嘴山是一座典型的移民城市，来自全国各地的建设者在这里交汇交融、开发开拓、共建共享，形成了“五湖四海、自强不息”的石嘴山精神，铸就了开放包容、海纳百川的文化特征和城市品格。①

石嘴山市经济发展区位优势明显，地处宁东、蒙西两个国家千亿吨级煤田之间，是呼包银兰经济带、宁夏沿黄经济区、宁蒙陕乌金三角经济区的重要节点城市，惠农陆路口岸铁水联运直达天津港，是西北重要的内陆口岸，在宁夏扩大对外开放中具有重要的战略地位，资源、区位优势明显。石嘴山的民生、产业、生态转型发展潜力大、活力足、推进速度快。国家优先推进西部大开发、批准建立宁夏内陆开放型经济试验区、自治区实施沿黄经济区发展战略等重大战略部署和政策优势，为石嘴山科学发展、跨越发展插上了腾飞的翅膀。石嘴山抢抓机遇、积极作为，制定出台了推进内陆开放型经济试验区建设、扶持中小微企业发展、鼓励科技创新、加快高新技术产业园区建设等一系列政策措施。深入开展进一步营造风清气正发展环境活动，全市政务、法制、市场、人文、金融、用人、中小微企业发展环境不断优化，在自治区发展环境测评中位列全区五市第一。

(二)作为重工基地的城市转型

石嘴山市建市之初就被定位为国家“一五”时期“全国十大煤炭工业基地”之一，是一座因煤而建、依煤而兴的煤炭资源型城市，号称“黑城”。经过几十年的开采，石嘴山市原有产业优势正在逐步消失，支柱产业面临衰退，已开始严重影响了石嘴山市的经济社会稳定，特别是2002年以来，随着煤炭资源日趋枯竭，工业增加值出现负增长，经济发展走入了低谷，社会不稳定因素增多。面对严峻的现实，石嘴山市全面分析市情，于2004年做出了推进资源枯竭型城市经济转型的决定。经过多年的不懈努力，石嘴山市经济转型了取得明显成效。②从转型措施上来看，石嘴山市坚持从实际出发，以产业发展、环境保护、改善民生

①石嘴山市市情简介，http://www.nxszs.gov.cn/zjdzs/meiliszs/151011.htm。

②李耀松：《民族地区党政领导班子推动经济发展方式转变案例研究——以宁夏石嘴山市为例》，《共产党人》2011年24期，第53—55页。

等重点和难点问题为突破口，推进经济、社会和城市全面转型，走出一条资源型城市可持续发展之路。

1.构建现代产业体系，促进产业转型与升级

石嘴山市提出“产业转型、民生转型、生态转型”三大转型统筹发展是对“转型发展”思路的深化，也是作为老工业城市当前以及今后一段时期着力构建“开放富裕和谐美丽新型工业城市”的战略抉择，是实现“稳增长、调结构、促转型”目标的现实需要。现代产业体系是以科技含量和附加值高、能耗低、污染少、创新能力强的现代产业集群为核心，以特色产业基地为载体，以人才、资本、技术、信息等产业辅助系统为创新平台的新型产业体系。石嘴山市作为资源型城市和全国老工业基地，面临产业结构单一、发展后劲不足等突出问题，转型升级发展是重要且迫切的发展任务。石嘴山市在资源型城市转型发展方面做出了积极探索，在转型发展上已经具备了良好的基础。作为国务院批准设立的44个试点城市之一，2012年替代产业投资已经超过煤炭资源产业投资，正处在加速转型时期，但实现转型发展仍然任重道远。①

机械装备制造、新材料、能源化工是石嘴山市推进工业强市战略，重点做大做强的三大产业。通过培育和发展重型矿山机械、稀有金属、金属镁、煤—电—高载能、煤化工、光伏材料、煤基碳材等优势特色产业集群，促使工业结构不断优化。石嘴山作为老工业基地，其已形成了完备的产业体系和工业基础，发展光伏产业条件得天独厚。当地每年平均日照时间达3 000小时以上，戈壁荒地多、矿产资源丰富、电力供应可靠，是我国最适合光伏产业发展的地区之一。发展光伏产业不仅有利于调整产业结构，还可实现节能减排目标，因此石嘴山市出台优惠政策，主动招商引资，进行高效服务对接，仅用了一个月时间，浙江正泰、尚德、国投华靖电力、比利时羿飞等光伏发电项目就相继落户，创造了光伏项目对接“一个月效应”。这些项目全部建成后，将形成硅石—多晶硅—硅片—太阳能—电池组件—光伏电站的完整产业链条，每年可新增产值100多亿元。②

①马洪斌：《推进深化改革 促进石嘴山市经济转型升级》，《共产党人》2014年1期，第43—44页。

②谢国苍、李建新、李刚：《石嘴山经济转型：振翅待飞》，《宁夏日报》2009年10月30日，第11版。

发展光伏产业是石嘴山产业转型调整优化产业结构重要机遇期可行的战略选择。在本地区实现由硅材料到多晶硅到电池组件再到太阳能发电并网，完整闭合产业链条，形成规模化、体系完整化的新产业，完全有可能再造一个新型工业化的石嘴山。比如，有关学者预计石嘴山光伏产业到2015年产值可达到400亿元以上，到2020年光伏材料产业产值达到1 000亿元以上。①

2.环境污染治理与山水园林型城市建设

石嘴山市作为宁夏的重工业基地，在经济发展初期，主要依托丰富的矿产资源优势，逐步形成了高耗能、高污染行业为主导产业的工业发展结构，曾经为宁夏经济社会发展做出了重要贡献。同时，由于经济发展方式比较粗放，遗留下了诸多环境问题，也曾经上了全国污染城市的"黑名单"，一度成为全国污染城市中的"焦点城市"。2004年以来，石嘴山市开始"铁腕"治污。先后投资近9亿元，完成工业污染治理项目750多个，关停了城区内98家小型污染企业；对市区周边182家煤炭加工企业进行搬迁，64家落后生产能力和工艺的企业被依法取缔，5家铁路站台限期停止煤炭发运。同时，石嘴山市还大力实施集中供热工程，推广使用清洁能源，有效解决了城市区空气污染问题。拆除483台燃煤锅炉，拔掉了600多根大小烟囱，否决拟建锅炉166台。全市城区集中供热率已达到了85%，城区内所有炉、窑、灶全部改烧天然气、液化气等清洁燃料，部分工业企业也已经改烧天然气，大大减少了工业废气的排放。石嘴山治理污染的同时还加强了城市生态保护与恢复建设，着力改善生态环境。石嘴山市作为资源型工业城市，一直存在能源消耗高、污染治理任务重等问题，每年当地的洗煤厂排放出的近百万吨的煤矸石也成为污染源头。到2010年，石嘴山市投资近10亿元，对矿区矸石山进行推平、覆土、绿化，对采煤沉陷区进行回填、造湖整治，形成了独具特色的采煤沉陷区(地质)生态园。②

石嘴山市还投资3亿元，规划星海湖湿地恢复整治工程43平方千米，常年性水域面积达2平方千米，形成了集拦洪、蓄水、调节气候、园林景观、水产养殖为一体的生态建设工程，星海湖被国家水利部命名为国家级水利风景区，被国

①李刚、李建新、李徽：《石嘴山光伏产业成经济转型新引擎》，《宁夏日报》2010年6月29日，第6版。

②王震阳：《碧水蓝天相伴石嘴山经济一路飙升》，《华兴时报》2010年1月29日，第2版。

家林业局批准为国家湿地公园；投资7.35亿元，加强城市污水处理和回收利用及城市绿化工程建设，建成了市第一中水厂等一批水处理工程，城市建成区绿化覆盖率达35%，人均公共绿地达13.58平方米。之后石嘴山市先后组织实施了180多个城市重点建设项目，继续恢复星海湖湿地，并建设成为国家级水利风景区，建成了贺兰山森林公园、北武当生态旅游区、中华奇石山生态风景区等，城市绿化覆盖率达34.5%，人均公共绿地面积达14平方米。城市形象大幅提升，人居和创业环境不断改善，为促进经济转型创造了良好的环境。

站在新的历史起点上，石嘴山市主要围绕民生、产业、生态转型发展，大力实施工业强市、民生优先、城乡统筹、生态立市、人才支撑五大战略，深入推进“六项攻坚工程”，加快建设内陆开放型陆港经济先行区、资源型城市转型和生态经济示范区、承接产业转移集聚区、高技能人才培养重点区，努力把石嘴山市建设成为开放富裕和谐美丽新型工业城市，在全区率先全面建成小康社会。

3.以文化产业开发引领城市经济新发展

石嘴山市在推进城市转型中以文化产业开发引领城市经济发展。一是规划建设沙湖影视文化核心区。以沙湖盆景化景观为依托，建设以沙湖影视城为核心区的中国宁夏区域性影视基地，形成沙湖影视城与沙湖景区有机融合、互为补充、相互拉动的良性发展格局。同时，开发人性化、多元化的休闲产品，完善沙湖水镇建设，拓展文化服务功能，把沙湖建成集商务、会议、康体、科普等功能于一体的国家级度假区。二是发展环星海湖特色文化产业。统筹规划环星海湖文化旅游资源开发利用，建设星海水镇、上下五千年雕塑馆，重点建设集文博会展、观光游览、影视演艺、文化商品销售等业态为一体的“五七干校”文化园，反映特定历史时期人们的生存生活状态，以历史启迪心智、教育人民，推动文化旅游产业发展。深度开发军旅文化、移民文化、工矿文化。依托贺兰谷古长城、古关隘、古战场、古城堡做文章，开发边塞军旅文化旅游。建设采煤沉陷区治理文化园、建设矿山博物馆，开展工矿遗存文化游。按照石嘴山建市的历史脉络，整合各个时期移民文化的特点，弘扬具有时代特点的开拓创业精神，展示社会主义建设成就。

与沙漠比邻而居的沙湖——集自然奇秀与文化特色于一体

三、特色旅游城市中卫市的经济发展

中卫市位于宁夏中西部，下辖沙坡头区和中宁、海原两县，2004年设市，总面积1.7万平方千米，处于宁、甘、内蒙古三省区交汇处，是黄河中上游第一个自流灌溉市。中卫市土地肥沃，物产丰饶，素有“天下黄河富宁夏，首富中卫”之说，引黄灌区111万亩，是西北地区重要的商品粮、水产品和设施蔬菜生产基地。[①]

（一）中卫市经济发展概况

统计数据显示，全市常住人口113.35万人，比上年末增加0.87万人。其中城镇人口42.15万人，城镇化率为37.19%。全年全市实现生产总值296.86亿元，按可比价格计算，比上年增长5.4%。分产业看，第一产业完成增加值47.55亿元，增长5.8%；第二产业完成增加值137.07亿元，增长8.2%；第三产业完成增加值112.24亿元，增长1.5%。按常住人口计算，人均地区生产总值26 291元，增长4.2%。三次产业结构比为16:46.2:37.8，对经济增长的贡献率分别为16.8%、72.7%、10.5%。[②]可以看出工业占比仍然很高，第三产业特别是旅游业的

①《了解中卫》，http://www.nxzw.gov.cn/zjzw1/ljzw/38.htm。

②中卫市统计局，《中卫市2014年国民经济和社会发展统计公报》，2015年5月。

发展势头强劲，因此旅游产业发展是带动中卫经济发展的新生力量。

围绕建设和谐富裕新中卫的战略目标，中卫市经济发展制定实施“旅游优先发展、外煤进宁、城市化带动、扶贫攻坚”四大战略。稳步发展农业，初步形成了枸杞、硒砂瓜、设施蔬菜、马铃薯、优质大米和红枣、林果等优势特色主导产业，被誉为“塞上江南”“世界枸杞之都”“中国硒砂瓜之乡”。突出发展工业。依托中卫工业区、中宁工业区和海原新区产业功能区，坚定不移地走新型工业化道路，充分挖掘“水、运、地”组合优势，实施“外煤进宁”，着力培育冶金、精细化工、煤化工、新能源、新材料、造纸等六大产业。旅游发展方面，开发建设了世界沙漠博览园、黄河沙坡头大峡谷等项目，打造“沙漠水城”和“漂流之都”，深化“万里黄河第一漂、千年党项第一村、大漠边关体验地、地空穿越大本营”的感观冲击；开发建设了“沙坡头水镇”、沙漠湿地休闲区，打造西部独具特色的旅游休闲度假城市、中国乃至世界沙漠旅游目的地城市。积极发展物流。依托铁路、公路、航空、管道等交通运输优势，以大交通促进大物流，建设广汇煤炭物流基地、大西北物流城、城市综合商贸体，把中卫建成面向西北的重要物流中心、全国知名的物流中转站。加快发展城市，以“沙漠水城、花儿杞乡、休闲中卫”为城市定位，以“宜居、休闲、生态美”为城市目标，创建国家园林、卫生、环保和旅游目的地城市。新建了城市景观水系、“五馆一中心”等城市地标性工程，黄河湿地保护开发等项目获“迪拜国际改善居住环境最佳范例奖”“中国人居环境范例奖”，先后荣获 “中国人居环境建设杰出贡献奖”“中国最佳绿色生态城市”“2011 年城市榜投资环境最佳城市”和“2012 年度苏商投资中国首选城市”等殊荣，已进入中国特色魅力城市 100 强。

（二）特色旅游城市发展

中卫市是著名的旅游城市，旅游资源禀赋极高。国家首批 AAAAA 级旅游景区沙坡头，巍巍祁连山横亘黄河之阴，浩瀚腾格里沙漠连绵黄河之阳，一水中分，形成一副天然太极图。景区集大漠、黄河、高山、绿洲、长城、丝路于一体，“白马拉缰”“麦草方格”“铁龙越沙”浑然天成，实现了黄河与沙漠、沙漠与绿洲、人类与自然的和谐共处，形成了世界垄断性旅游资源；中卫高庙始建于明朝永乐初年，砖木构造，融儒、释、道三教于一体，被全国建筑师学会称作“中国古寺庙经典建筑”；寺口子景区丹霞与喀斯特地貌相交融，奇幽险绝；浩瀚大漠与万顷碧波交相辉映的腾格里湖沙漠湿地休闲度假区，金沙、碧水、飞鸟、绿地及各式高档别墅镶嵌其中，勾画出了“此景只应天上有，人间能有几回见”的绝版美景。大麦地岩画、一碗泉旧石器遗址、秦汉明长城、海原天都山石窟、环球大地震遗址、中宁石空大佛寺等，具有极高的宗教文化研究和旅游开发价值。中卫市也曾是古“丝绸之路”北线的重要驿站，是汉儒、游牧、伊斯兰、军垦等多元文化的聚集地；海原回乡的“花儿”闻名遐迩。

中卫市旅游业兴盛以来，无论是游客数量还是产业收入，连年实现较大幅度增长。全市旅游景区达 21 家，其中，“A”级景区 5 家，“AAAAA”级景区 1 家，旅游度假区 1 家。2014 年全市共接待国内外游客 336.84 万人次，比上年增长 13.4%，实现旅游总收入 20.96 亿元，增长 15.9%。其中入境游客 0.46 万人次，增长 36.9%；旅游外汇收入 265.95 万美元，增长 65.8%。旅游总收入占第三产业增加值的比重为 18.7%，比上年提高 2.6 个百分点；占国内生产总值的比重为7.1%，比上年提高 0.8 个百分点。[①]可以看出，中卫市旅游收入占 GDP 比重达7.1%，占第三产业的比重达 18.7%。旅游已经成为一大特色优势产业，而且从长远看，中卫市的旅游产业不仅对中卫市，乃至全区都具战略拉动性和高成长性意义。

宁夏最具经济活力与文化特色的地级市之一——中卫市市中心

①中卫市统计局，《中卫市 2014 年国民经济和社会发展统计公报》，2015 年 5 月。

旅游产业的发展也推动了旅游文化繁荣，中卫市积极推动沙坡头景区提质增效，建设世界沙漠博览园，构筑大漠黄河沙水交融、沙漠绿洲人进沙退、边塞古城人与自然和谐共生的壮美景观，展示人类与自然抗争的奇迹。打造“风雨沙坡头”文化品牌，拓展旅游工艺品、纪念品、民间艺术品等衍生产品开发和营销，开发羊皮筏、黄河古渡等非物质文化遗产，提升沙坡头景区文化品质，用文化元素延伸旅游产业链条，把沙坡头打造成为世界级文化旅游目的地，种种措施都极大地推进了中卫市文化旅游产业大发展、快发展。中卫市在巩固沙坡头旅游品牌的基础上，进一步开发建设了一批特色精品旅游景区景点，促进文化旅游与城乡发展、城市化、生态建设等协调发展。总之，中卫高起点规划，引领旅游产业科学发展。促进旅游产业健康发展，同时引入战略投资，整合提升旅游产业竞争力，注重开发建设，丰富旅游产品，注重文化结合，提升了旅游的持久影响力。

（三）枸杞之乡与特色农业

作为枸杞原产地，中卫市千百年来就有种植枸杞的传统，1995 年被国务院命名为“枸杞之乡”。枸杞产业是中宁市的优势特色主导产业，对农村经济的发展和县城经济的壮大有巨大的推动作用。近年来，中宁市充分发挥地域、品牌、科技、文化等优势，全力巩固提升中宁枸杞核心产区、核心品牌地位，助推中宁枸杞产业走上了一条创新、突破、崛起的转型升级之路，实现了生态效益、经济效益和社会效益的有机统一。2014 年前后，中宁市枸杞种植面积稳定在 20 万亩，枸杞干果销售价格在 2014 年平均上涨 38.2%的基础上，2015 年 1 月份至 9 月份又平均上涨 16.3%，枸杞鲜果平均价格达到 300 元 / 千克以上，农民来自枸杞产业的现金收入达到 4.1 亿元。

除此之外，中卫还大力发展特色农业，特别是特色沙漠农业，中卫沙漠设施农业科技示范基地，位于中卫市沙坡头区东南缘，东邻中卫香山机场，西靠国家 AAAAA 级沙坡头旅游景区，距离市区 12.5 千米，其所产宁夏中卫香山硒砂瓜已成为特色农产品。中卫市充分利用中部干旱带充足的土地、光热、砂石、积温和劳动力资源，积极推广山区群众多年来积累的压砂瓜种植经验，扩大规模、拓展市场、更新品种、创新品牌，促进产业提质增效，到 2006 年山区农业收入的

90%来自于压砂瓜这一特色产业。[①]

用文化产业理念引领特色农业产业发展。通过建设枸杞博物馆和世界枸杞博览中心,举办枸杞博览会,开展枸杞观光专题游等多种形式,提升中卫"枸杞之乡"品牌的影响力和知名度。推动"枸杞之乡"品牌延伸,用文化产业发展理念,包装硒砂瓜、红枣、葡萄、蔬菜等特色农产品品牌,促进了特色农业做大做强,带动了地方经济发展。

四、宁夏南部中心城市固原市的经济发展

固原市位于宁夏南部的六盘山地区,总面积 10 540 平方千米,辖西吉县、隆德县、泾源县、彭阳县和原州区,处于西安、兰州、银川三省府城市所构成的三角地带中心,是中国西部前景极佳的待开发地区,亦是中央确定重点扶贫的"三西"[②]地区之一。[③]固原贫困人口占到全区贫困人口总数的一半左右,不仅贫困人口多,而且贫困程度深,经济发展较为落后。

(一)固原市经济发展概况

2014 年末全市总户数为 45.07 万户, 户籍总人口 153.33 万人, 农业人口 124.16 万人,非农业人口 29.17 万人,回族人口 71.74 万人,占总人口的46.8%。据人口抽样调查,2014 年,全市常住人口为 122.74 万人,其中:城镇人口 36.93 万人,乡村人口 85.81 万人,城镇化率为 30.09%。2014 年全市经济较快增长。全年实现地区生产总值 200.12 亿元,按可比价格计算,比上年增长9.3%。其中:第一产业增加值 46.45 亿元,增长 5.6%;第二产业增加值 55.65 亿元,增长 16.8%;第三产业增加值 98.02 亿元,增长 6.8%。经济结构由上年的 24.5:26.2:49.3 转变为 23.2:27.8:49,第一产业比重下降 0.7 个百分点,第二产业提高 1.6 个百分点,第三产业下降 0.3 个百分点。[④]可以看出固原市城镇化率比较低,三次产业增加

①高鹏:《中卫建设大基地面向大市场力推特色农业》,《宁夏日报》2007 年 4 月 28 日,第 1 版。

②扶贫计划中的"三西"即宁夏西海固、甘肃河西走廊、定西。

③固原概况,http://www.nxgy.gov.cn/2011/gygk/。

④固原市统计局,《固原市 2014 年国民经济和社会发展统计公报》,2015 年 9 月。

值比例也仍是低水平“三二一”[①]发展格局，产业规模小，层次不高，吸纳就业能力差，总体来讲固原产业分化较为明显，呈现了特色农业规模化、资源型工业处初级化、服务业发展多元化的格局[②]，同时农业特色发展、工业载体逐渐形成、服务业得到了健康发展，固原市荣膺“最美中国·特色魅力旅游目的地城市”“全国十佳生态休闲旅游城市”和“中国绿色生态旅游城市”称号。

宁夏“十二五”规划中提出要加强固原区域中心城市建设，加大固原城市建设力度，扩大城市规模，加快完善城乡一体的交通运输网络，增强城市服务配套功能，提升城市辐射带动能力。支持南部山区加强县城和中心村镇基础设施建设，增强就业吸纳能力和自我发展能力。重点发展煤电、盐化工、劳务、草畜、马铃薯、特色林果与小杂粮等特色产业，加强水土流失治理，积极开发六盘山旅游资源，将固原市建成全国旅游扶贫发展试验区、全国重要的马铃薯育种和种植加工基地、劳动力转移就业培训与劳务输出基地、旅游休闲目的地和陕甘宁区域性物流中心。

2012年自治区政府通过了新一轮城市总体规划《固原市城市总体规划纲要（2011—2030）》规划期限为2011年至2030年，将固原市城市性质定为宁夏南部及周边地区区域中心城市，规划面积约520平方千米。城市发展总体目标是抓住生态、扶贫、民族和谐、革命老区四张牌，充分利用生态、文化、旅游、民族等资源优势，积极争取国家扶贫、区域发展、宁夏内陆开放等政策支持，大力推进产业化和城镇化，建设六盘山区、陕甘宁革命老区的科学发展示范区；突出城市特色，塑造城市品牌，打造具有民族特色的生态文化旅游城市。到2015年市域总人口约为113万人至115万人；2030年约为115万人至120万人。中心城区将形成“四区、五园、多中心”的总体空间结构，“四区”指老城、新区、西南新区和西部新区4个城市功能片区。依据山体和主要河流划分片区，形成与自然环境相适应的布局，保持良好的生态格局和有机发展的城市模式；“五园”指古雁岭、秦长城、东岳山、隋唐墓和九龙山5个生态文化园。依托城市附近山体和历史文化古迹建设包括以历史文化或自然景观为主的生态园，作为城市与周边乡

①“三二一”是指三次产业发展格局，即三次产业比重依次是第三产业、第二产业、第一产业。

②谢鹏杰：《固原市产业结构调整和转型路径》，《现代经济信息》2015年第12期，第450页。

镇休闲健体、郊游的场所；“多中心”指以西南新区区域级中心、老城和新区市级中心为主，形成的区域级、市级和组团级三级公共服务中心。[①]这就为固原城市发展的方向，奠定了坚实的发展基础。

(二)四大支柱产业初具规模

2003年自治区第一次固原会议就提出固原市要从固原实际出发，大力培育“草畜、马铃薯、劳务、旅游”四大支柱产业，经过各方面的努力，各项重点工作取得了突破性进展，四大支柱产业在增加农民收入、促进县域经济发展方面更是发挥了重要作用。

1.草畜产业

畜牧业自古以来就是固原的传统产业。进入21世纪以来，固原市将发展草畜产业与扶贫脱困工作相结合，以发展养牛为突破口，认真实施百村肉牛、十万贫困户养羊和六盘山麓黄牛基地建设项目，成功举办了宁夏(固原)黄牛节，召开了黄牛产业高层论坛。并且通过发展建设万头肉牛养殖示范乡、千头肉牛养殖示范村以及千头肉牛养殖场，实现了以养牛业为主导的草畜产业快速发展。2014年，养牛业发展取得新进步，产业特色进一步增强，运用现代科技开展基础母牛信息化管理工作，新增基础母牛5.2万头，其中引进安格斯良种母牛2 900头；新增肉牛10.2万头，饲养量达到100.2万头[②]。2015年肉牛饲养量突破100万头，被中国畜牧业协会授予“中国六盘山黄牛之乡”称号。

2.马铃薯产业

2014年，固原全市马铃薯种植面积达200.1万亩，年产量达230万吨，其中外销量60万吨。新增马铃薯种薯2万亩，达到28.5万亩，原原种繁育能力达到1.5亿粒，建成西北最大的马铃薯脱毒种薯繁育基地[③]。

为发挥固原马铃薯产地优势，支持固原市物流业和特色农产品产业化、外向型发展，加快通过交通优势强化区位优势、把区位优势转化为发展优势的步伐，解决马铃薯在物流过程中的设备落后、冷链设施匮乏等问题，自治区商务厅

①《固原市城市总体规划(2011—2030年)》。

②来源:《2015年固原市政府工作报告》,http://xxgk.nxgy.gov.cn/article/szf/201502/31551.html。

③同上。

积极推动固原市建设马铃薯特色农产品物流港。物流港位于西兰银物流园区内，占地面积200亩，建筑面积51 895平方米，预算总投资10 987万元，以“种植基地+农户+公司+出口物流港+市场”为运营模式，为马铃薯生产者、批发商、零售商提供交易平台，以及为采购、分类、分级包装、质量检测、深加工、仓储管理等提供一系列服务。目前已建成保鲜冷藏库、冷链物流出口配送区、检测中心、加工车间、农产品交易区，未来将逐渐完善市场供求信息、拍卖、期货交易等增值功能。

3.劳务经济

固原市在宁夏各市经济发展排名至末，农村人口占全市总人口2/3多，且农村人口贫困面极大。采取各种方式发展劳务经济，积极促进农村剩余劳动力转移就业，实现脱贫致富，一直是政府民生工作的重要内容。固原设市后十年间，劳务经济迅速成长，并发展为农民增收的主导产业，劳务输出人员稳定在每年30万人左右。2013年全市共完成劳务输出30.57万人，比上年增长0.6%，其中有组织输出12.81万人，自发组织输出17.76万人。农民人均实现劳务收入2 519.8元，比上年增加327.6元，增长15%，占农民人均纯收入的47%。[①]通过转移就业，固原庞大的农村剩余劳动力队伍在促进劳务经济快速发展的同时，自身的贫困问题亦得到了一定程度的缓解。

4.旅游产业

固原市2013年获得“最美中国·特色魅力旅游目的地城市”称号，全市共有旅游景点9个，其中AAAA级旅游景点2个，AAA级旅游景点3个；老龙潭·中华龙文化博览园和火石寨地质博物馆，升级为国家AAAA级景区的须弥山石窟均享誉国内外旅游市场。全市有7个注册旅行社，注册导游25人。全年共接待国内游客193.89万人次，接待海外游客930人次；接待国内游客总收入8.13亿元，国内游客人均花费419.56元，实现旅游外汇收入15.24万美元。[②]固原旅游业发展除了依托自然资源之外，人文资源中的红色文化旅游资源以及丝路古道文化资源也是其开发的重点内容。

---

①《固原市人民政府，固原概况——劳务经济》，http://www.nxgy.gov.cn/article/201406/18238.html。

②同上。

固原市的文化产业"十二五"规划中提出，要深度挖掘红色文化内涵，提升六盘山长征纪念馆、将台堡一二方面军会师纪念碑、单家集红军长征遗址等红色文化旅游规模层次，扩大红色文化旅游产品创作生产和宣传展示，弘扬"不到长城非好汉"的革命精神，把固原打造成为全国红色文化高地、重要文化旅游城市，提升固原市知名度和影响力。保护利用好丝路古道文化。同时借助丝绸之路跨国联合申报世界文化遗产的重大机遇，规划建设固原文化城，进一步改善固原古城、隋唐墓地、开城遗址、须弥山石窟等文物遗址保护性基础设施条件。此外，政府要举办"丝路古道"文化学术研讨会，依托"丝路古道"文化，再造"文化固原"新优势。通过促进资源整合和产业融合，整合人文和自然资源，统筹规划爱国主义教育基地、文艺创作基地、民风民俗采风基地、革命题材影视剧拍摄基地、非物质文化遗产传承基地等五大基地建设，以文化产业的大发展带动固原市经济社会跨越式发展。

第十七章　回乡农村经济新突破

在社会主义经济建设进程中,工业化和城市化一直是宁夏经济现代化建设的“主旋律”,城乡发展失衡成为社会经济持续发展所面临的重大问题。回族人口聚居的乡村往往是自然条件比较严酷的地区,长期以来回乡农村经济的产业结构单一,经营粗放,收入水平低下。改革开放以来,尽管各级政府极其重视农业结构的调整和农业基础设施建设,而且,在设施农业和特色农业方面亦做出了许多重要举措。但是,回乡农村经济发展仍然缓慢。进入21世纪以来,随着国家一系列惠农政策的颁布,全国上下掀起了发展农村经济、推进新型城镇化和建设美丽新农村的发展热潮,宁夏的回族乡村在充分开发与经营各种特色优势资源的基础上,取得了农村经济发展的新突破。

第一节　回乡民俗文化影响深远

宁夏回族乡村的民俗文化既影响着回乡村民的经济意识和经济行为,也影响着回乡经济的发展。回乡民俗文化作为一种具有市场开发价值的重要文化资源,是培育回乡农村经济新业态的重要载体。

一、回乡民俗文化对回乡农村经济的深远影响

回乡民俗习惯植根于社会生活之中,一旦形成,对当地居民的行为和生活具有很强的影响力。因而,回乡所特有的民俗文化对回乡农村经济发展亦具有广泛而深刻的影响。

(一)回乡重商理念下的生产生活

回族人民善于经商,在实践中积累了许多经商的经验和本领,形成了世代传承的经商习俗。回族人头脑中没有封建社会传统的“重农抑商”的观念,相反,他们视经商为荣,很多人是经商的能手。回族人具备不安于现状、不甘于贫困的心理素质,因而,回族人比较勤劳、头脑精明、善于经营、敢于冒险,并以善经商而著称于世。商业贸易加快了回族人脱贫致富的步伐。譬如,宁夏同心县回族人口占 80%,过去一直是贫困县。1988 年在该县建立了流动实验区,允许农民从事长途贩运,开展商业贸易活动,在短短 4 年时间内,全县有 3 万余人经商,从新疆口岸到雪域高原,从西北五省到南方各大城市,回族人有了用武之地,贫困面由 53%下降到 7%,75%的农民盖起了新房,农民拥有摩托车1 700 余辆,小汽车数百辆,农民生活水平大幅度提高。

总之,回族是一个具有良好商业道德传统的民族,喜善经商的回族人民在实践活动中营造出富有特色的回商文化,诚信为准、尊客重道、勤俭持家,吃苦耐劳、坚忍不拔都是回商的重要的品质,并由此形成与发展起来的一些清真文化企业、商号对当地的经济发展具有重要的影响。

(二)回乡民俗文化影响下的清真产业发展

宁夏的回族人口分别占全区人口的 36%、全国回族人口的近 20%。回族文化影响下的清真产业最具有突出的特色优势,“清真”饮食不仅具有浓郁的中国传统文化和伊斯兰文化相结合后的深刻内涵,而且符合中国穆斯林的信仰与心理、习俗与行为,主要特点在于其遵循伊斯兰文化的饮食禁忌观。长期以来,回族的饮食习惯在地域环境和宗教信仰的影响下,逐渐形成了独具特色的清真产业。宁夏清真食品产业已形成清真食品、乳品加工、清真粮油、清真肉制品、清真休闲食品、清真保健品以及餐饮产业在内的较完整的产业链条,形成了以吴忠为核心的清真食品产业,清真食品加工基地不断增多。

2008 年 8 月,宁夏清真食品国际贸易认证中心正式挂牌成立,是经国家认证认可监督管理委员会批准、全国唯一一家试行开展清真食品认证工作的机构,并与国际穆斯林市场权威的马来西亚清真 Halal 食品认证确立了互认机制。全区已形成贺兰县德胜清真食品工业园区、永宁县望远清真食品加工集聚区、金凤工业园清真粮油加工区、兴庆区清真食品保健品和清真餐饮特色区。吴

银川市极具伊斯兰风格和回族文化特色的商业街道——宁夏牛街

忠市建成了清真食品和穆斯林用品工业园，在新月广场规划建设了清真食品和穆斯林用品一条街，金积工业园清真食品产业加工区。2015 年，银川市清真食品和穆斯林用品产业搭上发展快车，全年实现营业收入（产值）176 亿元，同比增长 10%。此外，“清真”特色电商平台搭建工作可圈可点。厚生记、安优卜、伊味等 10 多家清真食品企业与京东商城银川馆、宁夏曹操购物网签订入驻协议，伊顺园在京东商城搭建电商销售平台，线下新建 3 万平方米清真食品穆斯林用品公共仓。[①]

一直以来回族的饮食禁忌和养生食治之道为回族清真饮食文化的核心，传递着民族文化的精神理念，而且在社会交际中非常注重清真饮食特色，充分展现回族的清真饮食内容的丰富性及多样性。

二、回乡特色文化孕育下的新产业

由于宁夏有着浓郁的回乡文化，特别是在乡村，保留着传统的生活饮食方式、耕作方式、回族风俗习惯。因此，在独特的回乡文化的孕育下，产生了具有宁夏鲜明特色的新型经济业态，具有回乡特色的休闲农业和乡村旅游业就是典型

①宁夏回族自治区商务之窗，http://ningxia.mofcom.gov.cn/article/qzcy/201601/20160101245812.shtml。

的代表。

（一）乡村民俗旅游

回族穆斯林在长期的日常生活、生产中创造了丰富多彩、光辉灿烂的回族民俗文化。回族民俗文化内容丰富，民族特点鲜明，从衣、食、住、行的物质文化，到生产、商业、贸易的经济文化，乃至婚丧礼仪、岁时节令的社会文化和游艺竞技的文体文化，都有其独特的民俗，民俗事象异彩纷呈。丰富的回族民俗文化资源为开发回族乡村特色旅游提供了重要的前提条件，增强了回族民俗特色旅游的广泛性、多样性和吸引性，因而回族民俗文化对乡村旅游具有巨大的开发潜力，更是宁夏乡村旅游的内在文化价值。

（二）乡村休闲农业

宁夏发展休闲农业具有得天独厚的自然条件、地理区位和人文优势。尤其是人文资源，农耕文化、黄河文化、回族文化、红色文化、西夏文化在这片土地上交相辉映，强烈的地方特色和鲜明的民族特色，为发展休闲农业注入了绚烂多彩的文化元素，积蓄了强大能量。宁夏光热资源丰富、昼夜温差大、环境条件好、土壤有机质含量高，且地域差异明显，北部得黄河之利，中部干旱少雨，南部阴湿高寒，发展特色农业具有独特的自然条件。已形成了清真牛羊肉、酿酒葡萄、枸杞、硒砂瓜等享誉国内外的名牌农产品，这为休闲农业的发展创造了良好的基础条件。在文体方面也是别具一格，有着浓郁的回乡文化氛围，如木球、踏脚、回回十八肘、古兰健身术、伊斯兰汤瓶功、托勒盖提功等，既可以参与，又可以欣赏。在歌舞方面，“花儿”具有浓郁的乡土气息和纯朴的生活情趣。在艺术方面，回族的剪纸、刺绣、书画等也极具欣赏价值。这些独特的传统风俗和民间文化正好能迎合和满足生活在现代都市里的人们求新、求异、求知的心理需求。回族这种积极健康的生活方式引领着回乡休闲农业的发展方向。

第二节　独具特色的乡村旅游业

位于中国的西北内陆地区，黄河中上游，特殊的自然、人文环境孕育了独具特色的乡土文化；作为回族聚居的地区，多姿多彩的民族风情和优秀的民族文化，都是宁夏开发乡村旅游业的优势条件。

一、宁夏乡村旅游业的兴起与发展

我国乡村旅游业的发展始于20世纪90年代，最初是1998年国家旅游局推出“华夏城乡游”，提出“吃农家饭、住农家院、做农家活、看农家风景、享农家乐”的口号，随后几年，国家旅游局等相关部门连续出台相关政策，推动了乡村旅游的发展。宁夏在国家乡村旅游业发展的引领下，依托回族民俗文化资源，兴起并发展了独具特色的乡村旅游业。

（一）宁夏乡村旅游业兴起的资源条件

随着西部大开发战略的实施和推进，乡村旅游成为助推农村经济发展的新动力，坚持发展乡村旅游业成为推进社会主义新农村建设的重要举措。宁夏丰富的自然景观资源更是宁夏旅游一大优势特色，六盘山地区丰富的自然资源、得天独厚的生态环境、秀美多姿的自然景观，以及著名的红色文化等都是发展旅游业的良好资源。宁夏广大农村地区的湿地、沙漠、湖泊等为宁夏乡村旅游业的发展提供了天然的资源基础。

回族乡村的民俗文化内容丰富，特点鲜明。丰富的回族民俗文化资源为开发回族民俗特色旅游提供了重要的前提条件，增强了回族民俗特色旅游的广泛性、多样性和吸引性。独特的回族文化，遍布全区的2 000多座清真寺，回族人民的风土民情、风俗习惯和多种多样的文化艺术，构成了宁夏文化旅游资源的主体。回乡民俗文化在宁夏乡村旅游发展中具有巨大的开发潜力，以西吉县龙王坝村为例，2014年10月，该村被国家农业部评为“中国最美休闲乡村”。村内龙泉湾山庄千亩林下油用牡丹、万羽林下生态鸡、现代农业生态观光草莓园、传统农家院、农家餐饮中心等生态、人文和自然旅游资源相映成趣，为当地发展乡村民俗文化旅游提供了“原生态”资源。可见，独特的回乡人文资源、自然景观是宁夏乡村旅游业发展的最大优势。

（二）宁夏乡村旅游业的发展历程

随着城乡一体化进程加快，国内乡村旅游发展方兴未艾，成为促进区域产业融合、社会主义新农村建设的有效形式。在国家乡村旅游发展的大背景下，宁夏抓住机遇，依托丰富的自然资源与人文资源大力发展乡村旅游业，经过多年的发展，宁夏乡村旅游业的发展成绩斐然，从发展历程来看，宁夏乡村旅游先后经历了雏形萌动、初始培育、快速发展这几个阶段。

第一阶段：产业雏形阶段。2000年之前，宁夏局部地区就出现了类似于“农家乐”的分散经营点，主要在沿山、沿路、沿景区周边地区，依托渔湖等特色种养业资源，进行简单的农家餐饮、垂钓等经营。在最早的雏形萌动期，平罗黄渠桥、灵武磁窑堡、永宁望远桥等地经营的牛羊肉特色餐饮引得人们经常光顾。

第二阶段：初始培育阶段。在2000年到2006年期间，宁夏乡村旅游进入初始培育期，在政府项目和企业转产资金的带动下，一批休闲旅游度假村、观光农业园、生态山庄等休闲度假经营点围绕重点景区和城市起步发展，如兰一山庄、沙湖度假村。

第三阶段：快速发展阶段。2006年以来，受假日经济发展、都市休闲需求结构变化等因素影响，乡村旅游在宁夏各地兴起发展，不同层次、不同类型的乡村旅游点纷纷出现，特别在国家倡导发展乡村旅游政策的引导下，宁夏乡村旅游进入快速发展时期。这一时期，以企业转产、土地流转经营、股份合作为运营模式，以“三农”资源为主要依托，以特色餐饮、农事体验、体育健身、近郊休闲度假等为内容的各类农家乐、生态山庄已经有一定规模。

在2014年11月底，国家发改委、旅游局等七部委联合发布《关于实施乡村旅游富民工程推进旅游扶贫工作的通知》，“计划到2015年，扶持约2 000个贫困村开展乡村旅游；到2020年，扶持约6 000个贫困村开展乡村旅游，力争每个重点村乡村旅游年经营收入达到100万元，集中力量解决贫困村乡村旅游发展面临的突出问题，带动贫困地区群众加快脱贫致富步伐”。2015年年初中央一号文件对融合第一、二、三产业，涵盖生态、文化、历史等内容的乡村旅游，做了前所未有的浓墨重彩的描摹，一号文件提出推进农村一、二、三产业融合发展。这是我国乡村旅游面临的最大历史机遇，为宁夏乡村旅游业的发展提供了重要的契机，也加快了农村经济发展的新突破。

二、宁夏乡村旅游业发展规模与类型

经过多年的发展，宁夏的乡村旅游已经有了一定规模，乡村旅游类型多样，且产品内容丰富。乡村旅游迎合了城市居民回归自然的生活质量意识，具有广阔的发展前景。

（一）宁夏乡村旅游发展的规模

宁夏乡村旅游主要是在第三阶段快速发展时期初具规模，即从 2006 年起，宁夏乡村旅游主要以规模经营方式为主。2006 年，宁夏全区接待国内旅游者 592.65 万人次，其中参加乡村休闲旅游活动的近 80 万人次（占全区国内旅游接待人数总量的 13.49%），旅游收入 2 300 余万元。发展到 2014 年，宁夏全区接待国内游客 1 671.62 万人次，同比增长 9%；接待入境旅游者 33 657 人次，同比增长 32.7%；全区 380 余家农家乐接待游客 330.77 万人次，实现旅游收入 2.88 亿元。2015 年随着内容的充实和产业结构的优化，新的旅游版图业已形成，黄河文化旅游带、塞上回族文化旅游板块、红色文化旅游板块和西夏文化旅游板块“一带三板块”协同发展，中南部旅游异军突起，全区共接待游客 1 840 万人次，实现旅游总收入 161 亿元，不仅与同期相比增幅分别增长 9.82% 和 13.03%，而且放眼全国，其增幅都高于全国平均水平。其中乡村旅游快速发展，直接从业人员 1 万人，带动就业 7 万人，接待游客 371 万人次，旅游收入 2.69 亿元，成为乡村农民脱贫致富的主渠道。其中五星级农家乐有五家，包括石嘴山市大武口区龙泉山庄、吴忠市利通区山水沟美食生态园、吴忠市利通区桃园农庄、固原市泾源县冶家村巧媳妇农家乐、固原市西吉县龙泉湾山庄；而四星级农家乐有 35 家，譬如兴庆区五渡桥农庄、西夏区万义生态园、西夏区玖隆山庄、大武口区金苹果庄园、红寺堡区功达酒庄生态园、中宁县功夫驴休闲生态农庄等。宁夏的乡村旅游业规模逐渐在扩大，而且也逐渐成为宁夏农村经济迈上新台阶的重要推动力。

（二）宁夏乡村旅游的主要类型

近年来，宁夏抓住历史机遇，依托特色资源，大力发展乡村旅游业，且发展类型多种多样，主要以农家乐、农业观光园、民族风情体验游为主。

1.农家乐

在 20 世纪 90 年代之初，以“吃农家饭、住农家屋、干农家活、享农家乐”为主要内容的农家乐旅游快速兴起，主要选择在乡村植被景观保存较好、与城市反差较大、拥有独特景观资源或浓郁乡村特色的地域环境开发，从吃、住、游、娱、购等方面满足游客周末休闲度假需求，如位于银川市西夏区镇北堡镇昊元村的红柳弯山庄，其主要是集休闲娱乐、养殖、种植餐饮、住宿、健身于一体的农家乐。经过多年的发展，宁夏农家乐的规模逐渐扩大，体系逐渐完善。

新牛酒庄就是宁夏乡村旅游业的典型代表之一，新牛酒庄位于宁夏银川市西夏区镇北堡镇110国道西侧，南邻镇北堡西部影城，是集餐饮、娱乐、休闲、住宿、拓展训练于一体的休闲度假佳地。酒庄环境优美、绿树成荫，建有花园式餐厅、别墅群、大型会议室、综合运动场、高尔夫训练场、葡萄园及酒庄、特畜养殖区、垂钓池，其特有的农庄文化气息与现代餐饮文化融为一体，让久处城市喧嚣的人们真正体验到回归自然生活的境界。

2.农业观光园

21世纪之后，乡村旅游逐渐转向产业化、区域化的发展模式，项目逐渐丰富多样，依托黄河、贺兰山东麓一带优越的生态环境发展农业观光体验园区，依托最具代表性的回乡文化发展回乡民俗观光园等。在现代农业技术的指导下，开发了具有较高观赏价值的作物品种园地，如位于银川市贺兰县习岗镇经济桥二社的宁夏西昱·普罗旺斯薰衣草庄园，该庄园以引进欧美优秀的农作物玉米、特色马铃薯、精品蔬菜、薰衣草等芳香植物新品种有机化示范种植业为主，以生态旅游、观光农业为辅。另外，值得一提的还有吴忠金沙湾农业观光旅游区、昆仑高科技示范园区、中宁亩枸杞观光园等。

3.民族风情体验游

这是主要依托回族村寨、以回族生活场景为背景而开展的乡村旅游。旅游者亲临其境，从民居、建筑、饮食、日常起居、服饰、节日、生产、娱乐、礼仪、道德、信仰、农耕、商贸等方面体验回族文化和历史。代表性的景点(区)有:清真食府、中华回乡文化园、中北村、纳家户。

二、宁夏乡村旅游业发展中存在的问题

宁夏乡村旅游业蓬勃发展，已成为宁夏回乡农村经济发展的新动力，成为农村经济新的增长点。但总体上仍处于起步发展阶段，发展中存在一些问题。主要体现在以下几个方面。

第一，对于乡村旅游的认识不够深入，也没有充分挖掘回乡文化资源。在宁夏乡村旅游业发展的历程中，对民族文化的重视不够深入，只是依托现有农

田、果园等自然资源自主开发经营。宁夏已开发了一些回乡旅游项目,但从整体上看,宁夏回族文化旅游资源的挖掘还不适应打造面向阿拉伯国家旅游目的地的需要。主要体现在:回族文化的物象特征体现不足,除清真寺和清真饭店外,展示回乡风情的建筑文化的载体与典型城市景观十分缺乏。中国最大的回族风情园——"中华回乡文化园",基本停留在以文物观光为主的旅游发展初级阶段,与目前旅游业以休闲度假为发展方向、以互动娱乐为产品设计潮流的发展趋势明显不符。其对历史文化只是进行了初级的挖掘整理,对历史、宗教、习俗、文化资源等缺少产品化、有形化的开发和利用,旅游观光项目单一,活动项目少,区域整体回族文化氛围不浓,没有对游客形成很强吸引力。

第二,缺乏统一科学的发展规划,发展意识薄弱。乡村旅游业在宁夏还处于初级发展阶段,尚未完全建立宁夏乡村旅游区域特色、行业管理、政府投资、片区营销、融资模式等有效机制,基本是企业和农民根据市场需求自发兴起和经营,缺乏政府统一规划和引导,发展分散缓慢,容易产生重复建设和资源的浪费,也没有充分重视文化在乡村旅游中的潜在经济价值。

第三,公共基础设施落后,通往乡村旅游景点的交通不方便。常言道"要想富先修路",说的就是这个道理,而且乡村一带的卫生、网络、水电等急需改进。同时涉及的农业、林业、旅游、交通、电力、环保等部门也未能统筹协调一致,无法合力推动乡村旅游业的发展,无法形成强有力的后勤保障。营销模式落后,对宣传认识不到位,推介力度不够,产品的设计与营销理念不够新颖。

第三节 突出回乡特点的休闲农业

2014 年 8 月,农业部下发的《全国休闲农业发展"十二五"规划》,对休闲农业做出了明确的、全面的界定,其是贯穿第一、二、三产业,融合生产、生活和生态功能,紧密连接农业、农产品加工业、服务业的新型农业产业形态和新型消费业态。宁夏的休闲农业经过多年的发展日益成熟,休闲农业的发展已成为促进农村就业、增加农民收入的一个朝阳产业,也成为宁夏农村经济发展的重要支柱。

一、宁夏新型休闲农业的产生与发展

宁夏是传统农业省区，农业资源条件优越，国土面积虽小，但聚集了西北几乎所有的气候特点和全国的主要农业类型，所以，宁夏回乡农村经济具有鲜明的地域特征和民族风情，其休闲农业带有强烈的回乡文化特色，为发展新型休闲农业创造了良好的条件。

（一）宁夏休闲农业兴起的资源基础

宁夏是全国农业优势比较突出的省区之一，具有优美的地理环境、丰富的农业资源及悠久的农耕文化。宁夏北部引黄灌区是宁夏农业的精华之地，农耕历史悠久，自秦汉以来，利用黄河之便，兴修水利，灌溉农田，是发展绿色、有机特色农产品的最佳地区。南部山区丘陵沟壑纵横，气候温和凉爽，物种多样，环境洁净，是发展生态农业的较佳区域。境内山区丘陵平原兼有，黄河纵贯南北，地貌景观独特，农业资源丰富，农耕传统悠久，交通网络完善，发展休闲农业具有得天独厚的优势。另外，宁夏历史悠久，拥有浓郁的回乡文化、农耕文化，西夏文化、黄河文化，回乡的生产活动、生活方式、民情风俗、宗教信仰及各种传统节庆更是宁夏特有的一道亮丽的风景线，可以带给观光者别样的乡土风情，可以使其体验独特的乡土文化。为此，丰富的人文和自然资源成为宁夏休闲农业发展的重要基础。依托这些休闲农业资源，宁夏因地制宜，培育出了具有宁夏特色的休闲农业形态，使其成为宁夏农村经济发展的支柱产业之一，也成为让农民脱贫致富的重要渠道之一。

（二）宁夏新型休闲农业发展历程

宁夏充分利用独特的农业优势和独特的自然资源、人文景观，依托特色农业产业，顺应时代要求，大力发展休闲农业。宁夏休闲农业兴起于 20 世纪 90 年代，全区各地都有不同程度的发展，开始时主要是以观光为主要内容的参观性农业旅游。进入 21 世纪后，随着农业和旅游业快速发展，观光与休闲相结合的休闲农业也发展起来。靠近银川、吴忠、中卫等城市郊区的一些农村和农户利用当地特有农业资源环境和特色农产品，开办了以“吃农家饭、观农家景、种农家地、摘农家果、享农家乐”为主的观光休闲农业园，开展采摘、钓鱼、种菜、野餐等多种旅游活动。

宁夏坚持发挥特色、体现特色的思路，将休闲农业构建为“一圈三带多点”的发展空间布局，“一圈”即环六盘山生态休闲圈，依托六盘山地区丰富的自然资源、得天独厚的生态环境、秀美多姿的自然景观、历史悠久的回族文化，开发具有自然生态景观、民俗风情体验、特色饮食品尝、健康养生功能的独具山区特色的休闲农业。“三带”：一是黄河金岸休闲农业产业带。以中卫、吴忠、银川、石嘴山沿黄城市带为主，依托黄河金岸、黄河湿地资源、回族乡村文化等特色，开发以生态旅游、休闲度假为主的休闲农庄产业带；二是贺兰山东麓葡萄长廊休闲农业产业带，以银川市、石嘴山市、青铜峡市、红寺堡区和农垦集团沿山地带为主，依托贺兰山东麓地区沿山生态果林、葡萄产业基地资源，发展以生态观光、酒庄体验为主的休闲农业葡萄小镇、葡萄酒庄产业带；三是艾依河流域休闲农业产业带，以艾依河流域和湖泊湿地为主，利用良好的渔业资源，打造以都市休闲农业为主题的艾依河流域休闲产业带，围绕“田园人家”、创意农业，发展观光蔬菜园、休闲餐厅、休闲农场、花卉种植，打造集农产品加工、生产经营及生产服务于一体的休闲农业。

二、经营模式与类型多样的休闲农业

宁夏各回乡地理特征和资源禀赋条件的不同，其休闲农业的经营模式和类型也多种多样，为农村经济的发展增添了活力。

宁夏休闲农业的经营模式以立体多元化投资、聚合式的经营为主要特征。宁夏休闲农业投资主体主要有公司投资、“公司＋农户”投资、农民联合投资、农户个人投资等方式。经营模式以农户自主经营、企业租赁经营、农户与企业联合经营、专业村经营四种为主。休闲农业往往与林果业、种植业、养殖业、农产品加工业等紧密结合，而且具有投资规模大，经营项目较为丰富的特点。农户自主经营，在休闲农业中占主要地位，达到80%，而且具有聚合经营的特点。休闲农业的主要类型包括黄河大漠观赏型、休闲垂钓型、生态观光型、认种采摘篱园型、休闲农庄型、农家特色餐饮型等。各类型的分布区域及特点如下。

黄河大漠观赏型。其主要集中在银川市兴庆区、灵武市、吴忠市、中卫市、石嘴山市平罗县、惠农区黄河两岸，让游客观赏大漠、黄河景观，体验黄河大漠文化，从而带动周边农村经济，为当地农民增加了就业渠道，提高了农民收入。

位于银川市兴庆区的钟鼓楼，始建于清道光元年（1821年）

休闲垂钓型。银川市，石嘴山市大武口区、平罗县、吴忠市、中宁县等借助湖面较多优势，进行有效利用开发利用，大力发展适水产业，既便于满足市民休闲、观光、垂钓的需求，又能提高农民收入，此种模式也是宁夏农家乐的主要形式之一。

生态观光型。其主要依托林场、园林等生态观光为主，如沿贺兰山、六盘山一带，银川市西夏区镇北堡镇沿山路两侧、红寺堡开发区、永宁县玉泉营农场葡萄基地、盐池县哈巴湖，围绕农业、农村、农事，以创新的理念、求新的思维，结合实际深挖特色，形成了一批颇具个性的休闲农业品牌。

认种采摘篱园型。银川市西夏区、永宁县利用沿贺兰山果园，兴庆区利用设施园艺温棚，灵武市利用长红枣产业，金凤区在爱伊河畔等地建设了市民农园，为游客提供集观赏和果类采摘于一体的服务项目，供游客采摘杂果，供市民认种、体验农活。

休闲农庄型。银川市、吴忠市、石嘴山、中卫市等部分企业和个体经营者依托林园、水系、湖泊建设成一批集特色种植、旅游观光、餐饮住宿、休闲娱乐、景物观赏、会议培训等于一体的综合性生态观光休闲农庄。

农家特色餐饮型：各县（市）区均发挥本地优势，利用特色畜禽养殖、蔬菜种植等，形成以土鸡、羔羊肉、欧洲雁、清真食品等特色乡村酒店餐饮，让游客吃农家饭，尝农家菜。

宁夏利用农村现有资源条件发展休闲农业，既增加了农民就业岗位，又增加了当地农民收入，为转化农村剩余劳动力找到新途径，达到增收与就业的双重目的，成为扶贫开发、解决“三农”问题的有效途径。而且，休闲农业的兴起与发展改变了回乡农村经济的单一结构，使潜在的资源优势转变为现实的经济优势。休闲农业把旅游娱乐与农业发展结合起来，集“吃、住、行、游、购、娱”于一体，打破了第一、二、三产业的界限，促进了回乡农村产业结构的调整和优化，加快了城乡一体化进程，缩小了城乡差距。

第十八章　生态经济开发与扶贫攻坚

宁夏地区自秦汉开始进行经济开发以来,由于屯垦、水利工程以及频繁征战等原因,脆弱的生态环境不断恶化。新中国成立之后,尤其是改革开放以来,在城市化和工业化的大力推进中,各种经济活动对生态环境的干扰日益增强,植被破坏、水土流失、荒漠化、自然灾害等问题愈发严重。而且,与生态环境问题相伴随的贫困问题更是日益严重,尤其在南部山区,像西海固这一国家级贫困地区,恶劣的生态环境与严重的贫困问题如影随形,互为因果,积重难返。进入21世纪以来,面对生态环境恶化和经济下行的双重压力,宁夏转变发展思路,创新发展模式,坚持经济开发与可持续发展并重,大力发展现代生态经济,以生态经济开发带动扶贫攻坚,取得了显著成效。

第一节　生态环境恶化与贫困落后相并存

生态环境是人类生存和发展的基本条件,是经济、社会发展的基础。生态环境恶化,不仅制约经济的长远发展,而且还威胁到人类的生存。然而,在现实中,越是贫困的地区,往往越是迫于生计不得不过度开发利用自然资源,包括土地、草场、林地,等等,结果必然导致生态环境恶化,并与愈演愈烈的贫困问题形成恶性循环。宁夏的情况亦是如此,贫困人口主要分布在生态环境恶劣、自然资源匮乏、地理位置偏远的地区,造成扶贫开发工作与生态建设工作相重合。

一、改革开放以来宁夏生态环境不断恶化

宁夏处于我国西北地区，属于干旱半干旱地区，地形复杂，垂直气候特点突出，光热资源较为丰富，年平均降水量总体上偏少，且降水时空分布不均，干旱、干热、低温、冰雹等自然灾害频繁，生态环境脆弱，土地荒漠面积不断增加，水土流失严重，土地次生盐渍化面积不断增加，水资源普遍缺乏。新中国成立以后，特别是改革开放以来，在党中央的亲切关怀和大力支持下，通过实施三北防护林等一批重点林业工程项目建设，使林草资源得到逐步的恢复和发展。但是，宁夏仍是一个缺林少绿的省区，生态环境脆弱的状况并未得到根本改观。宁夏生态环境状况变化过程大致经历了以下几个阶段。

（一）1978—1999 年：生态环境退化严重

改革开放初期到 1999 年末，宁夏生态环境退化严重。截止 1999 年底，全区尚待治理的水土流失面积 337 万公顷，占全区国土面积的 73%；沙漠化土地面积 126 万公顷，占 24.3%；林木覆盖率 6.4%，为全国平均水平的 45.6%；退化草场面积 106.7 万公顷，占天然草场面积的 97%；老灌区有尚待改造的盐渍化土地 22 万公顷，新灌区土壤次生盐渍化程度又在增加。在 1978—1999 年统计的 6 项气象灾害（干旱、雨涝、大风、冰雹、冻害、病虫）中，干旱灾害发生频次占总灾害频次的 50%以上，为各项灾害之首。由于旱灾往往具有发生范围广、持续时间长等特点，20 世纪 70 年代，旱灾受灾人数 109.4 万人，经济受损 5 040.8 万元。80 年代，旱灾受灾人数 395.9 万人，经济受损 49 298.6 万元。90 年代，旱灾受灾人数达 506.8 万人，经济受损 107 023.1 万元。工业污染严重，主要污染因子有总悬浮微粒、二氧化硫、氮氧化物和降尘，在全国属重污染省区。从综合污染指数看，由重到轻依次为银川市、石嘴山市、固原市、吴忠市。

（二）2000—2010 年：生态环境稍微好转

2000 年以来是我国生态保护与生态建设力度最大的时期，先后开展了“天然林保护工程”“退耕还林还草工程”“退田还湖工程”，同时还加强了自然保护区建设，规划了 25 个国家重点生态功能区和 35 个生物多样性优先保护区。

---

①丁冬梅：《宁夏经济社会发展研究》，阳光出版社，2014，第 132 页。

2000—2010 年间,宁夏生态系统类型的转变以耕地生态系统为最大,10 年间分别有 374.8 公顷和 1 268.1 公顷耕地转化为灌丛和草地,转化强度达到 1.95%、6.59%,这与实施多年的退耕还林还草工程关系密切,一级生态系统中城镇和森林类型较为稳定,向其他类型转换不明显,湿地类型转入和转出面积变化不大,但变化幅度相对较大,荒漠类型向其他生态类型均有不同程度的转化。

(三)2011—2015 年:总体质量趋于稳定

宁夏已逐步探索出一条由综合防治向生态经济、清洁型流域转型,小面积开发治理促进大面积封育保护的新路子。截至 2015 年底,宁夏全区水土流失治理措施保存面积达到 1.7 万平方千米,森林覆盖率提高到 13.6%,每年减少入黄泥沙量 4 000 万吨,虽然取得了一定成效,但是水土流失仍是生态环境良好发展的隐患,仍需不断治理与改善,干旱缺水一直是困扰宁夏农业经济发展的瓶颈。宁夏回族自治区年平均气温 2.3℃—7.5℃,积温 1 852℃—2 965℃,年日照1 213—3 019 小时,日照百分率 50%—68%,无霜期 100—150 天。年降水量 280—650 毫米,南多北少,总的气候特点是光热偏多,水分不足,一般“五年一大旱,两年一小旱,全年两头旱”,春旱频繁,夏季少雨,与作物需水时间不协调,降水变率大。[①]另外,沙尘依然严重。据 2014 年的数据显示,一年之中出现了 6 次沙尘天气,一级沙尘天气(浮尘)就已达到 4 次。频繁发生的沙尘天气,不仅刮走大量表土,造成土地沙化,影响农业生产,还造成了大量人畜伤亡,使本来就非常脆弱的农业生产环境更加恶化,农牧业生产不稳定,甚至得不到保障。

截至 2014 年底,宁夏全区的生态环境质量指数值为 48.91,生态环境质量总体稳定,根据生态环境分级标准,全区的生态环境质量处于“一般”水平,全区 19 个市县,生态环境质量分级达“优”的市县有 1 个,良 4 个,其余 14 个为“一般”,其中有 5 个还低于全区平均水平。[②]

二、与生态恶化相伴随的贫困问题

生态与经济很多时候是矛盾的两面。在改革开放之后,伴随宁夏生态环境退化的则是贫困落后问题,两者之间相互影响,形成恶性循环。造成宁夏贫困的

①丁冬梅:《宁夏经济社会发展研究》,阳光出版社,2014,第 134 页。

②《2014 年宁夏回族自治区环境状况公报》,第 12 页。

原因除了恶劣的地理环境之外，也源于自身发展力的不足。贫困问题与生态恶化问题相叠加，对宁夏经济的可持续发展极为不利。

（一）宁夏贫困落后状况的演化

宁夏贫困地区主要集中在中部干旱带和南部山区，包括盐池县、同心县、原州区、西吉县、隆德县、泾源县、彭阳县、海原县。以西海固为主的宁南山地，有着无数的沟、壑、塬、峁、梁、壕、川，属宁南黄土丘陵地带，统称宁夏南部山区。这里由于流水切割及千百年来的盲目垦殖，水土流失严重，除少量河谷川台外，大部分地方生存条件极差，且多发生其他各种自然灾害。国务院确定为重点扶贫的地区，涉及 8 个低收入县，全部在 18 片贫困区以内，长期享用国家专项贴息贷款，总土地面积 30 480.6 千米，人口 184 万，其中农业人口 113 万，纯收入低于 200 元的人口 89.6 万，占农业人口的 51.8%，贫困人口中有 65.5%的人均纯收入在 150 元以下，在总人口中，回族占一半以上，有的县甚至超过了 2/3。[①]这里也是全国最大的回族聚居区和集中连片特殊困难地区，多年来宁夏的贫困状况总体呈下降趋势，个别年份之间有较大波动，并出现阶段性反复的情况。

在 1984—1990 年期间，国务院将西海固地区列入国家“三西”[②]农业专项建设计划，“三西”建设主要是针对水利工程、林草建设和农田基本建设等。但这一时期由于自然灾害影响，农业生产出现了较大波动，政府以“三西”资金为契机，采取了一系列行之有效的扶贫措施，这一时段宁夏农村居民贫困发生率从 21.25%下降到 17.68%，家庭经营收入是降低贫困的主要因素，工资性的收入对降低贫困的贡献份额较小。

1990—1995 年是贫困反弹时期。这一时期，自然灾害频繁发生，同时中国经济处在一个新旧转轨时期，出现了一些新的矛盾和问题。贫困发生率在 1991 年、1992 年大幅反弹，到 1994 年又出现回落，1995 年又有较大回升。家庭经营收入的贡献份额下降，是导致贫困发生率提高的主要原因。

1996—2000 年是贫困明显减缓时期。以 1994 年国家“八七”扶贫攻坚计

①丁冬梅:《宁夏经济社会发展研究》，阳光出版社，2014，第 132 页。

②甘肃的河西、定西和宁夏的西海固，被称作“三西”地区。1982 年作为全国第一个区域性扶贫开发实验地，国家每年拿出 2 亿元对其进行开发式扶贫，计划用 10 年时间使其彻底告别贫困。

划”的公布实施为标志，中国的扶贫开发进入了攻坚阶段，在此期间宁夏回族自治区政府实施了“宁夏双百扶贫攻坚计划”。这一时期贫困发生率从1995年的29.71%下降到2000年的13%。

在2001—2010年期间，在扶贫开发的强力推进下，宁夏贫困地区农民人均纯收入从1 078元增加到3 415元，连续10年增幅在10%以上，贫困率快速下降。截止到2015年年末，宁夏200个重点贫困村达到脱贫销号标准。至此，宁夏已有300个贫困村摘了“贫困帽”，占全区1 100个贫困村的27%以上。

从历年宁夏贫困情况来看，宁夏的贫困集中体现于两个方面，一方面是受地理因素影响所造成的发展困境，另一方面是劳动者自身发展力不足所造成的贫困状况，直接体现为当地贫困农户劳动力文化教育水平很低。据对贫困县的抽样调查分析，劳动力文化程度与家庭收入之间有显著的正相关关系，劳动力人口有15%未上过学，小学文化程度占24%，初中文化程度占46%，高中（含中专）文化程度占13%，大专以上文化程度占2%，临时性外出打工人员占16%，在外打工半年左右的占9%，大半年在外打工的占24%，全年在外打工的占25%，不打工的占26%，外出打工收入已成为山区农民收入的重要来源之一。[①]对于贫困者本人来讲，个人文化水平的高低，在某种程度上也决定着其创造财富、自我摆脱贫困的能力。

（二）宁夏贫困集中区——宁南山区的贫困特点

宁南山区作为全国最早被国务院确立的“三西”扶贫地区之一，其贫困具有极为典型的特点，主要体现于以下几个方面。

1.贫困规模大、程度深、集中度高

1994年公布的《八七扶贫攻坚计划》，按照国家规定，扶贫攻坚乡的标准为1992年人均纯收入400元，贫困户人均纯收入300元，宁南山区七县一区全部被划为国家级贫困县（区）。据宁夏统计局农调队1994年统计，宁南七县一区贫困发生率全部高于10%的标准，其中泾源县高达56.9%，这充分说明宁南地区是宁夏贫困规模最大、最集中的区域。1994年全宁夏农村贫困人口约74.2万人，而山区就有61.16万人，占全区贫困人口的82.4%。

---

①史媛：《宁南山区九县农村贫困状况调研报告》，《2014年宁夏社会学会学术年会论文集》，第293-294页。

虽然从1982年到2014年，宁夏累计减少贫困人口280万人次，贫困发生率由74%下降到17.4%。西海固9县(区)的GDP从1.88亿元增长到352亿元，增长187倍。人均GDP由113.2元增长到1.8万元，增长159倍。地方公共财政收入从0.13亿元增长到22.8亿元。①但是这场针对贫困的持久战仍然艰巨，虽然近几年有所改善，但是与全国其他地区相比，贫困的集中度仍然颇高。

西海固地区集中了全区85.4%的贫困村、80%的贫困人口，仍然是全国最贫困的地区之一。2013年全面建成小康社会综合指数，仅有盐池县、彭阳县略高于全区平均水平，大部分县区只有70%左右，最低的海原县只有62%。2014年农民人均纯收入与全国14个片区平均6 591元相比还少704元。所以说宁南山区是全国范围内贫困程度最深的地区之一，曾被称为“贫困之冠”，“西海固”已经成了贫困的代名词。

2.贫困问题在回族聚居区表现突出

宁南山区是回族聚居的地区，回族人口114万人，占全宁夏回族人口的64.7%。回族最为集中的泾源、海原县，也是最为贫困的县(见表18-1)。他们一般家庭规模大，低龄、老龄人口多，劳动力受教育程度较低，接受科学技术和把握市场变化的能力弱。

表18-1　宁南山区回族分布与经济发展状况表

	回族人口所占比例(%)	工农业总产值(千元)
泾源县	97	19 800
海原县	70	129 455
西吉县	52.9	324 087
原州区	42.5	1 460 181
彭阳县	29.1	205 056
隆德县	9.2	576 645

资料来源:《2000年固原统计年鉴》。

3.资源十分匮乏，基础设施薄弱

宁夏自然资源区域分布不均衡，以水资源和矿产资源最为突出，84.8%的地下水资源和94.8%的可开采资源量集中分布在面积不到宁夏总面积1/4的银

①http://www.nx.xinhuanet.com/2016-02/19/c_1118092758.htm。

川平原、卫宁平原及贺兰山区。与此形成鲜明对比的是南部山区，即使在宁南自然资源中占有份额量较多的煤炭，其探明储量也仅有9.18亿吨，仅占全区探明储量的2.93%，且系活动型、狭窄小型盆地泥炭沼泽堆积，可开采煤层少而薄，煤质差，仅有县办小煤矿开采，经济效益不佳。其他硫铁矿、磷、石英砂、石灰岩矿、石膏矿等非金属矿产含量都很低，开采价值不大。水资源严重缺乏，人畜饮水困难，土地资源贫瘠，95%的耕地为旱耕地或者坡耕地，农作物产量长期低而不稳，粮食平均亩产只有40—50千克。

4.自然条件极其恶劣

宁南山区属森林草原向荒漠草原的过渡带，气候干旱，降水的时空变化大，呈现春暖迟、夏热短、秋凉早、冬寒长的特点，十分不利于农作物生长，极容易形成春秋播种及灌溉需水时，连续8个月（每年10月—次年5月）少雨、风沙大，气候干燥、旱情严重的情况，农作物极易枯死。夏收时却极易形成对流雨，冰雹频繁，受夏季风影响，甚至发生洪涝、早霜冻，又会毁去待收的大片秋田庄稼，这对农业生产有着重要的影响。

多年来政府在政策方面多方扶持，贫困地区在社会发展环境方面有了明显的改善。但是，由于土地资源状况与经济发展状况存在着密切的关系，贫困地区温饱问题普遍严重的地方，一般都是土地资源贫乏或开发利用率较低的地方，宁夏南部地区气候干旱，加上土壤自然肥力低，再加上其他方面的困扰，宁夏的贫困状况仍然是重要议题之一。

三、生态环境恶化与贫困落后并存的原因

宁夏的生态脆弱区主要在宁南山区，宁南地处中国第二地势阶梯，黄土高原西部，气候与水文由半湿润向半干旱和干旱区过渡。植被由森林向干草原、荒漠草原过渡，土壤由黑垆土向灰钙土过渡。这一带包括固原市的原州区、彭阳县、西吉县、隆德县、泾源县、海原县6个县区，及吴忠市的盐池县、同心县和红寺堡开发区，占全区总面积的58.8%，一般亦称为西海固地区。然而恰巧的是宁南山区也是宁夏经济发展较差的地区，也是全国的贫困地区，生产方式比较传统，耕作粗放，广种薄收，靠天吃饭，宁南山区贫困人口的贫困类型以“生存型”为主。

（一）生态恶化与人口膨胀恶性循环

在贫困山区，由于人口的增长，造成粮食缺乏，导致人们毁林开荒种粮，由此又造成水土流失，地力下降，灾害加剧，生态恶化，从而导致粮食更加缺乏，生态环境恶化和自然灾害频繁发生。所以，贫困山区由于生产力水平低下，贫困农民寄希望于增加活劳动力投入（多生人口）而求得产量的提高，于是又导致人口膨胀，由于人口的膨胀与环境资源的失衡，反过来又妨碍经济的发展，从而导致生产力更为低下，这实际上就步入了人地关系失衡的贫困陷阱。

（二）贫困人口集中连片分布在生态环境脆弱的地区

宁南地区生态环境脆弱，自然灾害频繁，水土流失严重，农业生产条件差，生产力水平低，而且大多数地区可利用的水资源匮乏，利用条件差，人畜饮水困难，并因环境恶劣、土地承载力低出现"一方水土养不活一方人"的情况。人口多、耕地少、生活困难、靠天吃饭使得当地居民一旦遇到自然灾害，一部分人饱而复饥，温而复寒，脱贫难度大，返贫率高。这种低效、落后的农业生产方式导致了区域经济发展十分缓慢。

总而言之，一方面以种植业为主的生态脆弱地带的农业结构与不适宜发展种植业的气候条件相矛盾，严重影响了生态脆弱区农业生产的发展，另一方面，低下的农业生产水平又成为这些以种植业为主的生态脆弱区贫困的主要原因之一，农牧交错带中的贫困县主要分布在以农为主的县内，是说明这个问题的一个依据。

第二节　实现双重收效的宁夏生态经济开发

为了解决突出的生态与贫困问题，宁夏创新发展思路，开拓性地培育生态经济形态，在充分开发宁夏各种资源的基础上，也充分注重环境保护，实现了扶贫攻坚与生态保护的双重收效。

一、宁夏生态经济的兴起与发展概况

生态环境是经济发展和社会进步的基础，在大力发展经济的同时，更要注重和加强生态环境建设，宁夏经济发展与生态环境建设机遇和挑战并存。改革

开放以来，由于种种因素制约，宁夏生态环境恶化持续不断，逐渐成为制约社会经济发展的关键因素。进入21世纪以来，为了摆脱发展困境，打破生态恶化与贫困问题之间的恶性循环，宁夏实施了以退耕还林还草为主要内容的生态重建，并通过生态经济开发推动南部山区摆脱贫困。

(一)由环境治理而催生的生态经济

1978年国家实施"三北"防护林建设工程，整个西北被纳入这一浩大的工程范围。固原市实行了"乔灌草，带片网，多林种，多树种相结合"的绿色建设工程，进入了以营造商品林为主的时期。1983—1993年，实施以林草和农村能源为主要内容的生态建设，当时在国家"种草种树、发展畜牧、改造山河、治穷致富"和宁夏"大力种草种树，兴牧促农，农林牧全面发展"的农业建设方针指导下，南部山区掀起了大规模的林草和能源建设热潮，荒山营造以灌木为主的薪炭林，兴办小水电，开发太阳能、风能、沼气能，推广节柴炕灶等，这一建设项目的实施，基本停止了对林草植被的破坏，缓解了群众的生活压力。1993—1996年，以实施小流域综合治理、打井打窖为主要内容的生态建设，使得雨水集流窖蓄节灌高效农业变成了现实，有效地防止了水的无效蒸发和渗流，提高了水的利用率，减少了水土流失，局部地区生态环境开始步入良性循环。1997年之后的10多年，宁夏实施大规模以退耕还林还草为重点的生态重建，从1998年起，宁夏南部山区8个县(区)先后被列为国家"生态环境重点治理县"，政府对退耕还林每年每亩补贴粮食100千克，连续补助10年。

(二)全面发展的生态经济

宁夏立足特色产业和资源优势，以发展生态循环经济为主导，以绿色、低碳为目标，着力加强草原保护、生态农业、生态经济林等生态产业建设。

1.草原建设利用情况

宁夏回族自治区作为我国十大牧区之一，退牧还草工程从2003年开始实施，通过安排禁牧、休牧、划区轮牧围栏，建设人工饲草地，治理石漠化草地等，在保护草原生态环境、改善牧区民生方面成效显著。近些年来，宁夏各部门不断加大草原保护建设力度，落实基本草原保护、禁牧休牧、草畜平衡、征占用审核审批、野生植物采集管理等制度，积极转变草原畜牧业生产方式，天然草原利用更趋合理，如表18-2所示：

表 18-2 宁夏 2010—2013 年草原建设利用

单位：千公顷

指标	2013 年	2012 年	2011 年	2010 年
草原总面积	3 014.07	3 014.07	3 014.07	3 014.07
可利用草原面积	2 625.56	2 625.56	2 625.56	2 625.56
累计种草保留面积	233.56	696.33	663.67	831.64
当年新增种草面积	49.69	237.41	249.56	236.59
草原鼠害危害面积	335.33	364	578.67	621.33
草原鼠害治理面积	589.07	550	92	44.67
草原虫害危害面积	446	651.07	712.33	616.62
草原虫害治理面积	118	100	105.2	101.07
草原火灾受害面积	0.83			

数据来源：国家统计局网站。

从以上数据我们看出，宁夏这几年草原治理成绩可观，草原鼠害治理面积、虫害治理面积逐年增加，有力地保护了草原的发展。但是 2013 年新增种草面积有所下降，而且发生了草原火灾，仍然需要不断治理与防护。

2.生态农业持续高涨

开展高产优质高效农业，对实现农村和全国的小康目标有着重大的意义。生态农业是宁夏当前生态经济发展的重要组成部分，宁夏具有丰富的土地资源、便利的引黄灌溉和良好的光热条件，非常有利于发展立体种植和优质高效农业。宁夏现有耕地 1 650 万亩，人均 2.8 亩，居全国第二位。此外，宁夏引黄灌溉 790 万亩，是全国四大灌区和十二个商品粮基地之一。如盐池县多措并举大力发展高效节水农业，大力推进扬黄、库井灌区节水改造，全县高效节水灌溉面积由 2007 年的 0.4 万亩发展到 2015 年的 24.2 万亩，为农业可持续发展奠定了基础。盐池县坚持把发展高效节水灌溉与壮大以滩养为主的草畜等特色产业相结合。在扬黄、库井灌区，将高耗水作物压缩到 4.8 万亩，在南部旱作区，主要推广覆膜保墒、集雨补灌，每年覆膜 15 万亩以上，种植以荞麦为主的小杂粮 40 余万亩。彭阳县自“十二五”以来，坚持“生态建设带动后续产业特色产业谋求协同发展”思路，化丰富的石油、煤炭资源优势为经济优势，20 万亩设施蔬菜、50 万亩旱作农业、百万头（只）肉牛羊、百万亩紫花苜蓿、百万亩优质林果产业

“五大现代生态农业示范区”建设有序推进，生态建设进入纵深，带动后续产业凸显特色发展。

3.生态经济林效益明显

宁夏林业用地面积 180.1 万公顷，森林面积 61.8 万公顷，人工林面积 14.43 万公顷，森林覆盖率 11.9%，活立木总蓄积量 0.09 亿立方米，森林蓄积量 0.07 亿立方米。森林是陆地生态系统的主体，是一个多功能多效益的系统，不仅提供木材和各种林副产品，还有多种经济效益。森林在整个生态系统中以调节气候、涵养水分、净化空气、保护环境等显著的生态防护效益存在，在黄土区，大面积的森林可以减少地表径流，蓄存降水，防止水土流失。宁夏各部门加大投资保护森林资源，截至 2014 年末，完成造林面积 126.3 万亩，比上年减少 25.4 万亩，下降了 16.8%，其中人工造林 74.6 万亩。年末实有封山(沙)育林面积 480.4 万亩。森林覆盖率达到 13.8%，比上年提高 0.2 个百分点①，建成区绿地率达到 32.55%，比上年提高 1.2 个百分点。这些成就主要源于政府对林业的投资。从 2010 年起，宁夏对林业的投资逐年上升，既包括用于生态建设与保护方的投资，也有用于林业产业发展的投资(见表 18-3)，尽可能发挥林业的经济效益和生态效益。宁夏生态经济型林业建设，围绕“生态”“经济”两条主线，以林业资源保育和增加植被盖度为切入点，以发展特色生态兼顾经济的生态产业为突破口，建设黄土高原水土保持及水源涵养林、中部干旱风沙带防风固沙林、北部黄灌区绿洲林网，实现了宁夏林业生态与经济的有机结合，最终达到社会、经济、生态效益的有机统一。

二、生态经济开发的资源条件与制约因素

宁夏特殊的地理位置和自然气候条件等为宁夏地区生态经济开放提供了一定的资源优势，但同时也具有一定的制约因素。

(一)宁夏发展生态经济的资源条件

发展生态的循环经济是宁夏经济发展的客观要求和必然趋势。宁夏资源丰富，人口稀少，有着发展生态经济的巨大优势和潜力。

---

①《宁夏回族自治区 2014 年国民经济和社会发展统计公报》，宁夏统计局，2015 年 4 月 21 日。

表 18-3 宁夏 2010—2014 年林业投资

单位:万元

指标	2014 年	2013 年	2012 年	2011 年	2010 年
林业投资	164 160	186 810	138 955	188 696	146 527
生态建设与保护本年完成投资	132 263	118 161	115 963	134 851	
林业支撑与保障本年完成投资	9 345	7 995	8 744	5 967	
林业产业发展本年完成投资	15 029	48 964	4 313	6 156	
其他投资本年完成投资	4 051	9 058	208	41 722	
提示:林业投资全国合计数包含国家林业局直属单位的固定资产投资数据。					

注:林业投资全国合计数包含国家林业局直属单位的固定资产投资数据。

数据来源:国家统计局网站。

第一,宁夏具有丰富的土地资源、便利的引黄灌溉和良好的光热条件,非常有利于发展立体种植和优质高效农业。宁夏因占黄河自流灌溉之便,自古就有“天下黄河富宁夏”的美誉。地处银川平原的贺兰山东麓地区是国内酿酒葡萄的最佳生长带,气候、土壤、地理条件可与法国著名葡萄产区波尔多地区相媲

巍峨的贺兰山——天赐宁夏的自然屏障

美。灵武长枣被国家质检总局批准为“地理标志保护产品”，并通过了中国绿色食品发展中心绿色食品 A 级认证，因其品质优良被誉为“活维生素丸”，已成为全国特色品牌产品。

第二，宁夏特色产业多样，宁夏的特色产业有：特色绿色食品产业、特色生物医药产业、天然气化工产业和新材料产业，其中，特色绿色食品产业主要以“清真”系列的乳制品、肉制品等绿色食品、马铃薯加工业、发酵酿造业、水产果菜加工业和粮食加工业为主，尤其在清真食品加工业、马铃薯和葡萄加工产业方面，宁夏已在全国具有较大影响力。

第三，宁夏生态旅游的发展。宁夏地理位置独特，悠久的发展历史和特殊的自然、人文景观，孕育了宁夏独具特色的旅游资源。全国十大类旅游资源中，宁夏有八大类，大漠风光、黄河文明、西夏文化、回乡风情、塞上江南，构筑了宁夏多姿多彩的生态旅游资源。

（二）宁夏发展生态经济的制约因素

宁夏在地形上由三部分组成，北部的引黄灌区、中部的干旱地带、南部的山区，北部的土壤盐渍化、中部及东部的土地沙漠化，南部山区的水土流失等一直是宁夏生态经济发展的瓶颈。虽然近几年进行了大幅度的治理，但是生态环境恶化的情况不容乐观。

1.水源难以涵养，干旱日益严重

国家统计局最新数据显示，宁夏 2014 年的造林面积远低于前一年的造林面积，2014 年的造林总面积为 2.294 万公顷，远低于 2013 年总面积 4.581 万公顷。林草植被减少，必然造成生态失调，森林是整个陆地生态系统的重要组成部分，也是生物圈内物质和能量交换的枢纽，在维持生态平衡中起着重要的作用。涵养水源的能力也大大减退，很容易发生旱涝灾害。2014 年宁夏旱灾受灾面积就高达 2.61 万公顷，农作物绝收面积 1.13 万公顷，自然灾害直接经济损失 10.5 亿元。

2.农田生态系统不稳定

由于排灌系统不配套，以及不合理的耕作制度，部分地区土壤次生盐渍化程度有所提高，有机质含量减少，盐碱、瘠薄土地面积不断增多。另外农药的大量使用，造成很大危害，由于有机磷等农药残毒高，不易降解，可长期存在于自然界中，并能在生物体内富集，而且化肥施用量的增加、化肥的流失，氮、磷元素和无机盐进入水环境，促进了不易交换水体的富营养化，使土壤硝酸根离子增加，对人畜都会造成不良影响。源于脆弱的农田生态系统，满足不了农作物生长发育对水、肥、气、热几大要素的需要，致使农业生产长期低效益徘徊，少数地区出现萎缩情况，虽经多年开发与治理，但是生态环境仍在持续恶化。

3.工业污染降低生态效益

宁夏工业以重型工业为主，在北部地区形成了一批工业城市，能源工业、高耗能工业和机械工业是其主要的支柱产业，并由此造成了城市范围严重的水环境、大气环境和土壤环境污染，区内城市煤烟型污染依然严重，空气质量多处于国家二级标准以下，属中等污染水平。据统计，2014 年废水污染物排放量总体上升，石油类排放量 165.50 吨，挥发酚排放量 156.88 吨，铅排放量 30.52 千克，都明显高于上一年的排放量。2014 年废弃排放量中烟(粉)尘排放量 239 170.83 吨，相较上一年度有所增加。这些污染物不仅会影响森林、作物、渔场的生产能力，而且也会损害甚至破坏局部地区的生物系统，危害植物和动物种群，损害人类健康。

三、典型的市域和县域生态经济开发区建设

2010 以来，宁夏生态经济发展工作按照“减少贫困、增加收入、缩小差距、构建和谐”的总体目标，努力实现由以自然资源开发为主向人力资源开发与生态保护并举转变，由以改善提高贫困地区生产发展条件为主向贫困地区综合开发、全面发展转变。截止到 2014 年，全区经济在新常态下呈现“总体平稳、稳中有进、稳中向好”的运行态势。初步核算，全区实现生产总值 2 752.10 亿元。其中，全年完成农林牧渔业总产值 444.49 亿元，比上年增长 5.9%；全区优势特色农业产值 380.9 亿元，占农林牧渔业总产值的比重达到 85.7%。与此同时，宁夏形成了几个较为典型的生态经济开发区。

(一)石嘴山生态开发区

2015 年 2 月，自治区发改委印发《关于石嘴山生态经济开发区总体规划(2015—2020)的批复》(宁发改审发〔2015〕17 号)，正式批复《石嘴山生态经济开发区总体规划》，建设年限为 2015—2020 年。

石嘴山生态经济开发区是由原平罗工业园区、平罗轻工业园区和石嘴山生态经济区整合设立的综合性产业园区，规划区域面积86.6平方千米，为规划的工业用地。园区主导产业为装备制造、精细化工、特种合金、生物科技、现代物流和特色旅游业6大产业，其中装备制造业向生产+服务转变，重点发展重型汽车、煤化工设备、节能环保设备、太阳能和风能设备制造。精细化工产业和特种合金产业集群加快节能环保和安全生产改造，调整优化产品结构。生物科技产业依托资源优势重点发展枸杞、葡萄、水稻、清真牛羊肉等农副产品深加工和生物医药。园区基础设施规划投资21亿元，建设2个服务中心、2条生态观光走廊和7条绿化带及基础设施等。对现有湖泊、湿地区域特别是园区南部和前进农场接壤处以环境保护和恢复为主，适度开发建设生态旅游项目，禁止工业开发。

到2015年年底，石嘴山生态经济开发区前三季度在全区31个工业园区工业总产值排行中，以94家企业和153.92亿元产值，位列宁东能源化工基地和石嘴山经济技术开发区之后，居全区第三位。

（二）县域生态经济的发展

1.固原生态经济

固原市依托生态建设，举办须弥山石窟文化庙会、火石寨丁香花（攀岩）旅游节等活动，使六盘山旅游品牌效应进一步提升。2015年上半年，各景区共接待游客21.62万人次，门票收入170.46万元，同比分别增长172%和36.6%。其实，这只是固原市生态经济的"金山一角"。固原市各县区转变思想观念，利用当地冷凉气候和高海拔地形等特点，大力发展美国红提葡萄、油桃、郁金香、百合、水仙花、蔬菜等高附加值的设施温棚，以及培育樟子松、油松等周边市场走俏的林木种苗，使生态经济效益凸显，农民收入显著增加。

2.隆德彭阳林下生态经济

2015年7月，宁夏回族自治区的隆德、彭阳入选国家级林下经济示范基地，隆德、彭阳两县大力发展林下经济，创新了林果、林药等多种发展模式。隆德县依托六盘山优势发展林下中药和苗木产业，他们注册的"隆珍杰"中药材商标被认定为宁夏著名商标，苗木因适生和实用的优势成为当地的一块金字招牌。彭阳县的林下经济，促进了全县由"生态型林业"向"生态经济型林业"的转变。该县林下经济培育的"朝那鸡"品牌，已成为当地农民增收的特色产业。全县50多个林下生态鸡养殖点，每年养殖生态鸡100万只以上，直接经济收入4 000多万元。“十二五”以来，彭阳县坚持“生态建设带动后续产业特色产业谋求协同发展”思路，培育了县域能源工业、新型建筑建材业、特色农副产品加工三大工业主导产业，形成王洼循环经济产业园、县城工业园、古城现代农业示范园“一区三园”发展格局，实现地区生产总值预计达到41.55亿元，年均增长11.4%，工业增加值由“十一五”末的3.28亿元增加到10.49亿元，年均增长21.4%。三大工业主导产业及以烟叶、菌草、黄酒等以加工种植为主的特色产业品牌效应不断彰显，打造出了梓欣醋、玉米胚芽油两个金字招牌，苜蓿草颗粒等系列产品，外销韩国、日本、中东等国家和地区，朝那鸡系列产品远销北京、山东、上海等地，红河辣椒、六盘山珍、彭阳果脯等产品在国内外市场供不应求。

3.泾源县苗木基地

在泾源县特色林木工厂化育苗中心，白桦、金叶莸、暴马丁香等各种节水、耐盐碱、耐寒型的林木苗种令观摩人员大开眼界。这座占地50亩的智能化育苗中心，已育出12个品种1.2亿株苗木，全部低价出售给本县群众栽种，栽植面积达1.2万亩。而且，还带动形成了羊槽——上胭育苗区域，育苗5 900余亩。从全县来看，2008年，苗木基地达到13.57万亩，提前两年实现人均一亩苗的目标，实现农民人均苗木收入660元。

第三节　以生态移民推动扶贫攻坚

宁夏中南部地区自然环境恶劣，植被退化、水土流失、盐渍化、环境污染、土地荒漠化、生物多样性下降等生态问题时有发生。该区经济结构单一，以传统农业为主，农业人口比例高。工业发展方面，因矿产资源较少，资源开发利用不足，所以基础薄弱，经济实力较弱。长期以来，由于膨胀的人口超出了自然资源的承载能力，造成人地矛盾突出。因此，实施生态移民，在降低迁出区生态环境压力的同时，解决温饱问题、水资源短缺、上学难、脱贫难等一系列问题，无疑是宁夏中南部地区推动扶贫攻坚的重要途径。

一、改革开放以来扶贫攻坚工作进展

改革开放至今，扶贫攻坚工作一直就是宁夏区党委、区政府工作的要务。几十年来,通过多种扶贫攻坚举措来推进脱贫减贫工作,取得了显著成效,整体扶贫工作基本经历了以下几个推进阶段。

(一)第一阶段(1983—1993年):扶贫起始阶段

十一届三中全会之后,开始实行家庭联产承包责任制,农户的经济利益与经营结果直接挂钩,极大地调动了宁夏广大农民的生产热情。农民的物质生活水平得以大幅度的提升。然而,1982年西北大旱,甘肃、宁夏南部山区粮食歉收,群众生活极端困难,口粮缺口达50%,当年仅返销粮一项国家财政就补贴了近亿元。面对这一严峻情况,1982年12月10日,中央决定从1953年起将甘肃的河西走廊地区、定西地区及宁南山区列入国务院"三西"农业建设计划,国家每年拨专款帮助进行扶贫开发和综合治理。从此,宁夏拉开了扶贫工作的序幕。从1983年到1993年底的11年间,在国务院大力扶持下、在自治区政府的关怀下,宁夏南部山区的扶贫工作取得了很大的进步,农民人均收入从1983年的22.4元、人均粮食93千克,分别提高到356元、217千克,且生态环境有了很大改善,抵御自然灾害的能力进一步加强,群众生产、生活条件得到很大的改善,农民群众不得温饱的紧迫状况大为缓解。人均纯收入在200元(1980年不变价)以下贫困人口,从占农业人口70%以上,下降到15.7%。

但是,截至1993年底,这一地区生活在温饱线以下的贫困人口还有139.8万人,集中分布在北部干旱风沙区和南部高寒土石山区,以及中部半干旱深山区的55个最贫困乡(镇)。这些乡(镇)的特征为地域偏僻,交通不便,海拔偏高,资源贫乏,水土流失严重,灾害频繁,人口增长快,经济增长慢,文教卫生条件差,文盲半文盲比率高。相当多的农民群众靠挖甘草,采藏菜,挖药材,滥垦过牧等破坏生态的行为维持生计。另外,还有43个人均纯收入在300—500元之间的贫困乡(镇),有75万贫困人口温饱不稳定,一遇灾害,不少农户又返贫。因此,这一时期宁夏扶贫开发的形势仍然极其严峻,任务非常艰巨。

(二)第二阶段(1994—2000年):扶贫攻坚阶段

1994年3月,国务院制定并发布了《国家八七扶贫攻坚计划》,要求从1994

年到2000年，集中全国人力、物力、财力，动员社会各界力量，争取用7年时间，基本解决全国农村8 000万人的温饱问题。宁夏为了落实这一计划，加快脱贫致富步伐，制订了本区的《双百扶贫攻坚计划》，决定从1994年到2000年，用7年时间集中人力、物力，动员社会各界力量，在南部山区近100个贫困乡(镇)实施扶贫攻坚，力争基本解决100多万农村贫困人口的温饱问题。7年间国家向宁夏投入各类扶贫资金共计27.65亿元，是历史上扶贫资金投入力度最大的时期，福建省对宁夏进行对口帮扶，累计无偿支持山区7县1区各项发展资金1.2亿元，全区各级党政部门、企事业单位、驻宁部队和社会各界也积极参与扶贫，献计献策，出钱出物，开展了多种形式的扶贫帮困活动，全区扶贫攻坚取得了巨大成就。

(三)第三阶段(2001—2010年)：扶贫推进阶段

党中央、国务院继续把扶贫开发放在国民经济和社会发展的重要位置，制定了《中国农村扶贫开发纲要(2001—2010年)》，决定在新世纪头十年，部署力量尽快解决少数贫困人口的温饱问题(八七攻坚未能啃掉的硬骨头)，进一步改善贫困地区的基本生产、生活条件，巩固温饱成果，提高贫困人口的生活质量和综合素质。宁夏区党委、区政府根据这一精神，在正确分析新世纪的新形势，认真调查研究的基础上，制定了《宁夏农村扶贫开发规划》，决定到2005年，贫困地区农民人均年纯收入达到1 500元以上；2010年，贫困地区农民人均年纯收入达到2 000元以上。宁夏区政府2001年7月24日出台了《千村扶贫开发工程实施意见》，“千村扶贫开发工程”扶持的范围和对象是：集中分布在干旱风沙区、干旱半干旱黄土丘陵沟壑区和半阴湿土石山区的西吉、海原、固原、隆德、泾源、彭阳、盐池、同心、中卫和灵武10县(市、区)。

(四)第四阶段(2011—2015年)：精准扶贫阶段

经过前3个阶段的发展，贫困地区的发展得到明显改善，扶贫开发取得显著成效，但由于干旱缺水，自然条件恶劣，基础设施薄弱，土地人口容量严重超限，宁夏中南部仍是本区和全国扶贫开发重点地区。2011年中共中央国务院印发《中国农村扶贫开发纲要(2011—2020年)》。通知要求，各级党委和政府要进一步提高对扶贫开发工作的认识，坚持开发式扶贫方针，加大投入力度，强化政策措施，坚决打好新一轮扶贫开发攻坚战。为切实做好自治区“十二五”期间的扶贫开发工作,加快贫困群众脱贫致富步伐,实现全面建设小康社会的目标,根据党中央扶贫政策,结合自治区新阶段扶贫开发的新形势、新任务和新特点,特编制《宁夏回族自治区扶贫开发"十二五"规划》。参照国家新的扶贫标准,宁夏将扶贫标准提高到农民人均年纯收入 2 300 元，按此标准,2010 年全区有贫困人口 101.5 万人。2011 年，国家启动实施六盘山片区等全国 11 个集中连片特困地区区域发展与扶贫攻坚,将宁夏六盘山地区原州区、西吉县、彭阳县、隆德县、泾源县、同心县(含红寺堡区)、海原县(含中卫市兴仁镇、蒿川乡,中宁县徐套乡、喊叫水乡)列入六盘山集中连片特困地区。2013 年 1 月,自治区政府批复了《六盘山片区(宁夏)区域发展与扶贫攻坚规划(2011—2015 年)》。目前,正在组织实施宁夏六盘山片区区域发展与扶贫攻坚。

二、生态移民工程的兴起与进展

为了更好地解决特定地区居民因地理环境的原因而造成的贫困问题,宁夏开展了各种生态移民工程,不断将居住环境恶劣和经济发展受限地区的居民迁移到适宜发展生产的地区,不仅缓解了生态问题,对贫困问题的解决也起到了极大的促进作用。

(一)生态移民工程的兴起

1.吊庄移民

1983 年,宁夏以吊庄移民的方式,制定了以川区济山区、山区和川区共济的扶贫开发政策,动员部分生活在生产和生存条件比较落后的南部山区的困难群众,到引黄灌区进行生产生活,在有灌溉条件的荒地上进行开发性生产,建造新的家园。

2.扶贫扬黄工程移民

1995 年 12 月,国家计委批准宁夏扶贫扬黄灌溉一期工程立项。2005 年 9 月,国家发展改革委又对宁夏扶贫扬黄灌溉一期工程建设规模及初步设计概算进行了调整。批复项目开发总规模为:开发土地 80 万亩,搬迁安置移民 40 万人,概算投资 36.69 亿元。该项目包括红寺堡扬水灌区和固海扩灌扬水灌区,涉及中南部 8 个县(区)。

3.易地扶贫搬迁移民

为加快贫困地区脱贫致富进程，中央提出，“在生态环境脆弱的西部地区，对一部分生产生活困难的群众实行生态移民搬迁安置”。宁夏以“政府引导、群众自愿、政策协调、讲求实效”的原则，按照“水随人流，人随水走”的思路，把居住在生态失衡、干旱缺水的中南部山区就地难以脱贫的群众作为搬迁对象，实施了易地扶贫移民，主要搬迁六盘山水源涵养林区、水库淹没区的困难群众。

4.中部干旱带县内生态移民

2008年，在强力推进宁东能源化工基地建设、加快沿黄经济区发展的同时，宁夏总结多年移民经验，把中南部地区的扶贫开发纳入宁夏经济社会发展全局统筹考虑，组织实施了以劳务创收和特色种养业为主要收入来源，以改善群众生产生活条件为主要目标的中部干旱带县内生态移民工程。

（二）生态移民扶贫工作的推进

“十二五”时期，是宁夏扶贫开发力度最大、贫困地区发展最快、贫困群众得到实惠最多的5年，扶贫开发实现了从单点扶贫向整体推进、大水漫灌向精准滴灌、单打独斗向协同作战的历史性转变。经过“三西”扶贫、“双百”扶贫、千村扶贫、百万贫困人口扶贫攻坚四个阶段的不懈努力，原籍腾出的土地全部进行了生态修复，全区累计减少贫困人口290万左右，坚持一手抓35万生态移民工程，一手抓65万贫困人口“四到”扶贫工程，300个重点贫困村实现整村脱贫销号，建档立卡贫困人口从101.5万人下降到58万人，贫困发生率由26.6%下降到14.5%，中南部地区农民人均可支配收入增速连续多年高于全区平均水平。①围绕一县一业、一乡一品，培育形成了一批适销对路、促进增收的农业特色优势产业，贫困群众30%以上的收入来自产业，9个贫困县区GDP近五年增长2.4倍、财政收入增长2.1倍。

宁夏自2010年底启动中南部生态移民工程以来，共完成生态移民搬迁定居达12.1万人，建成移民住房4.26万套，移民群众逐步适应新的生产、生活方式。2011年初到2012年底，为让两年间搬下来的移民能够搬得出并稳定开展生产，宁夏已同步建成设施农业2.6万亩（座），设施农业种植瓜果近1 400亩，

①宁夏扶贫网，http://www.nxfp.gov.cn/hyfp/13019.htm。

蔬菜 4 100 余亩,养殖奶牛 4 000 多头、肉牛 1.2 万多头、羊 2.7 万余只,发展枸杞、葡萄、枣树、马铃薯等特色种植 8.97 万亩,实现务工就业 2.24 万人。2014 年,宁夏又启动了 500 个重点贫困村的整村推进,集中力量,每年村均投入 1 000 万元以上,分批解决贫困群众生产生活条件问题,逐个销号。根据自治区发改委的数据,2015 年前三季度全区生态移民人均可支配收入 4 011 元, 同比增加 416 元,增长 11.6%,移民收入呈现稳步增长的态势。全区生态移民收入结构表明,工资性收入贡献最大,人均为 2 731 元。

1.吴忠生态移民进展

吴忠市坚持工程建设与产业培育并重,移民搬迁与社会管理并举,全力推进生态移民工程建设。2015 年新建续建工程完成投资 8 500 万元、新建续建移民住房 1 395 套,累计完成移民住房 15 461 套,"十二五"生态移民住房建设任务基本完成。加强移民对象的核查报批,搬迁安置移民 1 200 户、5 040 人,累计搬迁安置移民 14 402 户、6.5 万人,占"十二五"总任务的 94%。全面推进移民安置区的产业发展,完善了土地流转经营机制,新建成养殖圈棚 495 座、发展枸杞等特色种植 5 000 亩,组织开展技能培训 9 250 人(次),落实务工就业 6 205人。加强移民社会管理,落实网格化管理措施,实施生态移民村互助资金、"双到"扶贫、庭院种植、到户帮扶等措施,促进移民发展增收和社会和谐稳定。

2.固原生态移民进展

"十二五"期间,固原市累计搬迁安置移民 4.9 万户、20.4 万人,完成全市总任务的 91.6%。其中搬迁安置县内移民 19 039 户、79 083 人,完成全市"十二五"县内移民任务的 102%。搬迁县外移民 29 166 户、124 831 人,完成全市"十二五"县外移民任务的 85.3%。实施迁出区生态恢复工程 147 万亩,完成迁入区生态建设 2 787 亩,向实现消除贫困和改善生态双赢目标迈出坚实步伐。

3.灵武生态移民进展

2015 年底灵武市迎来了 2015 年最后一批生态移民, 这也标志着灵武市"十二五"生态移民搬迁工作圆满完成。截至目前,灵武市共搬迁生态移民2 279 户、9 998 人,完成生态移民搬迁总任务数的 100%,劳务移民 12 月 10 号已完成今年第五批 249 户搬迁任务,灵武市已完成劳务移民年度搬迁任务。

三、生态移民工程实施效果及存在问题

实施生态移民工程几十年来，在国家和宁夏各级政府的支持、引导下，移民群众已经逐步融入迁入区生产生活之中。随着生态移民区经济的大力发展，移民收入增长，社会和谐稳定。相应地，迁出区域随着人口的明显减少，生态环境亦逐步恢复。

（一）生态移民工程实施效果明显

生态移民工程与生态经济开发一样，不仅要实现生态环境的恢复重建，而且更要重点推动扶贫攻坚工作的展开，实现生态移民的脱贫致富；既具有双重压力与挑战，也具有双重实践意义与价值。归纳起来，生态移民工程对扶贫攻坚工作的推动效果主要体现在以下方面。

1.生产生活得到改善

地方政府把强化公共服务作为推进生态移民工程建设的重要基础，着力提高移民群众的生活水平。一是强化公共基础服务。加大水、电、路及农村沼气等基础设施建设，给移民营造了良好的生活环境。在移民新村实施了“五通”工程，即通水、电、邮、路、广播电视，为移民安置区配套建设了公共基础服务设施。譬如，中宁县大战场、金凤区良田镇的26个行政村、3.6万人，通过农电项目的实施，实现了村村通电，中宁县大战场通过实施人畜饮水工程，结束了移民群众饮用窖水的历史。

2.特色产业初具规模

政府为使移民致富增收，在移民区大力发展农业产业，在移民区已建成了42个产业示范点。建设发展万亩设施农业，对移民区走现代农业发展道路进行有序引导，大力发展了特色种植和养殖业。建设高效节水灌溉面积19.2万亩，红枣、马铃薯、西甜瓜、高酸苹果等特色农业已初具规模，鼓励和支持移民发展肉牛等养殖业推动了设施养殖业发展，通过产业发展，彻底改变了移民在原居住地广种薄收的生产方式。

3.生态环境逐步修复

通过减轻生态脆弱地区的环境压力，对于环境的恢复产生了极大的作用，同时保护了退耕还林取得的阶段性成果，促进了人与自然和谐发展。在原有的

林地、草地得到保护的前提下，迁出区还退出了近百万亩土地用于生态恢复，有效防止环境进一步恶化。红寺堡灌区生态项目的实施，使灌区由原来的荒漠变为到处是一派风清草绿，树木葱茏，生机无限的新景象。

（二）生态移民扶贫存在的问题

综上所述，宁夏生态移民工程实施效果显著，既解决了山区贫困农民脱贫致富问题，也促使迁出地生态环境得到了恢复。但从总体上看，受迁出区和迁入区对接不力、移民新村社会管理难度大、人员结构复杂、文化素质相对低下、特色产业发展滞后等因素制约，使宁夏生态移民存在一些问题。

1.移民的收入、就业问题严峻

生态移民在进入新的移民区后，土地面积减少。移民前他们的人均土地面积为 5 亩，而在移民后，人均耕地面积减少为 1.6 亩。虽然相比之前耕地的肥力、灌溉等方面条件大有改善，但是土地面积比较小且是新开垦地区，土地产出不足，地力还需精心培养，基本生活依然困难，而且也没有了以往农田之外的收入，譬如放牧、打柴等。据相关数据显示，移民收入与自己之前相比有所提高，但与同区域的农民人均收入相比还是很低，维持生计稍有困难。另外，移民整体文化素质技能较低，未能满足安置地周边企业单位的需求，在非农行业的就业难度大。

2.生态移民工程力度不深，资金利用效率低

生态移民工程缺乏整体科学规划，前期调查准备不足，将生态移民安置在不适合耕作的地区。中期任务繁重，持续时间长。后期规划不合理，制度保障缺位，移民回流率增高，移民出现进退两难的窘境。而且在资金方面也出现一些问题，一方面资金到位情况参差不齐，导致农村生产力不高，金融如同经济的血脉，没有了金融的有效运转，经济将成为一潭死水，没有活力与动力，所以出现农田基本建设和水利灌溉、配套设施完善程度等较多遗留问题。另一方面存在资金用途与实际脱节的矛盾，产生资金利用效率低的现象。

3.劳务移民安置难度大

劳务移民对搬迁意愿较差，调查显示，大多数移民愿意有土地安置，对劳务移民积极性不高。原因是生态移民政策比劳务移民政策优惠，生态移民政策是人均“安排一亩地、每户一套 54 平方米住房”，政府给每户补助房款 2.5 万元，

房屋产权归农户所有。而劳务移民只有40平方米无产权的周转房，移民只能租住。劳务移民对无土安置认同性差，劳务移民的诸多政策不够完善，没有安全保障。再加上劳务移民的文化程度、职业技能都较低，而就业期望值高，双方信息不对称，存在就业困难等问题。

4.社会管理制度不健全

移民新村的安置规模大，一般是由迁出地的若干个行政村集合而成，人口众多，管理难度大。主要集中在三个方面：其一是户籍、低保、养老保险制度不完善，管理难度大；其二是新村的教育教学、卫生医疗方面的专业人员严重短缺，移民地区教师缺编、人数不足，卫生技术人员严重短缺，卫生技术人员素质相对低下，“看病难、看病贵”，“因病致贫、因病返贫”的问题依然突出；其三是宗教事务管理难度大。

第十九章　宁夏经济发展战略演变及园区经济发展

改革开放以来，宁夏在推进经济现代化的发展进程中，始终紧紧围绕国家宏观经济发展战略的统一部署及战略目标而适时制定和调整不同时期的经济发展战略。尤其是21世纪以来，在国家进一步深化改革开放的战略推动下，宁夏重大发展战略的制定及调整力度更强，经济发展政策措施的出台亦更为集中，其中，“工业强区”战略、沿黄经济区战略、宁夏空间发展战略等一系列发展战略的制定与实施，有力地促进宁夏经济发展迈入了“快车道”。同时，随着经济发展战略的制定，全区各地各类工业园区如雨后春笋般兴起，并逐渐成为区域经济发展的新亮点。在新的历史时期，宁夏将工业园区建设作为拉动区域经济增长的新引擎，并通过制定多项政策及科学规划推动工业园区发展，使各级各类工业园区普遍具备较好的投资和发展潜力，发展以高新技术产业园为主的园区经济已成为宁夏推进经济结构转型升级的重要途径。

第一节　改革开放以来宁夏经济发展战略的演替过程及制定实施

1949年，宁夏全境解放时人均国民生产总值，按1995年价格计算不足400元。1958年10月宁夏回族自治区成立，从此揭开了宁夏社会经济发展历史的新篇章。60多年来，特别是改革开放以来，宁夏经济发展取得了令人瞩目的成绩，2015年人均国民生产总值已达43 805元。回顾宁夏经济的现代发展历程，不难发现，全区经济的迅速发展与不同时期经济发展战略的制定与实施密切相关。

一、经济发展战略演替过程分为四个阶段

第一阶段:从1979年10月至1982年8月。此时期,全国经济理论界开展了社会主义生产目的的讨论。宁夏广大理论工作者和经济工作者在党的十一届三中全会精神指引下,通过有关社会主义生产目的的研究和讨论,将经济理论上的拨乱反正与总结宁夏30年来经济建设的经验教训相结合,为端正宁夏经济建设的指导思想,开展宁夏经济社会发展战略研究,奠定了思想基础。在党的十二大前夕,宁夏经济学会召开了第二届年会。提交大会的41篇论文的内容,涉及西北地区经济发展战略、宁夏经济发展战略以及宁夏工业、农业、林业、牧业、智力开发、人口、川区与山区发展战略等方面。

第二阶段:从1982年9月至1983年底。此时期,1982年9月中国共产党第十二次代表大会提出,到20世纪末,我国经济建设总的奋斗目标是,在不断提高经济效益的前提下,力争使全国工农业的年总产值翻两番。宁夏的理论工作者和经济工作者围绕实现"翻两番"的战略目标,进一步探讨和制定了总体的和部门的经济发展战略。1983年7月,中共宁夏回族自治区第五次代表大会在银川召开,会议制定了经济发展目标:力争工业年总产值从1980年的21.6亿元,增加到2000年的80亿元左右,每年平均增长率达到7.2%。为实现这一经济目标,自治区党委和政府相应地制定出实现这一目标的战略措施,做出了一系列重要的决策。1983年8月,以重点研究自治区带有全局性、综合性、长远性的经济和社会发展重大问题为任务的经济中心,应运正式建立。

第三阶段:从1984年至2000年。此时期,1983年党中央提出,到20世纪末和21世纪初将我国经济开拓的重点转移到大西北来。宁夏围绕怎样理解中等水平、怎样使宁夏达到中等水平、如何为建设重点的转移做好准备等问题展开了深入研究和广泛讨论。宁夏经济研究中心在区计委、宁夏社会科学院等单位的协助下,草拟了《宁夏回族自治区1981—2000年经济社会发展战略(草案)》。同时,各主要经济部门、各地区也开始深入研究自身的发展战略,使草拟出来的发展战略有一定的可行性、适用性。[①]

---

①朱运涛,叶墨:《宁夏经济发展战略研究述评》,《宁夏社会科学》1985年第4期,第35—41页。

第四阶段:2000 年以后。进入 21 世纪以来,随着改革开放的进一步深化,基于国际政治经济形势的新趋势和新变化,国家宏观经济发展战略也展开了重大调整,宁夏亦适时地做出了相应的调整规划,在不同时期分别制定了符合宁夏区情的经济发展战略。工作重点在于,围绕西部大开发战略、可持续发展战略、“一带一路” 经济发展战略等一系列国家宏观战略的统一部署及战略导向,结合宁夏的发展实际及其战略定位, 规划实施了独具宁夏特色的工业强区战略、沿黄经济区战略、内陆开放型经济试验区战略、空间发展战略,等等。

总体来看,改革开放以来,宁夏经济发展战略的阶段演替集中体现了从综合性发展战略向重点领域、重点区域发展战略转化,从内敛型发展战略向开放型发展战略转化,从单向开放战略向双向开放战略转化的三大特点。在这样的转化过程中,新的更具发展力和影响力的经济战略不断跃出,导引宁夏经济现代化进程不断迈上新的发展台阶。

二、21 世纪重大发展战略的制定与实施

进入 21 世纪以来,尽管国内外的经济波动对宁夏经济发展亦有所影响,但是整体发展在西部乃至全国各省区中仍处于较好水平,以国家统计局发布的数据为据,2014 年我国 GDP 首破 60 万亿元,但增速滑落至 1990 年以来的新低,同比增长 7.4%;而宁夏却达到了同比增长 8.0%的增速,略高于全国水平,实现了“总体平稳、稳中有进、稳中向好”的运行态势。究其原因,宁夏之所以能够在全国经济下滑的状态下取得有所发展的成效,很大程度上得益于各项重大发展战略的制定及实施。

(一)“工业强区”战略

宁夏工业发展史是一部几代宁夏人奋发拼搏、攻坚克难的历史。自 1958 年宁夏回族自治区成立以来, 工业从几乎空白的基础起步, 建立起了以能源、煤炭、电力、化工、冶金、机械、轻纺、建材、医药等为主体,门类比较齐全的具有区域特色的工业体系。宁夏“工业强区”战略在 2002 年中国共产党宁夏回族自治区第九次代表大会上首次提出,2007 年 6 月中国共产党宁夏回族自治区第十次代表大会再次将“工业强区”战略作为各市经济工作的重点。

实施“工业强区”战略,核心是突出工业在宁夏经济工作中的主导地位,保

持工业持续健康高速增长。自“工业强区”战略实施10年时间以来，宁夏工业经济迅速发展，主要表现在以下几个方面：

第一，经济规模急剧扩张，主要产品产量大幅增长。2011年，宁夏规模以上工业增加值达到724.41亿元，较2002年93亿元增长近7倍，年均递增22.8%；规模以上企业实现销售产值2 376亿元，较2002年的310亿元增长近7倍，年均递增22.6%；实现税金97亿元，较2002年的18亿元增长4倍多，年均递增18.3%；实现利润142亿元，较2002年的5.26亿元增长26倍，年均递增39%；主要产品产量大幅增长，其中原煤、发电量、葡萄酒等工业产品产量增长超过2倍。①

第二，结构调整取得新进展，产业聚集度不断提高。通过大力发展能源、煤化工、新材料、装备制造、特色农副产品加工及高新技术等优势特色产业，宁夏工业结构出现了新的格局。“五优一新”产业比重不断上升，成为新的支柱产业，宁夏已被国家确定为13个亿吨级煤炭基地、4个“西电东送”火电基地之一。钽铌铍钛及其合金、风电及其组件、光伏发电及组件、生物发酵等新兴产业初具规模。以羊绒、葡萄酿酒、枸杞系列产品、土豆淀粉、乳制品、金属镁、稀有金属、化学原料药等为主的特色产业迅速发展壮大，成为工业经济新的增长点。全区工业园区、特别是“五大十特”园区快速发展，石嘴山经济开发区、灵武羊绒产业园、吴忠金积工业园区被国家工信部认定为国家新型工业化产业示范基地。

第三，企业改革不断深化，工业经济活力明显增强。经过多年的改革、改组，形成了多种所有制、多种经济成分、多元股权结构并存的良性发展态势，现代企业制度在国有及国有控股企业中已基本确立。对外开放和合作的领域不断扩大，引进了国电、中电投等国家五大发电集团以及中色、中冶、中粮、中航、锦江等一批国内外知名的大企业集团。中小企业、非公有制经济快速发展，规模以上中小企业户数占规模以上工业企业总数超过98%，完成增加值、实现销售收入和吸纳就业人数占规模以上工业的比重均超过60%。中小企业已成为宁夏经济和社会快速发展的重要支撑。

---

①出自宁夏回族自治区经济和信息化委员会官方网站。

（二）宁夏沿黄经济区战略

根据区域发展的自然与经济特点，宁夏从北至南大致划分为三部分：包括银川市、石嘴山市、中卫市和吴忠市的利通区、青铜峡市在内的引黄灌溉区为宁夏北部；包括吴忠市的盐池、同心两县和灵武市、中卫市的山区以及中卫市海原县的在内的北部地区称为宁夏中部；把固原市的原州区、西吉县、隆德县、泾源县、彭阳县及中卫市海原县在内的南部山区称为宁夏南部。从区域经济发展条件分析，南部地区为山区，地广人稀、经济落后；中部为干旱区，大部分地区由于自然条件恶劣，各种经济活动的开展较为困难；北部地区基本上集中了宁夏绝大部分的平原且有黄河自西南向东北穿流而过，农业生产和其他各种建设条件较好，经济、社会活动相对较为活跃。北部地区以占全区40%多的国土面积集中了全区近60%的人口、并集中了全区81.5%的城镇人口，创造了全区90%左右的GDP。因此，作为宁夏经济和城市发展的绝对高地，宁夏平原地区即为宁夏社会经济发展的主体区域，该区域的发展直接影响宁夏经济社会的发展全局与发展前景。

正是基于宁夏平原战略地位的考虑，2002年9月，宁夏回族自治区九届二次全会决议提出，采取中小城市带动战略，壮大中心城市银川的城市规模，大力推进城市化进程。至2005年，宁夏回族自治区党委和政府进一步提出实施沿黄城市带建设的发展战略，构想将宁夏打造成为“黄河金岸”。其战略的核心就在于发挥中心城市的经济带动作用和辐射效应，以建立区域中心城市，带动周边城市、县域乡镇的协同发展，统筹城乡发展，通过实现产业集聚来培育经济增长极，实现宁夏全区的科学发展和和谐发展。2007年宁夏回族自治区党的十届一次全会上又进一步提出了打造黄河金岸的宏大目标，赋予沿黄城市带更深的内涵。2008年是“黄河金岸”构想深化的一年，主要是明确提出了“黄河金岸”战略构想的丰富内涵，即“一堤六线”：黄河标准化堤防，生命保障线、抢险交通线、经济命脉线、特色城市线、生态景观线、黄河文化展示线。这一内涵的确立，使得沿黄城市带的建设上升到新的台阶和高度，其建设工作取得重大进展。2009年4月，宁夏将之前的战略构想付诸实践，实施了建设沿黄城市带，打造黄河金岸的发展战略。经过两年多的实践，黄河金岸步入了科学发展的成长期，带动全区迈上了跨越发展的快车道。

至2010年12月,国务院在《全国主体功能规划区》中将这一区域正式定位为国家级重点开发区域,“沿黄城市带” 这个名字就改为 “沿黄经济区”。2011年,宁夏沿黄经济区被写入国家“十二五”规划纲要,上升为国家战略。沿黄经济区规划是根据沿黄经济带实现“带”到“面”的二次拓展,是宁夏结合自身发展状况创造性地提出的新的发展方式,其主要思想是把空间距离相近,地理条件相似的靠近黄河的四个城市当作一个大城市来建设,以黄河中上游宁夏引黄灌溉区为依托,以地缘相近、交通便利、经济关联度较高的首府银川市为中心,石嘴山、吴忠、中卫3个地级市为主干,由青铜峡市、灵武市、中宁县、永宁县、贺兰县、惠农区、平罗县城和若干个建制镇以及宁东基地(含太阳山开发区)组成。同年,宁夏将242个项目列为沿黄经济区建设的考核项目,集中开工了一批新能源、交通物流、水利、城市基础设施等重点项目。2012年,滨河大道与主要城镇和交通干线互相连通,黄河金岸交通网络大构架基本形成。例如,“黄河善谷”工业园区以善引资,吸引了20多家企业参与建设,落实资金100多亿元,成为全国第一个把慈善和产业有机结合、联动发展的新型工业园区。2012年,沿黄经济区建设取得重大成就,宁夏沿黄城市带人口达到400万,占全区总人口60%以上,GDP总值达到1 300多亿元。

由“城市带”战略规划到“经济区”战略规划的转变,不仅使沿黄经济区上升为覆盖整个宁夏黄河流域、涵盖经济社会方方面面的系统工程,而且也使之成为“一揽子”解决宁夏长远发展问题的战略举措。依据战略规划的科学构想,沿黄经济区将为宁夏跨越式发展带来三方面的效应。一是集聚效应:沿黄经济区的建设将有助于实现地区间的良性互动,从而为发展和促进区域一体化培育良好环境,可以促进产业集群的发展,取得布局上的规模效益;同时,在土地利用、旅游发展、环境保护、生态建设等方面都能实现地区统筹发展的优势,并有利于资源的集约和节约利用。二是分工协作效应:通过沿黄经济区的建设,地区的产业分工协作体系将得到优化,从而通过发挥各地区的比较优势,实现区域内资源的最高效利用与区域间资源的优化配置, 避免重复建设和内部不合理竞争,提高经济运行效率;而宁东基地和太中银铁路的建设,也为银川以外的吴忠、中卫等城市的发展带来历史性机遇,扩张了城市间优势互补、分工协作的空间。三是结构效应:由于银川在宁夏的区位偏于一隅,吸纳农村剩余劳动力的门槛也比较高,因此,相对于“大银川”发展战略,城市集群发展更有利于对中南部落后地区的纵深辐射,并能通过梯度转移扩大移民的就业空间。

自宁夏沿黄经济区战略实施以来,“沿黄经济区”框架已基本形成,规划编制、基础设施、产业发展、区域市场、生态环境建设、市政服务“六个一体化”进程明显加快,同时乘国家新一轮西部大开发的东风,“沿黄经济区”由此步入了发展快车道。

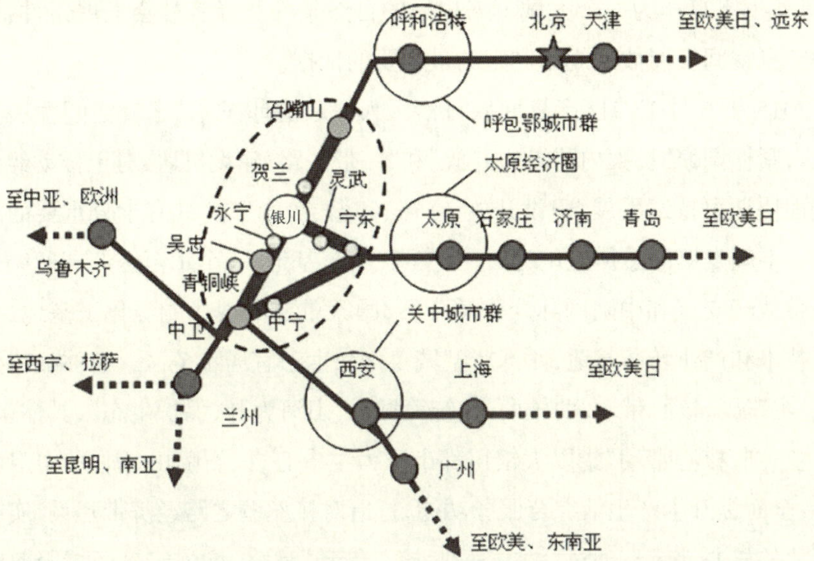

图 19-1　沿黄经济带与对外联系通道关系示意图[①]

与此同时，沿黄经济带已初步形成了五个方向的对外通道（参见图 19-1 所示),分别为:东北线的沿黄经济区—北京、天津—欧美日,其中涵盖了呼包鄂城市群;东线的沿黄经济区—太原、石家庄、济南、青岛—欧美日,其中涵盖了太原经济圈;东南线的沿黄经济区—西安—上海、广州—欧美日、东南亚,其中涵盖了关中城市群;西北线的沿黄经济区—乌鲁木齐—中亚、欧洲;西南线沿黄经济带—拉萨、西宁、兰州—昆明、南亚。这些对外通道的建设为宁夏区内外的城市合作和联系提供了良好的平台,提升了宁夏在全国的地位,对将沿黄城市带建设成为全国城镇体系中的西部地区的重要节点有着重要的现实意义。

①出自宁夏新闻网,2012 年 4 月 28 日。

(三)宁夏空间发展战略

客观而言,受制于自然条件以及人文发展条件,宁夏的区域经济发展极不均衡,城乡二元结构特点极为明显,发展差距问题极为突出。宁夏占国土面积60%左右的地区是欠发达地区,贫困人口很多。解决这片城镇人口的脱贫问题和产业发展问题,最经济、最科学的办法是将它们相对集中起来发展。宁夏人口少、区域小,城市发展受自然条件的限制,区域也相对较为集中。从客观角度讲,具备把宁夏作为一个大城市来规划的自然条件和经济社会发展条件,这就成为宁夏空间发展战略规划制定的最主要的依据。

2015年6月13日,宁夏回族自治区人民政府印发了《宁夏空间发展战略规划》,紧抓国家"扩大内陆沿边开放"和"一带一路"建设机遇,对于推动经济社会全面协调可持续发展,建设开放、富裕、和谐、美丽宁夏具有十分重要的战略意义。空间发展的总体定位为"一个支点、二个基地、一个示范区",即丝绸之路经济带战略支点和中阿国际合作桥头堡,国家重要的现代能源化工基地,承接先进技术和产业转移基地,西部新型城镇化和生态宜居示范区。总体战略要求为"一主三副、核心带动,两轴两带、统筹城乡,山河为脉、保护生态",具体来说,"一主三副、核心带动"指以大银川都市区为主中心,以石嘴山、固原、中卫为副中心,全面提升生产生活综合服务功能,打造对接丝绸之路经济带建设、实施开发开放的核心地区。通过"一主三副、核心带动"战略,增强宁夏区域服务辐射带动能力,提升整体功能和国际化水平;"两带两轴、统筹城乡"指充分发挥"沿黄城市带"、"清水河城镇产业带"和"太中银发展轴""银宁盐发展抽"资源聚集和辐射带动效应,在做强中心城市的同时,建设大县城,适度发展一批重点镇,有序实施美丽乡村建设,加快推进扶贫攻坚,形成大中小城市和小城镇合理分工、功能互补、协调发展的城镇格局,促进城乡一体化发展。通过实施"两带两轴,统筹城乡"战略,统筹宁夏山川、城乡发展,向北对接呼包鄂榆地区,向南对接关中—天水经济区,向东对接太原城市群,向西对接兰州—西宁经济区,形成区域联系紧密的空间发展格局;"山河为脉、保护生态"指以山、原、河、川生态资源为载体,以贺兰山、六盘山为两基,依势连接香山、南华山、罗山等重要生态节点;以黄河、清水河为纽带,发挥支流的作用,顺势连通星海湖、沙湖、鸣翠湖等湖泊湿地,按照"串点成线,连线成面"的路径,构筑区域、城乡一体的生态空间格局,成为保障和支撑发展的永久生态屏障。划定空间管制区,明确城乡建设空间,保护重要生态功能区,维护国土生态安全、人居环境安全、生物多样性安全,巩固立区之本,实现宁夏经济、社会与环境可持续发展。抓好重点领域的环境污染整治与低碳减排,提高区域环境质量和风险防范能力。通过实施"山河为脉、保护生态"的战略,连通黄土高原—川滇生态屏障和北方防沙带,增强涵养水源、保持水土、防风固沙等重要生态功能,提高宁夏的生态环境承载力,构筑西部重要生态屏障,为全国的生态保护和建设做出贡献,实现美丽宁夏的奋斗目标。

第二节 高新技术产业园引领园区经济发展

随着经济发展战略的制定, 以加快推进经济结构调整和产业转型升级、构建现代产业体系为目标,宁夏制定了多项发展政策推动工业园区发展。通过工业园区建设投入的持续加大,全区工业企业向园区聚集的趋势已经形成,为产业规模化、集约化可持续发展打下了坚实基础。其中,尤以高新技术产业的发展备受瞩目,截至 2015 年底,宁夏共有国家级高新技术开发区 2 家,即银川经济技术开发区和石嘴山高新技术开发区;高新技术企业 62 家,初步形成以新材料、生物医药、电子信息及高技术服务业、新能源及节能技术等为主的高新技术产业领域。据统计,2014 年全区高新技术企业实现总收入 203.9 亿元,高新产品销售收入 136.6 亿元,净利润 12.5 亿元,上缴税金 10.5 亿元。其中,总收入过亿元的企业有 26 家,占高新技术企业总数的 42%[①]。高新技术企业已成为宁夏发展战略性新兴产业的主力军和经济发展中最具活跃的力量。

一、银川经济技术开发区

银川经济技术开发区位于宁夏回族自治区首府银川市, 是 2001 年经国务院批准设立的宁夏首家纳入《中国开发区审核公告目录》的国家级开发区。规

①宁夏高新技术企业已达 62 家,http://www.mofcom.gov.cn/article/difang/201511/20151101194086.shtml。

划控制面积 72 平方千米，建成区面积 34 平方千米，已形成东区、南区、西区、横山工业园四大区块，在全国 218 个国家级开发区中排名第 63 位，体制创新指数与其他 29 家并列第一。截至 2016 年 8 月底，完成规模以上工业增加值 33 亿元，同比增长 14%；实现固定资产投资 44.7 亿元，同比增长 35%；完成财政一般预算收入 9.56 亿元，同比增长 10.38%。截至 2015 年底，开发区共有高新技术企业 32 家，占全宁夏的 51%。有装备制造、生物医药工程，汽车零部件、石油化工 4 家院士工作站，国家级企业技术中心 1 家，国家和地方联合工程研究中心8家，国家技术创新示范企业 1 家，国家科技成果转化服务(宁夏)示范基地 1 家，自治区级企业技术中心 17 家，工程技术研究中心 3 家，自治区技术创新中心 9 家，自治区工程实验室 10 家，科技创新能力不断提升。创全国驰名商标 3 件，宁夏著名商标 34 件，特色产业的引领和示范作用正在不断增强。2015 年，实现工业总产值 313 亿元，同比增长 10%；工业增加值 87.1 亿元，同比增长11.1%，固定资产投资 62.1 亿元，同比增长 22.4%；完成财政一般预算收入13.97 亿元，同比增长 12.3%。招商引资实际到位资金 36 亿元。

其中，位于开发区东区的银川“iBi”育成中心，是集“产学研资育”五位一体的高端数字化园区。iBi 分别取自信息产业、生物技术、知识产权三个英文字头，标志着园区经济培育和发展的核心业态。“iBi 模式”不仅开启了宁夏新经济发展模式的先河，而且多次得到国家及区市领导的肯定，被科技部命名为“iBi 模式”，并向全国推广。“iBi”育成中心以发展培育软件信息产业、生物技术、自有知识产权转化为己任，以天使基金和风险投资基金等各种金融工具为手段，以各项政策优惠为措施，汇集了宁夏及周边 90%以上的优质资源，已成为宁夏最大、创新度最高的孵化平台，被国家商务部命名为“国家电子商务示范基地”。截至 2016 年 9 月底，入园企业总数达 550 家，业态涉及软件开发、电子商务、物联网、大数据应用、云计算、影视动漫、文化创意、基因检测、生命健康、大宗商品、互联网金融、科技孵化、电子物流、卫星技术服务、航空装备研发设计、知识产权转化等核心业态，从业人员总数突破 7 000 人。主营业务收入达45 亿元，实现网络交易 5 000 亿元，企业利润总额达到 4.1 亿元。上缴税收 1.45 亿元；争取各类资金 5 500 万元。取得自有知识产权累计 750 项；新增上市企业3 家，累计达到 18 家。累计获得国家级示范园区、示范基地 10 项。

成长中的银川 iBi 育成中心——未来银川经济技术开发区的高端数字园区

二、石嘴山高新技术开发区

石嘴山高新技术产业开发区原为大武口工业园区，成立于 2002 年，规划面积 8.9 平方千米。2011 年，被自治区人民政府命名为宁夏石嘴山高新技术产业园区，先后被评为国家“信息化与工业化融合试点园区”和“金属新材料新型工业化产业示范基地”。2013 年底石嘴山高新技术开发区升级为国家级高新区，并实施扩区调位，规划面积 65 平方千米，由东、西、北三个区域组成，其中，东区 24.79 平方千米和北区 1 平方千米为新材料、太阳能光伏和汽车制造产业发展区；西区 39.21 平方千米为机械制造产业区。

石嘴山高新技术开发区内机械装备制造和新材料两大主导产业优势特色明显。机械装备制造产业规模以上企业现已发展至 11 家，形成了以天地奔牛集团公司、天地西北煤矿机械制造公司、西北骏马电机制造公司等大中型骨干企业及非标准件铸造、加工的一批小企业协调发展的产业集群，具备了各类铸造、锻造、热处理、表面处理等生产能力。主要产品有重型、超重型综采输送机、转载机、破碎机等矿用设备，带式输送机、掘进机、综采支架等煤矿专用设备，矿用隔爆电机等工矿设备配套产品等。其中，天地奔牛集团公司生产的采煤刮板输送机、转载机、破碎机等主导产品占国内市场的32%；天地西北煤机公司生产带式输送机、掘进机等主导产品占国内市场的35%；西北骏马公司生产煤矿用防爆电机占国内市场的39%。

开发区内新材料产业规模以上企业已发展至5家，形成了以中色（宁夏）东方集团有限公司为龙头的产业集群，具备了以钽、铌、铍为主导产品，包括铍铜材料、钛合金、电子浆料、高性能球形氢氧化镍、碳化硅微粉、氟化铝、IPO烧结靶材、金属镁及镁合金、特殊合金在内的多品种、多规格的生产能力，其中钽丝、钽粉生产已达到世界先进水平，产量占世界市场量的60%和30%，居世界第一位和第二位。产品广泛应用于电子、冶金、化工、航空、航天等高科技领域。

更具有发展前景的是，石嘴山高新技术开发区内蓬勃兴起了太阳能光伏和汽车制造两大新兴产业。成功引进太阳能光伏产业项目4个，已形成光伏设备研发生产—单晶硅拉棒及切片—太阳能电池及组件的产业链条。其中，宁夏日晶新能源装备股份有限公司为宁夏最大的太阳能光伏设备生产企业。引进汽车产业项目3个，主要从事重型汽车、工程机械车辆及零配件等的生产。

三、具有特色的工业园区遍及全区

工业园区（开发区）是聚集各种生产要素，培育发展产业集群，实现工业又好又快发展的重要载体。截至2015年底，宁夏目前共有24个经济产业园区，分布在银川市7个，石嘴山市5个，吴忠市7个，中卫市3个，固原市2个，这些产业园区的分布也体现了宁夏的经济发展状况及园区经济发展特点，即以银川为中心的、以石嘴山和吴忠为龙头的各地竞相发展的特色产业经济技术开发区。除了前面所述的银川经济技术开发区、石嘴山高新技术开发区两个国家级开发区外，遍及全区的工业园区中最具代表性的有以下三大园区。

（一）吴忠金积工业园区

吴忠金积工业园区成立于2003年，是国家发改委审核公告的省级工业园区，也是宁夏唯一的清真食品穆斯林用品产业园。园区重点培植清真食品穆斯林用品、包装印刷、装备制造、冶金化工、高新材料等产业。

表 19-1 24 家工业园区在宁夏的分布[①]

地级市	工业园区
银川市(7个)	银川经济技术开发区、金凤工业集中区、兴庆科技园、永宁工业园区、贺兰工业园区、灵武羊绒产业园、宁东能源化工基地
石嘴山市(5个)	石嘴山高新技术产业园区、石嘴山工业园区、红果子工业园区、宁夏精细化工基地、平罗工业园区
吴忠市(7个)	金积工业园区、吴忠毛纺织工业园区、青铜峡新材料基地、盐池工业园区、太阳山工业园区、红寺堡工业园区、同心羊绒工业园区
中卫市(3个)	中卫工业园区、中宁工业园区、海原新区工业扶贫开发区
固原市(2个)	固原清水河工业园区、固原经济开发区

回族穆斯林群众欢度宗教礼仪隆重的开斋节(摄于银川市贺兰县)

2012年底,为加快宁夏“两区”建设,扩大向西开放的规模和影响,自治区人民政府决定依托吴忠金积工业园区规划建设中国(吴忠)清真产业园。按照“高起点规划、大手笔谋划、大企业入驻”的建设要求,国家级清真产业园规划面积63平方千米,重点发展清真乳制品、肉制品、粮油制品、调味品、休闲食品、水产品、发酵产品以及穆斯林服饰、日用生活品、工艺品等产业,并规划建设清真

①根据宁夏经信委网站整理。

产业建成区、公共服务区、配套产业区、物流仓储区、国际合作区、穆斯林用品发展区、清真产业发展预留控制区七个功能区。同时为实现清真产业破题发展、转型升级，更好地向入园企业提供全方位、立体式服务，2014年初，园区成立了清真产业创新发展服务中心，主要开展清真Halal认证、技术研发检测、人才培训引进、电子商务、清真产品进出口集中查验、通关报检等服务。目前园区企业达到218家。其中，清真食品穆斯林用品企业67家，清真产品10大系列基本齐全，种类达592种。力争到2020年实现销售收入600亿元以上，工业增加值达到100亿元以上。

截至2013年，园区实现工业总产值82.14亿元，其中清真产业产值42亿元；入园企业达到175家，规模以上企业39家；完成规模以上企业工业增加值65.3亿元；完成固定资产投资46.29亿元，招商引资61.2亿元，上争项目资金7 049万元。2014年，园区实现工业总产值101亿元，其中清真产业产值58亿元，约占园区总产值的60%。园区清真食品穆斯林用品产业被国家工信部确定为"全国产业集群区域品牌建设试点地区"，被自治区确定为"自治区级文化产业示范园区"。2015年1—6月份，园区完成工业总产值50.5亿元，同比增长16%；实现工业增加值14.1亿元，同比增长18%，其中规模以上工业实现增加值38亿元；完成固定资产投资16.9亿元，同比增长59%。

（二）中卫工业园区

中卫工业园区是2003年经自治区人民政府批准建立的国内首个建在沙漠中的省级工业园区。中卫工业园区是在宁夏中卫市北部荒山荒漠上规划建设的集工业发展、生态绿化为一体的省级大型综合性工业园区。园区地处中卫市北部偏西的高乌墩腾格里沙漠边缘地带，北靠宁蒙交界，东临新井沟，南连沙坡头区东园镇中沟路。

园区由造纸及包装印刷产业，煤化工、盐化工、天然气化工及副产品延伸开发的精细化工产业，钢铁冶炼产业，金属材料、非金属材料及高分子材料为主的新材料产业，能源冶炼综合产业、循环经济示范（试验）区和以农副产品加工、机械加工为主的中小企业创业园6个产业版块组成，并下辖镇罗金鑫工业园、宣和冶金化工园、常乐陶瓷工业园及宁夏红科技园4个乡镇特色园区。

截至2015年6月，中卫工业园区入驻企业93家（含特色园、沙漠光伏产业园），其中规模以上企业36家，建成投产76家。企业累计完成投资220亿元，解决就业2.3万人。2012年实现工业总产值114亿元。随着重庆紫光蛋氨酸项目、新疆广汇煤化工项目、宁钢集团320万吨特钢项目等一批大项目陆续建成投产，预计到2020年，企业累计投资可达600亿元，可实现产值1 000亿元，将会成为推动中卫工业经济跨越式发展的重要平台。

（三）固原经济开发区

宁夏固原经济开发区是自治区人民政府1993年4月批准成立的省级开发区，1997年批准为计划单列区。位于固原市区西南，控制面积5平方千米，规划面积3.61平方千米，建成区2.2平方千米，且有10余平方千米的土地可供远期开发建设。至今开发区已引进和建设了一批具有特色的骨干企业，银轮钢圈、明德中药、六盘山药业、金泉草业、福宁广业、佳立生物、电力合金、明光水泥、泰和集团、云霄纺织、磊菌宝、明泽荞麦、润泽粮油等重点工业企业和晨光家具、南宇建材、长安水暖以及汽车、农机、果蔬、食品等物流园项目的建设为开发区经济发展注入了新活力，成为经济增长的新亮点。开发区管委会下设党政办公室、经济发展局、土地规划建设局、综合执法局、社会事业局、财政局、公安局、工商局、国税局9个局室，实行“封闭式管理，开放式运行，市场化运作，自主化经营”的模式，实施“首责制代理，一站式办结，一条龙服务”，可满足项目随进区随安排，企业随进区随生产的需要。

2015年和2016年，宁夏先后两次对固原市经济技术开发区进行提升整合，整合后经济技术开发区下辖新材料产业园、轻工产业园、西兰银综合物流园3个园区。截至目前，开发区入园工业企业52家，规模以上工业企业8家，预计2016年完成地区生产总值14亿元，同比增长17%；工业增加值5.6亿元，同比增长19%。有效地推进了固原市的工业化、农业产业化和城市化进程，切实发挥了窗口示范作用。

综上所述，宁夏成长于21世纪的园区经济，既是适应市场经济发展的新兴市场竞争主体，也是区域经济发展走向现代化、生态化和国际化的重要平台。在未来的发展中，园区经济将在推进经济发展全面转型，加快经济结构与产业体系的优化升级，增加出口、吸引外资、引进高新技术等方面发挥更为重要的作用，成为宁夏经济发展的重要增长点。

第二十章　展望:宁夏经济发展机遇与前景

未来,在国家西部大开发和“一带一路”战略的引领下,宁夏将站在进一步深化改革开放的发展前沿,内陆开放型经济试验区及银川综合保税区的设立将推动宁夏经济向更为广阔的空间发展。

第一节　宁夏经济发展的重大机遇

进入 21 世纪以来,中央政府通过“西部大开发战略”、《关于进一步促进宁夏经济社会发展的若干意见》、《关于宁夏内陆开放型经济试验区规划的批复》等一系列战略政策措施,有效促进了宁夏的经济发展;2012 年以来,中共中央开始实施“一带一路”战略,继续深入推进西部大开发,全面部署打赢脱贫攻坚战,加强对民族地区、贫困地区、革命老区全方位精准扶贫,更是为宁夏今后发展提供了重大机遇。

一、西部大开发战略实施促使宁夏经济发展提速

西部大开发战略是党中央、国务院在世纪之交做出的重大决策,是指导西部地区经济发展的重要纲领,旨在不断缩小东西部之间的差距,力促西部地区发展。西部大开发的范围包括陕西省、甘肃省、青海省、宁夏回族自治区、新疆维吾尔自治区、四川省、重庆市、云南省、贵州省、西藏自治区、内蒙古自治区、广西壮族自治区 12 个省,自治区、直辖市、3 个少数民族自治州,面积为 685 万平方千米,占全国的 71.4%。西部大开发战略的实施,给整个西部地区带来了千载

难逢的历史性发展机遇,宁夏以西部大开发战略目标为指向,在战略实施过程中经济发展得以全面加速。

2002 年 2 月《“十五”西部开发总体规划》中明确西部大开发总体战略目标为:“经过几代人的艰苦奋斗,到 21 世纪中叶全国基本实现现代化,从根本上改变西部地区相对落后的面貌,显著地缩小地区发展差距,努力建成一个经济繁荣、社会进步、生活安定、民族团结、山川秀美、人民富裕的新的西部地区。21 世纪头 10 年要有步骤、有重点地推进开发,力争使西部地区基础设施和生态环境建设取得突破性进展,特色经济和优势产业有较大发展,重点地带开发步伐明显加快,科技教育和卫生、文化等社会事业明显加强,改革开放出现新局面,人民生活进一步改善,为实施西部大开发战略奠定坚实的基础。”之后,2004 年3 月针对西部大开发实施过程中出现的新问题,颁布了《关于进一步推进西部大开发若干意见》,意见指出,在加强和改善宏观调控中要按照“区别对待,不搞一刀切”的原则,继续支持西部地区基础设施、生态环境建设和社会事业发展等薄弱环节,鼓励发展特色优势产业和扩大改革开放。并将西部大开发共分三个阶段:2000—2005 年为开发启动阶段,主要任务是搞好规划、研究政策、建立机构、搞好宣传、务实基础、加快基础建设;2006—2015 年为大规模开发阶段,以提高西部地区开发能力和建立良性开发机制为主攻目标,扩大投资规模,加快开发步伐;2016—2050 年为全面提高阶段,大幅度提高西部城市化、市场化、国际化水平。至 2007 年 2 月,《西部大开发“十一五”规划》进一步提出了“十一五”西部大开发的总目标是:经济又好又快发展,人民生活水平持续稳定提高,基础设施和生态环境建设实现新突破,重点地区和重点产业的发展达到新水平,基本公共服务均等化取得新成效,构建社会主义和谐社会迈出步伐。从扎实推进社会主义新农村建设、继续加强基础设施建设、大力发展特色优势产业、引导重点区域加快发展、坚持抓好生态保护和建设、环境保护和资源节约、着力改善基本公共服务、切实加强人才队伍建设、积极扩大对内外开放、建立健全西部大开发保障机制等几个方面进行详细阐述。2010 年 6 月,在《中共中央国务院关于深入实施西部大开发战略的若干意见》中部署了未来 10 年的西部大开发战略布局,提出到 2020 年西部地区基础设施更加完善,现代产业体系基本形成,建成国家重要的能源基地、资源深加工基地、装备制造业和战略新兴产业基地、资源加工基地、装备制造业基地和战略性新兴产业基地，综合经济实力进一步增强；生态环境恶化趋势得到遏制，基本公共服务能力与东部地区差距明显缩小；人民生活水平和质量大幅提升，基本实现全面建设小康社会奋斗目标。

由上可见，西部大开发战略实施是一个稳步推进、逐步完善的过程，其间国家出台了一系列的优惠政策及倾斜性发展规划，比如，国家各部委按照中央部署，制定出台了包括加大建设资金投入力度，优先安排建设项目，加大财政转移支付力度等优惠政策。一系列优惠政策的制定与实施为宁夏加大基础设施建设，减免外资企业所得税，建立经济技术开发区，推进生态保护与建设等均提供了政策保障。

1999—2009 年，是宁夏发展的“黄金期”，也是宁夏基础设施飞速发展的十年，这十年间国家对宁夏重点基础设施建设给予了支持，不断加大对铁路、公路、民航和水利等项目的中央投资力度。支持宁夏组建股份制航空公司，并将银川列为第五航权试点区域。在此期间，随着西部大开发的不断深入，中央政府倾斜于宁夏的财政政策、金融政策亦逐步丰富和完善起来，2009 年中央政府加大了对宁夏均衡性转移支付力度，逐步缩小地方标准财政收支缺口；中央财政继续对宁夏贫困地区扶贫贷款进行贴息，以及继续对符合条件的清真食品和穆斯林用品产业贷款给予贴息。引导各类金融机构按照有关政策法规、针对区域金融特点推动产品和服务方式创新。积极引进国内外各类银行、证券、保险等金融机构落户试验区，鼓励宁夏企业参与国家金融创新试点业务。这些重大举措为宁夏特色经济以及新产业业态的发展提供了机遇，并有力地推动了一些长期困扰宁夏经济发展的重点和难点问题的解决，如基础设施落后、生态环境恶化、经济结构不合理、部分群众生活贫困等。更为重要的是，西部大开发是在知识经济时代即将到来的时刻展开的，科技教育不仅是西部大开发的重要内容，更是西部大开发的支撑和推动力量，知识、信息、教育、技术等因素将在大开发中发挥十分重要的作用。因此，随着西部大开发的不断深入，西部地区将迎来科技教育大发展的时代，“科教兴宁”的步伐会大大加快，科学技术与经济的结合会更加紧密，各种科技资源有望不断向宁夏聚集。总之，西部大开发前十年的一系列支持性政策与措施为宁夏创造了有利的投资环境和发展空间，促进了宁夏经济的快速发展。

2014 年我国出台了西部大开发“十三五规划”,在新的规划中明确提出了“优化区域发展格局”以及其他的重点区域工作,包括深入推进“一带一路”建设,创新构建“五横两纵一环”的总体空间格局,布局建设重点创新试验区、培育绿色发展引领区、打造内陆沿边开放试验区等功能区,全力完成推进新型城镇化等八大任务。在新一轮西部大开发战略实施中,宁夏将拥有创新性更强、现代化水平更高的开放型经济发展机遇。

二、“一带一路”战略实施促进宁夏对外开放

2013 年 9 月和 10 月, 中国国家主席习近平在出访中亚和东南亚国家期间,先后提出共建“丝绸之路经济带”和“21 世纪海上丝绸之路”的重大倡议,得到国际社会高度关注。进而,中国政府提出了符合欧亚大陆经济整合的两大战略:丝绸之路经济带战略和 21 世纪海上丝绸之路经济带战略,简而合称为“一带一路”战略。2015 年 3 月,为推进实施“一带一路”战略,让古丝绸之路焕发新的生机活力,以新的形式使亚欧非各国联系更加紧密,互利合作迈向新的历史高度,中国政府特制定并发布《推动共建丝绸之路经济带和 21 世纪海上丝绸之路的愿景与行动》[①],特别指出,推进“一带一路”建设,中国将充分发挥国内各地区比较优势,实行更加积极主动的开放战,加强东中西互动合作,全面提升开放型经济水平。其中,在西北地区,要发挥新疆独特的区位优势和向西开放重要窗口作用,深化与中亚、南亚、西亚等国家交流合作,形成丝绸之路经济带上重要的交通枢纽、商贸物流和文化科教中心,打造丝绸之路经济带核心区。发挥陕西、甘肃综合经济文化和宁夏、青海民族人文优势,打造西安内陆型改革开放新高地,加快兰州、西宁开发开放,推进宁夏内陆开放型经济试验区建设,形成面向中亚、南亚、西亚国家的通道、商贸物流枢纽、重要产业和人文交流基地。据此,宁夏在“一带一路”中战略定位即得以明确,未来对外开放的广阔空间及合作领域极具前景。

具体而言,在“一带一路”建设过程中,宁夏重要的战略地位主要体现在:宁夏作为全国最大的回族聚居区,与“一带一路”沿线诸多国家有相近的风俗习

---

①出自 http://zhs.mofcom.gov.cn/article/xxfb/201503/20150300926644.shtml。

惯、源远流长的交流合作、历史形成的传统友谊，这为“丝绸之路经济带”建设奠定了深厚的人文基础；国务院批复的宁夏内陆开放型经济试验区，作为一项推动我国内陆地区向西开放，围绕中国与阿拉伯国家及世界穆斯林地区经贸文化交流合作而实施的国家级重大发展战略，为“一带一路”建设提供了战略支点和保障；宁夏作为中阿博览会的永久会址，是“一带一路”沿线阿拉伯国家“向东看”和中国“向西走”的新窗口与新平台，也是中国与阿拉伯国家开展公共外交和人文外交的主要渠道之一，更是中国与“一带一路”沿线国家开展大周边外交关系的重要体现；宁夏因其所处新欧亚大陆桥国内段中间位置，以及对内连接中国东西部与对外通往中亚西亚的特殊陆空优势，成为我国向西开放的空中门户，从而密切联系着国内国际的经贸往来和人文交流。

三、重点基础设施建设为提升经济开放水平创造条件

宁夏作为我国西部欠发达地区，交通基础设施一直较为落后，虽然人均路网密度居于我国各省市中列，但现代交通发展滞后，具有优势的交通区位条件并不能在区域经济发展中发挥明显的促进作用。比如，在铁路建设方面，宁夏境内铁路基础设施薄弱，复线率仅为17%，居全国第27位，是我国为数不多的没有开通高速铁路的省区之一[①]。而且，包兰、宝中、太中银等铁路宁夏段通过能力不足、运输效率低下，成为国家东西运输通道上的梗阻路段。加之，由于宁夏地处我国腹地，货物出口必须先运送至中转城市，这也导致了宁夏经济发展的不便利。2014年以来，国家对宁夏重点基础设施建设不断给予支持，加大了对铁路、公路、民航和水利等项目中央投资力度，尤其在航空发展方面的支持最具实效，组建股份制航空公司，将银川列为第五航权试点区域，并开通了多条国际航线，银川河东机场升级为国际机场。

在工程建设的实际推进中，铁路建设方面，为了完善丝绸之路经济带的铁路网，提升宁夏通向中亚、西亚及中东、俄罗斯及欧洲和北非的铁路通行能力，

①2014年9月30日，国家发改委发布《关于新建银川至西安铁路可行性研究报告的批复》，线路起自宁夏回族自治区银川市，经灵武市、吴忠市、太阳山开发区，甘肃省环县、庆城县、庆阳市，陕西省彬县，止于西安市，正线全长598千米，其中宁夏境内188千米。来源：《宁夏即将驶入高铁时代高铁梦驶入现实》，http://www.nx.xinhuanet.com/2015-03/25/c_1114754862.htm。

银川至西安快速铁路、包兰线银川至兰州段扩能改造工程、甘武铁路增建二线工程、宝中铁路和太中银铁路复线建设加快;在航空发展方面,银川河东国际机场三期扩建工程已经开工,根据项目总体规划,预测2020年旅客吞吐量将达到1 000万人次,货邮吞吐量达到10万吨;业已成立宁夏基地航空公司和货运航空公司,开辟银川至中亚、中东、南亚等重点国家和地区的国际客运、货运航线,开通银川至迪拜、多哈、阿拉木图、曼谷、吉隆坡等主要城市航班。诸如此类重点基础设施建设项目的实施推进,在很大程度上促进了宁夏对外开放的深化,提升了宁夏的经济发展水平。

根据宁夏地区的"十三五"规划,宁夏将通过建设对外铁路大通道,构建以银川为中心,辐射周边重要节点城市四通八达的高速客运网、功能完善的干线铁路网和方便快捷的城际铁路网;建设内外通达航空网,以提升机场基础设施服务能力、加密和新开航线、优化拓宽空域为重点,逐步完善空中通道;完善互联互通公路网,以提升等级、加密路网为重点,实施内联外通的大通道建设,构建"三环四纵六横"高速公路网等重要交通基础设施建设,进一步提升对外开水平,为宁夏区域经济发展迎来新的发展热潮创造有利条件。

第二节　未来宁夏经济发展的前景

改革开放30余年,宁夏作为我国西部欠发达地区,借助自己的资源优势,一直以较快的速度发展,与我国发达地区的差距逐步缩小。新的历史时期,宁夏面临西部大开发战略、"一带一路"战略实施的重大机遇,立足自身优势,通过进一步深化改革,扩大对外开放,必将迎来经济发展的新阶段。

一、构建面向世界的内陆开放型经济

早在20世纪90年代,为了适应经济发展内外部约束条件的新变化,理论界就提出了发展内陆开放型经济的新要求。宁夏地处我国西部内陆地区,交通便利,资源禀赋优势明显,人文环境优势突出,从区域经济发展和扩大对外开放的角度,探索未来宁夏经济发展战略选择问题具有重要意义。

（一）建设宁夏内陆开放型经济实验区

宁夏内陆开放型经济试验区是我国内陆地区首个也是唯一一个覆盖整个省级区域的试验区，试验区的整体规划于2012年9月10日通过国务院批复，旨在将宁夏打造成向西开放的“桥头堡”，推动深化中国和阿拉伯国家经贸交流、投资合作和友好往来。2012年9月10日，国务院同意在宁夏回族自治区设立内陆开放型经济试验区，原则同意《宁夏内陆开放型经济试验区规划》，标志着宁夏回族自治区成为我国内陆地区第一个对外开放试验区、全国首个以整省域为单位的试验区。

推进宁夏内陆开放型经济试验区建设，搭建向西开放的平台，全面加强我国同西亚、中亚各国以及更广阔地区的经贸文化交流与合作，有利于探索内陆地区开发开放的新路径，在空间上形成沿海、沿边和内陆开放互为依托、相辅相成的战略格局；有利于发挥双方互补优势，拓展我国外需市场新空间；有利于充分利用两种资源、两个市场，为保障国家能源安全做出积极贡献；有利于资源型地区转变发展方式，探索可持续发展新模式；有利于促进民族地区跨越发展和民生改善，维护民族团结和社会稳定。

完整的开放型经济包括开放与发展双重内涵。宁夏提出的建设内陆开放型经济，就是以经济全球化为背景，以全国统一市场为基础，通过持续深化对内对外开放，充分利用国际国内两种资源、两个市场，在全球范围内优化资源配置，不断深化国际分工与合作的开放发展战略。这一界定体现了以下内涵：其一，宁夏内陆开放型经济是宁夏通过全面开放促进自身发展的战略思维。它强调内陆地区开放发展道路，把宁夏的经济发展纳入到全球化和国际化视野当中，加强与外部的战略协调，实现要素在全球范围的最优配置。其二，宁夏内陆开放型经济是建立在市场化基础上的制度性开放发展战略。宁夏既向国际开放，也向东部地区及内陆其他地区开放；既重视实体领域的开放，也重视思想观念的开放，是规则对接、经济运行机制统一的制度开放。其三，宁夏的内陆开放型经济是区域协调发展的国家战略。较之东部“出口导向型战略”和内陆地区政府主导下的政策性开放，宁夏内陆开放型经济把区域性、政策性开放转变为全方位开放和制度性开放，是政府引导与市场推动相结合、不断拓展外部空间的科学发展之路。

总之，宁夏发展内陆开放型经济的目的是深入发掘内陆地区的比较优势，通过市场一体化进程，逐步融入国家经济一体化和全球化，建立内外对接、内部整合的经济运行机制和区际协调机制。对外开放在“一带一路”带领下发挥着重要作用，更加强了我们与阿拉伯国家乃至世界各国的交往、交融和交流。

（二）以中阿博览会为依托搭建内陆开放经济新平台

2010 年 9 月 26 日，中国（宁夏）国际投资贸易洽谈会暨首届中国·阿拉伯国家经贸论坛在宁夏银川开幕，2013 年该经贸论坛升格为中国·阿拉伯国家博览会，即为经国务院批准，商务部、国际贸易促进委员会和宁夏回族自治区人民政府共同主办的国家级、国际性经贸会展活动。自 2010 年以来，中阿博览会（原中阿经贸论坛）已在宁夏成功举办四届，在国际、国内产生深远影响，得到了包括阿拉伯国家及其他穆斯林地区在内的“丝绸之路经济带”沿线国家的广泛欢迎，正在成为国家推进和落实中阿务实合作的重要平台，也为宁夏向西开放、建设“丝绸之路经济带”战略支点注入了更加丰富的内涵。

面向世界开放的国家级、国际性综合博览会——中国·阿拉伯国家博览会落户银川

举办中阿博览会，是着眼于国际国内发展大势做出的一项重大战略决策，也是宁夏为加快发展内陆开放型经济、建设开放宁夏做出的郑重选择。2010—2014年 4 年间，中阿博览会秉持“传承友谊，深化合作，共同发展”的宗旨，取得显著成绩，先后邀请了 24 位中外政要，253 位中外部长级官员，104 位外国驻华使节，70 多个国家、地区和国际机构，46 家大型商协会，6 200 多家大中型企业和金融机构的代表以及3.7万多名参展商、采购商出席大会，先后签订各类项目协议636个，合同投资累计达到3 558亿元，有效提高了宁夏对外经贸合作的水平和质量。2015年，中国·阿拉伯国家博览会由中国商务部、中国国际贸易促进委员会、宁夏回族自治区政府联合举办，共吸引来自86个国家和地区的近万名嘉宾参会参展。签约项目共计163个，投资金额1 712亿元人民币，数量和质量均较往届大幅度提升，其中一批签约项目投资金额高达几十亿元甚至上百亿元，博览会期间，中阿技术转移中心宣告成立，约旦、阿曼、阿联酋、沙特等国的科技机构以及阿盟下属的高校与中阿科技转移中心达成协议，成立5个分中心。大会还签订了中阿技术转移中心、卫星导航合作、卫星产业服务协议、建设"一带一路"沿线国家双向产业园区、国际穆斯林清真食品展示中心、中阿青年产业园等优势项目，在服务于我国"走出去"的战略方面，实现了新的突破。这为中阿参与"一带一路"建设打下良好的基础。

宁夏开展对外经贸活动的标志性建筑——宁夏国际会议中心

在2015年中阿博览会的中国·阿拉伯国家卫生合作论坛上，阿联酋、埃及等阿拉伯国家的7家医院和中国12家医院院长发表联合声明，共同倡导成立中阿医疗健康合作发展联盟,以加强科研、人才、技术的交流合作。在博览会期间,不少“一带一路”国家对加强与中国的农业投资合作也表现出浓厚兴趣。图书出版、广播影视交流无疑也为中阿文化互通、文明相融提供更多可能。在2015博览会上,阿拉伯出版商协会驻中国办事处落户宁夏,中阿图书版权信息交流平台“中阿版权网”也正式开通,越来越多的阿拉伯国家在寻求广播电视人才培养、技术交流等方面与中国进行合作。

多年来,宁夏一直按照“共商、共建、共享”的原则,坚持“中阿共办,部区联办,民间协办”的办会机制,从政府、企业、民间三个经度,政治对话、经贸洽谈、技术合作、人文交流四个纬度,搭建商品贸易、服务贸易、技术合作、投资金融、文教旅游五大平台,把博览会融入国家向西开放和“一带一路”重大战略部署中去,使之成为中阿之间政治互信、务实合作、友好往来的综合性战略平台,成为宁夏建设内陆开放经济试验区和“丝绸之路”经济带战略支点的助推器。

二、打造中国向西开放的战略枢纽

宁夏通过成功举办中阿博览会,引起了国际社会的广泛关注,业已搭建中国与阿拉伯国家及世界穆斯林地区进行政治对话、经贸合作、文化交流的综合性平台。中国与阿拉伯国家之间关注的核心主题越来越聚焦于金融、能源、农业、基础设施投资、贸易合作等热点领域。未来,宁夏将借助“丝绸之路经济带”战略的具体实施,更加突出内陆开放型经济试验区的战略支撑作用和中阿博览会的平台作用,充分发挥先行先试优势,拓展向西开放的深度广度,发展为中国向西开放的战略枢纽。

(一)发挥人文交流的桥梁纽带作用

西亚和中亚诸国家民众大多信仰伊斯兰教,与宁夏穆斯林风俗习惯相近,交流合作源远流长,结成了深厚的传统友谊。随着改革开放的不断推进,宁夏与阿拉伯国家和穆斯林地区的文化、教育、旅游等方面的交流不断拓展,人员往来频繁。不仅成功举办了中阿大学校长论坛等人文交流活动,而且还组建了宁夏大学阿拉伯语学院和宁夏医科大学“回医药协同创新中心”。并且,重点开发建设中华回乡文化园等文化景观,促进宁夏文化旅游国际化。

未来,宁夏作为我国唯一一个省级回族自治区,可以借助独特的人文环境与回乡文化，通过加强对丝绸之路经济带沿线国家政治、经济、文化研究，推进双边或多边交流，深化沿线国家对宁夏的认识与了解；加强与沿线国家教育合作，提升高等院校办学水平，打造国内一流阿拉伯人才培养基地，加强与中亚和中东国家在临床医疗教学科研、传统医药、食品药品检测等方面的交流合作，大力发展健康服务业，把银川建成面向丝绸之路经济带沿线国家的国际医疗和人才交流中心；积极推进丝绸之路联合申遗，加快固原、中卫旅游示范区建设，强化“神奇宁夏”旅游产品体系，打造特色鲜明的国际旅游目的地，通过这些措施充分发挥宁夏在中国与沿线国家人文交流的桥梁纽带作用，在促进国家向西开放的同时实现区域经济发展。

（二）强化承东启西的交通枢纽地位

宁夏位于我国西北与华北交界地带，处于新欧亚大陆桥国内段的中间位置，是联系西北与华北、蒙西与西南的交通要道，已建成集铁路、高速公路、航运于一体的综合交通网络，形成了东部、中部地区进入河西走廊、新疆，进而通往中亚、欧洲等国的便捷通道，作为我国承东启西交通枢纽的地位进一步凸显。在中国与“一带一路”沿线各国共同促进经济要素有序自由流动、资源高效配置和市场深度融合，推动沿线各国实现经济政策协调，开展更大范围、更高水平、更深层次的区域合作，共同打造开放、包容、均衡、普惠的区域经济合作架构的建设过程中，宁夏可以发挥特殊的陆空优势，加快建设区域性物流枢纽和中国向西开放的空中门户，强化承东启西的交通枢纽地区，在密切国内国际的经贸往来的同时担负起“一带一路”战略实施所赋予的历史重任。

三、提高产业综合竞争力，构建现代产业体系

西部大开发战略、“一带一路”战略的实施，使宁夏拥有扩大对外开发的大好机遇，未来可以充分利用国内国际两种资源、两个市场，以加快转变经济发展方式为主线，紧紧围绕产业结构调整和经济转型升级，进一步做大做强工业园区，培育壮大产业集群，推动产业上下游配套，承接国内外产业转移，全面构建现代产业体系；大力发展现代服务业，集中发展金融、信息、商贸、物流等新兴服务业态，促进区内有条件的企业积极承接中亚、中东等地区的服务外包；加快建设对外开放平台，加快生产要素有序流动和集聚，形成内陆开放新的经济增长

极,提高区域产业综合竞争力。

(一)建成中国重要的能源加工转化和储备基地

“一带一路”战略实施以来,中国与哈萨克斯坦天然气管道,中国与土库曼斯坦、乌兹别克斯坦、哈萨克斯坦的天然气管道陆续建成运营。未来,宁夏可以发挥地处国内资源富集区域和主要消费市场中间地带的区位优势,能源加工、储备、中转优势以及在能源装备制造、技术研发等方面的技术优势,积极推进与中亚、中东地区的合作,稳步开展能源易货贸易,探索建立国际能源长效合作机制;布局承接中东、中亚油气加工转化和储备,为我国能源安全提供保障;争取将中亚进口原油通道延伸至宁夏,布局建设石油炼化项目和石油储备项目;推进外煤进宁,布局建设一批承接疆煤、蒙煤加工转化项目;加强与国家战略对接,在助推国家经济发展全面转型升级的同时夯实宁夏现代经济发展实力。

(二)大力发展清真食品和穆斯林用品等特色产业

诚然,正如第十三章所述,宁夏清真产业已初步形成以清真肉制品、乳品、粮油等为主体,加工层次多样化,具有一定市场竞争能力的清真食品产业体系;以及以回族服饰、回族建筑装饰用品为主的穆斯林用品产业体系。但是,宁夏清真产业规模仍然不大,也没有完全形成明显的产业优势和市场竞争力,在世界市场的占有率仍然较低。未来,可以依托工业园区和现有的产业基础,加快清真产业的发展,做好清真品牌推广、清真食品、穆斯林用品与中东阿拉伯国家的相互认证、金融服务等工作,做大做强清真食品和穆斯林用品产业,将宁夏建成全国最大的清真产业基地。

(三)推动宁夏与阿拉伯国家及其他地区的跨地域产业合作

发挥中阿博览会重要平台优势,推进丝绸之路经济带沿线国家和地区的银行、保险、证券、期货、股权投资等领域的合作;在旅游资源开发方面,加快旅游人才培养,拓宽旅游融资渠道,强化旅游外销工作,打造面向中东、阿拉伯国家的旅游目的地;积极实施“走出去”战略,在阿拉伯国家和其他地区开展服务外包以及跨国经营活动;积极争取国家支持,在宁夏举办国际性贸易投资博览会,打造对外开放综合平台,并在宁夏设立内陆保税港区或自由贸易区,使宁夏成为西部地区对外开放的“桥头堡”。

主要参考文献

一、著作类

[1]白翠琴,等.中国历代民族史·魏晋南北朝民族史[M].北京:社会科学文献出版社,2007.

[2]班固.汉书[M].北京:中华书局,1964.

[3]陈佳华,等.中国历代民族史·宋辽金时期民族史[M].北京:社会科学文献出版社,2007.

[4]陈寿.三国志[M].北京:中华书局,1964.

[5]仇王军.丝绸之路在宁夏[M].银川:宁夏人民出版社,2008.

[6]陈育宁.宁夏通史·古代卷[M].银川:宁夏人民出版社,1998.

[7]陈育宁.宁夏通史[M].银川:宁夏人民出版社,2008.

[8]《当代中国》丛书编辑部编辑.当代中国的宁夏[M].北京:中国社会科学出版社,1990.

[9]冯年华.乡村旅游文化学[M].北京:经济科学出版社,2011.

[10]樊万选,戴其林,朱桂香.生态经济与可持续性[M].北京:中国环境科学出版社,2004.

[11]房玄龄.晋书[M].北京:中华书局,1974.

[12]范晔.后汉书[M].北京:中华书局,1965.

[13]范宗兴,吴晓红,霍丽娜,王玉琴.方志与宁夏[M].银川:宁夏人民出版社,2008.

[14]何炼成.中国经济史[M].西安:陕西人民出版社,2004.

[15]胡学祥,门军华,胡志存.宁夏五千年史话[M].银川:宁夏人民出版社,2006.

[16]贺耀敏.中国经济史[M].北京:人民出版社,1994.

[17]古兰经.马坚译[M].北京:中国科学出版社,1981.

[18]李范文.西夏通史[M].银川:宁夏人民出版社,2005.

[19]李锦平.宁夏经济发展与改革[M].银川:宁夏人民出版社,2005.

[20]李清凌.西北经济史[M].北京:人民出版社,1997.

[21]李松茂.回族史指南[M].乌鲁木齐:新疆人民出版社,1995.

[22]刘煦.旧唐书[M].北京:中华书局,1975.

[23]罗贤佑.中国历代民族史·元代民族史[M].北京:社会科学文献出版社,2007.

[24]卢勋,等.中国历代民族史·隋唐民族史[M].北京:社会科学文献出版社,2007.

[25]刘元茂.宁夏财政志[M].北京:中国城市出版社,1993.

[26]宁夏文物考古研究所,彭阳文物管理所.彭阳海子塬墓地发掘报告[M].上海:上海古籍出版社,2013.

[27]宁夏国史编审委员会,宁夏国史学会.当代宁夏史通鉴[M].北京:当代中国出版社,2004.

[28]牛国元.宁夏区域经济发展战略研究[M].银川:宁夏人民教育出版社,2011.

[29]宁夏交通厅.宁夏交通史先秦—中华民国[M].银川:宁夏人民出版社,1988.

[30]《宁夏区情》编写组.宁夏区情[M].银川:宁夏人民出版社,1988.

[31]宁夏通志编纂委员会.宁夏通志·经济管理卷[M].北京:方志出版社,2007.

[32]宁夏政协文史资料研究委员会.宁夏三马[M].北京:中国文史出版社,1988.

[33]欧阳修,宋祁.新唐书[M].北京:中华书局,1975.

[34]邱树森.中国回族史[M].银川:宁夏人民出版社,2012.

[35]宋濂撰.元史[M].北京:中华书局,1976.

[36]宋建钢.宁夏现代城市化研究[M].银川:宁夏人民出版社,2006.

[37]司马迁.史记.北京:中华书局,1963.

[38]司马光.资治通鉴[M].北京:中华书局,1976.

[39]沈约.宋书[M].北京:中华书局,1974.

[40]田继周.中国历代民族史·秦汉民族史[M].北京:社会科学文献出版社,2007.

[41]脱脱.宋史[M].北京:中华书局,1977.

[42]魏收.魏书[M].北京:中华书局,1974.

[43]王伏平.宁夏回族史话[M].银川:宁夏人民出版社,2008.

[44]王俭,李玉民.宁东特大型煤炭基地高效开发及深加工利用[M].西安:西安交通大学出版社,2014.

[45]魏永理.中国近代史纲[M].兰州:甘肃人民出版社,1983.

[46]魏永理.中国西北近代开发史[M].兰州:甘肃人民出版社,1993.

[47]王致中,魏丽英.中国西北社会经济史研究[M].西安:三秦出版社,1992.

[48]王钟翰.中国民族史[M].武汉:武汉大学出版社,2013.

[49]吴忠礼.宁夏近代历史纪[M].银川:宁夏人民出版社,1987.

[50]王正伟.回族民俗学概论[M].银川:宁夏人民出版社,1999.

[51]徐安伦,杨旭东著.宁夏经济史[M].银川:宁夏人民出版社,1998.

[52]薛正昌.黄河文明的绿洲——宁夏历史文化地理[M].银川:宁夏人民出版社,2007.

[53]盐池县地方志编纂委员会.盐池县志[M].西安:三秦出版社,1986.

[54]杨国林.宁夏经济体制改革30年(1978—2008)[M].银川:宁夏人民出版社,2008.

[55]杨国林.宁夏经济发展新视角[M].银川:宁夏人民出版社,2006.

[56]叶南客,李程骅.中国城市发展:转型与创新[M].北京:人民出版社,2011.

[57]杨怀中.回族经济研究[M].银川:宁夏人民出版社,2011.

[58]杨怀中.回族史论稿[M].银川:宁夏人民出版社,1991.

[59]杨绍猷,莫俊卿.中国历代民族史丛书·明代民族史[M].北京:社会科学文献出版社,2007.

[60]叶祖灏.宁夏纪要[M].北京:商务出版社,1969.

[61]张进海.2014 宁夏经济蓝皮书[M].银川:宁夏人民出版社,2014.

[62]张进海.2015 宁夏经济蓝皮书[M].银川:宁夏人民出版社,2015.

[63]张进海.新思维新视角——宁夏内陆开放型经济发展规划研究[M].银川:宁夏人民出版社,2011.

[64]张集馨.道咸宦海见闻录[M].北京:中华书局,1981.

[65]张廷玉.明史[M].北京:中华书局,1974.

[66]张耀武.宁夏扶贫实践与创新研究[M].银川:宁夏人民出版社,2013.

[67]张柱,王文宇.宁夏农业经济发展研究报告 2014—2015[M].银川:宁夏人民出版社,2015.

[68]赵晓雷.城市经济与城市群[M].上海:上海人民出版社,2009.

[69]郑文堂,华玉武,马宁,等.休闲农业理论创新与实践探索[M].北京:中国农业出版社,2014.

[70]郑震,张廉.建设富裕宁夏——产业支撑转型发展[M].北京:国家行政学院出版社,2014.

[71]朱绍侯,齐涛,王育济.中国古代史[M].福州:福建人民出版社,2012.

二、期刊类

[1]李晋红.宁夏工业体制改革与工业发展前景分析[J].宁夏党校学报,2009(1):75—78.

[2]宁夏非公经济撑起半壁江山[J].宁夏画报(时政版),2014(3):24—31.

[3]徐树雄,申进湘.长风破浪会有时——宁夏非公有制经济发展纪略[J].共产党人,2014(19):33—35.

[4]孙秀英.宁夏非公有制经济发展初探[J].农村金融与市场经济,2002(5):20—23.

[5]张学斌.转变政府职能,推动宁夏非公有经济发展[J].中国中小企业,

2014(1):76—77.

[6]薛塞光.宁夏引黄灌区发展思路与目标[J].人民黄河,2015(3):1—3.

[7]白乙雯.宁夏引黄灌区现代农业发展现状及对策[J].宁夏农林科技,2015(11):60—76.

[8]常青,霍翠萍.宁夏休闲农业发展研究[J].宁夏党校学报,2014(6):110—112.

[9]葛志军,张淑萍.西部民族地区休闲农业发展研究——以宁夏为例[J].生态经济,2015(9):132—155.

[10]王红艳.城乡协调发展视角下的宁夏美丽乡村建设[J].中共银川市委党校学报,2015(6):81—83.

[11]雷小武.宁夏农民收入增长比较及趋势的简要分析[J].中国统计,2015(8):22—24.

[12]薛晨浩,李陇堂,任婕,等.宁夏沙漠旅游适宜度评价[J].中国沙漠,2014(3):901—910.

[13]米文宝,廖力君.宁夏沙漠旅游的初步研究[J].经济地理,2005(3):422—425.

[14]陈丽,米文宝.宁夏沙漠旅游开发研究[J].咸阳师范学院学报,2008(4):60—65.

[15]黄会清.塞上归来不看沙,宁夏沙漠旅游独步全国[J].大陆桥视野,2008(10):73—74.

[16]屈植斌,曹贵珍.宁夏沙漠体育旅游资源概况与开发对策研究[J].甘肃科技,2008(19):4—19.

[17]曹心静,张媛.宁夏发展沙漠旅游优劣势评价[J].科技信息,2007(10):161—162.

[18] 陈丽. 沙漠旅游文化内涵的挖掘与构建——以宁夏回族自治区为例[J].边疆经济与文化,2013(10):105—106.

[19]李金凤.分析宁夏沙漠旅游资源开发利用——以宁夏沙坡头景区为例[J].旅游纵览(下半月),2015(12):174—175.

[20]梁向明.宁夏回族文化旅游资源开发刍议[J].回族研究,2013(3):106—

110.

[21]盛君洁.宁夏境内的西夏历史文化旅游资源的调查研究[J].神州,2013(21):41.

[22]许丽君,江可申.作为旅游资源的西夏历史文化利用现状及其类型特征[J].南京航空航天大学学报(社会科学版),2006(2):36—40.

[23]杨学燕.宁夏回族民俗文化旅游资源开发探析[J].干旱区资源与环境,2009(1):147—153.

[24]王琳瑛.中阿博览会带给宁夏回族——民俗文化旅游的发展潜力及启示[J].对外经贸实务,2013(12):85—88.

[25]马杰.宁夏民俗旅游:旅游线上的新风景[J].共产党人,2008(7):26—27.

[26]杨学燕.宁夏回族民俗文化旅游开发研究[J].青岛酒店管理职业技术学院学报,2010(11):24—27.

[27]李树典,蔡华,姜冰,等.宁夏回族民俗文化旅游资源探究[J],2014(26):80—81.

[28]陶雨芳.对开发宁夏回族旅游文化资源的一些思考[J].回族研究,2002(1):106—108.

[29]杨学燕,戴瑜靖.宁夏旅游资源潜力分析及开发研究[J].宁夏大学学报(自然科学版),2005(3):278—282.

[30]马卫东,徐立刚.回乡吴忠[J].宁夏画报(时政版),2008(4):30—33.

[31]赵永清.抢抓机遇,让滨河生态水韵吴忠华丽崛起[J].宁夏画报(时政版),2013(3):6.

[32]贺泽松,李元坤.走进第七届中国回商大会[J].中国穆斯林,2015(5):64—66.

[33]马洪斌.推进深化改革,促进石嘴山市经济转型升级[J].共产党人,2014(1):43—44.

[34]谢鹏杰.固原市产业结构调整和转型路径[J].现代经济信息,2015(12):450.

[35]尤艳茹.做大做强宁夏文化旅游产业的思考[J].宁夏社会科学,2012

(1):129—135.

[36]徐广才,史亚军,等.休闲农业标准体系研究[J].中国农学通报,2012(15):306—311.

[37]高昆.宁夏休闲农业、乡村旅游发展情况调研报告[J].中国乡镇企业,2012(4):58—61.

[38]朱江瑞.宁夏文化旅游与文化产业融合发展探析[J].宁夏社会科学,2011(6):150—152.

[39]马东跃.宁夏回族文化旅游资源开发的SWOT分析[J].中央民族大学学报(哲学社会科学版),2010(1):44—48.

[40]郭焕成.我国休闲农业发展的意义、态势与前景[J].中国农业资源与区划,2010(1):39—42.

[41]朱浩.乡村旅游业发展与新农村建设:日韩经验及启示[J].世界农业,2010(8):13—15.

[42]张晓东,权淑霞.宁夏现代农业发展研究[J].宁夏社会科学,2008(1):61—65.

[43]毛凤玲.宁夏乡村休闲旅游地基本特征与发展对策研究[J].山东省农业管理干部学院学报,2008(2):176—189.

[44]张艳.试论回族文化对宁夏区域经济发展的影响[J].现代经济(现代物业下半月刊),2008(3):39—40.

[45]王继庆,张德成.制约我国乡村旅游业可持续发展的原因[J].中国林业经济,2008(4):30—33.

[46]杨学燕.宁夏回族民俗文化旅游资源开发探析[J].干旱区资源与环境,2009(1):147—153.

[47]张晓慧,丁文峰.乡村旅游业持续发展的合作战略问题探析[J].电子科技大学学报(社会科学版),2009(1):23—56.

[48]张朝阳,吴尼尔,王春华.宁夏平原休闲渔业发展探讨[J].宁夏农林科技,2009(3):43—45.

[49]李春艳.宁夏园艺产业园——打造设施园艺"硅谷"(下)[J].农业工程技术(温室园艺),2009(11):14—16.

[50]多淑金.我国乡村旅游业发展存在的问题及对策[J].经济纵横,2009(10):76—78.

[51]梁向明.宁夏回族文化旅游资源开发刍议[J].回族研究,2013(3):106—110.

[52]成升魁,徐增让,李琛,吴月湖.休闲农业研究进展及其若干理论问题[J].旅游学刊,2005(5):26—30.

[53]毛凤玲.发展宁夏乡村旅游的思考[J].中共银川市委党校学报,2005(1):34—36.

[54]张洪斌,李晓峰,史振亚.让宁夏乡村旅游"火"起来[J].共产党人,2008(10):38—40.

[55]张兆胤,王征兵.乡村旅游业发展探论[J].经济问题探索,2006(3):145—148.

[56]王晓娟,樊亚琴.我国乡村旅游业发展状况分析[J].安徽农业科学,2006(20):5334—5335.

[57]郭焕成,任国柱.我国休闲农业发展现状与对策研究[J].北京第二外国语学院学报,2007(1):66—71.

[58]董子铭,刘天军.休闲农业产业集群动力机制分析[J].中国农学通报,2014(2):314—320.

[59]郑文昭.宁夏休闲农业SWOT分析及发展对策[J].安徽农业科学,2014(12):3626—3628.

[60]陈彩云.宁夏休闲农业发展的优势与对策[J].宁夏党校学报,2014(2):95—97.

[61]高昆.休闲农业助推宁夏农业农村发展[J].中国乡镇企业,2013(11):64—68.

[62]常青,霍翠萍.宁夏休闲农业发展研究[J].宁夏党校学报,2014(6):110—112.

[63]薛正昌.宁夏历代生态环境变迁述论[J].宁夏社会科学,2003(2):77—85.

[64]赵维素.关于宁夏生态环境与建设模式的思考[J].宁夏大学学报(人文

社会科学版),2003(2):5—11.

[65]郎勇设,柳辉,黄志刚.宁夏生态功能区划研究[J].宁夏大学学报(自然科学版),2009(1):85—90.

[66]汪一鸣.宁夏生态环境建设的基本思路及对策[J].宁夏大学学报(自然科学版),1999(2):20—23.

[67]沈莉娟,曹玉英,宋智,闫海红.宁夏生态环境问题现状及其控制对策[J].绿色科技,2012(7):193—194.

[68]朱海娟,姚顺波.宁夏荒漠化治理生态经济系统耦合效应研究[J].统计与信息论坛,2014(11):71—76.

[69]杨显明,米文宝,辛翠兰,赵东,冯翠月,李建华.宁夏生态——经济系统可持续状态与发展能力动态研究[J].信阳师范学院学报(自然科学版),2010(3):405—409.

[70]李贤,蒋齐,徐忠.宁夏生态经济型林业发展初探[J].绿色中国,2005(9):47—49.

[71]朱丽燕.生态移民与宁夏西海固地区的扶贫攻坚[J].农业现代化研究,2011(4):413—417.

[72]冯立峰,王伟.宁夏西海固地区生态移民成效与经验[J].中国水土保持,2014(10):37—40.

[73]孙燕一,王振洲,刘懿,等.政府主导型生态移民的实效、问题与对策——宁夏西海固山区生态移民调查分析[J].西部论坛,2013(2):44—50.

[74]李宁,龚世俊.论宁夏地区生态移民[J].哈尔滨工业大学学报(社会科学版),2003(1):19—24.

[75]钱正英.建议将宁夏西海固地区作为西部大开发中的扶贫攻坚试点[J].中国水利,2002(7):6—8.

[76]崔献勇,海鹰,宋勇.我国西部生态脆弱区生态移民问题研究[J].新疆师范大学学报(自然科学版),2004(4):72—76.

[77]米文宝,卜晓燕,米楠.宁夏沿黄城市带发展战略与模式研究——黄河金岸建设的若干重要问题分析[J].黄河文明与可持续发展,2012(2):104—117.

[78]夏淑琴.西部大开发与宁夏现代化战略选择[J].宁夏大学学报(人文社

会科学版),2002(4):78—81.

[79]王娟,吴素芳.充分利用国家政策促进宁夏大开发[J].宁夏党校学报,2010(6):23—26.

[80]李晓楠."一带一路"战略对宁夏经济发展的影响[J].现代经济信息,2015(19):474—477

三、鉴类及百科全书

[1]宁夏回族自治区统计局.宁夏四十年 1949—1989[M].北京:中国统计出版社,1989.

[2]宁夏回族自治区统计局,国家统计局宁夏调查总队.宁夏统计年鉴2015[M].北京:中国统计出版社,2015.

[3]宁夏回族自治区统计局,国家统计局宁夏调查总队.宁夏回族自治区2014 年国民经济和社会发展公报[R],2015 年 5 月.

[4]国家统计局银川调查队,银川市 2015 年国民经济和社会发展统计公报[R],2016 年 4 月.

[5]国家统计局吴忠调查队,吴忠市 2015 年国民经济和社会发展统计公报[R],2016 年 4 月.

[6]国家统计局固原调查队,银川市 2015 年国民经济和社会发展统计公报[R],2016 年 4 月.

[7]国家统计局石嘴山调查队,石嘴山市 2015 年国民经济和社会发展统计公报[R],2016 年 4 月.

[8]国家统计局中卫调查队,中卫市 2015 年国民经济和社会发展统计公报[R],2016 年 4 月.

[9]中国物流与采购联合会,中国物流年鉴 2015[M].北京:中国统计出版社,2015.

[10]宁夏财政年鉴编纂委员会.宁夏财政年鉴 2013[M].银川:宁夏人民出版社,2013.

[11]银川市统计局,国家统计局银川调查队.银川统计年鉴 2015[M].北京:中国统计出版社,2015.

[12]石嘴山市统计局,国家统计局银川调查队.银川统计年鉴2015[M].北京:中国统计出版社,2015.

[13]宁夏百科全书编纂委员会.宁夏百科全书[M].银川:宁夏人民出版社,1998.

附录I　宁夏经济发展历史要事记

古代要事

1.约在3万年前,银川平原边缘地区已有远古人类活动。据“水洞沟文化”遗址考古发现,当时古人类以采集狩猎为主要经济活动,以“锤击法”制成的石器为主要劳动工具。

“中国史前考古的发祥地”——位于灵武市的国家地质公园水洞沟

2.约在1万年前至6 000年前的中石器时代,宁夏地区的远古居民仍然以狩猎为主,并出现了最初的畜牧业。

3.约在 1 万年前，宁夏地区的远古居民结束了原始群居状态，在家庭婚姻形态上进入母系氏族社会形成时期。在此期间，远古居民在宁夏地区北部形成了以细石器工艺为特征的畜牧业文化，在南部则形成了农业氏族文化。

4.约公元前 5 000 年起，宁夏地区南部居民开始定居，并进入以原始农业为主要经济特征的社会发展阶段。

5.约公元前 2 000 年起，在经历了前后长达 2.8 万年之久的原始氏族社会阶段后，随着社会生产力水平的提高，宁夏地区进入阶级社会的历史发展阶段。

6.约公元前 2 000 年前后，当华夏大地第一个奴隶制国家——夏朝建立之时，宁夏地区远古居民以血缘关系为纽带的氏族组织逐渐演变为以地域关系相联系的部落组织，并形成了诸多不相统属而分散的小方国，史称“西戎诸国”。此时期，西戎诸国已进入青铜器时代，畜牧业既是其立国的经济基础，也是其军事力量的重要支柱；手工业主要以制陶和器具冶炼为主。

7.公元前 750 年，秦“以兵伐戎”，至秦昭襄王时彻底统一西戎诸国，为宁夏地区经济开发奠定了基础。

8.公元前 214 年，秦始皇派蒙恬收复河套地后，沿河设置几十个县。之后又“发谪徙戍”，“迁北河、榆中三万家”，这些移民屯田措施有力地促进了宁夏地区的农业发展。同时，秦王朝为加强边防，除修有直道外，还修回中道，这些修建于西北边地的道路，不仅有利于帝王巡视，而且为军粮运输、戍卒转徙以及商贸往来提供了便利条件。

9.公元前 202 年，西汉王朝建立，在全国改郡县制为郡国制。至前114 年，即武帝元鼎三年，宁夏南北分属安定郡和北地郡。

10.公元前 141—公元前 87 年，汉武帝承文景之治而即位后，为巩固统一的封建国家，加强中央集权，进行了一系列政治、军事、经济等活动，并沟通了内地与西域的直接交通，促进了中国各民族较以往更为密切的政治、经济和文化交往，对后世影响至深。

此时期，在农业开发方面，公元前 121 年即元狩二年，匈奴浑邪王率众降汉，汉武帝迁徙贫民 70 余万人至朔方等地，官府供给粮食、衣服、耕牛、种子，并开渠灌溉，极大地促进了当时宁夏地区的农业发展；在农业管理方面，派农官管理屯户，在宁夏地区设典农都尉，负责管理农业生产活动。据《汉书》记载，汉武帝曾命冯参为上河(今宁夏永宁县)典农都尉,管理屯垦的农民;在农田水利建设方面,据《史记》记载,汉朝自朔方至令居普遍修渠灌溉,著名的汉延渠、汉伯渠、唐徕渠都始修于汉代;在畜牧业发展方面,汉武帝曾令官府贷给百姓母马以繁衍马匹,三年后归还,利息什一,并由此出现了北地等郡"畜牧为天下饶"的繁荣景象。

此外,为了强化中央集权的专制,汉武帝在位期间对盐、铁、酒实行国家专卖,并在产地设置盐官和铁官。宁夏安定郡的三水县(今同心东)即设有盐官,由此促进了当地传统制盐业的发展。

11.25—220年即东汉时期,中原地区与周边各族的交往比西汉时期更为频繁。期间,东汉末年,羌人大起义,加之东汉王朝建立以来封建割据战争不断,社会几经动荡,宁夏地区经济发展深受影响。在113年和116年,汉军在宁夏安定和北地镇压羌人起义,每次均多达两万余牲畜遭损,对当时的畜牧业发展影响很大。

据《后汉书》记载,东汉时安定郡辖有8县,有户6 094户,人口29 060人。北地郡辖6县,有户3 122户,人口18 600人,两郡总人数47 660人。按照当时的平均数计算,宁夏地区总人口只有两万余人,为西汉时期的1/4,大量人口流亡严重影响了农牧业生产发展。

12.129年,尚书仆射虞诩上奏疏建议在安定、北地诸郡积极发展畜牧,养殖牛马,并鼓励兴修水利,灌溉农田。

13.240年,据《三国志》记载,凉州匈奴别部休屠胡,在首领梁元碧带领下归属曹魏,被安置于高平一带。284年至287年,匈奴部众掀起了内迁高潮,宁夏为主要迁居地,此外,还有鲜卑等族内迁。

14.268—269年,树机能领导西北各民族,发起了对西晋严酷压迫和歧视政策的反抗斗争,各民族之间相互交往和接触更为频繁,民族融合趋势加强。

15.316年,西晋灭亡。次年,东晋政权在江南建立,而北方进入十六国时期。各政权之间的相互割据征战和更替严重破坏了宁夏地区的经济发展。

16.436年,北魏在宁夏地区设立高平(今宁夏固原)、薄骨律(今灵武市西南)两个军镇,统辖除盐池县外的宁夏全境,同时安置少数民族降众和内地移民,以补充人口。

17.439年，北魏统一中国北方地区，结束了长达200年的战争局面，社会稳定为宁夏地区的经济恢复创造了条件。

18.444年，北魏大臣刁雍任薄骨律镇将后，给魏帝上表在旧渠以外另开辟新渠，即修建艾山渠，截断拦河坝引黄河水入渠，解决农田缺水问题。这项水利工程使得大面积农田得到了灌溉，加之采用先进的引水技术和节水灌溉法，宁夏地区的农业经济获得恢复与发展，迅速成为北魏西北边镇的重要粮食生产基地。

19.581—618年，即隋朝时期，据《隋书·地理志》记载，安定、北地等六郡"勤于稼穑，多畜牧"。在此期间，西北设置陇右牧监，形成了以原州为中心的军马官牧，并设立总监、副监、丞以统领诸牧。同时，朝廷命"长城以北，大兴屯田，以实塞下。又于河西勒百姓立堡，营田积谷"，宁夏北部地区兴起农田开发。

20.628—649年，即唐贞观年间，由于唐王朝政治和军事上的强大，北方地区的少数民族纷纷内附，大多在宁夏建立居住点，大大充实了宁夏地区的人口。在此期间，突厥降唐之后，唐太宗李世民采取温彦博的主张，借鉴汉武帝安置匈奴人的方法来安置突厥降众，使其不离旧土故俗，教之礼法，授之以业，恩威兼施。此举不但缓和了矛盾，而且合理安置了各少数民族内附的居民，使其转向定居的农耕生产方式。同时，朝廷在西北地区建立监牧制度，形成了以原州为指挥中心的牧马区，分东南西北四使掌管，宁夏境内最少有十六监。

21.713年，唐朝改朔方行军大总管为朔方节度使，在其所辖境内节度使掌管军事、政务、营田、屯田、赋税等权力于一身。此举在边境局势紧张的情况下对于宁夏地区经济发展起到了一定的积极作用，但是，这也是唐后期藩镇割据势力崛起的重要原因。

22.755年，安史之乱爆发，在平定叛乱的过程中，宁夏地区由于其重要的军事地位而成为平叛的重要地区，社会经济发展遭受巨大破坏。

23.762年，吐蕃攻占宁夏地区的灵州、原州、秦州等地，战事导致宁夏地区的人口、牲畜以及财产遭受抢掠，土地、庄稼及水利设施破坏严重。

24.820年，灵州大都督府长史李听为解决粮食调运困难，用屯田"以代转输"，对灵州境内因战争填塞已久的光禄渠予以重新修浚，灌溉良田千余顷。

25.824年，灵州境内特进渠被修通，营田600余顷。

26.690 年，大将娄师德升任左金吾将军、检校丰州都督，主持屯田事务，受命在灵州等地督导营田，他亲自率士卒开垦荒田，储积粮食数百万，使得军粮充足，不再受粮草转运之苦。

27.849 年，原、安乐、秦三州七关被唐朝收复之后，唐宣宗特别诏谕，鼓励耕垦营田，不但五年内不加赋税并且赐予良种耕牛，而且五年后重定户籍，“便任为永业”。

28.869 年，诗人韦蟾为他的朋友尚书卢潘到灵州任节度使撰写了一首的送别诗《送卢潘尚书之灵武》，诗中写道：“贺兰山下果园成，塞北江南旧有名。水木万家朱户暗，弓刀千队铁衣鸣。”以诗为证，此时的宁夏地区已成功栽培果树，引黄灌溉成就了“塞北江南”的富饶美景。

29.932 年，党项劫掠了回鹘的朝贡，唐明宗令灵武节度使伏击党项，疏通了灵州道，从此促进了朝贡来往和商业贸易的繁荣。

30.939 年，后晋政府任冯晖为朔方节度使后，他大力发展屯田，修建仓库、亭馆千余所，不加重民间赋税，灵州大治。

31.1002 年，西夏王朝的奠基人夏太祖李继迁在灵州、夏州两地设置榷场与宋民开展贸易。

32.1006 年，夏太宗李德明即位夏州政权后，与北宋签订和约，结束了长期战争，双方开展贡赐贸易。同时，设立榷场进行商业往来，撤销青盐内输禁令，极大促进了夏州政权的壮大以及经济发展。

33.1007 年，宋朝政府正式在保安军设置榷场，规定“非官市者听与民交易，入贡至京者纵其为市。”

34.1008 年，西夏出现严重旱灾，宋朝开放粮禁，准许西夏在榷场购粮，并向西夏贷粮百万斛。

35.1031 年，夏太宗李德明死，其子李元昊继承君位，其不满父臣服宋朝之为，主张独立建国，并采取了一系列措施，包括建都城兴庆府、创造西夏文字、设立“蕃学”等。同时，发兵攻打周边诸州及诸城，为西夏王国的建立奠定了基础。

36.1038 年，李元昊正式称帝，建立西夏，定都兴庆府即今银川市，从此开启了对宁夏地区的政权治理与经济发展。出于对农业的关心和重视，元昊称帝后在中央设农田司，专门管理农田水利事务。此时期修建了贺兰山东麓洪积冲积平原上由青铜峡至平罗县的“吴王渠”,使兴庆府四郊的农牧业有了更大发展,成为西夏的粮食基地和重要牧场。

西夏时期,根据《文海》记载,宁夏地区在农业生产中已经采用了汉族比较先进的生产工具和生产技术知识,安西榆林窟西夏壁画中的二牛抬杠图表明,此时的宁夏地区已经普遍使用二牛抬杠耕作方法,农业生产水平基本达到了宋朝水平。

37.1045 年,夏宋议和,应元昊要求,宋朝重新开放保安军和镇戎军(今宁夏固原)安平寨的榷场,双方榷场贸易再次恢复正常。

38.1060 年,宋朝在秦州古渭、永宁寨、原州、德顺军设置榷马场,由京师每年支付银两购买马匹,促进了宁夏畜牧产品的商业贸易。

39.1143 年,西夏首府兴庆府发生大地震,数月不止,人畜死伤巨大。同年夏州发生水涝灾害,淹没大量民居与田地。是年七月,宁夏出现严重饥荒,社会动荡,灾害和叛乱严重破坏了社会经济状况。

40.1149 年,西夏第五代皇帝仁宗仁孝即位,仁孝在西夏历史上最为推崇“文治”,其中最为重要的“文治”内容就是上诏修改编纂并刊布法律条文。在《天盛改旧定新律令》中,从第 15 章到第 19 章几章中对仓廪、荒地开垦、商业贸易、水利设施以及畜牧业等经济活动进行了详文规定。

41.1158 年,仁孝在西夏中央机构中设立通济监,专门负责货币铸造,促进了西夏货币经济和城市商业的繁荣。

42.1205 年,成吉思汗率军第一次侵入西夏,从此蒙古与西夏之间开始进入长期的战争状态。战争中,“郡县废于兵”,居民四散,田野荒芜,水利荒废。

43.1261 年,忽必烈设置西夏中兴行省,省治设于中兴府(今宁夏银川)。1266 年撤罢,改置宣慰司,隶属中书省。1288 年,改中兴路为宁夏府路。1294 年,宁夏府独立为行省,次年又撤罢,仍隶属甘肃行省。此时期,虽然宁夏地区的行政建制变动较多,但基本格局未变。

44.1261 年,忽必烈颁布了流民还业免税一年、第二年减半的诏书,鼓励逃亡者开荒务农。至元八年又颁布《户口条划》,对户籍进行整顿,将被贵族和豪强非法占为奴隶的人口编籍为民,并招收屯田。

45.1263 年,忽必烈授命中书省从应理沿着黄河至东胜设立水驿。是年七月中书省又下令调拨船舶、水手、牲畜等给每个水驿,并置馆舍、拨耕地。

46.1264 年,郭守敬从张文谦行省西夏,兴复濒河诸渠。这是郭守敬亲自指导下的一次大规模水利修复,重点修复疏通旧渠。在此基础上又开新渠。

47.1266 年,元世祖忽必烈于"诏令西夏避乱之民还本籍",以补充西夏地区的劳动力。此后又陆续将内地投降蒙古的居民签发中兴地区屯田。

48.1266 年,元朝命董文用与郭守敬在应理州(今宁夏中卫)引黄河水浚美利渠,灌溉中卫地区近 3 000 亩农田,当地农业大丰收。在修筑中,大量使用调节水量的"牌堰",即水坝和水闸。

49.1271 年,元世祖忽必烈建立元朝,统一了中国,稳定了社会秩序。在中原地区强大物质基础的支持下,元朝开始经略西北,从此陕甘宁之地在元朝管辖下,在经济、文化等方面得到有效开发。忽必烈非常重视农业生产,颁布了"国以民为本,民以衣食为本,衣食以农桑为本"的诏令,采取了一系列重农措施,如在中央和地方设立劝农官和劝农机构、保护农田、大兴屯田、建立仓储制度、减免租税、兴修水利等。元朝政府还在宁夏地区采取多种措施发展交通运输业,开辟了中西"丝绸之路"宁夏地区的新段,新开多条道路,扩大驿站规模,极大促进了商业发展。

50.1272 年,元世祖忽必烈封其第三子忙哥剌为安西王,次年加封忙哥剌为秦王,于开城(今宁夏原州区南)建府,大大促进了这一地区的经济开发和人口增加。

51.1278 年,安西王在开城置屯田总管府,将金置广安县(今宁夏彭阳县)升为广安州。官府募民来居,发展屯田,人口迅速增加。

52.1282 年,元世祖忽必烈迁移迤南新附军以前 382 户到宁夏等处屯田。

53.1288 年,根据历史统计,宁夏路总管府所辖三州内,枣园、纳怜站等处屯田就有 1 800 顷,鸣沙州屯田 440 余顷。

54.1292 年,元世祖忽必烈采纳枢密院意见,将延安、凤翔、京兆三路罢元籍军人为民者 3 000 人,恢复军籍,迁于六盘山经营屯田。

55.1368 年,朱元璋推翻元朝统治,在应天(今南京)称帝,建国号为明。自此,宁夏地区作为西北军事重镇始终处于对抗北方鞑靼势力的前沿地带。是年,明长城开始修筑,这不但有效抵御了鞑靼部落的侵犯,保护了宁夏地区农牧业生产的正常开展,而且也畅通了道路,保护了商业往来。

56.1370 年，明朝政府开始在宁夏地区屯田，河州卫指挥使宁正兼宁夏卫事,率军民修复水渠,引水灌溉,开垦屯田。是年,朝廷行“开中”之法,让商人交粮作为军储,以代盐税。

57.1373 年,明太祖朱元璋诏令“屯田宁夏”。1376 年,立宁夏卫,“徙五方之人实之”,从此开始大规模屯田。

58.1377 年,明太祖朱元璋接受陕西行都使司建议,调军队千人开垦宁夏荒闲田。至永乐初年,宁夏四卫军屯种田“八千三百二十七顷有奇”。

59.1384 年，明朝廷于灵州北筑城，编集原遗土民及其他郡工役民夫为枣园、苜蓿、板桥、瓦渠四里,从此灵州由这四里民田和土达自种民粮田。

60.1406 年,明朝廷在固原群牧监的基础上,设苑马寺于陕甘,统六监,监统四苑。宁夏很多地区被开辟为牧场,成为主要军马基地。

61.1436—1449 年,宁夏屯田连年丰收,各卫所“仓储充裕,有余卫者,足支十年”,形成了“一方之赋尽出于屯”的富饶景象。

62.1474 年,都御史余子俊修筑宁夏东墙时,有意将草茂之地筑于墙内,沙碛之地筑于墙外,既便利了交通又抵御了鞑靼侵犯。

63.1500 年,巡抚王珣调集军民 3 万多人开凿金积渠,促进了农业生产,造福了众多军民。

64.1501 年,杨一清任马政御史,到固原整顿马政,使得一度衰落的固原马政得以重新恢复正常,有力地促进了牧马业的发展。

65.1508 年,根据宁夏各卫呈报,新增屯地 4 400 余亩。

66.1510 年,宁夏军士进行了反对清丈屯田的斗争,屯军的反抗斗争不断发生,再加上鞑靼的骚扰,宁夏军屯逐渐衰败。

67.1521—1566 年,宁夏全镇合计屯田 15 000 余顷。在此期间,明廷改为盐商直接“纳粟于边”,促进了宁夏地区的盐商往来。

68.1574 年,明朝允许鞑靼于宁夏中卫互市贸易。

69.1589 年,明朝应允了顺义王在宁夏开设马市的请求。1620 年,明朝恢复宁夏等地与河套鞑靼诸部的互市贸易。

70.1636 年,皇太极改制称帝,建国号为清。清朝初年,朝廷撤销了宁夏地区所有的藩王牧场。

71.清雍正年间，固原提督奏请，在本地建立了6个军马长，分别由提标各营军官（参将或游击）管辖，促进了畜牧业发展。

72.清朝沿袭宋元明盐引制度，由户部每年给各地派发盐引，征收课税。顺治年间，规定花马大池每年1万引，花马小池每年55 440引。

73.1655年，宁夏巡抚黄图安在《条议宁夏积弊疏》中提出整顿兵饷、渠工、驿递、军训等8项改革措施。其中特别是"化兵为农""变兵为民"的措施具有重大意义，废除了军屯，将军队转变为交纳田赋的自耕民。不但节约了军费开支，而且有利于促进宁夏地区农牧生产。

74.1658年，宁夏巡抚黄图安主持宁夏地区水利工程建设，疏浚唐涞渠和汉延渠。

75.据乾隆年间《宁夏府志》卷八《水利志》所记载，1662—1795年即康雍乾三世，宁夏中卫、灵州等地因疏浚所有旧渠而扩大了农田灌溉面积。据计，在18世纪最初20年间，宁夏北部增加可灌溉耕地4 000多顷，几乎相当于西汉至明代1 800年间宁夏地区所开垦土地的30%。

76.1690年，噶尔丹举兵南下侵犯内蒙古，康熙亲征，宁夏成为清军对付噶尔丹的西路防御重点。宁夏地区不仅为清军作战提供了大量军粮和战马，而且是清军最为重要的兵源之一。

77.1722年，川陕总督年羹尧视察宁夏河渠之后，朝廷特派户部侍郎到查汉托护治理水渠，号召宁夏籍文武百官为推动宁夏开垦出力。之后右通政使史在甲和兵部侍郎通智先后到宁夏主持开渠，终于成功开凿惠农和昌润两条干渠，开辟耕地万顷。同时朝廷拨发大量银两移民到查汉托护等新开垦区落户。

78.1724年，清朝批准川陕总督年羹尧的奏请，裁去宁夏卫，改置宁夏府，结束了明初的军事卫所建制，改为行政建制。行政建制在宁夏地区的确立，为宁夏地区经济的发展奠定了前提。

79.1735年，宁夏盐引增至67 440引。花马池所产食盐按照盐引定额行销于平凉、庆阳两府所属各州县，以及宁夏灵州和中卫所属各营堡48处。

80.据（乾隆）《宁夏府志》卷七记载，清初宁夏"入额田"17 563顷，经过100多年的恢复开发，到乾隆后期已经增加至22 527顷，增加了28%（其中已经减去因各种灾害而免除田赋的原有入额田 1593 顷)。

81.乾隆年间,名贵药材枸杞产量之多,获利之大在中卫知县黄恩锡的诗中充分体现,其诗曰:"六月杞园树树红,宁安药果擅寰中。千钱一斗矜时价,绝胜腴田岁旱丰。"

在此期间,宁夏地区的商品经济比较活跃,土地和房产买卖亦颇多。府城南关设有税局,各州县每年收取杂税。此外,还有田房契税归各州县所收。

82.1743 年,重修因为地震而毁坏的昌润渠,同时又招徕移民 3 500 多户,耕种熟田 3 167 顷。其中赤贫户 700 多户,官府帮助解决其居住、耕牛、农具和口粮等困难,放宽征粮标准并延长免征年限。

83.1784 年,宁夏南部地区贫苦的回族农牧民为反抗清政府封建压迫,爆发回民起义。

84.据嘉庆年间《大清一统志》记载,宁夏境内有直接引黄河水灌溉的渠道大小 23 条,共灌溉 21 000 顷。

85.清朝废除了明代藩王牧地分封制,全部土地实行招民开垦,按亩收租。作为拱卫中原的西北边关重镇——固原,自古以来主要以粗放的游牧业为主,清朝年间该地区的土地开垦规模远超过前朝。据计,1908 年,固原耕地面积共 121 900 亩,比明末增长了 3/4。而且,种植业逐渐取代了牧业和农牧兼营业。

86.清朝年间,宁夏地区明长城线上设有三个蒙汉互市的交易市口,即花马池城、横城堡和石嘴子,每月开市交易三次,商贸繁荣。

87.1844 年,宁夏、宁朔、平罗、中卫、固原、隆德、灵州和花马池分州各属部分地区受灾,清廷命缓征歉收村庄新旧额赋。

近代要事

88.1849 年 8 月,宁夏境内黄河水位暴涨,秦渠进水口大码头被洪水冲没,从此以后秦渠险工迭出,水旱频仍,迫使江家湾、蔡家嘴、枣园一带居民纷纷迁徙他乡谋生。

89.1875 年,时任陕甘总督的左宗棠奉命西征,收复新疆,其为解决百姓粮荒及西征大军的粮源问题,在河西地区强力推行禁种罂粟、禁吸鸦片的政策。是年冬季,为解决财政困窘问题,左宗棠派员会同各县知事,对各县清丈地亩和调整税则。在田赋征收仍不足额的情况下,又以“广招流亡协助归农”号召各地招垦,对稳定人口、发展农业起到了一定作用。

90.1879 年,人称“葛秃子”的天津英国洋行雇员,最先来到内蒙古和宁夏考察,发现当地羊毛资源丰富且价廉物美,遂在石嘴子市镇(今石嘴山市惠农区)以低价赊购 4 万斤运往天津销售而大发其财,此即为帝国主义对宁夏地区资源掠夺的开始。

91.1880 年,“葛秃子”与天津英国商行签订合同,在石嘴子开设了第一家外国洋行——“高林洋行”,收购羊毛和羊皮。接着,天津的外国洋行纷纷涌入西北,仅在石嘴子就先后开设了 10 家洋行,其中资本较大的是:英商的仁记洋行、新泰兴洋行、天长仁洋行、平和洋行以及德商的瑞记洋行、兴隆洋行,时称六大洋行。每年这些洋行从宁夏掠夺皮张百万张,羊毛 1 500 万斤左右。同时,洋行还在牧区兼作粮食生意。

92.1891 年经北洋大臣李鸿章奏准,于兰州设电报总局,线路系由陕西至固原,再由固原北门 390 里至宁安堡,于宁安堡设报房一处,是为宁夏电政之始(当时宁夏府城尚未接通线路)。

93.1895 年 5 月,循化、河州回民相继起事,甘肃各地回民也酝酿响应,时甘肃绿营精壮者多调往参加中日战争,所留兵丁不敷分布,总督遂命省城所属各县及河西五郡,组练民团以资防卫,河州武举马福禄和其兄弟马福祥、马福寿即组练回勇一旗效力清廷,是为马鸿逵家族掌握武装之始。

94.1900 年石嘴山洋行借口京畿一带闹义和团,北路不通,停止收购羊毛、皮张,乘机杀价,并且仅以米、面、布、茶、糖等生活品交换皮毛,牧民生活更为困顿。

95.1908 年宁夏税制由厘金改为统捐,各收各解,同时设立百货税局、土药税局(后改称为禁烟税局)、皮毛税局、牲畜税局、盐税局等。

96.1913 年 2 月 7 日,宁夏府裁撤,设置朔方道(因宁夏道与首县宁夏县同名,故依古代朔方郡之意而命名);改宁灵厅为金积县,改灵州为灵武县,改灵州花马池分州为盐池县。时朔方道领八县:宁夏县、宁朔县、平罗县、中卫县、灵武县、金积县、盐池县和平远县(今同心县)。全道人口约 40 万,总耕地额田 81.2 万余亩。

97.1914 年 1 月 30 日，北京政府内务部统一改定全国各省重复县名，将平远县改为镇戎县，海城县改为海原县。5 月，宁夏道设置实业科（相当于后来的建设厅），负责掌管农、工、商、矿和交通等事务。此时宁夏陆路交通尚无公路，仅主要大车道 12 条，全长 1 239 千米。12 月，西北官盐机构花（花马池）定（定边）榷运局成立，负责管理陕、甘两省盐的产、运、销业务。是年，宁夏道增设驼捐税局。增征印花税，全年税收额为 9 860 元左右。

98.1919 年，时任宁夏护军使马福祥与甘肃省省长张广建合办轮船公司，在上海求新厂定购汽划两艘，运到包头南海子装配。

99.1920 年 4 月，时任宁夏护军使马福祥、宁夏道观察使陈必淮和宁夏县、宁朔县县知事，联合地方绅商各界集资 10 万银洋，筹办宁夏汽车股份有限公司，因马福祥调离宁夏，汽车公司尚未开办即收场。12 月，海原、固原等县广大地区，于晚 7 时发生极强烈地震。这次地震为我国有史记载以来所未见。西北 50 多县受震灾，死难 20 多万人，压毙牲畜无算。其中以泾源道灾情最重。地震中心在海原县、固原县、会宁县和通渭县之间地带。

100.1921 年 1 月 7 日，北京政府任命马鸿宾为宁夏护军使。马鸿宾自兼宁夏新军司令，所部十二营驻防宁夏县一带。

101.1929 年 1 月 1 日，宁夏正式建省，成立省政府，省府全体委员宣誓就职。西北军第七军军长门致中任宁夏省受任省主席。宁夏省镇戎县改名为豫旺县，县城仍设于下马关，列为三等县。

102.1933 年 3 月 1 日，马鸿逵宣誓就职宁夏省主席。4 月 18—21 日，宁夏省政府召开第一次省政会议，议定宁夏省施政方针和中心任务。中心任务是编查户口、整顿保甲和清丈土地。11 月，废止宁夏省税务局自制自售的印花，改售南京国民政府财政部统一印制的“宝塔”印花。12 月，宁夏耗费 20 万元第一次清丈土地，丈得黄灌区七县土地为 1 953 921 亩，较清丈量的人赋额田 80 万亩，增加 100 万亩有余，田赋因而大幅度增长。

是年，宁夏省政府拨款 4 万元，以工代赈全面整修省内公路干、支各线，另修筑了大坝经省城至石嘴山 150 余千米的大车道供大车行驶，以保护公路路面。

103.1934 年 7 月，中德合资欧亚航空公司开通兰州到宁夏（今银川）航线。11 月航线延至包头，增设公司驻宁夏办事处。

104.1935年1月，全省设立各县地方税局，原招商和官包税收制一律终止，各种名目的杂税、杂捐亦废除，统一按“临时维持费”的新章征收。3月19日，宁夏省政府第76次委员会议决定，在全省进行第二次土地清丈。全省编查户口、保甲工作结束。全省计87 093户，7 285甲，675保；总人口657 057人。其中，男361 248人，女295 809人；18岁至45岁男壮丁97 958人。是月，宁夏省禁烟委员会成立，各县相应成立禁烟分会。据当月统计，宁夏川区8县大烟种植面积1 828 741亩，总产量达7 304 960两。

105.1936年1月31日，宁夏省汽车管理局成立，有营运车40余辆。是月，宁夏省政府宣布，在正赋之外，附加征收保安、壮丁费，全省累计赋征额40余万元。

是年，6月26日，红军在盐城县城召开群众大会，宣布成立临时政权机构——盐池县城市革命委员会，王锡林任主席。7月，盐池大部分地区解放，于中旬成立盐池苏维埃政府，主席为袁兆瑞。

106.1938年6月1日，宁夏省银行改组为官商合办的宁夏银行，马鸿逵亲自兼董事长，李云祥任行长。

是年7月，宁夏省第二次土地清丈工作宣布结束，耗费31万元。丈得农地199.9万亩、荒田239.79万亩，合计全省宜农土地面积为439.7万多亩。

107.1940年1月，宁夏省农业改进所成立，直隶省府建设厅。此为宁夏有农业科技专门机构之始。3月，宁夏省实行县政改革，改县、区、联保、保、甲五级体制和乡长、闾长制为县、区、乡（或镇）、保、甲五级体制，裁废闾长。6月，省农业改进所在中山公园创办农事试验场。首次从外地引种番茄、油菜和小白菜等蔬菜品种。另外，在农作物方面试种了花生、红薯和芝麻。成立林务局，隶属于省政府建设厅。成立宁夏省税务处，财政厅长赵文府兼任处长、苏锡龄任副处长。

108.1941年2月，宁夏省林务局撤销，业务由省农业改进所衔办。西北公路运输段设立固原、同心城、吴忠镇、宁夏城（银川）4个汽车站。3月又增设三营、中宁两站，正式开展客货营运业务。

是年，盐池县人民政府为广泛团结各阶层一致抗日，认真推行“三三制”，在全县建立广泛的抗日民族统一战线，开展减租减息活动，并进行了全县第一次民主普选，成立了县参议会。

109.1945 年 3 月 15 日，宁夏全省被划分为三个行政督察专员区：永宁、宁朔、金积、灵武四县为第一区；中卫、中宁、盐池、同心四县为第二区；平罗、惠农、磴口、陶乐四县为第三区。于年底前一律成了督察专员公署。

现代要事

110.1949 年 4 月 25 日，中国人民革命军事委员会主席毛泽东、中国人民解放军总司令朱德颁布《中国人民解放军布告》，约法八章，其中规定没收官僚资本。

是年，9 月 23 日，人民解放军华北野战军第十九兵团司令员杨得志、政委李志民与国民党宁夏军政代表在中宁共同签订《和平解决宁夏问题之协议》。当天，人民解放军组派先遣部队进驻银川，宣告了宁夏省的解放。

10 月 12 日，宁夏省物价飞涨，相比解放当天，银川市物价指数上涨 400 点，黑市银元上涨 2.4 倍。10 月 25 日，宁夏省人民政府成立，下设财政经济委员会控制物价并开展全省经济工作的统筹规划。

111.1950 年 1 月，银川市人民政府颁布《工商业者登记办法》，整顿省内工商业。宁夏开始发展国营经济并决定确立其主导地位。

是年 2 月，西北军区将独立一师改编为农建一师，并在平罗城西的西大滩上建立国营前进农场。

3 月，中央人民政府颁布《关于统一国家财政经济工作的决定》，宁夏省遵循中央政策，于同年建立健全省税收制度和财务制度，健全金融制度及国营贸易组织结构。

6 月 30 日，中央人民政府颁布《中华人民共和国土地改革法》，旨在废除封建土地所有制，实行农民土地所有制。

8 月 20 日，政务院颁布《关于划分农村阶级成分的决定》，全国土地改革分期进行。同时，宁夏省人民政府在宁朔县和盐池县进行减租减息的试点工作。

是年，互助合作运动开始，宁夏省各地区农民自发组织了临时的季节性互助组 4 209 个。

112.1951 年 1 月，政务院第六十六次政务会议批准公布施行《关于没收战犯、汉奸、官僚资本家及其反革命分子财产的指示》以及《企业中公股公产清理办法》,宁夏省在此指导下对残存官僚资本进行清理。

113.1952 年,宁夏省成立了 3 个初级农业合作社,即平罗县戴玉玺农业生产合作社、莫如信农业生产合作社以及银川市郊区罗家庄农业生产合作社。

114.1953 年,中共中央颁布《关于农业生产互助合作协议的决定》,宁夏省遵循其方针对大部分互助组织进行整顿。

115.1954 年 6 月,中央人民政府委员会第三十二次会议决定撤销宁夏省建制。

是年 9 月 1 日,宁夏省阿拉善右旗、额济纳旗和磴口县划归内蒙古自治区,其他地区并入甘肃省。

116.1955 年上半年,宁夏省成立高级农业合作社 20 个。

117.1956 年底,宁夏省高级社发展到 2 218 个。

是年 11 月,党中央出台《关于对资本主义工商业社会主义改造决议(草案)》和《告全国工商业书》,指导公私合营的开展。年末,宁夏出现了不分企业规模的公私合营高潮。

118.1956 年,中卫县以“麦草方格”为主的“五带一体”综合治沙工程体系,成功制服了“沙魔”,在流动沙丘上营造出了绿洲。这一治沙奇迹轰动了世界。

119.1958 年 5 月下旬,宁夏掀起“大跃进”高潮,动员 10 万人“大炼钢铁”、追求农业高指标、动员社会力量大办教育。

是年 8 月 1 日,全长 991.78 千米的包兰铁路全线修通,接轨通车典礼大会在银川举行。包兰线的建设有效地改善了宁夏交通运输状况。

8 月 25 日,青铜峡水利枢纽工程开工。

9 月 7 日,宁夏第一个人民公社——贺兰县前锋人民公社成立。

10 月 20 日,在银川起降的北京至兰州航空线正式通航。

10 月 24—30 日,宁夏回族自治区人民代表大会一届一次会议在银川召开,25 日宣告宁夏回族自治区成立,选举产生了自治区人民委员会,刘格平为主席。

11 月 21 日,宁夏第一个钢铁联合企业——石嘴山钢铁厂动工兴建。

120.1959 年 9 月 28 日,宁夏第一座洗煤厂在石嘴山建成投产。11 月 30 日,宁夏规模最大的现代化火力发电厂——石嘴山发电厂第一台 6 000 千瓦机组正式投入生产。

是年，中共浙江省委决定动员30万青年支援宁夏建设，宁夏共安置浙江省来宁青年及家属56 776人（后大部分自动返回原籍）。

121.1960年1月7日，国务院统一撤销惠农县，设立石嘴山市，3月26—29日，石嘴山人民代表大会一届一次会议召开，宣告宁夏回族自治区石嘴山市成立。

是年2月1日，年产2 000吨日用玻璃的石嘴山玻璃厂建成投产。

5月10日，全长113.7千米的宁夏河西引黄灌溉重要工程——西干渠的简易渠道工程，经7个月的努力提前完工并正式放水。

7月6日，宁夏第一座水泥厂——青铜峡水泥厂建成投产。

122.1961年1月，中宁县首先开放集市市场，后各市县集贸市场陆续开放。中宁县被国务院确定为全国唯一的枸杞生产基地县。

是年，宁夏大力压缩全区基本建设投资，由1960年的24 446万元压缩到9 818万元，压缩59.8%。

123.1962年12月19—26日，宁夏回族自治区人大一届四次会议在银川召开，自治区人民委员会主席杨静仁在会上做了《关于几年来工作基本总结和今后工作任务的报告》，宣布宁夏"最困难时期已经胜利度过了"。

124.1963年2月2日，宁夏回族自治区党委发出《关于农村人民公社工作条例修正草案若干问题的补充规定（草案）》。规定人民公社组织一般应为公社、大队、生产队三级，公社规模小的也可以是二级，但人民公社的基本核算单位是生产队；社员的口粮分配采取基本口粮按劳动工分分配的办法。

是年4月4日，宁夏回族自治区党委发出《关于认真贯彻执行中央关于实行增产节约和"五反"运动的指示的部署计划》，之后，全区开展"五反"运动。

6月29日，国务院决定，撤销吴忠市和青铜峡市，分别改设吴忠县和青铜峡县。

9月18日，宁夏第一座电力排水站——银北第三排水站建成。

125.1964年7月1日，全国第二次人口普查结束，宁夏全区人口总数为2 107 490人，其中回族人口为646 961人。

126.1965年2月，由北京有色金属研究总院435室、436室、215室合并迁建的宁夏有色金属冶炼厂在石嘴山市大武口开工建设，年底建成。

是年 7 月 1 日，由石家庄拖拉机配件厂迁建的吴忠配件厂建成投产，这是“三线”建设中在宁夏建成投产的首家企业。

127.1966 年 6 月 4 日，宁夏回族自治区党委派工作组进驻各大专院校和中学，领导“文化大革命”。

128.1968 年 12 月 25 日，宁夏回族自治区革命委员会和银川市革命委员会联合召开动员知识青年、城市居民上山下乡誓师大会。会后，各市县知识青年、城市居民掀起上山下乡热潮。

129.1969 年 9 月，大河机床厂研制成功自动控制高精度立式钻床，填补了全国机器制造业的一项空白。

130.1970 年 5 月 5 日，《宁夏日报》报道，全长 175 千米、灌溉面积 129 万亩的自治区重点水利建设项目——惠农渠扩建工程完工。

是年 12 月 10 日，宁夏第一座现代化糖厂——银川糖厂建成，生产出第一批“六盘山”白砂糖。

131.1972 年 9 月 25 日，拥有 1 000 个精纺纱锭、设计能力年产绒线 700 吨的宁夏第一座现代化绒线厂——灵武绒线厂建成投产。

132.1973 年 8 月中旬，宁夏第一座生产优质无烟煤的现代化大型露天煤矿——设计年产 90 万吨原煤的石嘴山第二矿务局大峰露天煤矿建成投产。

133.1974 年，宁夏水利事业取得巨大成就：整修了秦渠、汉渠、唐徕渠、汉延渠、惠农渠等 20 条长约 1 000 千米的旧干渠，新建了西干渠、跃进渠、第一农场渠、第二农场渠等；建立了 180 多座机灌站；兴建了青铜峡水利枢纽工程，保证了 300 万亩农田的灌溉；整修和新挖了 30 多条总长 700 多千米的排水干、支沟，新建 370 多座机电排水站，形成较为完整的排水系统。

134.1975 年 9 月 30 日，设计年产冶金焦 10 万吨的自治区第一座大型焦炉在宁夏钢铁厂建成投产。

135.1976 年 5 月 27 日，新华社报道，拥有 4 个煤田和较完整煤炭工业体系的贺兰山煤炭工业基地已经建成。

136.1978 年 6 月，宁夏最大的黄河扬水工程——固海扬水工程动工兴建。历时 8 年，至 1986 年 12 月，该工程竣工通水。

137.1979 年 1 月，宁夏回族自治区党委首次提出在南部山区改变原来“以粮为纲”的方针，实行“以牧为主，兴牧促农，农林牧全面发展”的政策。

138.1982 年 9 月，国家重点建设项目、安装 4 台 10 万千瓦机组的大武口电厂动工兴建。

139.1983 年 9 月，宁夏回族自治区重点建设项目、设计生产能力为年入洗原煤 210 万吨的太西洗煤厂动工兴建。

140.1984 年，国务院将沙坡头列为“中国第一个沙漠自然生态保护区”。

141.1986 年 7 月，黄河中上游当时最长的公路大桥中宁黄河公路大桥建成。

142.1988 年，宁夏水洞沟古人类文化遗址被国务院公布为“全国重点文物保护单位”，被誉为“中国史前考古的发祥地”。

143.1989 年 3 月 29 日，宁夏回族自治区人民政府出台了《宁夏回族自治区全民所有制工业企业承包经营责任制实施细则》，这就规范了宁夏所有制企业承包责任制度建设。

是年 9 月，“沙湖旅游区”开发启动，标志着宁夏旅游经济发展迈出重要一步。

144.1990 年 9 月，国家重点建设项目宝中铁路开工。历时近 6 年，至1996 年 2 月，宝中铁路建成营运。

145.1992 年 3 月 7 日，宁夏回族自治区人民政府办公厅出台了《关于在我区部分县(市、区)开展农村社会养老保险试点的意见》，重视农村社会养老保险事业，支持民政部门开展农村社会养老保险试点工作。

4 月 14 日，自治区党委通过关于建立银川高新技术开发区的方案。6 月24 日，自治区人民政府批转《银川高新技术产业开发区管理规定》等 4 个文件后，银川高新技术开发区正式启动。

是年，国家为沙坡头治沙成果颁发了在中国屈指可数的“科技进步特别奖”。

146.1993 年 2 月 4 日，宁夏回族自治区出台《全民所有制工业企业转换经营机制实施办法》，旨在促进全民所有制工业企业转换经营机制，增强企业活力，提高企业经济效益。

是年 3 月，国务院正式将宝中铁路、沙坡头水利枢纽工程、大坝电厂扩建、银川河东机场等列入重点开发建设项目。

147.1994 年出台《宁夏回族自治区国民经济和社会发展“九五”计划和

2010年远景目标纲要》,提出以粮食增产、农民增收为目标,全面发展和繁荣农村经济;继续加强能源和交通通信设施建设;振兴支柱产业也调整改造加工工业;积极发展第三产业;实施科教兴宁战略;促进山、川经济协调发展;深化经济体制改革;扩大对外开放,以开放促发展;推进社会事业全面发展;加强社会主义精神文明建设和法制建设内容。

是年3月,宁夏回族自治区党委领导提出了"北部重振,南部放开,中部上台阶"的工作思路。

7月2日,西北轴承厂20万套铁路货车轴承技术改造工程竣工,该厂成为全国最大的铁路货车轴承生产企业。

148.1995年,中宁县被国务院命名为"中国枸杞之乡"。

是年2月,宁夏回族自治区党政领导机关对关系宁夏经济和社会发展大计的8个重点建设项目进行了专题研究。

7月4日,国家经贸委和自治区人民政府召开的西北轴承厂现代企业制度试点实施方案评审会在银川召开。9月,西北轴承厂改制为国有独资的西轴股份有限集团公司,成为宁夏唯一的全国百家建立现代企业制度试点企业。

12月19—21日,中共宁夏回族自治区委员会召开七届四次全体会议,审议通过了《关于制定全区国民经济和社会发展"九五"计划和2010年远景目标的建议》。

149.1997年11月17日,宁夏回族自治区人民政府出台了《关于发展和完善农村合作医疗制度的决定》,旨在切实加强农村卫生工作,实现"2000年人人享有初级卫生保健"的战略目标,推进全区发展和完善农村合作医疗制度。

150.1998年2月10日,世界三大主要钽铌冶炼厂家之一的宁夏有色金属冶炼厂,钽丝、钽粉产品首获美国大公司免检,畅销美国、日本、韩国等10多个国家和地区。

9月,国家医药局和自治区"八五"重点技改项目——宁夏制药厂年产600吨盐酸四环素技术改造项目完成,全过程只用了5 902万元,节约资金317万元,通过试产95%以上的产品销往国外,成为全国最大的盐酸四环素生产企业。是月,全国陆上最大整装气田——苏里格气田开发从长庆油气田引入宁夏。

是年,宁夏回族自治区制定了《宁夏1998—2002年农业产业化发展规划纲要》,确定了对粮食、肉奶、皮毛绒、葡萄酿酒、生物制药和水产果菜等6大主导产业进行产业化经营。

151.1999年1月27日,宁夏回族自治区人民政府出台《关于建立全区农村最低生活救助制度的通知》,旨在妥善解决区内农村无劳动能力者的生活困难问题,加快农村社会保障体系建设。

是年3月1日,青铜峡铝厂三期扩建工程动工,至2001年12月全部竣工,成为全国三大电解铝生产基地之一。

4月,宁夏有色金属冶炼厂正式组建宁夏东方钽业股份有限公司。

9月,黄河沙坡头水利枢纽工程经国务院批准立项开始启动。

11月,石中高速公路银川段建成,实现宁夏高速公路零的突破。

152.2000年1月,国务院西部地区开发领导小组召开西部地区开发会议,研究加快西部地区发展的基本思路和战略任务,部署实施西部大开发的重点工作。宁夏回族自治区党委提出“西部大开发,宁夏要争先”的奋斗目标。

是年4月4日,中国信达资产管理公司与灵武矿务局举行债转股签字仪式,灵武矿务局成为宁夏第一家实现债转股大型企业。

5月11日,宁夏大荣化工冶金有限公司顺利通过了ISO9002质量体系认证,成为宁夏首家通过国际质量认证的私营企业。

5月28日,经过为期一年的建设,中日合资的全国首家智能网络化工厂——宁夏小巨人机床有限公司在银川建成投产。

5月29日,宁夏回族自治区经贸委出台《关于进一步抓好国有及国有控股工业企业扭亏脱困工作的意见》,旨在实现国有企业改革与脱困目标。

7月12日,宁夏回族自治区党委、区政府出台《关于进行农村税费改革试点工作的通知》,旨在探索建立规范的农村税费制度,从根本上减轻农民负担,进行农村税费改革试点。

12月9日,自治区党委召开八届四次全体会议,审议通过了《中共宁夏回族自治区委员会关于制定国民经济和社会发展第十个五年计划的建议》。

153.2001年2月20日,宁夏第八届人民代表大会第四次会议通过《宁夏回族自治区国民经济和社会发展第十个五年计划》,从经济结构、地区布局、科技教育、社会发展、资源环境、发展保障六个方面部署了工作任务。

是年7月27日，国务院批复，同意建立银川经济技术开发区。

8月29日，宁夏回族自治区经贸委出台《关于深化工业改革强化企业管理提高经济效益的若干意见》

9月13日，银川市被确认为全国17个清洁能源试点示范城市之一，国家清洁能源行动在银川市正式启动。是月，银川（长城）轮胎有限责任公司30万套全钢子午胎项目竣工投产，填补了西北、华北地区全钢子午胎生产的空白。

12月18日，西北轴承股份有限公司与德国FAC公司在北京钓鱼台国宾馆签订协议，合资组建中国第一家中德合资轴承企业——宁夏西北富安捷铁路轴承有限公司。是月，青铜峡铝厂三期扩建工程全部竣工，成为全国三大铝基地之一。

154.2002年3月，银川德胜工业园区建立，充分发挥“回族之乡”的品牌优势，倾力打造国内最大的清真食品生产特色园及西北地区穆斯林用品重要的生产基地和产品集散地。是月，新设银川市农牧局，市农业局、市水产局、市蔬菜局、市乡镇企业局合并为银川市农牧局。

是年9月5—6日，自治区党委九届二次会议在银川召开。会议根据中共宁夏回族自治区第九次代表大会提出的“实施中心城市带动战略，将银川市建成为现代化区域中心城市”的目标，在审议通过的《自治区党委、人民政府关于加快城市化进程的意见》中，决定集中力量把银川做大做强做美。自此，“大银川”建设全面展开。

12月28日，由亘元集团、太西集团、灵州集团、宁煤集团四大煤炭集团联合组建的宁夏煤业集团有限责任公司成立。

155.2003年1月22日，银川市农村工作会召开，提出构筑都市现代农业新框架的目标要求。

是年4月13日，青铜峡市在全区第一个跨入了西部经济百强县（市）行列。

6月5日，宁夏回族自治区人民政府出台了《关于进一步加快非公有制经济发展的意见》，旨在进一步加快工业化进程，促进国民经济持续、快速、健康发展。在全国首届沙产业博览会上，中宁枸杞获得“名牌产品”称号。宁夏吴忠金积工业园区成立，是宁夏回族自治区人民政府批准、国家发改委审核公告的省级工业园区，也是宁夏唯一的“穆斯林用品产业园”。贺兰山东麓葡萄酒获国家原产地域保护。

156.2004 年 2 月 1 日，建设部批复实施《宁夏回族自治区城镇体系规划（2002—2020 年）》。

是年，宁夏回族自治区出台了《关于加快葡萄产业发展的实施意见》，将葡萄产业确定为宁夏农业发展的特色优势产业。自此，宁夏葡萄产业进入了快速发展时期。

157.2005 年 3 月 20 日，中共中央政治局常委、全国人大常委会委员长吴邦国同志在中宁视察期间，品尝了中宁枸杞，对中宁枸杞口感和品质赞不绝口，欣然题词“中国枸杞之乡”。

是年，宁夏回乡文化园项目 2001 年经自治区批准立项，先后两次争取国债资金 1 600 万元，通过公开招标的方式引进宁夏汉唐文化公司合作开发。此建设填补了宁夏集中展示回族文化骨干景点的空白，被自治区列入“十五”旅游业优先发展的项目之一。

是年，宁夏回族自治区党委九届十四次全会提出，以银川市等中心城市带动区域经济发展，建设沿黄城市带（群），带动整个宁夏区域经济的健康发展。

158.2006 年 2 月 28 日，自治区党委、区政府出台了《关于加快基层农业科技服务体系改革与建设的意见》，旨在进一步做好新形势下的基层农业科技服务工作，推进农业科技进步，促进现代农业和农村生产力发展，为建设社会主义新农村奠定坚实基础，加快区基层农业科技服务体系改革与建设。

是年 4 月 13 日，宁夏人民政府印发了《宁夏回族自治区国民经济和社会发展第十一个五年规划纲要》，从加快社会主义新农村建设，积极推进新型工业化，加快发展服务业，统筹城乡和区域发展，建设资源节约型，环境友好型社会，建设社会主义和谐社会，扩大对外开放，深化体制改革几个方面提出了具体发展措施。

5 月，中共中央政治局常委、国务院总理温家宝同志视察中宁，对中宁枸杞产业的发展给予了充分的肯定。是年，中宁县成功创建了全国绿色食品原料枸杞标准化生产基地，成为全国唯一的绿色食品原料枸杞标准化生产基地，并获得“全国十佳区域品牌”称号。

9 月 22 日，首届中国宁夏国际羊绒贸易博览会在宁夏展览馆举行，来自英国、意大利、日本、蒙古、香港等15个国家和地区的150名外商代表和国内的上海、浙江、内蒙古、河北、青海等18个省市自治区的羊绒企业代表共800余人参会。

10月,自治区党委九届十四次全体(扩大)会议提出:建设宁夏沿黄城市带,以黄河中上游引黄灌区为依托,以首府银川为中心,石嘴山、吴忠、中卫三个地级市为主干,青铜峡、灵武、中宁、永宁、贺兰、平罗县城和若干个建制镇为基础,形成大中小城市相结合的城镇集合体,以实现资源的有效配置,加强产业配套能力建设,构筑起沿黄城市经济带,跻身西部城市带(群)的建设行列。

159.2007年,中宁枸杞代表中国参加了第四届世界地理标志大会,获得参会各国的一致好评。

是年,沙湖景区旅游收入突破亿元大关,与沙坡头一起跻身首批全国AAAAA级景区。

160.2008年6月18日,经宁夏回族自治区民政厅批准,由宁夏回族自治区经济委员会指导工作的全区性行业社团组织——宁夏现代物流协会成立。

9月7日,国务院印发《关于进一步促进宁夏经济社会发展的若干意见》,重点解决水资源瓶颈和中南部地区民生、农村金融等问题,侧重于培育新的经济增长点,增强宁夏的自我发展能力。此举为宁夏科学发展、跨越发展提供了强大动力。

10月16日,宁夏回族自治区党委十届六次全体(扩大)会议召开,传达学习党的十七届三中全会精神以及《中共中央关于推进农村改革发展若干重大问题的决定》,对进一步推进宁夏农村改革发展做出部署。

12月15日,宁夏回族自治区纪念改革开放30周年大会在银川举行。会议回顾并总结了改革开放30年来的主要成就:宁夏地区生产总值增长16倍,地方财政收入增长28.8倍,能源、交通、水利和城市公共基础设施建设取得新进展,高速公路通车里程达到1 000千米,实现了户户通电和村村通宽带,城市化率达到45.5%,城镇居民人均收入和农民纯收入分别增长了37倍和29倍。

12月18日,全区经济工作会议召开。面对国际金融危机的影响,会议要求采取更加有效的措施,调动一切积极因素,加快解决经济结构、产业层次、发展方式等方面的突出问题,努力把国际金融危机带来的不利影响降低到最低程度,在逆境中奋力推动经济社会又好又快发展。

是年年底,自 21 世纪初实施西部大开发战略以来,宁夏实现了户户通电,高速公路通车里程达到 1 000 千米,人均占有高速公路里程位居全国第一,全区 2 300 多个行政村全部通互联网。

161.2009 年 1 月 14 日,宁夏回族自治区十届人大二次会议召开。自治区政府关于“民生计划”专门形成报告提交会议审议。这在全国省级人代会上尚属首次。

是年 4 月 9 日,宁夏回族自治区党委、区政府召开沿黄城市带(群)建设启动大会,宁夏沿黄城市带(群)建设正式进入全面实施阶段。之后,宁夏沿黄经济区写入了国家“十二五”规划纲要(草案),列为国家重点建设的主体功能区之一,沿黄经济区由地方战略上升为国家战略。

6 月,宁夏灵武羊绒产业园区被宁夏回族自治区政府命名为“银川高新技术产业开发区”。

8 月 30 日全区文化体制改革动员大会召开,为转制为企业的黄河出版传媒集团有限公司、宁夏电影集团有限公司、宁夏话剧艺术发展有限责任公司、宁夏报业传媒公司、宁夏广电传媒集团有限公司和宁夏互联网新闻中心揭牌,宁夏文化体制改革迈出实质性步伐。

9 月 3—7 日中共中央政治局常委、全国政协主席贾庆林,先后到中卫、固原、吴忠、银川等地,就做好新形势下的统战和政协工作、民族和宗教工作,促进少数民族和民族地区经济平稳较快发展,维护社会和谐稳定大局,进行调研。9 月 22 日根据《国务院关于开展新型农村社会养老保险试点的指导意见》,自治区政府常务会议通过《自治区新型农村养老保险试点实施意见》,决定于 10 月在平罗县、贺兰县进行新型农村养老保险试点,并争取 2012 年覆盖全区所有乡镇。是月,宁夏回族自治区政府出台了《宁夏现代物流业发展规划》,这是宁夏第一部物流业专项规划,将对宁夏物流业发展起到科学引导和积极促进作用。

11 月 19 日,宁夏回族自治区出台《宁夏回族自治区环境保护条例》,旨在保护、改善生活环境和生态环境,促进经济社会全面协调可持续发展。

12 月 30 日,宁夏回族自治区人民政府第 54 次常务会议决定,宁夏将把防沙治沙长期实践的典型和成功经验进一步向全国推广,并原则通过了《关于大力发展沙产业推进宁夏防沙治沙综合示范区建设的意见》,决定加快发展沙产业,化沙害为沙利,向沙漠要效益。

是年,宁夏回族自治区经济增速达到 11.6%,实现经济增速连续 10 年超过 10%。全区当年完成地区生产总值 1 334.56 亿元。

162.2010 年 2 月 13 日,黄河银川段出现凌灾,致使河水猛涨,淹没农田1.6 万余亩。

是年,3 月 21—23 日在西部大开发战略实施 10 周年之际,中共中央总书记、国家主席、中央军委主席胡锦涛来宁夏视察工作,就深入推进西部大开发、加快转变经济发展方式、保障和改善民生、加强和改进党的建设等方面进行调研。胡锦涛希望宁夏各族干部群众牢牢把握国家深入实施西部大开发战略的重大机遇,切实用好中央关于进一步促进宁夏经济社会发展的政策举措,立足自力更生,矢志艰苦创业,努力走出一条符合宁夏实际、具有宁夏特色的兴区富民发展路子,推动经济社会发展不断迈上新台阶。

6 月 29 日,宁夏首次开通银川至宁东、银川至灵武、吴忠至宁东、吴忠至灵武 4 条城际公交试点线,为全区建立以银川市为中心的"一小时经济圈",以4 个地级市为次中心的"半小时通勤圈"奠定基础。

7 月 30 日,宁夏回族自治区出台《宁夏回族自治区促进中小企业发展条例》,旨在优化中小企业发展环境,维护中小企业合法权益,促进中小企业健康发展,发挥中小企业在国民经济和社会发展中的重要作用。

9 月 3—7 日举办了第三届中国宁夏国际羊绒博览会,吸引观展群众 21.2 万人次,实现现场零售交易 485.5 万元,协议购销签约金额 8 966 万元,签订合作项目 44 个,签约金额 88 亿元。

9 月 26 日,2010 中国(宁夏)国际投资贸易洽谈会暨首届中国·阿拉伯国家经贸论坛在银川开幕。中共中央政治局委员、国务院副总理回良玉出席开幕式,并代表中国政府在论坛高峰会议上致辞,指出将中阿经贸论坛选址在宁夏是中国政府深思熟虑的结果。

11 月 25—26 日,宁夏回族自治区党委十届十一次全会在银川召开,审议通过了《中共宁夏回族自治区委员会关于制定国民经济和社会发展第十二个五年规划的建议》。是月,银川高新技术产业开发区被国务院批准升级为国家高新技术产业园区。

12 月 3 日，银川市郊区举行宁夏昆仑农业高科技示范园区开园典礼暨国家蔬菜改良中心银川示范园、国家蔬菜工程技术示范基地揭牌仪式。

12 月 6—8 日，国务院督察组在银川、吴忠等地督察稳定物价工作。督察组认为，开通硒砂瓜等农产品区域性“绿色通道”，在全国率先启动普通高中家庭经济困难学生国家资助制度，是宁夏的亮点工作，值得肯定。

12 月 17 日，宁夏回族自治区经济工作会议在银川召开，传达贯彻中央经济工作会议精神，总结 2010 年全区经济工作，部署 2011 年经济工作。会议提出，2011 年经济工作要以科学发展为主题，以加快转变经济发展方式为主线，发展壮大特色优势产业；突出抓好沿黄城市带建设，不断促进城乡统筹发展；突出抓好生态移民，切实加快脱贫致富步伐。

12 月 21 日，国务院发布的《全国主体功能区规划》，宁夏沿黄经济区在全国 18 个重点开发区域中名列第 17 位，确定其功能定位为全国重要的能源化工、新材料基地，清真食品及穆斯林用品和特色农产品加工基地，区域性商贸物流中心。

163.2011 年 1 月 7 日，宁夏回族自治区人民政府第 85 次政府常务会议对《宁夏回族自治区国民经济和社会发展第十二个五年规划纲要》进行了审议。该纲要以科学发展和转变经济发展方式为主题，以推进宁夏实现新跨越和全面建设小康社会为目标，针对推进发展方式转变，建设节水型社会，建设现代综合运输体系，推进中南部地区扶贫攻坚，加快推进城镇化，保障和改善民生，促进文化大繁荣发展，实施科技兴宁和人才强区战略，构建“两型”社会，打造内陆开放试验区，优化发展环境等主要工作任务进行了规划部署。

是年 9 月 21 日，中国(宁夏)国际投资贸易洽谈会暨第二届中国·阿拉伯国家经贸论坛在银川市成功举办。

10 月 26 日，“宁夏贺兰山东麓葡萄酒荣获世界葡萄酒大赛最高奖项新闻发布会”上，宁夏回族自治区政府常务会通过了《中国(宁夏)贺兰山东麓葡萄文化长廊发展总体规划》，通过各种优惠政策，引导资本、科技、市场和企业向产区汇集，把贺兰山东麓打造成集优质葡萄种植、葡萄酒酿造、葡萄酒文化旅游于一身的世界级葡萄产业带。是月，为促进现代物流业健康发展，加快培育第三方物流企业，自治区政府出台《关于支持现代物流业发展的若干政策意见》。

同年，大武口工业园区被自治区人民政府命名为宁夏石嘴山高新技术产业园区，先后被评为国家“信息化与工业化融合试点园区”和“金属新材料新型工业化产业示范基地”。

164.2012 年 2 月 10 日，自治区党委、区政府在银川召开农村工作会议，总结 2011 年、部署 2012 年全区农业和农村工作。会议提出，要在“三化”（工业化、城镇化和农业现代化）互动中，大力推进农业现代化。

是年 8 月 7 日，宁夏出入境检验检疫局与灵武市政府签订《关于建立灵武市出口羊绒产品质量安全示范区促进灵武羊绒产业发展合作协议》，标志着宁夏首个羊绒产品质量安全示范区正式建立。

8 月 29 日，由文化部、国家民委、宁夏回族自治区政府举办的首届黄河民俗文化艺术节在银川举行。

9 月，国务院批准建立宁夏内陆开放型经济试验区，确定了宁夏建设“国家重要的清真食品和穆斯林用品产业集聚区”的战略定位，将加快清真产业发展上升为国家战略。同年底，为加快宁夏“两区”建设，做大做强清真产业，扩大宁夏全方位开放的规模和影响力，自治区人民政府确定依托吴忠金积工业园区建设中国（吴忠）清真产业园。9 月 10 日国务院正式批准宁夏设立银川综合保税区。9 月 12 日中国（宁夏）国际投资贸易洽谈会暨第三届中国·阿拉伯国家经贸论坛在银川市举办。

是年，全区葡萄种植面积达 51 万亩，其中酿酒葡萄 44 万亩，已建成葡萄酒加工企业 52 家，生产能力 17.9 万吨，葡萄及葡萄酒产值达到 20 亿元。宁夏已成为国内最大的酿酒葡萄产区。

165.2013 年 1 月 10 日宁夏回族自治区党委、区政府出台《关于加快发展非公有制经济的若干意见》。

是年 2 月，宁夏回族自治区党委、区政府出台《关于加快发展非公有制经济的若干意见》，从放宽投资领域、放宽准入条件、创新金融服务、加大财政扶持、减轻税费负担、健全服务体系、加强组织领导等七个方面，对非公经济发展做出了规定。

4 月 8 日，自治区人民政府《关于印发宁夏回族自治区服务业发展“十二五”规划的通知》中对清真产业的发展走向提出具体规划。

4月23日，李建华、刘慧在银川会见来宁考察工作的国务院扶贫开发领导小组副组长、扶贫办主任范小建一行。双方签署《关于支持宁夏内陆开放型经济试验区建设，加快宁夏扶贫攻坚战略进程合作协议》。

10月21日，自治区政府常务会议审议并原则通过了《宁夏生态移民迁出区生态修复工程规划（送审稿）》和《关于加强生态移民迁出区生态修复的意见（送审稿）》。

10月25—28日，全国人大常委会副委员长、民盟中央主席张宝文率领民盟中央调研组深入青铜峡市、贺兰县、平罗县等地，对宁夏粮食生产、特色农业、农田水利基本建设、土地流转、退耕还林、生态保护等工作进行调研考察，并召开座谈会。

是年，中国·阿拉伯国家博览会在银川成功举办，全国政协主席俞正声出席并做重要讲话，明确指出“中阿博览会”是经中国国务院批准，由中华人民共和国商务部、中国国际贸易促进委员会和宁夏回族自治区人民政府共同主办的国家级、国际性综合博览会，其前身是“中国（宁夏）国际投资贸易洽谈会暨中国阿拉伯国家经贸论坛”。

扶贫攻坚生态移民新气象——平罗县生态移民新村建设

是年年底，石嘴山高新区升级为国家级高新区，并实现工业总产值155亿元，销售收入176亿元，工业增加值49.15亿元，税收8.67亿元。

166.2014年1月6日，宁夏回族自治区党委印发《自治区党委常委会2014年工作要点》，提出要坚持稳中求进工作总基调，把改革创新贯穿于经济社会发展各个领域各个环节，努力营造“两优”投资发展环境，加快实施沿黄经济区发展和百万贫困人口扶贫攻坚战略，加快内陆开放型经济试验区建设，加快产业转型升级，面建设开放宁夏、富裕宁夏、和谐宁夏、美丽宁夏，推动全区经济社会又好又快发展。

是年2月13日，自治区农村工作暨扶贫开发工作会议贯彻落实中央农村工作会议和全国扶贫工作座谈会精神，分析当前全区农业农村和扶贫开发工作形势，部署了今年和今后一个时期农业农村和扶贫开发工作。会议提出，全区农业农村和扶贫开发工作要围绕农业强、民富、农村美这个目标，统筹推进全区的“三农”和扶贫开发工作。

6月17日，宁夏回族自治区人民政府办公厅出台《加快非公有制经济发展行动计划（2014—2017年）》，旨在鼓励、支持、引导非公有制经济发展，加快非公有制经济发展。

9月3日，宁夏枸杞产业发展联盟在中宁县成立。共同聚焦标准化生产技术、产业化改造和营销技术，破解枸杞产业腾飞发展的一些关键要素，以创新驱动发展，共同维护好宁夏枸杞产业这块金字招牌，为宁夏枸杞产业的跨越发展做出自己的贡献。

9月8日，第十届海峡旅游博览会召开，本届海峡旅游博览会，宁夏把乡村旅游、沙漠旅游和民俗文化旅游作为重点进行推介，组织了区内十几家景区、50余人参展。

10月14日，自治区政府与中国民生银行在银川签署战略合作协议。根据协议，双方将在分支机构设置新能源、旅游、交通物流、现代农业和基础设施建设等重点领域，开展全方位、多领域、深层次的战略合作。

10月17日，《宁夏日报》报道，农业部公布2014年“中国最美休闲乡村”和“中国美丽田园”评选结果：西吉县龙王坝村、隆德县红崖村入选“中国最美休闲乡村”，中卫市腾格里沙漠湿地、中卫市沙坡头薰衣草景观、隆德县麦田景观入选“中国最美田园”。

11 月 3 日，国家发改委、国家旅游局等七部委发布《关于实施乡村旅游富民工程推进旅游扶贫工作的通知》，强力扶持乡村旅游。同时发布了全国乡村旅游扶贫重点村名单，宁夏有 72 个村被列入扶贫重点村名单。自治区将拿出2 000 多万元旅游专项资金予以扶持。

12 月 12 日，宁夏回族自治区人民政府发布《宁夏清真产业中长期发展规划（2014—2020 年）》。

是年，宁夏清真食品国际贸易认证中心正式成立，成为国内首家清真食品认证机构，开展全国性清真食品认证工作。同时，国家批准宁夏依托银川国际航空港和银川综合保税区，筹建进口肉类指定口岸。此举加快了宁夏清真产业国际化步伐。

是年年底，宁夏出台了《关于进一步深化国有企业改革的意见》，逐步开展自治区参股中央企业、区属国有独资企业混合所有制改革试点。

167.2015 年 1 月 1 日，《宁夏回族自治区空间发展战略规划条例》施行，自治区空间发展总体定位是建设中阿国际合作桥头堡、国家重要的现代能源化工基地，先进技术和产业承接转移基地、西部新型城镇化和生态宜居示范区。总体战略为“一主三副、核心带动，两轴两带、统筹城乡，山河为脉、保护生态”，以大银川都市区为主中心，以石嘴山、固原、中卫为副中心，优化国土空间开发格局，提升宁夏的区域功能和国际化水平。

1 月 27 日，自治区党委常委会议传达学习中央农村工作会议精神，研究贯彻意见。会议原则同意自治区党委农村工作领导小组提出的贯彻意见，召开自治区农村工作暨扶贫开发工作会议，研究出台我区关于做好农业农村工作的意见，对 2014 年度社会主义新农村建设先进集体进行表彰。扎实推进扶贫攻坚，推动全区“三农”和扶贫工作再上新台阶。

2 月 8 日，自治区党委、区政府印发《关于贯彻落实中央一号文件精神做好 2015 年农业农村工作的意见》，指出要全面深化改革，增添农村发展活力；要推进特色优势产业提质增效，加快农业现代化；要创新支农方式，完善政策支撑体系；要健全工作机制，深入推进扶贫开发；要推进新农村建设，促进城乡发展一体化；要完善乡村治理机制，推进农村依法治理；要立足长远，谋划好“十三五”

农业农村工作。

3 月 11—16 日，宁夏枸杞产业发展联盟项目启动会在中国科学院华南植物园召开。此次会议旨在启动宁夏枸杞产业发展联盟第一期项目(2015—2017年),扎实推进各研究单位、地方管理部门、企业单位的协调和深入合作,并围绕“宁夏枸杞产业发展联盟项目的实施与研发重点”展开研讨交流,建言献策。

4 月 8 日,宁夏贺兰山东麓葡萄产业园区管委会及办公室(自治区葡萄产业发展局)在宁夏园艺产业园揭牌成立。

4 月 10 日,宁夏保护黄河绿化行动在沿黄各县、市(区)启动。计划用 3 年时间,通过滨河防护林体系改造提升、高标准农田林网建设、沿黄城市带及美丽乡村建设和沿黄经济林提质增效行动,在沿黄各县、市(区)造林及改造 80 万亩,抚育森林 13.7 万亩,使沿黄县、市(区)森林覆盖率达到 16.8%。同时,恢复湿地 2.93 万亩。

5 月 1 日，银川海关正式启动丝绸之路经济带海关区域通关一体化改革，形成“多地通关如同一关”的通关一体化格局。

7 月,水洞沟景区成为国家 AAAAA 级旅游景区。

8 月 3 日,呼包银榆经济区第三届市长联席会议在陕西省榆林市召开。该经济区包括内蒙古自治区呼和浩特、包头,宁夏回族自治区银川、石嘴山、吴忠、中卫以及陕西省榆林等 13 个市。13 市市长共同签署了《呼包银榆经济区共建“一带一路”战略支点榆林行动纲领》《呼包银榆经济区交通合作协议》《呼包银榆经济区高职教育合作框架协议》;银川市、榆林市、乌海市签署了《葡萄和葡萄酒产业发展合作协议》。

8 月 5 日,贺兰山东麓高效节水灌溉项目启动。

8 月 25 日,自治区政府与中国建设银行在银川签署战略合作协议。根据签署的战略协议,自治区政府将与中国建设银行在建立健全“政银”合作平台,加强信贷资金支持,探索在财险、银行、证券以及“一带一路”国家重点项目等方面进行深度合作,从而落实建设银行综合化经营战略,推动宁夏经济实现持续、快速、健康发展。

10 月 23 日，在宁夏银川市召开宁夏枸杞产业协会第一次会员代表大会。宁夏枸杞产业协会的成立,将起到宁夏枸杞产业发展中的桥梁和纽带作用。

11 月 2—3 日，国家发改委副主任、国家能源局局长努尔·白克力对宁夏能源建设与发展、新能源开发与利用等情况进行专题调研。自治区政府与国家能源局签署《加快国家新能源综合示范区建设合作备忘录》，双方将加强合作，共建宁夏国家新能源综合示范区。

12 月 17 日，宁夏环保厅和内蒙古环保厅联合召开加强环境保护合作座谈会，签订环境保护合作备忘录，确定建立生态环境保护、统一监测、统一环保标准、固废处理、联合执法检查等 8 项合作机制。是月，宁夏住建厅公示了《宁夏城镇体系规划（2014—2030 年）》，旨在对宁夏城乡发展进行全方位设计，决定未来 15 年宁夏的发展格局。

附录Ⅱ　宁夏古代回族经济形成事略

1.唐朝贞观年间,穆罕默德的弟子撒哈八·撒阿的·斡葛思作为使者来华,高宗永徽二年(651),大食使臣曾到长安。从此双方之间使臣和商业往来频繁。

2.唐玄宗天宝年间,大量留居在中国的"胡商"和"蕃商"定居在各大城市,娶妻繁衍,买田置地,安居不归。定居下来的阿拉伯人和波斯人,建筑清真寺,繁衍生息,成为"土生蕃客"。

3.五代至宋辽金夏时期,北方战争频繁,陆上丝绸之路堵塞,阿拉伯、波斯商人和使臣通过海上丝绸之路来华者络绎不绝。由于南海诸国伊斯兰教的传入,"南番回回"来华定居者逐渐增多。

4.元朝统一后,打开了与西亚交往的通道,大批阿拉伯、波斯和伊斯兰化的突厥人被蒙古军队作为工匠或士兵带回中国,数量之大约百万之多。而且元朝推行的民族政策使得回回人的社会地位有所提高。

5.元朝初年,朝廷在官府手工业局中设立了"撒答剌欺"提举司,专门令回民工匠织造精美的锦。元政府还征集各路工匠为皇室织造地毯,其中"回回剪绒毯"是当时制作非常精良的地毯。

6.元朝政府专门设立了回回炮手总管府,以加强对回回军匠的管理。在兵器制造方面,回民最著名的兵器制造工艺代表就是"回回炮"。

7.元代在大都设立了"广惠司",专门负责制作回回药物,以为广大军士治病。

8.1264年即至元元年,忽必烈皈依佛教,但是他也采取兼容并蓄的宗教政策,伊斯兰教随着大批信奉者的来华传遍全国各地。安西王阿难答皈依伊斯兰教,对当时伊斯兰教在宁夏地区的传播产生了重要影响。

9.1271年即至元八年，元世祖忽必烈迁西夏回回军投入南方战争，回回忽撒马丁于1288年即至元二十五年十一月，为“管领甘肃、陕西等处屯田等户达鲁花赤，督斡端、可失合儿工匠千五十户屯田”。这表明元初在宁夏有大批回回驻军或屯垦。“兵农合一、农牧结合”就成为回族人经济的最大特点。

10.1292年，元朝廷设立“回回药物院”，对于促进回民传统制药业的发展以及增进回药回医的社会影响客观上发挥着重要作用。

11.元朝后期，回回人使用汉姓的逐渐增多，并普遍学习汉语，为回汉民族经济文化交流奠定了重要的基础。

12.元代和明代政府都给予回回商人很多特殊的待遇和权利，例如元代准许其与外国开展贸易，明代给予其出入各关津渡口不被阻滞的特权。

13.15世纪以前，生活在宁夏地区的广大回民，大多数从事的是畜牧业生产。明朝为了加强西北地区的边防，从各地征调大量的人到西北地区屯田，其中就包括大量的回民。

14.明代时期，除了内地迁移到西北地区的内地回民之外，大量的西域回回人归附明朝，被明朝政府发放到全国各地，宁夏地区也是重要的区域。

15.明朝时期，对于这些西域回回人，朝廷给予了田土、粮种等生产物资，令其自行耕种，所以大批的回回人参加明朝的军屯、民屯和商屯，在屯垦地区建立自己的村屯。

16.由于与汉族人民长期杂居在一起，明朝时回族在农业生产方面受到了汉族的极大影响，在互相交流中，回民在农作物耕种技术、农作物种类、农耕工具、耕作方法、灌溉方法、农业生产管理等方面都与当地的汉族人民大同小异，取得了巨大的进步。

17.明朝的宁夏地区，回民也学会了水利建设技术，对农业灌溉非常重视。他们在宁夏地区各地兴修水利，如宁夏有满达剌渠和纳忠闸、哈三闸等水利工程，都是屯垦回民所修建的，极大了促进了农作物产量的提高。

18.清初，朝廷推行“化兵为农”和“变兵为民”的改革措施，补充农业人口数量，通过兴修水利和移民屯垦来开发土地，直接影响了这一时期的回民农业生产行为，农业总体上处于上升阶段。

后 记

本书编写组由中央民族大学中国少数民族经济专业研究生组成，客观而言，这无疑是一支学术研究的新兵队伍。这支队伍最大的优势就是充满学习激情和研究活力，再有，就是些许初生牛犊不畏虎的勇闯精神。但是，明显不足在于缺乏深厚的学术功底——这是我们启动本书编写工作之初首先面临的巨大压力！因此，如何化压力为动力，并将此转化为舍我其谁的责任担当成为编写组全体成员的首要共识！今天，历经数月，本书在反复修订、不断完善之后，终于画上了圆满的句号。然而，参与本书编撰工作的所有成员却未有如释重负之感，心中挥之难去的是忐忑不安。毕竟，编撰此书是一项极具挑战的工作！我们真诚地恳请各位专家学者不吝赐教，帮助我们不断精进，提高民族经济发展史的研究水平；并由衷地希望各位读者批评指正，鞭策我们不断努力，更好地服务于民族地区的经济现代化。

特别强调一点，本书的付梓出版，得益于山西经济出版社为国家重点出版物(9卷)立项所做出的不懈努力，得益于出版社给予中央民族大学少数民族经济研究所的充分信任和参编机会，得益于葛志强先生的辛勤工作及其对整个编撰进程始终如一的关注。如果没有这一切，即使我们再努力，再具有研究的热情，也难免会与这样难得的、充满责任与挑战的学习研究机会失之交臂，那我们自然也会失去一次将民族经济理论研究与民族地区发展实践相结合，并服务于宁夏回族自治区经济发展的绝佳机会。与此同时，还必须充分认识到，如果没有宁夏众多学者的研究，没有学界对于宁夏社会经济发展问题的全方位思考与纵深探究，没有《宁夏通史》《宁夏经济史》《宁夏四十年》，等等(在此限于篇幅而无法一一列举文史专著及研究资料)，我们无论多努力也难以在短短的时间里将数千年时间跨度的宁夏经济发展历程概括出来并呈现给读者。对此，我们编写组全体成员对这些先行者致以最真诚的谢意，并对书中或许存在的学术遗憾以及文中引用或理解不当之处致以歉意。

对于编写组的全体成员而言，参与此书编撰如同经历了一次学术生涯的蜕变，使我们受益匪浅！路漫漫其修远兮，吾将上下而求索。在民族经济学术研究的漫漫征程中我们将愈加努力，无畏风雨，无惧坎坷，不断接近理想的目标！

《宁夏回族自治区经济史》编写组于中央民族大学

2016 年 11 月 10 日